LA DÉMOCRATIE À L'ÉPREUVE DES FEMMES

Bibliothèque Albin Michel
Histoire

MICHÈLE RIOT-SARCEY

LA DÉMOCRATIE À L'ÉPREUVE DES FEMMES

Trois figures critiques du pouvoir
1830-1848

Albin Michel

22, rue Huyghens, 75014 Paris.

ISBN 2-226-06791-4
ISSN 1158-6443

A Madeleine Rebérioux

PRÉMICES

« L'histoire n'existe point encore, a dit, en s'adressant aux femmes, l'un de nos meilleurs écrivains. Ce jugement, nous le partageons entièrement; l'histoire est tout à refaire, car nous n'avons guère que les apparences quand ce n'en est pas la parodie même. Nous ajouterons que si l'histoire est compromise, c'est bien plus par les faux jugements et les omissions involontaires ou calculées, que par les faits eux-mêmes (...). La femme, comme l'homme, est appelée à explorer le domaine de l'histoire; il y a là, comme en toutes choses, place pour tous deux, et tous deux aussi y ont des attributions différentes et particulières. Le meilleur vouloir ne suffit pas pour l'avancement de certaines œuvres, et là, par exemple, où l'observation se divise d'une manière fondamentale mais insensible, comment serait-il donné à un seul observateur de suivre en même temps deux lignes s'éloignant sans cesse l'une de l'autre? Voilà pourquoi dans une pensée, l'histoire est surtout un mensonge pour la femme, et pourquoi la vérité n'y paraîtra que quand l'observation et l'intelligence féminines y prendront part et surtout y rattacheront les intérêts féminins. Un scepticisme cruel et un profond découragement s'empareront de la femme le jour où, ayant sous les yeux les matériaux épars et dédaignés de son histoire, elle voudra les considérer et s'interroger sur leur haute signification. Sa pensée se troublera d'abord, ses forces paraîtront l'abandonner, car une tâche immense et pressante s'annoncera comme étant sa destinée. Ne pouvant douter longtemps, la femme enfin, par son incessant besoin de croire et de sentir, s'élancera bientôt à son tour, dans un domaine inexploré, son domaine à elle, dont elle avait été bannie [1]... »

Introduction

Longtemps, ce texte, découvert au début de mes recherches, a hanté mon travail. Écrit pendant les tout premiers mois de la jeune République de 1848, il garde l'empreinte des critiques excessives, des bouleversements impossibles imaginés pendant le temps court d'une révolution où tous les espoirs sont permis. Malgré ses excès, à cause de l'utopie qu'il recèle, parce qu'il me disait, avant qu'elles ne se présentent, les difficultés que j'allais rencontrer, il s'est alors imposé à ma réflexion. Puis, à la faveur d'autres découvertes, des questions nouvelles m'ont fait oublier cet article daté qui avait réintégré son rang d'archive.

Il resurgit au moment où, en 1988, paraît le livre de François Furet [2]. Et je me souviens que, dès 1982, celui de Claude Nicolet [3] tentait, d'une manière différente mais d'un point de vue similaire, de repenser l'histoire politique du XIXe siècle. Chacun d'eux nous donne à lire une histoire renouvelée à la lumière des progrès réalisés par l'idée républicaine, capable de triompher de l'esprit révolutionnaire dans l'acte fondateur de la démocratie. Pour nos deux historiens, cette démocratie fut l'œuvre des hommes dont ils réinterprètent les actions collectives, les pensées fécondes et les idées structurantes. Les femmes, à quelques exceptions près [4], sont totalement absentes de cette histoire : absentes en tant qu'individus, ce qui pourrait se justifier; mais absentes également en tant que groupe social privé de droits dits universels, ce qui se comprend si l'universalité est pensée au masculin – à condition de le dire et de l'expliciter. Comme si la république n'avait de féminin que sa représentation, comme si la démocratie pouvait triompher en laissant sur ses marges la moitié d'une humanité. Constat maintes fois réitéré, constat indépassable?

Malgré le renouvellement de l'histoire des femmes, malgré les critiques adressées par des historiens(nes) à cette lecture de l'universalité monotype qui ne se dit pas, l'histoire de la démocratie continue de s'écrire au masculin. Pensée par des hommes et pour des hommes dans l'événement fondateur, la démocratie revisitée par les historiens ne pourrait-elle inclure les femmes dans son histoire, sachant que certaines d'entre elles sont intervenues, au même moment, dans le même événement, pour obtenir les mêmes droits? Ou tout simplement, comment écrire l'histoire des hommes qui agissent et parlent avec celle des femmes qui se taisent pour la plupart? Les femmes, exclues du politique, ne sont-elles pas incluses dans cette idée républicaine, dans cette démocratie qui ne peut devenir réalité qu'en englobant les deux sexes d'une humanité impossible à séparer? Cette histoire peut-elle s'écrire? Comment rendre compte du devenir d'une démocratie dont les maîtres d'œuvre sont quelques-uns qui agissent au nom des autres, hommes et femmes? C'est ce défi qu'il m'a semblé nécessaire de relever à la lecture de ces ouvrages, importants pour l'histoire. Cent quarante-cinq ans après « Henriette », après plus de quinze ans de recherches qui, dans toutes les disciplines, permettent de réfléchir sur les disparités entre les sexes, il m'apparaît impossible aujourd'hui de laisser se pérenniser une histoire politique asexuée qui perpétue, en la redoublant, une domination sans en restituer l'histoire.

Ce défi est extrêmement difficile à tenir, tant les idées politiques n'ont été données à lire que pour des hommes qui se sont imposés en sujets uniques de cette histoire; aussi apparaît-il incongru d'y vouloir inclure des femmes, en tant que sujets d'une histoire collective, à égalité avec des individus qui ont fait l'histoire. Et pourtant, toutes les femmes étaient là aux moments clés où l'histoire politique était en train de se faire, et des femmes se sont posées en individus autonomes, exigeant, pour leur sexe, le bénéfice des bienfaits d'une société reconstruite, au nom de leur appartenance au genre humain. Reste que cette aspiration à l'égalité ne fut exprimée que par une minorité, à peine écoutée par les contemporains, et qui ne se manifesta que dans le temps court des désordres sociaux. Dans le temps long de l'ordre restauré, la plupart des femmes ont semblé accepter l'inégalité qu'elles surmontèrent, contournèrent ou dépassèrent diversement. Ces sujets politiques éphémères et ces silences prolongés ont-ils signifié un renoncement ou une adaptation à un système politique qui ne les comprit qu'à demi, qu'en partie? Il est vrai que les femmes, comme tous les individus, se sont adaptées aux représentations culturelles, aux valeurs morales qu'elles ont parfois revendiquées pour elles-mêmes; il reste que ces constructions discursives et ces pratiques sociales ont façonné des identités dont il importe de restituer l'historicité. Ces voix qui se sont élevées et la multitude des voix qui se sont tues nous donnent à entendre le genre de démocratie que des hommes ont mis en œuvre, nous permettent d'interroger les discours, d'interpréter les actes avec la distance de celle qui ne retrouve pas entièrement « son » histoire, distance agrandie par le regard critique de l'historienne.

Impossible de lire cette histoire du point de vue des femmes en général, tant ce point de vue est pluriel et diversement exprimé, selon les moments traversés et les groupes sociaux visés; impossible de prendre en compte tous les discours et faits politiques pour penser l'apprentissage d'une démocratie singulière. Pour ce faire, j'ai choisi d'emprunter la démarche biographique : soit, suivre le parcours de trois femmes qui vécurent publiquement les moments forts de la première moitié du XIXe siècle en réclamant l'égalité des droits, dans ce temps important de l'élaboration de la pensée démocratique, toujours étroitement associée à la pratique politique. Parcours haché, parfois silencieux, mais long parcours si l'on songe à leur exceptionnelle fidélité aux idées qu'elles avaient adoptées; parcours de femmes ordinaires, portées par les événements politiques et idéologiques qui, constamment, nous renvoient aux autres femmes côtoyées, aux hommes fréquentés, aux autorités sollicitées, aux idées du temps, à celles qu'elles défendent, aux valeurs des uns, aux leurs, les mêmes, transformées, réappropriées.

Pour donner sens à l'actualité du temps, dans un face-à-face des discours critiques et normatifs, dans l'élaboration de la démocratie en son apprentissage, il m'a semblé nécessaire de n'utiliser que les mots de l'époque qui signifient la liberté et inquiètent les pratiques politiques. C'est ainsi que je n'use jamais du terme de féminisme, né après elles [5]; il ne permet pas de rendre compte fidèlement de l'égalité qu'elles réclament. Dans la mesure où leur langage évolue au fur et à mesure des libertés permises ou des interdits édictés, j'ai préféré respecter leur vocabulaire qui, beaucoup mieux qu'un concept contemporain, permet de rétablir une histoire dont on saisit l'évolution à travers le langage qui bouge. Comme pour tous les travaux de ce type, j'ai utilisé diverses sources : les unes sont inédites, d'autres ont déjà été interprétées par des historiens, et souvent quelques extraits ont été donnés à lire; comme bon nombre de textes ne sont pas connus, d'autres mal connus, j'ai voulu privilégier les citations longues qui, beaucoup mieux que des textes fragmentés, présentent les points de vue des auteurs et des acteurs de ce temps si prolixe en correspondances et qui a tant aimé l'écrit sous forme de brochures, de journaux, de pétitions, de lettres et de livres de toutes sortes. Afin de centrer mon interrogation sur l'apprentissage de la démocratie en France, j'ai délibérément choisi de ne m'intéresser qu'aux relations de ces trois femmes avec des individus, des organisations et des autorités françaises, laissant pour un autre temps les recherches dans les pays étrangers qui les ont accueillies.

DE L'HISTOIRE POLITIQUE

Afin de surmonter l'éternelle complainte sur l'écriture de l'histoire politique, toujours monocorde, constamment univoque, il importe d'en comprendre le mode de penser, les règles, la *doxa* qu'elle réfléchit, *doxa* si prégnante qu'elle n'épargne pas les historiens les plus critiques. Dans ce domaine nous sommes toujours, ou presque, assignées à la loi énoncée par Auguste Comte :

> « C'est ainsi que dans toutes sociétés, la vie publique appartient aux hommes et l'existence des femmes est essentiellement domestique. Loin d'effacer cette diversité naturelle, la civilisation la développe sans cesse, en la perfectionnant [6]. »

Il suffit de lire les ouvrages consacrés à l'histoire politique, y compris dans son renouvellement, pour constater la vigueur de « cette loi ». « Accueillie » par l'histoire des mentalités, « l'histoire des femmes *(" gender studies ")*, selon Alain Boureau, se définit, depuis quelques années comme une discipline indépendante (quelque chose comme l'histoire sociale de la distinction entre hommes et femmes) [7] ». Comme si l'absence des femmes dans les instances du pouvoir commandait la lecture du passé; comme si l'interprétation de l'histoire événementielle, institutionnelle, diplomatique, celle des partis, des organisations ne pouvait évoluer au-delà d'un cadre dominé par l'unicité des données; comme si l'histoire de la liberté, pensée en mode majeur, devait perdurer dans sa masculinité. L'interprétation des événements politiques du passé garde l'essentiel des traits de la philosophie de l'histoire et du positivisme. Et, malgré le grand renouvellement de ses objets, l'histoire politique, en son écriture, est marquée par un monisme fondateur [8].

L'histoire de la démocratie pensée par François Furet est l'histoire du triomphe de l'idée démocratique, l'histoire de la nation, cette « figure collective de la citoyenneté moderne », devenue « sujet de la grande aventure civile et militaire de la Révolution [9] ». L'historien, à qui il revient d'avoir réhabilité l'histoire politique, en réintroduisant le débat idéologique dans l'historiographie, privilégie « l'analyse conceptuelle » pour délaisser les phénomènes sociaux, toujours commandés par l'idée qui les anime. Plutôt que de penser la Révolution comme un avènement, il préfère prendre ses distances avec l'événement. Si l'historien est lucide sur « la surenchère révolutionnaire » dont le but inavoué est de garder le contrôle du « mouvement populaire », François Furet fait l'économie de l'analyse critique des écrits des historiographes dont il privilégie les idées et dont il accrédite les présupposés sans les soumettre à la question. Précisément, sa pensée critique s'arrête au pied de la « *doxa* tocquevillienne [10] ». En défendant l'autonomie du politique, par rapport à une réalité sociale travestie par la parole « des représentants du peuple », c'est le primat de l'idée de liberté, chère aux philosophes de l'histoire, qu'il défend, beaucoup plus qu'il ne questionne le politique dans son élaboration constitutive des pouvoirs.

La Révolution, enfant de la philosophie, devient idée vivante, agissante. L'idée court, se précise tout au long du XIXe siècle. De la liberté individuelle à la démocratie triomphante, on approche l'idée républicaine. Mais les discours des autorités politiques qui véhiculent, transforment, transmettent l'idée en marche sont davantage saisis comme des données qu'analysés dans l'expression de leurs pouvoirs organiques : « L'idée de raison plus encore que celle de vertu sert de base au civisme républicain [11] » des thermidoriens, tandis que l'idée de capacité fonde le gouvernement de la monarchie de Juillet. Bientôt tout un siècle, dont les êtres incarnent les idées ou leur sont assujettis, devient une entité qui se pense.

> « A travers cette pensée tumultueuse, le XIXe siècle continue et réunit à la fois la philosophie des Lumières (...). La raison cesse d'être dans le surgissement des principes abstraits pour constituer le produit du développement historique, la figure finale du gouvernement des hommes devenue à la fois une science et une morale [12]. »

Enfin l'idée triomphe sous le Second Empire.

> « Ce moment de la société a un nom au XIXe siècle : la démocratie. Son origine peut être datée : 1789, l'égalité civile (...). Cette démocratie est triomphante sous le Second Empire, bien plus que sous aucun des précédents régimes : c'est un effet naturel du temps qui passe, c'est aussi une volonté expresse de Napoléon III, au moment même où il a privé les Français de liberté politique [13]. »

Cette idée de démocratie, autant qu'il est possible, appartient à Tocqueville qui l'énonça sous l'emprise de la nécessité : au moment où convaincre d'une démocratie ordonnée devenait l'enjeu central face à la peur réelle ou supposée qu'inspiraient les classes dangereuses. Malgré les dénonciations ponctuelles de cette démocratie formelle par une partie de la population qui subit l'inégalité politique et sociale, l'idée triomphe. La composante féminine de la nation française ne compte pas, elle vit, depuis l'avènement du Code, sous tutelle. Malgré elle, « le monde social nouveau ne comporte plus que des individus égaux soumis aux mêmes textes qui fixent leurs droits et leurs obligations [14] ». Inférieures en droits, les femmes ne sont pas des individus sociaux : l'idée de démocratie pensée par Tocqueville s'est réalisée, ou plutôt s'est incarnée dans un régime uniformisateur.

Or, cette idée, rendue publique en 1835, dans un ouvrage salué unanimement, est l'expression d'une pensée politique réglée sur le respect des autorités « naturellement supérieures ». La démocratie tocquevillienne n'a pas pour vocation de bouleverser les rapports sociaux, mais de les modifier en changeant « l'esprit des hommes [15] ». C'est à l'ordre naturel de la famille que Tocqueville se réfère, famille devenue paradigme de l'ordre social de tous les libéraux :

> « Dans la petite société du mari et de la femme, ainsi que dans la grande société politique, l'objet de la démocratie est de régler et de légitimer les pouvoirs nécessaires et non de détruire tout pouvoir [16]. »

« Le réformateur d'avant la révolution », nous dit François Furet, est devenu, après 1848, « le conservateur d'un ordre si coûteusement rétabli [17] ». Mais le Tocqueville de 1856, celui de *L'Ancien Régime et la Révolution,* est le même que celui de 1835, homme de son rang, homme de son temps, partisan d'un ordre social hiérarchisé suivant les supériorités « naturelles » ou de fortune. Il ne peut concevoir une société où le peuple gouverne, car, par définition, celui-ci manque de temps pour développer son intelligence et doit donc choisir ses guides parmi les plus capables, les plus éclairés. Et si Tocqueville privilégie « l'esprit de la révolution », pensé en guide de l'événement, c'est qu'il ne peut se figurer l'explosion populaire dans sa spontanéité. Celle de juin 1848 « le remplit d'horreur ». Ses agents sont mus par des idées imposées à un peuple crédule qui adhère aux discours des théoriciens manipulateurs [18].

Écartant l'historicité de la pensée tocquevillienne, François Furet en admet les présupposés. A trop privilégier les historiens du XIXe siècle, l'auteur de *Penser la Révolution* tend à identifier les discours sur l'événement à l'événement lui-même, l'idée aux pratiques. Victimes de l'« illusion du politique », les masses ne sont pas mises en mouvement « par la misère et l'oppression » mais par l'idée de liberté dont parlent les orateurs [19].

Aussi François Furet est-il en désaccord avec la démarche de pensée d'un Ernst Bloch [20], ou celle d'historiens contemporains [21] qui parlent d'une révolution inachevée. François Furet qui élabore sa réflexion historienne à l'aune de la démocratie libérale actuelle tend, comme les historiens du XIXe siècle, à légitimer celle-ci par l'histoire de la mise en œuvre d'une idée qui incontestablement s'est imposée. Au niveau le plus global, l'histoire est déterminée par les projets idéologiques des autorités et les dispositifs organisationnels qui en découlent. Les acteurs sociaux, les conflits, les modes collectifs de perception de la réalité ne sont pas oubliés, mais ils sont placés au second rang, dans le bal glacé des concepts.

Soumis à cette réflexion, plus que tout autre François Furet est rétif à l'analyse des productions historiques du concept d'universalité. Les femmes ont été dépossédées, en leur temps, de l'idée démocratique comme de l'idée républicaine : leur exclusion, fait social inscrit dans la dynamique politique du système énoncé, n'entre pas dans le questionnement de l'historien. Si bien que celui-ci donne à lire, comme vérité universelle, les discours des autorités politiques qui nient l'individualité pleine et entière de cette moitié de l'humanité. Ne percevant aucun décalage entre le mot et le fait, il ne peut intégrer dans son analyse du politique les rapports sociaux, les subjectivités, les énoncés critiques qui démentent ou subvertissent les discours [22].

L'histoire intellectuelle et politique présentée par Pierre Rosanvallon semble davantage questionner les évidences. Mais le siècle qui sépare la reconnaissance du suffrage masculin de celle du suffrage féminin reste pour l'historien une énigme [23]. Toujours l'idée domine, une idée problématisée qui cependant ne s'écarte guère de l'histoire cumulative, linéaire, progressive. Toujours l'idée triomphe.

D'abord une hypothèse centrale conduit la réflexion de l'historien : « L'égalité politique instaure (...) un type inédit de rapport entre les hommes (...). L'égalité politique marque l'entrée définitive dans le monde des individus [24]. » Développant une problématique fondée sur une vision duelle de l'histoire, l'auteur cherche à rendre compte du passage de la souveraineté passive du peuple à l'individu électeur moderne, « histoire d'un double passage : du simple consentement à l'autogouvernement d'un côté, du peuple corps à l'individu autonome de l'autre [25] », du collectif au particulier. Le groupe, entité privilégiée, l'individu, personne abstraite, sont pensés dans le mouvement de l'histoire du suffrage universel. Ils forment un corps si solidement ancré dans l'histoire intellectuelle du politique qu'il est impossible d'en distinguer les composantes. Si Pierre Rosanvallon interroge quelques modèles – modèle du citoyen-propriétaire, modèle bonapartiste –, les modèles politiques à l'œuvre ne sont pas analysés dans la dynamique du pouvoir qu'ils engendrent. Ainsi l'hypothèse centrale devient postulat qui conditionne la compréhension de l'ensemble des citoyens, des exclus comme des inclus. Comme l'homme polarise la nouvelle figure de l'individu, l'exclusion des femmes est décrite dans l'apparence des « données supposées évidentes [26] », dans la mesure où les distinctions reconnues ne sont plus que des distinctions dites naturelles :

> « L'adoucissement des mœurs peut ainsi aller de pair avec l'instauration d'une coupure presque ontologique entre les sexes, les constituant véritablement en genres différents (idées que le terme anglais de *gender* traduit peut-être mieux). C'est une transformation dont l'œuvre de Rousseau témoigne de façon éclatante : il est à la fois le théoricien du contrat social et le chantre d'une féminité reléguée dans la nature [27]. »

Incontestablement, les femmes ne sont pas considérées comme des individus à part entière. Si cette affirmation conclusive est juste, logiquement commandée par l'hypothèse centrale, elle n'est pas considérée comme une pratique politique dans sa construction historique, ni pensée comme un enjeu de pouvoir, elle est posée comme « obstacle [28] » à l'accès des femmes au suffrage. Pas étonnant alors que la question reste énigme pour l'auteur, qui renvoie le lecteur aux « préjugés des circonstances et des représentations sociales [29] ». Dans cette vision statique, « la femme devient le gardien de l'ancienne forme sociale dorénavant cantonnée dans la famille [30] ». Impossible alors d'intégrer les femmes à l'histoire politique : face au discours qui énonce les règles, les individus critiques ne pèsent pas. Ce sont les mentalités rétives qui éclairent le mystère. Le renouvellement de l'exclusion, au gré des peurs engendrées par les crises morales et politiques, au moment où les modèles sont repensés dans la tension sociale, n'est pas restitué dans sa dimension historique. Dans la mesure où la conquête du pouvoir par un groupe social est considérée comme une donnée inscrite dans l'idée fondatrice de l'égalité civique des individus, les femmes, qui « n'ont jamais formé un véritable mouvement social [31] », en toute logique, sont interdites de politique; le processus de domination à l'œuvre, nécessaire à la compréhension de l'exclusion, est mis à l'écart du mode de penser l'histoire du suffrage universel en France. L'entrée des femmes, dans le temps court de l'événement comme dans le mouvement long de l'histoire, est, dans ces conditions, rendue impossible.

GENRES ET CATÉGORIES

La construction à la fois politique et culturelle de ce phénomène d'exclusion n'est guère prise en compte par l'historiographie française, profondément marquée par les méthodologies de l'histoire des mentalités, heureusement renouvelées aujourd'hui. Pourtant, la réflexion sur la construction des catégories, sur le mode de production des ensembles sociaux, générateurs d'exclusions, permet de mieux comprendre le rapport dialectique entre discours et pratique, entre valeurs normatives et subjectivité. Le genre, comme catégorie sociale, construite historiquement, « fut crucial, non seulement pour modeler et délimiter l'identité de classe, mais aussi pour l'attribution et la délimitation de capacités politiques (...). En ce sens, la politique moderne entre autres choses fut constituée comme un rapport de genre [32] ». Effectivement, l'utilisation du concept de genre aide à penser l'histoire en termes de relations [33] et donne un caractère politique à ce qu'il est convenu d'appeler l'histoire des femmes. Très avancée dans les pays anglo-saxons, cette démarche a autorisé un renouvellement méthodologique et épistémologique de l'histoire.

> « Le genre (comme catégorie d'analyse) est un élément constitutif des rapports sociaux fondés sur des différences perçues entre les sexes, et le genre est une façon première de signifier des rapports de pouvoir [34]. »

Par cette méthode, des historiennes ont démontré que les processus d'exclusion ne sont pas simples effets de discours ou de pratiques politiques mais sont constitutifs d'identités sociales qui structurent les groupes et les catégories dans leur construction historique. Ainsi, Barbara Taylor a analysé les conflits de sexes à travers la contestation du mouvement social dans la complexité de l'owenisme; elle montre les enjeux de pouvoir que recèlent ces conflits et révèle combien les rapports de sexes, constitutifs des rapports sociaux, interviennent dans la division sociale du travail [35]. En d'autres termes, la hiérarchisation sociale présuppose la division des sexes.

A l'encontre de l'idée de complémentarité, si souvent avancée pour légitimer une domination, le concept de genre offre la possibilité de penser les rapports de sexe dans le processus politique qui engendre et renouvelle la hiérarchie. Mode de penser qui rend possible la mise en question de cet invariant qu'est la « complémentarité hiérarchique [36] » et dont partout sont victimes les dominés en général.

Mais les limites de l'utilisation du concept ont été atteintes. Joan Scott est à la recherche d'une « épistémologie plus radicale » qui

« relativise le statut de toute connaissance, associe savoir et pouvoir, et les théorise tous les deux par des opérations de différence [37] ». Plus généralement des historiennes « se plaignent de l'usage trop descriptif de la notion de genre [38] ». Même si les catégories sont pensées comme un produit de l'histoire, les présupposés qui les déterminent sont peu interrogés. Difficilement détachable des sujets qui participent à sa construction, le genre, saisi comme donné, peut être redoublé dans l'analyse historique. Aussi importe-t-il d'interroger la norme en fonction des présupposés qui émanent d'une vision générique des femmes, en relation avec la vision singulière d'individus différents. Cette relation, expression d'une tension sociale vécue par les individus, permet d'échapper à l'incommunicabilité entre histoire féministe et histoire politique [39], les deux étant étroitement liées. L'historien se doit d'interroger cette tension, permanente, afin de saisir la catégorie dans sa construction, sans sous-estimer l'hétérogénéité réelle du groupe qui n'existe souvent que dans sa forme conceptuelle. Cela suppose d'étudier « les expériences historiques de femmes » en même temps « qu'analyser la dynamique des rapports de pouvoirs qui les rendent possibles et qui reformulent sans cesse les partages sur lesquels est fondée la construction du genre [40] ».

Il est donc extrêmement imprudent de parler des femmes en général et de la femme en particulier : celle-ci n'existe que dans sa construction discursive et celles-là ne sont « catégorie » que par l'exclusion dont elles sont victimes. Le risque n'a pas échappé aux auteurs d'*Histoire des femmes* dont le projet « se veut l'histoire du rapport des sexes plus que des femmes [41] ». Non pas l'histoire de la femme mais celles des femmes dans un mouvement qui se veut dialectique entre une domination masculine et les réactions qu'elle suscite : résistance, compensations, ruses. Il n'empêche, souvent les représentations l'emportent sur les discours critiques et les tensions sociales qu'elles génèrent parce qu'il « semble que cela soit inhérent à l'histoire des femmes que de toujours être sur ce plan de la figure, car la femme n'existe jamais sans son image [42] ». Aussi, à trop privilégier les représentations, il est tentant d'identifier le sujet « femmes » aux valeurs qui lui sont imposées. Là, il y a redoublement du genre si les assignations identitaires ne sont pas soumises à la question dans l'ordre politique qui les commande.

> « L'étendue de son règne (la catégorie femmes) se révèle en partie lorsqu'on examine la cristallisation des " femmes " en catégorie. Pour dire les choses schématiquement : la catégorie " femmes " est construite historiquement et discursivement, toujours par rapport à d'autres catégories qui, quant à elles, changent; les " femmes " constituent une

collectivité volatile au sein de laquelle les individus féminins peuvent occuper des positions très différentes, si bien que l'on ne peut faire confiance à l'apparente continuité du sujet " femmes "; en tant que collectivité, la catégorie " femmes " est tout à la fois synchroniquement et diachroniquement erratique, tandis que pour l'individu, l'" être-femme " est aussi inconstant et ne peut fournir de fondement ontologique [43]. »

Travailler avec cette tension entre individu et collectif, entre représentation et subjectivité n'est possible que si l'analyse s'élabore dans l'actualité du politique. A condition d'inscrire celui-ci dans l'ensemble des pouvoirs dont il est l'effet : condition nécessaire pour éviter le redoublement des productions historiques. L'histoire de cette tension, dans l'ordre politique, est d'autant plus utile au renouvellement de l'histoire que « la cité ce sont les hommes [44] » depuis la haute Antiquité. Mettre en lumière les règles de cette loi, que d'aucuns pensent irréversible, c'est aussi historiciser des mécanismes de pouvoir longtemps classés dans l'ordre naturel des choses, c'est penser que « l'assujettissement des femmes est le résultat d'un processus dont on pourrait imaginer qu'il est réversible [45] ». C'est dire les relations, les rapports entre les uns et les autres, c'est refuser les ensembles préconstruits, *a fortiori* cet ensemble « femme » : « Les femmes ne se comptent qu'une par une. Cette absence d'unité entraîne des conséquences symboliques et concrètes non seulement dans la perception de l'image de soi et dans la définition de sa propre identité, mais encore dans le rapport aux autres femmes [46]. »

Dans le continu de l'histoire, le sujet qui s'exprime hors des normes du collectif est toujours en conflit avec le genre qu'il est censé représenter.

VERS UNE HISTOIRE SINGULIÈRE

Dans notre période, les discours normatifs l'emportent très largement sur les discours critiques; aussi, dès que l'on parle des femmes au pluriel, on privilégie de fait, de par les sources dont on dispose, l'idée que l'on se fait d'elles plutôt que les réalités vécues par elles. C'est pourquoi il importe de penser « le rapport du texte au réel ». « Ce sont ces catégories de pensée et ces principes d'écriture qu'il faut donc mettre au jour préalablement à toute lecture " positive " du document. Le réel prend ainsi un sens nouveau : ce qui est réel en effet n'est pas (ou pas seulement) la réalité visée par le texte, mais la manière même dont il la vise, dans l'historicité de sa production et la stratégie de son écriture [47]. »

Tout individu est assujetti aux normes sociales en général et à celles de son groupe en particulier : les femmes n'échappent pas à cette détermination. Mais, pour elles, s'ajoute un devoir-être supplémentaire, celui d'être-femme qui précède et présuppose toute leur existence sociale. Cette entité devient identité immuable, voire éternelle, quand la représentation en déclare l'origine naturelle. « Il est plus facile de définir la femme que l'homme; mais plus difficile de définir une femme qu'un homme [48]. » La femme est toujours définie dans l'ordre des choses. La multiplicité, la diversité des femmes inquiètent : elles échappent alors au modèle nécessaire au bon fonctionnement social. « La femme », cette valeur-représentation, est paradigme pour les individus qui les pensent hors d'elles-mêmes. Mais les femmes résistent, rusent, s'approprient le modèle, s'échappent des conventions; aussi les discours prolifèrent-ils, disent ce que « la femme devrait être », sous une forme descriptive laissant croire à la réalité de ce qu'ils disent, réitération récurrente, répétitive qui devient référence incontournable. Les saint-simoniens, les libéraux, les républicains, les moralistes, tous parlent des femmes : les discours sur elles l'emportent très largement sur leurs propres écrits. Ces discours souvent déterminent l'existence des femmes, car ils sont énoncés dans des lieux reconnus par des autorités en position de faire croire, au sens où l'entend Michel de Certeau [49], autorités qui fixent la norme. Lorsque ces autorités définissent le statut, le rôle, les fonctions, à partir de disponibilités féminines figées dans une nature toujours redéfinie, ils disent l'identité sociale à laquelle les femmes sont assignées. Dans les « périodes critiques » – temps court des désordres sociaux – pour reprendre une expression chère aux saint-simoniens, les normes anciennes sont affaiblies ou n'ont plus cours, les individus hommes et femmes, en partie libérés, dans un processus de subjectivation, s'expriment hors des normes et font entendre leur mal-être et leurs désirs d'un autre monde, d'une autre vie. Les idées libératrices l'emportent sur les valeurs normatives. Dans le même temps, des systèmes s'élaborent et se confrontent, l'ordre se reconstitue. Dans ces tensions, il est possible de saisir la production des mentalités dans son instance d'élaboration, en même temps que dans ses résurgences. Dans le temps long de l'histoire de l'ordre familial et politique, les individus agissent en fonction des contraintes imposées, dans le cadre des identités construites. Parce que la réalité vécue par les individus est obligatoirement plurielle, retracer le parcours de femmes suppose de restituer l'historicité des valeurs/représentations dans la confrontation des modèles avec la perception qu'en ont les individus. Les dire et faire de femmes évoluent dans le temps, diffèrent selon le milieu social, fluctuent en fonction du degré de reconnaissance dont elles bénéficient, se séparent en raison des différences de résistance aux contraintes. C'est pourquoi ces comportements sont irréductibles à un quelconque collectif. Aussi ai-je choisi la démarche biographique qui peut s'apparenter à l'approche historique de Carlo Ginzburg par la mise en lumière d'« attitudes singulières dont l'histoire, en apparence, semble impossible à écrire et sans lesquelles, en réalité, l'histoire des " mentalités collectives " n'est plus qu'une succession de tendances et d'orientations aussi abstraites que désincarnées [50] ».

Si les représentations déterminent l'existence des femmes, leur histoire ne peut être pensée à l'aide du concept traditionnel de représentativité. L'idée que l'on se fait des femmes se surimpose toujours à ce qu'elles sont. Parler des femmes en fonction d'une représentativité quelconque, c'est présupposer l'intégration des valeurs, sans les interroger, c'est rendre compte de la force des choses, en oubliant les pouvoirs qui les commandent et les individus qui se posent en sujets critiques d'un ordre. Précisément, l'absence de représentativité permet de rendre compte du dysfonctionnement d'un système qui englobe l'ensemble des comportements dans des règles contraignantes. L'ouvrière qui devient institutrice et pétitionne ne peut être représentative des femmes prolétaires dont la plupart se taisent; la bourgeoise qui prend la présidence d'un club de femmes ne rend pas compte des agissements des épouses. Mais leur comportement dit l'ordre contre lequel elles s'insurgent. Les femmes dont il sera question ne sont pas représentatives des catégories pensées dans le cadre d'un ordre immuable qu'elles subvertissent.

DES PARCOURS BIOGRAPHIQUES

Pour questionner la démocratie en son apprentissage, j'ai choisi de restituer le parcours de trois femmes : Eugénie Niboyet, femme de lettres, Jeanne Deroin, lingère, et Désirée Gay, ouvrière de l'aiguille. Ni femmes illustres, ni femmes ordinaires, pas tout à fait oubliées de l'histoire mais en marge de celle-ci, toujours au cœur de l'événement, mais rejetées hors de ses traces, elles sont en décalage avec leur temps. Ni vraiment représentatives d'un groupe, ni totalement marginales, leurs vies semblent inadaptées à la temporalité historique, dans sa chaîne successive d'événements. Leurs parcours sont discontinus. Elles évoluent ou plutôt surgissent dans un monde politique dominé par les hommes qui toujours récupèrent le passé à leur profit. Le leur est effacé au moment même où il se produit. Aussi ne peuvent-elles apparaître dans l'écriture d'une histoire du progrès de la liberté des hommes dont elles ont été exclues.

Nées publiquement à la liberté dans les années 1830, à l'apogée du saint-simonisme, elles se sont dégagées des contraintes de l'école saint-simonienne après s'être heurtées, chacune à sa manière, au pouvoir dogmatique de l'Église et à la domination du Père – l'autorité saint-simonienne. Dans la confrontation entre l'idée de liberté et le langage contraignant, au moment des désordres sociaux, elles se sont posées en sujet politique et moral, à même d'observer le monde dans lequel elles vivaient. Dans une époque où une multiplicité d'idées émergent à la faveur des craintes et des espoirs mêlés, elles s'en emparent, en émettent d'autres, critiquent l'incomplétude des idées reçues et vivent en tension permanente. L'ordre rétabli, Jeanne Deroin et Désirée Gay se taisent, Eugénie Niboyet continue à écrire en s'adaptant aux valeurs morales du temps. Toutes trois resurgissent sur la scène publique, en 1848. Elles sont devenues mères mais n'ont rien oublié. Elles réclament, avec les autres, leurs droits civils et politiques. La tension s'accentue. Mais leur volonté ne faiblit pas. Confrontées aux hommes politiques de tous les partis, elles ont aimé, dialogué, polémiqué avec Fourier, Enfantin, Considerant, Louis Blanc, Ledru-Rollin, Lamennais, Jean Macé, Pierre Joseph Proudhon, bien d'autres encore. Leurs idées n'ont pas été entendues. Vaincues, Jeanne Deroin et Désirée Gay, devenues institutrices, s'exilent. Eugénie Niboyet survit en écrivant.

Impossible d'identifier leurs parcours à un parcours collectif. Ni pleinement saint-simoniennes, ni républicaines soumises, ni socialistes respectueuses, elles sont tout à la fois, chacune à sa façon, individu critique et sous influence. Silencieuses sur leurs vies privées, elles sont intervenues dans la sphère publique qui leur était interdite. Aussi ai-je voulu privilégier ce choix : rendre compte de leurs parcours politiques et religieux et non de leurs biographies qui risquaient de redoubler l'écart et l'isolement dont elles étaient victimes. Elles ont réclamé, pour les femmes, la liberté d'abord, l'égalité ensuite – propos maintes fois répétés – et se sont heurtées aux discours exclusifs, au sens des mots dans lesquels elles ne se reconnaissaient pas, à l'universel qui ne les comprenait pas. Ainsi, elles n'ont cessé d'inquiéter la démocratie en son apprentissage. Dans cette première moitié du XIXe siècle, le dialogue est permanent entre les tenants d'un ordre établi et l'utopique pensée toujours possible pour tous ceux qui sont en quête d'un autre monde et d'autres rapports sociaux.

Leurs idées ne forment pas système, elles sont énoncées dans l'événement, répétées, improvisées, souvent longuement pensées mais toujours commandées par l'urgence du moment. J'ai essayé de respecter ce mode d'expression, cette multiplicité de propos qui se complètent ou se contredisent et toujours se confrontent à d'autres, aux discours des autorités politiques, aux idées morales, aux valeurs religieuses. Pensées circulaires, toujours inachevées par absence de réponses correspondantes, par l'incompréhension qui leur fait face. Mais aussi pensées enrichies d'autres idées de femmes, différentes, qui disent, elles aussi, leur volonté d'être libres.

Aussi était-il nécessaire de restituer ces parcours dans l'actualité de leur expression, dans le temps court de leur intervention, dans le champ des conflits, des heurts et des interdits. Mais aussi de les confronter au temps long de cette chaîne temporelle de l'histoire des idées politiques et des valeurs morales, constamment ressaisi par les autorités qui, dans le présent, les réinterprètent et s'en emparent. Elles interviennent, en intruses, dans les interstices de ce mouvement long, lent, qu'elles subvertissent, tout en adoptant, en les adaptant, les idées morales de leur époque. Aucune n'eut de « fabuleux destin [51] »; elles ne se sont comportées exceptionnellement que dans des circonstances exceptionnelles.

« L'histoire des opprimés est une histoire discontinue.
La continuité est celle des oppresseurs [52]. »

Ce livre est aussi le fruit d'un dialogue permanent mené avec Nicole Edelman, Christine Planté et Eleni Varikas, où réflexions collectives et élaborations individuelles se sont entremêlées, confrontées depuis 1986, année où ensemble nous avons proposé une recherche sur les *Conditions d'émergence de la subjectivité féminine* [53].

Dégoûtés du passé, fatigués du présent

L'« instabilité générale des choses et des esprits [54] » est la marque du XIXe siècle naissant. La révolution de 1830 ne met aucun terme à cette crise. Bien au contraire, elle l'amplifie.

La France vit encore à l'heure des années révolutionnaires et la Terreur reste vive dans les mémoires : l'inquiétude qu'elle n'a cessé de susciter n'a pourtant pas permis à la Restauration de renouer avec le passé, sa seule source d'inspiration. La Révolution a marqué une rupture que tout pouvoir doit prendre en compte. Rupture fondamentale mais ambiguë parce que inachevée : beaucoup ne la comprennent pas, d'autres la récusent. Pour la majorité, l'incertitude demeure. Les contemporains sont à la fois « dégoûtés du passé » et « fatigués du présent » [55]. En ces années 1820-1830, l'histoire est sollicitée, la Révolution revisitée. On cherche à donner un sens à cet événement destructeur, pas encore fondateur, à en saisir les effets, à en analyser les erreurs. Les plus lucides savent que l'Ancien Régime ne peut plus rien mais le nouveau reste indéfini, encore dans l'écume d'un foisonnement d'idées. Une seule certitude, *l'unité du pouvoir n'est plus*. La souveraineté, incarnée dans la personne du roi, appartient à une nation profondément divisée et surtout peu sécurisée. Entre la raison souveraine préconisée par les libéraux d'opposition et la souveraineté populaire à laquelle aspire le républicanisme naissant, se glisse un pressant besoin de régénération politique et religieuse. Dans cette couche sociale intermédiaire, entre le peuple assujetti par la misère et la bourgeoisie éclairée, tout un monde s'éveille à la liberté. Une liberté comprise non pas au sens politique ancien et déjà étroit du terme, mais comme liberté émancipatrice, liberté concrète, liberté complète « à l'entrecroisement du politique et du religieux [56] », liberté nécessaire pour reconstruire ce vieux monde aux murs lézardés. Ce doute mêlé d'espoir est bien exprimé par Jeanne Deroin qui, dans la profession de foi qu'elle adresse aux saint-simoniens, rend compte d'une opinion largement partagée :

> « Le sol tremble sous nos pas; tout chancelle, tout s'écroule autour de nous; toutes les institutions religieuses et politiques ressemblent à de vieux édifices minés par la base. Nous sommes dans un siècle de Lumières et l'obscurité règne; tout est désordre et confusion, chacun marche à tâtons et se demande avec anxiété, où sommes-nous? où allons-nous [57]? »

Tel est l'état d'esprit d'un certain nombre d'hommes et de femmes soucieux de balayer le passé et qui aspirent tout simplement au bonheur humain.

Le désordre moral, l'anarchie, l'égoïsme ne cessent d'être dénoncés. Comme si un lien manquait à tous – lien insaisissable et pourtant indispensable. Défaits, les ordres d'Ancien Régime ont laissé un vide que le pouvoir royal, d'un autre temps, est incapable de combler. Tous les spécialistes de la période [58] ont pris en compte cette insatisfaction chargée d'espoir. Produit d'une monarchie imposée et expression d'un mal issu d'une société grosse de mutations, le malaise social, qui touche diversement les individus, ne se dilue pas dans les crises révolutionnaires. Tenace, il réclame une solution à la fois politique et morale. Or, le devenir des femmes s'inscrit précisément dans cet « entrecroisement du politique et du religieux ». Et ce qu'une perspective téléologique n'avait pas permis d'entrevoir, l'appréhension de cet « entrecroisement » l'autorise en permettant un questionnement nouveau de l'histoire : questions spécifiques adressées à un temps singulier. L'opinion publique, aiguisée par de talentueux polémistes, moralistes ultramontains, libéraux d'opposition, journalistes républicains, exerce alors sa raison critique. A la faveur de l'instabilité du pouvoir, face à l'effondrement des valeurs traditionnelles, tout semble du domaine du possible, mais dans un ailleurs à redéfinir, à repenser bien au-delà de cette société à laquelle plus personne ne croit.

Les causes du malaise sont recherchées par les contemporains; beaucoup s'en prennent aux idées fondatrices de l'individualisme triomphant, porteur de tous les maux. Selon les interlocuteurs, les rois, les prêtres, les bourgeois sont rendus responsables de cet état des êtres perdus dans l'insécurité des libertés individuelles. La philosophie des Lumières est la première accusée; les penseurs les plus influents de l'époque comme Pierre Simon Ballanche [59], inspirateur des saint-simoniens, veulent prémunir la « multitude désarmée contre cette philosophie du XVIIIe siècle (...), tout entière à renverser. C'est un bélier qui a bien abattu de vieilles murailles, hâtons-nous de réduire en cendres ce bélier inutile qui pourrait devenir un instrument dangereux [60] ». Déjà en 1808, Charles Fourier dénonçait l'incurie des philosophes :

> « Apôtres de l'erreur, moralistes et politiques! après tant d'indices de votre aveuglement, prétendez-vous encore éclairer le genre humain? (...). Voilà, philosophes, les fruits amers de vos sciences; l'indigence et toujours l'indigence : cependant vous prétendez avoir perfectionné la raison, quand vous n'avez su que nous conduire d'un abîme dans un autre. Hier vous reprochiez au fanatisme la Saint-Barthélemy, aujourd'hui il vous reproche les prisons de septembre : hier c'était les croisades qui dépeuplaient l'Europe, aujourd'hui c'est l'égalité qui moissonne trois millions de jeunes gens; et demain quelque autre vision baignera dans le sang des empires civilisés [61]. »

En écho, sous forme d'anathème, le jugement d'Eugène Rodrigues [62] est encore plus sévère. Selon lui, « la philosophie critique a fait de l'univers un cadavre [63] ». Dans ce terreau, les « traditionalistes » puisent leur argumentation critique à l'égard de ce qu'ils nomment la raison individuelle. Ils en appellent à l'autorité monarchique et ecclésiastique pour dénoncer « la philosophie en tant qu'activité rationnelle autonome ». Révélation et Tradition, sources de toute pensée, socle de l'ordre social, sont les maîtres mots de Maistre, de Bonald, de l'abbé de La Mennais. Plus que l'immoralisme, c'est l'indifférence religieuse qu'ils fustigent : le succès de l'*Essai sur l'indifférence* fonde pour longtemps la réputation de Félicité de Lamennais [64]. Leurs thèses sont largement diffusées [65]; elles intensifient plus qu'elles ne jugulent le malaise. La critique adressée aux philosophes est d'autant plus forte que leur influence perdure, y compris parmi les détracteurs : Rousseau est encore présent dans leur esprit. Tous ont été formés par l'idéologie des Lumières, comme en témoignent Théodore Jouffroy [66], Charles de Rémusat :

> « Les prêtres étaient en mépris sinon en haine (...), il était aisé de voir dans cette jeunesse, venue de tous les points de la France et de diverses régions sociales, combien le retour à la religion n'était encore que pure formalité officielle, et combien l'esprit du XVIIIe siècle régnait au cœur de la société [67]. »

L'esprit des Lumières s'insinue partout : dans les collèges où le conformisme social s'exprime par la désertion des pratiques sacramentelles, mais aussi chez des femmes suffisamment lettrées pour se détacher du peuple et si peu fortunées qu'à peine elles s'en distinguent. Cet esprit les habite et les autorise à mettre en œuvre leur raison critique, à l'égard des saint-simoniens par exemple : ainsi Louise Dauriat prend la défense du siècle incriminé.

« Il a enfanté la liberté ou pour mieux m'expliquer, l'amour de la liberté, assez fort pour lutter contre les intrigues, les séditions constantes du despotisme, de toutes les oppressions; il a renversé pour construire (...). L'égalité des droits, l'abolition des privilèges, cette noble indépendance, Saint-Simon et ses disciples les demandent-ils avec plus d'ardeur que la France de 1780 [68]? »

Quelles que soient leurs références, elles partagent le point de vue des contemporains sur les erreurs des temps anciens, le désordre, l'égoïsme, l'immoralisme, thèmes récurrents développés par la plupart des penseurs de l'époque. Les uns choisissent l'anathème, les autres la critiquent, beaucoup hésitent entre « la souveraineté du rire ou du suicide [69] ». Félicité de La Mennais s'interroge :

« La société tout entière en problème, précipite la réflexion, tout va beaucoup trop vite et personne ne sait où cela mène; il faudrait pouvoir s'arrêter sur ce qui est [70]. »

« Qu'est-elle aujourd'hui la France? Quel genre de gouvernement a remplacé la monarchie chrétienne? Grave question certes, et qui bien éclairée servirait à en résoudre beaucoup d'autres [71]. »

François Guizot offre une perspective de rechange à « *cette anarchie morale* qui livre la France en proie au vent qui souffle et à la tyrannie des factions [72] ». Le pouvoir central doit renoncer à « la prétention d'être tout » et la société découvrira bientôt des gens capables de gouverner par la vertu de leur position, leur prééminence et leur crédit.

L'absence de morale, d'une morale, religieuse ou politique, obsède tous ceux qui tentent de comprendre leur société et essaient de répondre au désarroi de leurs contemporains. Théodore Jouffroy, qui sait si bien « respirer l'air du siècle [73] », disciple de Victor Cousin, ami d'Augustin Thierry, proche de François Guizot, dans son fameux article, « Comment les dogmes finissent », a développé une saisissante critique de la Restauration coupée de sa légitimité religieuse et qui n'inspire plus à ses sujets ni foi morale ni croyance politique.

« Dans cette ligue, dont la peur est l'âme, dit-il, il ne s'agit plus de foi ni de croyance; *il n'y a plus rien de moral :* l'intérêt seul en serre les nœuds, et cependant on couvre ce vil mobile des beaux noms de morale, de religion, d'ordre, de légitimité, on la pare de tout ce que les vieux temps ont de sain et de respectable [74]. »

L'intérêt, l'argent, l'or sont fustigés dans cette France « de trente millions d'individus, entre lesquels la loi ne reconnaît nulle autre distinction que celle de la fortune [75] ». L'imposture des prêtres [76] est dénoncée par les saint-simoniens, « l'individualisme » anathémisé par les républicains. « Le suicide est devenu à la mode », et « la démoralisation [77] » s'installe sur les ruines d'un « système religieux qui s'écroule [78] ». La foi est morte, constate l'éditorialiste de *La Tribune;* la « religion, frappée au cœur par le XVIIIe siècle, expire », tandis que la politique ne s'en est pas encore affranchie [79]. Analyse identique chez Louis Blanc :

> « Il y eut un moment où le dix-huitième siècle sembla revivre tout entier dans le dix-neuvième; et le sarcasme qui était monté jusqu'au roi, monta jusqu'à Dieu. Le monde matériel ne fut pas moins troublé que le monde moral. De même qu'en matière de politique et de religion, la bourgeoisie avait sacrifié presque complètement l'autorité à la liberté, la communauté des croyances à l'indépendance absolue de l'esprit, la fraternité à l'orgueil; de même en matière d'industrie, elle sacrifia l'association à la concurrence [80]. »

DIEU EXISTE MAIS LE « CHRISTIANISME NE PEUT PLUS RIEN »

Si le XVIIIe siècle sert de repoussoir, les bouleversements qu'il a engendrés ne sont pas écartés : il s'agit plutôt de les dépasser, de reconstruire, voire de rompre avec les enjeux d'un siècle dont l'esprit demeure. Et si le vocabulaire est emprunté aux révolutionnaires du siècle passé – « régénération » [81], « révélation nouvelle », « ordre social » sont des expressions courantes dans les textes critiques du moment – l'époque est radicalement autre. La foi nouvelle, si nécessaire aux masses, chères à François Guizot, est recherchée hors de l'Église qui non seulement ne suscite plus d'espoir, mais jette l'opprobre, réprime, sanctionne, diffère le pardon. « Le sentiment religieux a fui des temples, il s'est réfugié dans les cœurs [82]. » Enquêtes de religieux, mémoires de simples gens, tous les témoignages concordent [83] : l'autorité de l'Église ne pèse plus sur les consciences des deux sexes. On a trop tendance à juger des pratiques religieuses des femmes à l'aune des années 1860; sans doute, nombreuses encore sont celles attachées à la congrégation qui a su les instruire [84], mais celles qui expriment leurs doutes disent leur aversion pour l'Église. Les femmes du peuple aussi ont déserté les temples [85]. Jeanne Deroin le constate : « les dogmes finissent », y compris pour les femmes; elle espère le mouvement irréversible, car « si les croyances religieuses ont produit quelques biens, combien de maux n'ont-elles pas causés! combien de larmes et de sang n'ont-elles pas fait verser [86]! ».

Pour la plupart des correspondantes du *Globe,* journal saint-simonien, l'efficacité dogmatique de la religion catholique semble tarie :

« Le christianisme ne peut plus rien », écrit Adelaïde Baudelot; certaines quittent avec joie la maison chrétienne car « le saint nom de liberté et de patrie ne s'y fait jamais entendre [87] »; l'une s'en prend aux « faux moralistes », l'autre, aux « hypocrites de prêtres [88] ». Ces témoignages corroborent l'hypothèse de Maurice Agulhon sur la « déchristianisation provoquée » par un conflit survenu entre peuple et clergé [89]. Le conflit naît, en partie, d'une reconquête rigide des âmes qui se place sous l'égide du Christ, à l'époque d'une Restauration contestée. « Partout des missionnaires se répandent en élevant sur les places publiques l'image du Christ vengeur [90]. » Là, il n'est pas question de miséricorde dans les missions et encore moins de la Vierge consolatrice; la pratique de l'absolution différée est fréquente. « La dépréciation des valeurs terrestres est une conséquence courante de cette prédication. Le chrétien est pressé de mépriser son corps, le juif observant ne fait pas autrement. La lutte contre les péchés de la chair est de tous les instants [91]. » Marie, proche des hommes, modèle de femme qui souffre et se sacrifie pour son fils, n'est pas encore apparue à Catherine Labouré et le dogme de l'Immaculée Conception est à peine en préparation [92]. Les manuels religieux à la disposition du public, livres de lecture du plus grand nombre, mettent l'accent sur les souffrances du Christ et des martyrs chrétiens. On ne craint pas de s'étendre sur les détails des tortures qui font vrai.

> « Aujourd'hui on voit à Saint-Pierre de Rome un de ces instruments qui fait trembler seulement à le voir. (Les tyrans) usaient de peignes de fer, dont ils peignaient et faisaient des raies sur la peau des saints, et de harpons de fer pour les tenailler, les tirer et les déchirer [93]... »

A cette époque de transition, où tout semble possible, où rien n'est véritablement fixé, alors que la misère ouvrière est à son comble et que, on l'a vu, le conformisme est au dénigrement de l'Église, la chronologie est extrêmement importante. Ces années-là sont décisives pour le devenir des femmes. Nous y reviendrons.

La croyance en Dieu devient singulière, elle passe outre l'Église et ses dignitaires, en accord parfois avec certains de ses desservants sensibles aux malheurs du temps, proches des exclus si nombreux en ces temps de misère. Les chrétiens cherchent la vraie foi dans les textes qui la célèbrent telle l'*Imitation de Jésus-Christ,* « sublime commentaire du livre divin [94] », dont les traductions se sont multipliées (celle de Félicité de Lamennais est la plus connue). Ce retour aux sources d'une certaine forme d'authenticité chrétienne, ce dialogue direct avec Dieu est, de fait, partagé par toutes les classes de la société. Charles de Rémusat nous apprend que « la personne de Jésus-

Christ avait pour lui quelque chose d'indécis et d'équivoque » à cause de son éducation religieuse, fondée sur le récit répété d'une prière écrite par sa mère, sans référence aucune « aux oraisons de l'Église [95] ». Agricol Perdiguier apprit à lire dans l'*Imitation,* livre qui a profondément soutenu les « âmes égarées » dans le scepticisme du temps, parce qu'il y a quelque chose de céleste, nous dit Félicité de Lamennais, « dans la simplicité de ce livre prodigieux. On croirait presque qu'un de ces purs esprits qui voit Dieu face à face soit venu nous expliquer sa parole, et nous révéler ses secrets [96] ».

Reine Garde, cette poétesse couturière remarquée par Lamartine, l'écrit au poète :

> « Excepté les Évangiles et celui qui a écrit *l'imitation de Jésus-Christ,* les autres auteurs n'ont pas pensé à nous (le peuple) en les écrivant [97]. »

Pour les mêmes raisons, Joseph Benoit perd confiance en l'Église. Dès quinze ans, il a « cherché ailleurs le bonheur et la liberté [98] ». Suzanne Voilquin, alors jeune mystique, est également envahie par le doute; elle se sépare bientôt du catholicisme [99] et s'en explique :

> « La philosophie négative était à la mode; le mot d'ordre parmi la jeunesse était emprunté à Voltaire : *Détruisons l'infâme!* Sous cette impression générale, je lus avidement tout ce qui avait trait à ce souffle destructeur du passé. Les ouvrages de Voltaire, de Rousseau, de Volney et autres étaient bien un peu indigestes pour un esprit aussi inculte que le mien (...), je préférai Rousseau [100]... »

Sans doute l'abandon des convictions maternelles eût-il été plus difficile, en tout cas plus problématique, si les religieuses, que fréquentait Suzanne Voilquin, avaient été plus compréhensives ou plus convaincantes, mais elles lui « fermèrent tout doucement l'accès de leur cœur et de leur maison [101] ». Dans les milieux aristocratiques et libéraux, l'indifférence prime, au grand dam des partisans d'une ferme Restauration. Daniel Stern se souvient :

> « Jusque-là, mes idées ou plutôt mes sentiments religieux n'avaient été ni suscités ni guidés (...), depuis un an ou deux seulement on me conduisait pendant l'été à la messe du village où l'on allait par pure bienséance, en se plaignant très haut de sa longueur [102]. »

C'est dire l'immensité de la césure qui sépare le peuple de son Église. Les femmes et les hommes, actifs dans les années 1830, qui feront l'événement en 1848, ont été profondément marqués, dès leur enfance, par cette absence de références aux valeurs morales, religieuses et politiques qui sécurisent les individus et assurent précisément la cohésion des groupes sociaux. La société semble défaite, totalement éclatée. Hommes et femmes, également touchés par le scepticisme de l'époque, gardent, cependant, une foi en Dieu presque intacte – n'oublions pas l'impact de la pensée déiste, un déisme proche de celui de Rousseau –, mais sont en rupture avec les pratiques traditionnelles d'une Église tout juste bonne à interdire les bals ou à stigmatiser le mal du siècle dont les responsables sont les athées et... les déistes si l'on en croit le vicomte de Bonald [103].

UNIR : UN BESOIN SOCIAL

« De plus en plus, les spirituels vont former une catégorie à part dans le peuple de Dieu, sans lien, sans échange suffisant avec l'ensemble. Sur ce point, le XIXe siècle n'apportera pas de réponse (...). Un grand vide existe dans la pensée chrétienne, juste au moment où le christianisme, l'Église, la Révélation se trouvent mis en procès, condamnés au tribunal de la raison [104]. » Cette analyse d'une spécialiste, chercheuse contemporaine, et religieuse de son état, décrit un phénomène parfaitement perçu par François Guizot dès 1821.

> « Jamais, écrit-il, les points d'appui matériels du clergé ne furent si rares; jamais le pouvoir temporel ne fut si bien posé, si bien armé pour maintenir sa suprématie. Le principe que je viens de rappeler, la séparation absolue de la vie civile et de la vie religieuse, a fait plus à ce sujet, que toutes les Pragmatiques et tous les arrêts des parlements. Le grand problème qui a tant lassé les rois et les peuples modernes, le problème de l'indépendance de l'autorité temporelle, est sinon résolu, du moins bien avancé par là. Le gouvernement peut encore avoir à traiter avec le clergé; il n'est plus contraint, en aucun cas, de subir sa loi, ou d'acheter très chèrement son aveu [105]. »

Cette « indépendance » crée un vide, cette « séparation absolue de la vie civile et de la vie religieuse » suscite une angoisse que gouvernement et opposition n'ont pas réussi à combler. Les gouvernants en place ont bien renié la force comme source de pouvoir, mais leur légitimité politique n'est pas encore fondée sur cette idée morale chère à François Guizot [106]. Le succès des écrits du vicomte de Bonald s'explique alors sans conteste « parce que la politique et la morale sont une même chose, appliquée, l'une au général, l'autre au particulier, en sorte que la politique, bien entendue, doit être la morale des États, et que la morale, rigoureusement observée, doit être la politique des particuliers [107] ».

Cette défense et illustration de la morale, expression d'un groupe social attaché à la « prééminence de la religion sur la loi [108] », n'est pas simplement argument critique à l'encontre de la démocratie « qui ne voit le souverain que dans les sujets, ou le peuple [109] »; elle est en fait opinion commune, partagée par les politiques comme par les moralistes, dans la fusion des deux états [110]. Tous expriment une même volonté : UNIR. Unir le pouvoir au peuple, unir la religion à la société civile, unir le peuple sous une même loi; refuser l'éclatement, la division, l'individualisation, source première du malaise social. L'inexistence des liens sociaux engendre l'incapacité, voire l'illégitimité du gouvernement. L'absence d'harmonie est fatale au pouvoir. « La société » lui « manque », observe François Guizot, qui déplore cette absence d'unité et recherche un « centre » autour duquel « les citoyens pourraient se regrouper » : un objectif commun rassemblerait, une communauté de pensée lierait les hommes entre eux. Il interpelle ses pairs.

> « Vous vous plaignez que les partis ne se rapprochent point, que les hommes modérés sont sans force et sans lien. Je le crois bien; les individus vivent isolés, rien ne les amène à traiter ensemble; rien ne les oblige à chercher le point, l'idée, la résolution où ils pourraient s'unir [111]. »

Plus fondamentalement, plus systématiquement, les saint-simoniens, dont l'ambition est plus grande, plus universelle, projettent, pour la survie de l'espèce humaine, de mettre au service des sentiments sociaux les « institutions politiques » pensées comme instrument d'unité des sciences et de l'industrie [112]. Selon Eugène Rodrigues dont les espoirs sont fondés sur la « force merveilleuse du sentiment religieux », il importe de lier tout ensemble, « le moi et le non-moi, l'amour de tous et de soi, l'abnégation et l'égoïsme, le devoir et l'intérêt [113] ». Le projet postule une certitude :

> « Le besoin d'unité, l'amour de l'ordre, sont tellement inhérents à l'homme, qu'avant de pouvoir être éprouvés et satisfaits dans leur dernière limite, l'association universelle, nous les voyons s'établir au moins sur des bases provisoires, d'abord dans la famille par le mariage, puis dans des réunions peu nombreuses, enfin dans des nations entières [114]. »

Telle est la logique saint-simonienne. Préoccupation identique chez Théodore Jouffroy dont le pamphlet contre la Restauration avait été accueilli, selon Sainte-Beuve, comme « une déclaration mortuaire, jetée superbement au catholicisme [115] ». De son point de vue, le peuple est à la « recherche de la vérité ». Il en appelle à « la doctrine nouvelle [116] », plus encore à la « foi nouvelle attendue par tous, car tous ressentent une vague inquiétude dont elle est l'objet ignoré, et qu'elle seule peut apaiser (...). Enfin les temps sont arrivés et deux choses sont devenues inévitables, proclame-t-il : que la foi nouvelle soit publiée, et qu'elle envahisse toute la société [117] ».

La perte « de la communauté des croyances [118] » est également regrettée par les républicains; Louis Blanc en rend responsable la bourgeoisie, comptable de la concurrence exacerbée entre les individus. La république se pense alors en terme de « régénération sociale [119] », centrée autour du peuple uni par « la loi expression du peuple, les magistrats serviteurs du peuple – Tels sont les principes que nous avons défendus! (...). Place au peuple donc : c'est lui qui vient tout régénérer et tout reconstruire [120] ».

On le voit, si les projets sociaux diffèrent, par-delà les divergences politiques, le ciment est le même : tous ressentent la nécessité d'unité pour dépasser le « désordre moral » dans lequel les individus isolés sont plongés. Chaque groupe est en quête d'harmonie sociale entre le peuple et le pouvoir, entre le groupe et les individus. On le sait, l'idée de liberté a fait éclater les communautés d'Ancien Régime, sans satisfaire le besoin de cohésion sociale. En l'absence de toute sécurité substitutive, l'idée perdure et se renforce; mieux, son attrait sans cesse renouvelé impose une concrétisation impossible à réaliser. Hors de cette fiction morale, l'élite éclairée ne peut imaginer ressouder le corps social défait : composé d'individus inégaux et dissemblables, toujours en attente d'égalité, ce « corps » ne peut être autrement recomposé sans mettre à mal le bon ordre social. La morale sera républicaine, saint-simonienne ou libérale, *mais elle sera,* car l'ordre est en jeu, tant le besoin de liberté s'exprime chez les hommes comme chez les femmes.

Pour l'heure, l'inégalité sociale règne. L'alliance restaurée du Trône et de l'Autel, sous le règne de Charles X, a créé une double rupture, en détournant la société des pouvoirs fondés sur des valeurs aristocratiques et dogmatiques dépassées. D'où cette quête du groupe, du collectif, d'une communauté de pensée, d'une loi commune, d'une autorité légitime. « Ce fut peut-être parce que instinctivement on a saisi la difficulté de cet état des choses qu'on a joint à la liberté et à l'égalité une troisième exigence, celle de la fraternité [121]. » La mise en discours de l'idée de fraternité tentera de faire croire, en 1848, à la réalité d'une égalité. Nous n'en sommes pas là mais, déjà, le rassemblement du peuple est réclamé par tous. Or, dans cette société, les bases d'unification possible du peuple sont fragiles, peu de valeurs subsistent. Il ne reste qu'une foi abstraite en une religion libérée de ses ministres, épurée de ses dogmes. Charles de Rémusat se rappelle la création de la Société de la Morale chrétienne, en 1821 :

> « Dans la société, l'union voulait que le dogme y fût soigneusement passé sous silence [122]. »

Tout est à reconstruire avec des outils pas toujours nouveaux. « Ce qui changera progressivement, comme le souligne Pierre Rosanvallon, c'est la persécution de ce qu'on appelle " religion " et de ce qu'il faut entendre par " spirituel " [123]. » Il apparaît nécessaire de fonder de nouvelles valeurs morales afin de combler le fossé qui sépare les principes des réalités sociales, tenter de renouer le lien entre « devoir être et être [124] ». Pour Louis de Bonald, il n'y a aucun doute :

> « Le principe d'athéisme et de déisme s'affaiblira, et les esprits, fatigués d'erreur, reviendront à la religion chrétienne, seul moyen assuré pour les États de tranquillité, de force et de prospérité, parce qu'en elle seule est la raison du pouvoir des rois et des devoirs des peuples [125]. »

LA MORALE EN QUESTION

Quelles que soient les critiques formulées, les opinions émises, les responsabilités imputées, chacun aspire à revivifier le *sentiment moral,* jusqu'alors malmené, dans une population rassemblée autour d'une autorité retrouvée. « Le principe d'autorité fut attaqué, nous dit Louis Blanc, avec une ardeur excessive et succomba. Le pouvoir, divisé en deux forces perpétuellement occupées à s'entre-détruire, perdit par sa mobilité ses droits au respect de tous. Incapable de diriger la société, puisqu'il portait dans son propre sein, la lutte, l'anarchie, et qu'il était en peine de vivre, il accoutuma les esprits à l'empire de la licence. La nation fut presque toujours violentée, jamais conduite [126]. » Chacun s'évertue à justifier la nécessité d'une restauration, morale celle-là. Et comme toujours les saint-simoniens en exposent les arguments sans masquer leurs références ni leur préférence.

> « L'éducation morale est donc aujourd'hui complétement négligée, même par les hommes les plus aimés, les plus estimés du public; et chose remarquable, ce sont les défenseurs des doctrines rétrogrades qui semblent seuls comprendre son importance. Ils s'abusent sans contredit sur la nature des idées à enseigner ou des sentiments à développer et sous ce rapport les résistances qu'on leur oppose sont légitimes; mais sur la question en elle-même, sur la nécessité d'un système d'éducation morale, ils se montrent infiniment supérieurs aux esprits les plus populaires de notre temps [127]. »

L'allusion est directe, même s'il s'agit de fustiger « la morale de l'intérêt », la convergence avec la pensée de Louis de Bonald ou de Joseph de Maistre est clairement énoncée. La théorie saint-simonienne, fondée sur l'égalité du SENTIMENT et du RAISONNEMENT, voudrait inspirer à tous les hommes le goût des sentiments, en rejetant au second plan une raison privilégiée à l'excès jusqu'alors.

Cette idée n'est pas nouvelle. D'autres auteurs se sont interrogés sur *l'état physique et moral* des hommes de ce siècle. Je pense en particulier à l'ouvrage de Pierre Jean Georges Cabanis : *Les Rapports du physique et du moral de l'homme* (1802), à celui du Dr Virey, à celui du Dr Roussel. Plus globalement, cet intérêt pour *la morale* et *le sentiment* s'inscrit dans le grand mouvement de pensée de l'époque, mouvement qui déborde largement les cadres de la nation. On connaît par exemple les liens qui unissaient les saint-simoniens aux penseurs allemands : on pense en particulier à Herder et à sa critique du rationalisme des Lumières. Toute cette réflexion peut s'apparenter au romantisme dans ses traits généraux. Mais sa dimension politique est essentielle, car cette préoccupation de l'homme – être social, comme le pensait déjà Rousseau, mais aussi être moral –, cette volonté d'aboutir à une véritable cohésion sociale, dans une société composée d'individus inégaux profondément divisés, a des implications directes sur le devenir des hommes et des femmes : elle engendre une partition des rôles, des modèles sociaux, des valeurs, toute une hiérarchie indispensable à mettre en place, en fonction d'une aspiration de tous à la même liberté. L'éducation est mise à l'honneur, une éducation complète qui « embrasse la vie entière de chaque être », au détriment d'une « instruction » dispensée ces dernières années « sans but précis, désordonnée, indépendante des dispositions individuelles et des besoins généraux [128] ».

C'est dans le même esprit, que Pierre Simon Ballanche écrivait son *Essai de palingénésie sociale,* « le véritable combat, le combat définitif est une lutte morale [129] », annonçait-il. La théorie politique de François Guizot s'inscrit dans le même ordre d'idées. Lorsqu'il écrit sur le « gouvernement des peuples et des individus », il songe au moyen d'orienter les opinions et de canaliser les passions; il cherche à exploiter « les sentiments justes, les penchants légitimes », à attirer vers eux « les énergies sociales [130] ». En toute logique, devenu ministre de l'Instruction publique de la monarchie de Juillet, il s'informe de « l'état moral de l'instruction primaire [131] ». Cette intention moralisatrice ne relève pas seulement des esprits convaincus d'appartenir à l'élite sociale : les partisans du suffrage universel manifestent la même volonté. Soucieuse de satisfaire le développement « physique et moral » des hommes, dans le but de prouver que la République peut seule réaliser l'heureuse alliance du « pouvoir et de la liberté », *La Revue républicaine* expose, en 1834, sa « mission » :

« Le but social du XIXe siècle est double dans son unité : conserver le bien-être physique et moral des classes heureuses, améliorer physiquement et moralement le sort des prolétaires qui souffrent [132]. »

Ce souci de moralisation des masses populaires les entraîne à critiquer l'œuvre scolaire de François Guizot dans les mêmes termes que ceux du ministre dont ils fustigent l'œuvre :

« Nous livrons ces réflexions aux pères de famille de tous les partis. Qu'ils disent si le système dont nous n'avons qu'imparfaitement analysé les turpitudes, est le système qu'ils entendent légitimer (...). Cette loi sur les écoles primaires, qui a valu à M. Guizot tant d'éloges prématurés, renferme pour les propriétaires de graves sujets de craintes. *L'éducation morale* est absente de cette œuvre [133]. »

En 1834, Théodore Jouffroy est revenu à des idées plus traditionnelles, « la solution du problème politique est une foi morale et religieuse », dit-il alors. Le recours au christianisme, « aux trois quarts vrai », lui semble désormais nécessaire [134].

La question morale, centrale à l'époque, concentre la plupart des réflexions du moment, comme le souligne Louis Dumont : « Il est clair, d'après les penseurs français de la période s'étendant de 1815 à 1830 et au-delà, que la Révolution et l'Empire ont laissé derrière eux un vide que les meilleurs esprits s'occupent à essayer de combler. Si la Révolution avait marqué le triomphe de l'individualisme, elle apparaissait, au contraire, rétrospectivement, comme un échec [135]. » Mais, à mon sens, si le besoin d'*universitas* est ressenti très largement par la population, et pas seulement par l'individu romantique, il y a plus qu'une simple « résurgence des valeurs » : sous la forme énoncée de retour aux valeurs traditionnelles, toute une conception du monde s'élabore. Si l'on excepte les aspirations conservatrices des légitimistes d'Ancien Régime, autour de valeurs repensées, l'unité du peuple est recherchée, non pour satisfaire ses aspirations à la liberté mais afin de contrôler, de maîtriser cette société en perdition. *C'est de pouvoir dont il est question.* Quand l'efficacité passée du catholicisme est rappelée, ce n'est pas dans le but d'imiter, de reproduire le même type de spiritualité : il s'agit d'en restituer la référence unificatrice, par une religion transformée, plus authentique, unissant les hommes autour d'une foi retrouvée, dans le « sens commun » de Félicité de Lamennais. A travers les nuances et les divergences, on saisit une double volonté, sans cesse rappelée, commune à tous : la liberté de chacun doit être compatible avec l'autorité d'un pouvoir commun. L'émergence du peuple, « des masses » selon Guizot, crée la nouveauté; les valeurs traditionnelles ne peuvent continuer à servir le peuple pas plus qu'elles ne sont utiles aux gouvernants. Mais, ce

« peuple », notion floue, devenu visible, impose sa présence, en même temps que son désordre; c'est pourquoi le besoin de cohérence, la nécessité d'un ordre sont recherchés. L'*éducation morale* civilisatrice, unificatrice, permettra peut-être d'éviter les débordements révolutionnaires.

Mais que faire des femmes? Impossible d'imaginer une société autre sans définir leur place, canaliser leurs passions, maîtriser leurs aspirations. Rituellement, la question se posait, à la veille des grandes échéances, soit au lendemain des périodes de troubles. Le citoyen Thérémin, en 1799, préconisait « la culture et l'exercice de leurs facultés morales », en songeant au futur citoyen, personne politique unique en deux personnes, mari et femme, l'un représentant l'autre [136]. Les projets se multiplient, se renouvellent au gré des besoins sociaux. En ces années 1820-1830, l'unité du corps social pourrait dépendre du bon ordre des familles, des bonnes mœurs. Plusieurs fléaux sociaux sont mis à l'index, la prostitution en tout premier lieu. On déplore également le désordre des mœurs aristocratiques, modèle du genre, devenu référence insensée pour une opinion publique en cours de moralisation : dans ces milieux, la liberté d'être était à l'échelle de la notoriété. « Une liberté conjugale à peu près absolue était regardée comme une des premières bienséances de la société, et l'on ne manquait pas aux bienséances [137]. » Trente ans plus tard, Jules Simon évoque avec nostalgie le souvenir de Mme de Sévigné; les bonnes mœurs ont triomphé, mais les femmes ne savent plus philosopher, « elles sont parquées dans les fauteuils, occupées à s'ennuyer et les hommes debout de l'autre côté du salon, causent de bourse et de politique [138] ».

En 1860, des femmes posent un regard étrange sur ce passé qui leur échappe; certaines sont sévères pour leurs « sœurs »; la plupart marquent d'un silence discret leur engagement d'antan dans le mouvement saint-simonien, comme Eugénie Niboyet dans son *Vrai Livre des femmes* [139]; d'autres se taisent et interviennent publiquement, telle Jeanne Deroin, à la faveur seulement d'un autre bouleversement. Comme le remarque Michelle Perrot, la famille, au XIXe siècle, est devenue « créatrice de citoyenneté autant que de civilité. La " bonne famille " est le fondement de l'État et notamment pour les républicains [140] ». Ce bon ordre républicain s'accompagne d'un enfermement des femmes dans la vie privée et se double de leur attachement à l'Église, aux églises, aux congrégations éducatrices. Argument, on le sait, des républicains anticléricaux de la IIIe République pour justifier l'exclusion des femmes de la vie publique, par crainte de leur vote en faveur des conservateurs et des légitimistes. Or, nous l'avons vu, au temps de la Restauration, l'anticléricalisme était partagé par des hommes et des femmes, également soucieux de liberté, voire de responsabilités, dans les milieux les plus en prise avec leur temps. Penser ce recul me semble nécessaire. Dans ce temps court de l'histoire du XIXe siècle français, se façonne le statut des femmes en corrélation avec celui du citoyen. Il importe donc de restituer l'historicité de cette formation pour mieux comprendre les conditions de production de la démocratie – dans sa dimension universelle s'entend.

ANNÉES 1830,
LE TEMPS DES POSSIBLES
OU LE TEMPS DE LA LIBERTÉ

« Or comme nous nous moquons de la liberté autant que du despotisme, de la religion aussi bien que de l'incrédulité; que, pour nous, la patrie est une capitale où toutes les idées s'échangent, où tous les jours amènent de succulents dîners, de nombreux spectacles où fourmillent de licencieuses prostituées, des soupers qui ne finissent que le lendemain, des amours qui vont à l'heure comme des citadines; et que Paris sera toujours la plus adorable de toutes les patries [1]*!... »*

Balzac (1831)

DANS LA RUE
par un jour funèbre de Lyon
La Femme

Nous n'avons plus d'argent pour enterrer nos morts.
Le prêtre est là, marquant le prix des funérailles;
Et les corps étendus, troués par les mitrailles,
Attendent un linceul, une croix, un remords.

Le meurtre se fait roi. Le vainqueur siffle et passe.
Où va-t-il? Au Trésor, toucher le prix du sang.
Il en a bien versé... mais sa main n'est pas lasse;
Elle a, sans le combattre égorgé le passant.

Dieu l'a vu. Dieu cueillait comme des fleurs froissées
Les femmes, les enfants qui s'envolaient aux cieux.
Les hommes... les voilà dans le sang jusqu'aux yeux.
L'air n'a pu balayer tant d'âmes courroucées [2]*...*

Marceline Desbordes-Valmore (1834)

Ces deux extraits d'œuvres littéraires marquent les limites du temps de la liberté : 1831-1834. Temps court, paradoxal, au sein duquel des femmes signifient leur volonté d'être et parlent d'égalité. « Pour l'éveil de la démocratie, au plein sens du mot, qui suppose que se rencontrent de façon plus qu'occasionnelle le peuple et la politique, ce furent peut-être les années les plus importantes du siècle [3] », nous dit Maurice Agulhon. Parce que la Révolution a suscité un fabuleux espoir, tous les individus, devenus libres après la chute des despotismes politiques et religieux, profitent de ce vent de liberté pour penser des réformes, mettre en cause la légitimité royale, critiquer l'Église ou tout simplement projeter la société de demain. Le peuple, quant à lui, ne peut se soumettre à un pouvoir confisqué par une minorité de nantis; ainsi l'expriment ses représentants, ainsi le manifestent les prolétaires des villes au cours des émeutes qui se succèdent. Malgré la victoire du Prince, l'heure est à la souveraineté populaire. Pendant ces quelques années d'une importance exceptionnelle, des systèmes politiques et sociaux s'élaborent, un ordre moral se réinvente, la religion se réforme. Que l'on songe à la république à venir, au socialisme à construire, au libéralisme à mettre en œuvre, toutes les idées critiques se confrontent au devenir social. Dans le champ de la pensée, toutes les « lois d'avenir [4] » sont du domaine du possible. La mort de l'Autel, le renversement du Trône, la victoire de la raison sur les valeurs sacrées soulèvent un vent de liberté sans précédent qui saisit toutes les couches sociales : hommes et femmes indistinctement. Les politiques pensent la souveraineté du peuple, parce que « l'émancipation du peuple et des femmes » sont les mots qui courent dans toute la presse, mots « magiques » qui s'échangent dans la correspondance.

Eugénie Niboyet, Jeanne Deroin et Désirée Véret sont nées dans ce monde et sont filles de ce peuple; elles participent, comme leurs contemporains, à ce grand mouvement de libre expression. Parce que l'historiographie les a enfermées dans le mouvement saint-simonien, leur aspiration à la liberté a été, en quelque sorte, dissoute dans les idées saint-simoniennes. Étonnamment, ces individus, acteurs sociaux, partie prenante d'une réflexion critique politique et sociale, échappent à l'histoire. Elles émergent du passé comme des cas isolés, des filles exaltées, tout au plus des femmes hors du commun : exceptionnelles en regard des femmes du peuple enfermées dans la quête du pain quotidien, pour qui la liberté à peine entrevue est un mot vide de sens. Cette façon de penser l'histoire est en partie fondée sur le devenir « victorieux » du saint-simonisme, celui qui a laissé des traces durables : l'initiateur de la révolution des transports, du système bancaire de l'industrie nouvelle. Il est vrai que, face à la révolution industrielle, la « femme libre », pensée par Enfantin, se délite. Bien qu'elle fût saisie, réinterprétée par des femmes, elle ne fut qu'un moment, un « rêve inabouti [5] », un fol espoir, une impasse. Cependant « rien ne prouve d'ailleurs que l'on puisse dire orgueilleusement et définitivement, à propos des " vaincus de l'histoire ", qu'ils aient emprunté purement et simplement une voie sans issue [6] ». Parce que leur pensée fut si riche, leur discours si foisonnant, ces femmes des années 1830 nous donnent à lire une liberté dans sa dimension universelle. Ce « rêve inabouti », ce silence sur leur liberté nous aident à comprendre le devenir de la souveraineté populaire, pensé dès son origine en termes d'exclusion ou de représentation. Ils nous éclairent sur les enjeux de pouvoir au sein des organisations naissantes et, de ce fait, nous informent sur l'apprentissage de la démocratie mise en œuvre par la représentation d'un citoyen qui peu à peu se modèle et prend forme; un citoyen façonné par des autorités politiques et morales dont les conceptions de la souveraineté sont déterminées par leur rapport au pouvoir.

En réalité, ces trois femmes ressemblent à s'y méprendre aux autres : aux épistolières, aux journalistes, aux rédactrices du *Journal des femmes,* aux intervenantes des sociétés savantes favorables à l'instruction, à toutes celles qui expriment une opinion critique. Comme beaucoup, elles prennent position, elles disent leur opinion sur la politique du temps, sur les misères sociales. En même temps, elles saisissent l'importance d'une liberté qui leur échappe : elles en embrassent la cause avec une ambition qui étonne encore dans les années 1860. Que de ressemblances entre la démarche de Désirée Véret et celle d'Auguste Blanqui! tous deux veulent changer le monde, tous deux s'adressent à Louis-Philippe. Le langage et les références sont les mêmes. Tous deux pensent servir les intérêts du peuple. Le projet politique diffère seulement dans ses conclusions : l'une s'adresse au roi pour lui faire entendre raison, l'autre menace d'un nouveau rapport de forces [7].

Rien de singulier non plus dans le patriotisme manifesté par Jeanne Deroin en sa profession de foi, identique à celui qui enflamme les émeutiers parisiens galvanisés par l'insurrection polonaise de novembre 1830. Tous sont persuadés du rôle moteur de la France en matière de libertés : seule porteuse des vrais principes libérateurs, la nation française se doit, pensent-ils, d'intervenir en faveur des peuples frères, victimes du despotisme. C'est pourquoi « le peuple » ne comprend pas les atermoiements de la politique étrangère française; à Bruxelles comme en Italie, l'heure est à la liberté des peuples : soutenir les Bruxellois contre la Hollande est un devoir; lutter contre les Autrichiens alliés de Grégoire XVI est une nécessité. C'est cette pensée républicaine que partage Jeanne Deroin. Elle exprime tout simplement ce qu'en d'autres termes Louis Blanc développe dans ses *Souvenirs.*

Quant à l'apostolat social d'Eugénie Niboyet, à l'écoute du monde ouvrier, il s'apparente à celui des philanthropes populaires de son temps. Une émotion supplémentaire, peut-être, face à la misère des plus démunis, des enfants, des femmes, côtoyés quotidiennement en 1831, une révolte plus aiguë contre cette situation des gens et des choses qui témoignent d'une volonté de faire cesser cette inégalité par trop criante. Elle cherche des moyens concrets pour améliorer le sort du peuple : le développement de l'éducation est celui qu'elle préfère. Elle appartient à ce monde « qui se dévoue chaque jour au succès de la cause populaire » dont parle l'ouvrier tailleur Grignon en 1833, lui qui ne veut pas « désespérer » de l'« avenir ». Leurs préoccupations se rencontrent :

> « Cherchons donc, citoyens, les moyens d'améliorer notre malheureuse condition (...). Nous travaillons 14 à 18 heures par jour dans l'attitude la plus pénible (...). Comment consacrer quelques heures de la vie à l'instruction? Comment exercer notre intelligence, éclairer notre esprit, adoucir nos mœurs? (...). Unissons-nous pour resserrer les liens de la fraternité [8]... »

Ces voix plurielles expriment donc des aspirations identiques, elles sont l'expression d'un même peuple, avec ses illusions, ses fiertés, ses volontés de dire non aux privilèges dont l'abolition avait été proclamée par leurs pères. Rien ne distingue particulièrement les projets politiques, les prises de position sociales des femmes en quête de liberté de celles de leurs « frères de misère » – si ce n'est la fraternité du métier. L'aspiration à la liberté est aussi forte chez les unes que chez les uns. Jeanne Deroin aurait pu signer ce « cri du peuple » d'Auguste Colin :

> « Nous avons secoué le joug de l'aristocratie nobiliaire pour tomber sous la domination de l'aristocratie financière, nous avons chassé nos tyrans à parchemin pour nous jeter dans les bras des despotes à millions. Notre sort ne pouvait donc s'améliorer (...). Les uns étaient égoïstes par éducation, et les autres le sont devenus par leurs capitaux. Enfin pour tous ces fléaux des nations, le peuple n'est qu'un instrument que chacun doit employer pour parvenir aux honneurs, aux dignités, à la fortune et l'oublier ensuite [9]. »

Mais, en même temps qu'elles entonnent cet hymne à la liberté, à l'unisson du peuple, elles perçoivent la distance qui les sépare de ces hommes dont elles partagent les rancœurs sans bénéficier de la même individualité, de la même liberté, sans pouvoir les accompagner dans les mêmes projets sociaux. Et là tout bascule : saisies par la réalité, elles se voient placées dans une situation autre, hors de la sphère publique. Elles éprouvent alors le besoin de sortir d'une dépendance, de se soustraire à une tutelle masculine qui les écarte des réformes sociales. Avant de lier leur sort à celui des hommes, avant de réclamer la liberté du peuple, elles aspirent à l'émancipation. Cette prise de conscience de quelques-unes, en particulier de Jeanne Deroin dont le sens critique est peut-être le plus aiguisé, mais aussi de Désirée Véret et d'Eugénie Niboyet, intervient au moment même où les ouvriers et les républicains commencent à s'organiser, voire à tisser des liens entre réalité sociale et devenir politique : les sociétés de résistance se multiplient; parallèlement, un rapprochement s'opère entre républicains et ouvriers :

> « Le 5 juin, dans le cortège qui suit le cercueil du général Lamarque, on remarque, à côté des jeunes bourgeois appartenant aux associations républicaines, des membres de corporations d'ouvriers, teinturiers et imprimeurs en particulier, avec leur bannière et leurs pancartes propres [10]. »

Joseph Benoit se souvient des succès de la Société des Droits de l'Homme, du parti républicain : « En 1832, ce parti était puissant et causait de sérieuses inquiétudes au gouvernement [11]. »

En 1832, Désirée Véret pense à l'universelle liberté. « Toutes les questions sociales dépendent de la liberté des femmes [12] », écrit-elle. Sous l'égide de la Société des Droits de l'Homme, « en 1834, l'organisation du parti républicain était complète », nous dit Joseph Benoit; et c'est en 1834 qu'Adèle de Saint-Amand rédige une « Proclamation aux femmes sur la nécessité de fonder une société des droits de la femme ». Là s'arrête le parallèle. Malgré la volonté des plus révoltées, la conscience partagée d'être les dernières esclaves « encore sous le joug [13] » ne suffit pas à rassembler les femmes. Au-delà des proclamations, des déclarations d'intention, elles se heurtent à l'insurmontable : socialement inexistantes en tant que telles, les femmes appartiennent à de multiples groupes, dans la réalité comme dans le champ des représentations : aristocrates, bourgeoises, prolétaires, femmes de la halle, femmes auteurs. Identifiées dans ces catégories, elles sont rarement reconnues pour elles-mêmes. Impossible de les rassembler sur un privilège négatif. A l'instar du Tiers État, elles veulent être tout mais ne sont rien, sans intention de prendre le pouvoir. Telle est leur distinction. Signe de leur impuissance? Aussi réclament-elles « le nom », « la place » qui leur revient. Ne bénéficiant d'aucune reconnaissance sociale, parce que femmes, elles cherchent à l'obtenir autrement qu'en épouses. Désirée Véret songe, un moment, à « la maternité » comme lien possible entre les femmes : la mère existe, non la femme; l'œuvre d'enfanter ne peut être niée. Mais regrouper des mères est-ce libérer les femmes? Conscientes de n'être rien, elles s'adressent aux organisations masculines en formation et tâchent de leur faire entendre raison, leur raison d'individus libres, afin d'accéder à l'instruction, au travail, bref à l'indépendance nécessaire à l'exercice de la citoyenneté. On comprend l'acharnement mis par Désirée Véret, Jeanne Deroin, Eugénie Niboyet, dans leurs parcours individuels, pour obtenir cette reconnaissance. Sans reconnaissance, point d'existence possible. En l'absence d'identité spécifique, ce besoin d'être vivante dans le regard de l'autre, d'un autre, passe par « des œuvres », par « un nom ».

Ainsi se sont imposées George Sand, Daniel Stern : par leurs œuvres, elles se sont fait un nom, reconnu par leurs pairs. Reconnaissance si patente, si exceptionnelle pour George Sand, qu'elle est devenue LA représentante de la femme libre, celle qui a osé dénoncer les chaînes du mariage. En 1848, des femmes investissent en elle tous leurs espoirs. Emblème d'une liberté conquise, George Sand, écrivain – et non Aurore Dupin, ni la baronne Dudevant –, devait devenir leur porte-parole; la réalité fut tout autre. Et si Marie d'Agoult eut quelques difficultés à se défaire de l'image scandaleuse collant à son être, à cause de sa passion pour Liszt, elle est devenue, par l'écriture [14], Daniel Stern. Déjà reconnue comme « femme supérieure [15] », son appartenance à une vieille famille aristocratique lui avait permis de bénéficier d'une éducation digne des Flavigny. Eugénie Niboyet, elle, commence tout juste à écrire; elle cherche à se faire un nom par ses talents d'éducatrice, son talent d'apôtre, son pouvoir sur les masses.

Désirée Véret et Jeanne Deroin entendent d'abord acquérir la reconnaissance du peuple, à un moment où la société se reconstitue et où les individus se regroupent : il est possible alors de se faire entendre car les organisations ne se sont pas encore substituées aux individus. Naturellement, elles s'adressent aux représentants du peuple dont on découvre l'existence en même temps que sont dénoncées les souffrances spécifiques des femmes. Mais la reconnaissance accordée aux femmes de l'ancien ordre social est refusée aux femmes du peuple. Elles ne sont pas même reconnues par leurs semblables. Ce rejet a lieu précisément au moment où les classes s'organisent et s'affrontent, à l'époque où la bourgeoisie se donne les moyens de répression et d'encadrement d'un peuple qu'elle commence à craindre après l'avoir loué. Au temps des grèves et des émeutes ouvrières, au moment où les républicains, alliés ou représentants des prolétaires, pensent la transformation des rapports sociaux et préparent l'avenir de la république, les femmes du peuple, avant d'être exclues des droits politiques, sont rejetées hors des organisations qui préparent le triomphe du « suffrage universel ». Leurs dires sont occultés et leurs capacités restent invisibles [16]. D'un certain point de vue, elles n'ont même pas droit au combat pour la liberté.

C'est pourquoi, la démarche spécifique de ces trois femmes rend leurs parcours exemplaires, voire emblématiques de la liberté; la ferme assurance de leurs convictions ne se dément pas au cours de ces années 1830 et elles n'hésitent pas à quitter un mouvement qui les nie.

« L'impossible être-femme », écrit Christine Planté dans sa thèse consacrée aux saint-simoniennes. « A tant parler de La femme, on ne sait plus trop comment la définir, ajoute-t-elle. Les femmes ne savent plus s'y reconnaître; plus on en parle moins elles existent [17]. » En effet, les discours saint-simoniens, républicains ou libéraux construisent davantage une représentation qu'ils ne décrivent une réalité et, si la misère spécifique des femmes est souvent décrite, voire dénoncée, il n'est pas permis aux femmes d'en penser le dépassement. Elles restent *un* objet de réflexion mais ne sont pas *les* sujets de leur propre cause.

Sans reconnaissance, sans position sociale, sans identité propre, la femme libre, celle du peuple, « l'émancipée » des années 1830, qui a su restituer un sens universel aux concepts de liberté et d'égalité, est renvoyée à l'antique dépendance.

Il n'empêche que la liberté fut pensée possible en ces années d'une exceptionnelle richesse en matière d'idées. Cette liberté fut travestie puis rejetée. Saisir le sens de ce mouvement, en restituer l'historicité au cœur des tensions sociales, dans l'élaboration des projets politiques et moraux, c'est mieux comprendre ce moment fondateur de notre démocratie.

RENAISSANCE AU SEIN DES ANNÉES NOIRES

Depuis le 11 novembre 1830, les saint-simoniens disposent d'un formidable outil de propagande : le journal *Le Globe,* distribué gratuitement, permet de diffuser la doctrine dans les coins les plus reculés de France. Les apôtres, comme ils se nomment, pensent l'heure venue de régénérer le monde, car l'énorme déception engendrée par les effets inattendus de la révolution de 1830 autorise une écoute attentive de la « foi nouvelle ». Prédications, missions et enseignements sont de mieux en mieux entendus. A Paris, trois fois par semaine, rue Monsigny, rue Taitbout, à la Sorbonne, les orateurs se succèdent devant un public de curieux, vite convertis en admirateurs voire en adeptes. Les thèmes les plus populaires : l'abolition de l'héritage, l'affranchissement du peuple et des femmes sont diffusés par les jeunes saint-simoniens, avec « une intrépidité sans égale, soutenue par un talent élevé et de fortes études [18] ». Ils annoncent « l'association pacifique universelle », l'unité des classes et préparent la « loi d'avenir » fondée sur « l'attribution selon la capacité et la rétribution selon les œuvres ». « La classe la plus nombreuse et la plus pauvre » est l'objet de toute leur sollicitude. Sûrs d'eux-mêmes, les saint-simoniens acquièrent, au cours de l'année 1831, une audience sans égale et, du même coup, leur influence publique les fait craindre des grands.

Pour la première fois, des hommes disent s'intéresser au sort présent et à l'avenir des femmes. Mieux, ils les incitent à s'engager dans le nouveau combat moral et intellectuel dont ils ont pris l'initiative. Ils disent pouvoir modifier, transformer la société tout entière, bouleverser les rapports sociaux, y compris les relations entre les sexes. Est-ce possible? s'interrogent les lectrices, bien vite auditrices, qui accourent nombreuses aux prédications saint-simoniennes. Dans cette attente où s'entremêlent exaltation, tension et doute, Jeanne Deroin, Désirée Véret et Eugénie Niboyet accueillent la « religion nouvelle ».

Désirée Véret est la plus enthousiaste. Tout juste 21 ans, ouvrière lingère, peu surveillée par un père âgé dont les facultés mentales sont quelque peu défaillantes, elle adhère au saint-simonisme avec le bonheur des premières découvertes. Son engagement est sans réserves. Elle l'écrit à « ses pères et mères » le 11 septembre 1831 :

> « Je rends grâce à Dieu de m'avoir inspiré le désir d'entendre la parole de Saint-Simon; j'allais chercher un sujet de plaisanterie et je m'en reviens pénétrée d'admiration et d'étonnement pour la grandeur des idées et le désintéressement des apôtres (...). Je cherchais la lumière et un voile épais la cachait à mes sens (...). Mes pressentiments se sont accomplis, me voilà dans le monde nouveau, le voile est tombé, j'ai appris par votre bouche la science du bien de l'avenir, j'ai trouvé des guides qui me conduiront désormais dans une route plus sûre. Oh! à ce prix je ne regrette point tout ce que j'ai souffert; mes yeux sont ouverts, j'aperçois un tableau admirable dans l'avenir, plus d'ennemi mais partout des frères marchant ensemble vers un même but : l'émancipation de cette classe appelée peuple qui sentira alors sa dignité (...). Mes pères et mères, je me dévoue entièrement à cette belle cause; recevez-moi au nombre de vos enfans (...), faute de richesse et de savoir, je vous offre et mon industrie et mon travail. J'emploierai tout mon amour pour attirer vers la doctrine et mes parents et mes amis afin de leur faire partager mon bonheur. Je me mets entièrement à votre disposition; classez-moi comme vous l'entendez, je m'en rapporte à votre capacité sympathique pour me mettre à la place où je serai le plus utile à la société et où je puisse trouver ma satisfaction personnelle [19]. »

Ainsi Désirée Véret renaît à la vie; elle se dit prête à servir la noble cause du peuple.

Plus critique, à peine plus âgée, Jeanne Deroin, 26 ans, ouvrière également, s'apprête à passer son brevet d'institutrice; elle a lu, beaucoup lu : Morelly, Mably, Rousseau, bien d'autres encore. Encouragée par son ami Desroches, qu'elle épousera bientôt, elle étudie attentivement la *Doctrine*. Très intéressée par les propositions saint-simoniennes, elle exprime son point de vue sur la religion nouvelle, en faisant part de ses réserves et de ses certitudes. Faisant fi des préjugés anciens, elle écarte la morale catholique. Consciente d'appartenir à un sexe longtemps infériorisé, assurée de ses connaissances, forte de son expérience, elle expose ses exigences et sa volonté de comprendre, dans une profession de foi, en 44 pages d'une écriture serrée : elle y développe une vaste réflexion critique sur les questions soulevées par les saint-simoniens. C'est avec une lucidité peu commune et une grande maîtrise des textes qu'elle propose une lecture critique de la *Doctrine*, en nous livrant ses réflexions sur « l'esclavage » des femmes et sur leur devenir dans une société tout entière à transformer. Confrontée aux écrits des grands novateurs sociaux, en prise avec les réalités quotidiennes, elle ne doute pas un instant qu'elle puisse penser seule, en femme libre. Elle donne son opinion sur les idées philosophiques, religieuses et politiques exposées dans la *Doctrine*. C'est en égale qu'elle s'adresse aux saint-simoniens à qui elle ne cache pas cependant son enthousiasme, pas plus qu'elle ne masque ses réticences à l'égard de l'organisation hiérarchisée, toujours fondée sur la domination masculine.

> « Le saint-simonisme est venu réveiller dans mon âme les rêves si doux de paix et de fraternité universelle que je regardais comme chimériques, que je repoussais comme l'effet d'une imagination exaltée; j'éprouve une vive sympathie pour le principe de la Doctrine, l'abolition des privilèges de naissance, surtout l'émancipation de la femme et l'amélioration du sort moral, physique et intellectuel de la classe la plus nombreuse et la plus pauvre, objets de tous mes vœux, m'ont inspiré le plus ardent enthousiasme. Mais la raison me prescrit de le maîtriser, je doute encore, j'éprouve le besoin d'une conviction plus intime, je désire que ma conscience soit éclairée particulièrement sur les détails de l'organisation politique [20]. »

Le saint-simonisme, aux promesses exemplaires, présente l'avenir comme un tableau magique; plus qu'un système politique, plus qu'une doctrine philosophique, il s'annonce comme une religion; là il emporte son adhésion. Différemment encore, avec volonté, sûre de son choix, forte de sa position sociale, Eugénie Niboyet, 35 ans, descendante d'une famille de philosophes protestants et de scientifiques dont le physicien Lesage, épouse d'un ingénieur, mère de famille, « demande à faire vraiment de la doctrine », car « la théorie ne lui suffit pas, elle est toute remplie d'obéissance, d'ardeur, d'amour ». Sa conviction est si assurée que Claire Bazard, seule femme membre du collège saint-simonien, chargée de la propagande parmi les femmes, craint un moment – nous sommes en juillet 1831 – « qu'elle ne devienne la mère et elle la fille [21] ». Très vite des responsabilités seront confiées à Eugénie Niboyet qui sera chargée de la propagation de la *Doctrine* des IVe et Ve arrondissements de Paris.

Elles sont plusieurs à manifester leur enthousiasme à l'égard de ces nouveaux apôtres. Leurs regards éblouis par cette « lumière nouvelle », comme elles l'appellent, les détournent des idées sombres, des sentiments d'angoisse, des craintes d'isolement longuement décrits dans leur correspondance. 1831 et 1832 sont des années noires, les années les plus noires de la monarchie de Juillet. C'est « le temps des désillusions [22] »; le malaise est partout, le désespoir populaire est à la mesure des espérances suscitées par la révolution de 1830. Julie Fanfernot, parmi d'autres, témoigne :

« Salut Faubourg de Paris!... C'est au Louvre, lorsque, esclaves désarmés, nous luttions contre des esclaves armés, faibles de nombre, impuissants de moyens, dans les angoisses d'une périlleuse incertitude, nous jetions vers le ciel des regards suppliants en invoquant des secours; il nous envoya ton arme courageuse, les bras musculeux et ce sang déjà consacré par tant de sacrifices, qui vint encore se régénérer sous l'étendard de nos anciennes victoires (...). Au moment où j'étais en extase devant le magnifique horizon qui se déroulait devant nous, comme vous j'ai été surprise et pétrifiée d'horreur en voyant les lauriers de Juillet et la couronne de ces héros subir tant de hideuses métamorphoses [23]. »

Cette déception est perçue par tous, libéraux, républicains, saint-simoniens. Elle inquiète. Rémusat, partisan de la révolution, qu'il salue comme une « délivrance », a vécu l'événement dans « un incomparable bonheur (...) ». Il assiste impuissant à la montée de la détresse populaire et craint « l'état révolutionnaire chronique », dans lequel Paris semble être plongé [24]. 1831, on le sait, est l'année terrible pour les ouvriers en soie de Lyon, l'année du chômage, des bas salaires, des émeutes ouvrières dans les grandes villes. Le pain augmente, *La Tribune,* journal républicain, qui suit son cours sur les affiches apposées tous les quinze jours sur les murs de Paris, lance un avertissement au gouvernement : « La faim a d'affreuses exigences; prévenez-les : le temps est venu où les populations ne se laissent plus mourir de ce mal-là [25]. » 1831 est aussi l'année du sac de Saint-Germain-l'Auxerrois. En février, la colère du peuple est telle que c'est « miracle » si Notre-Dame est restée indemne. L'Église, les églises, soutiens fidèles des légitimistes, ne peuvent être épargnées, elles ont trop menacé. Les désordres se multiplient. Louis Blanc dresse un bilan critique de la société « abandonnée » par les hommes chargés officiellement de la conduire. Il voit la lutte partout : entre les producteurs, entre les travailleurs et il dénonce la concurrence, l'imprévoyance et l'égoïsme du gouvernement, dirigé alors par Casimir Perier.

« Le prolétaire, valet d'une manivelle, ou en cas de crise cherchant son pain entre la révolte et l'aumône; le père du pauvre allant à soixante ans mourir à l'hôpital, et la fille du pauvre forcée de se prostituer à seize ans pour vivre, et le fils du pauvre réduit à respirer, à sept ans, l'air empesté des filatures (...). D'un autre côté, plus de croyances communes, nul attachement aux traditions, l'esprit d'examen niant toute chose sans rien affirmer, et pour religion l'amour du gain [26]. »

Tel est le tableau dressé par le républicain socialiste; la société lourde d'inquiétudes est grosse de bouleversements. Cette représentation a longtemps marqué les mémoires. L'image, transmise par les contemporains, s'est peu à peu imposée. Suzanne Voilquin est sensible aux mêmes impressions, elle a la même perception de ce temps :

> « Dans les derniers mois de 1830, nous étions (...) fatigués des palinodies des ex-républicains, préconisant, de concert avec les bourgeois libéraux, la fâcheuse maxime de : *Chacun pour soi, chacun chez soi.* Fort tristes de toutes ces lâchetés, surtout après la grande aspiration de Juillet, écoutant les bruits du monde, nous attendions, quoi? Nous n'en savions rien [27]!... »

Paradoxalement, au cœur de ces années noires, surgit un besoin irrépressible : une exceptionnelle aspiration à la liberté, au bonheur, à l'émancipation se manifeste alors chez des femmes. Comme si l'insoutenable spectacle de la misère engendrait son contraire : l'absolue nécessité d'une autre société, d'un autre ordre social. Désirée Véret expose sa foi en « l'harmonie future » dans sa correspondance. D'autres femmes, comme elle, parlent avec le même enthousiasme de l'amour de l'humanité qui les anime; l'espoir d'un possible bonheur les fait sortir de leur silence : « J'entends parler du saint-simonisme, de cette association qui prétend affranchir les classes pauvres, pacifier, réunir, renouveler l'humanité (...). Je ne puis rester étrangère à cette magnifique promesse », écrit Élisabeth Celnart [28] :

> « Il aitait écrit que ce serait Saint-Simon qui finirait l'œuvre si bien commencée et que vous ses apôtres vous ramèneriez la paix, et le bonheur dans la clase la plus pauvre et la plus nombreuse. pourqoi les riches n'ont-ils pas un cœur comme vous mais à force de percévérance vous leur communiqueré cette chaleur qui vous anime et qui fera le bonheur général. Et moi ausi jue la faiblese de ne pas croire au bonheure que vous nous prometier mais mon fils un grand admirateur de votre doctrine a force de douceur m'a désidé a suivre vos enseignement. Il me semble maintenant que si je manquai, il m'arriverai quelque malheur [29]. »
>
> « N'apercevant que vices que défauts et ne trouvant aucune sympathie dans la société qui m'entoure, je cherchais vainement un remède qui puisse la rendre telle que je la désirais. Je vous rends grâce, à vous qui m'avez enseigné la route qui conduit à ce bien être général, à cette félicité à laquelle j'aspirais depuis si longtemps, vous m'avez rendu le bonheur en ouvrant mon cœur à l'éspérance », constate une dame de Strasbourg [30].

On a peine à imaginer l'émergence d'un tel espoir, tant il paraît irréel dans le « chaos » du temps, le « désordre des partis », le « choc des opinions », « la confusion morale », « l'absence de religion commune [31] ». Mais le paradoxe n'est qu'apparent [32], car ces lettres s'inscrivent dans le grand mouvement de pensée décrit par Maurice Agulhon : « Les années qui vont de juillet 1830 à avril 1834 ou septembre 1835 ont été des années de liberté d'expression d'une fécondité extraordinaire. La naissance du mouvement ouvrier n'est que l'exemple le plus frappant des élargissements d'audience, des rencontres, des prises de conscience, des cristallisations qui s'opèrent alors et par rapport auxquelles les entraves seront dérisoires [33]. » A ce moment, tout semble du domaine du possible. L'absence d'un pouvoir légitime, le désarroi religieux, la recherche d'une morale individuelle et collective permettent aux femmes comme aux hommes de retrouver une certaine autonomie de pensée. L'esprit, libéré des dogmes et des valeurs passées, peut s'adonner à la réflexion critique. Des aspirations, longtemps contenues, s'expriment alors avec passion. Des femmes disent ce qu'elles veulent être et non ce qu'une société ordonnée désire qu'elles soient. Du désordre des pensées, les contemporains sont conscients; *La Mère de famille,* journal modéré s'il en fut, décrit la situation en ces termes :

> « Les événements qui se sont succédé depuis 89 ont frappé partout, ont remué jusqu'aux êtres les plus passifs. Il n'est de position si humble, si obscure, qui mette à l'abri de la commotion ou du contrecoup de la chute des trônes, des institutions et des mœurs. Et comment, lorsqu'on voit chaque jour les principes révérés la veille, reniés et transgressés, n'en résulterait-il pas, pour les faibles yeux un éblouissement qui rend vacillantes jusqu'aux vérités les mieux affermies dans le cœur de l'homme [34]. »

Moments privilégiés pour Jeanne Deroin, Désirée Véret et Eugénie Niboyet : elles semblent n'avoir vécu que dans l'attente de ces temps d'exception afin de pouvoir dire ce qu'elles pensent. Être tout simplement. Elles s'engagent auprès des saint-simoniens, par « amour pour l'humanité », pour « l'affranchissement du peuple », pour une « vraie régénération sociale » [35]; elles sont prêtes à se dévouer corps et âme pour une cause qu'elles estiment sacrée; tout comme l'Antigone de Ballanche, elles sont décidées à vivre activement ce qui n'était jusqu'alors qu'un idéal, afin de contribuer à sauver une humanité en péril par la faute des hommes. Pour elles aussi,

> « une nouvelle ère commence. Un siècle nouveau se lève. Tous les esprits sont attentifs. Un immense sentiment d'inquiétude travaille les peuples. Nulle tradition ne retentit sur la lyre. La poésie cherche des inspirations. Elle interroge à la fois les souvenirs et les pressentiments. Toutes les pensées sont confuses; toutes les croyances sont ébranlées; le monde chancelle; et cependant le monde des merveilles n'est pas passé [36] ».

L'ENGAGEMENT : AMOUR ET PRATIQUE SOCIALE

Désirée Véret et Eugénie Niboyet choisissent la voie active au plein sens du terme, pour le bonheur du monde, celui du peuple, leur bonheur. Tel est, par exemple, le but recherché par Désirée Véret qui veut se dévouer entièrement « à cette belle cause ». Qu'on ne s'y trompe pas : elle ne part pas en guerre, elle s'engage vers la félicité, identifiée à l'amour porté au peuple dont « elle est la fille ». Quand elle demande « sa place » au sein du saint-simonisme afin d'être « utile » à la société, elle signifie son engagement politique. Dès juin 1832, elle le démontre en écrivant sa *Lettre au roi,* tout comme Charles Béranger avait publié une *Pétition d'un prolétaire à la Chambre des députés* [37]. Elle dénonce tour à tour le pouvoir et l'ambition des partis, et demande instamment au souverain d'écouter la voix du peuple, par laquelle s'exprime la voix de Dieu :

> « Les secours philanthropiques sont impuissants; l'aumône *avilit* le Peuple et ne prolonge sa vie que pour la lui rendre plus horrible. Ce qu'il lui *faut,* ce qu'il *veut :* c'est du *travail,* de la *joie,* des *lumières,* un avenir assuré pour ses enfans, du repos pour ses vieillards [38]. »

Tels sont les objectifs assignés au roi des Français par celle qui se pose en porte-parole du peuple, au même titre que les hommes républicains ou saint-simoniens [39]. Plus pragmatique, Eugénie Niboyet ne veut pas simplement apporter la preuve de son savoir saint-simonien, de ses capacités, de son autorité aux membres du Collège dont elle a obtenu la confiance, elle veut agir et agir vite auprès des masses car le temps presse : l'éducation manque au peuple. Elle prend plaisir à l'éclairer en dirigeant l'esprit des hommes et des femmes dont elle a la charge. Elle convoque, visite, multiplie les démarches, les conseils. Ce monde lui appartient, « ses filles l'écoutent ». Ce qui lui est le plus doux, c'est que les travailleurs lui expriment leur reconnaissance. Son bonheur est là, dans cette direction des masses [40].

Intervention politique pour l'une, engagement social pour l'autre, chacune prend activement fait et cause pour la *Doctrine,* choisie dans la liberté d'être. Elles sont dans ce monde; elles désirent, comme tous, sa transformation; leur intervention ne peut être différée car l'avenir meilleur se prépare dès maintenant. Les saint-simoniens les ont appelées, elles agissent. Le « voile est tombé », leurs yeux se sont ouverts sur le monde mais aussi sur elles-mêmes. Dans leurs écrits on lit le plaisir, la « satisfaction personnelle ». La société nouvelle de Désirée Véret est sa renaissance. Son désir de liberté prend sens dans sa soif de vivre. D'autres, comme elles, parlent de cette naissance renouvelée : individuelle et collective. Élisabeth Benoît, par exemple, écrit sa reconnaissance et après avoir dénoncé le pouvoir despotique, le roi parjure, le juge vénal, sa joie explose :

« Je saurais pourquoi j'existe! quelle est ma mission ici bas et l'éternel en me créant ne m'a pas condamnée à une nullité absolue parce qu'il me fit femme... ah, divine religion : j'ai besoin de t'aimer [41]. »

C'est dans les mêmes termes que Mme Bernard introduit sa lecture critique du saint-simonisme. Elle salue les intentions saint-simoniennes qui « lui rendent la vie » et avoue qu'elle n'est pas encore revenue de sa surprise.

« Quoi des hommes! Des hommes à tout de bon et des hommes du plus grand mérite ont songé à la femme, à la plaindre, à écouter ses larmes; à en tarir la source; à vouloir la consoler dans tous les âges; à ne plus la considérer seulement dans sa beauté et dans son utilité pour l'homme, mais dans sa valeur et dans son droit... [42] ».

Les propos d'Élisabeth Celnart sont plus circonspects, plus réalistes.

« Dès ma plus tendre enfance, avoue-t-elle, j'ai déploré le malheur d'appartenir à ce sexe faible et contraint. Un sort privilégié dans la loterie du mariage n'a pas adouci mes regrets, et je demande sans cesse à Dieu de me priver du bonheur d'être mère plutôt que de me condamner à mettre au monde une pauvre fille au jour. Combien de fois me suis-je proposée de consacrer mes facultés au soulagement de mon sexe (...). Néanmoins l'affranchissement promis par les saint-simoniens ne m'apportera nulle espérance. Je connais trop le résultat de la misérable éducation des femmes pour ne pas regarder cet affranchissement comme illusoire [43]. (...) »

Cette lucidité tempère quelque peu l'enthousiasme exposé plus haut. Il est vrai que les difficultés s'accroissent. Les obstacles se multiplient. Ils apparaissent insurmontables en cette année 1832 où les autorités ravivent les valeurs traditionnelles pour faire face au fléau du siècle : le choléra. Le dévouement féminin est requis car l'épidémie fait des ravages à Paris. Michel Chevalier adresse une semonce aux dames des classes élevées qui, s'adonnant à la charité, sont saluées par la presse qui vante « leurs ateliers » :

« Un horrible fléau est descendu sur Paris. Issu de la misère, il menace l'opulence d'une horrible mort (...). Les femmes des classes élevées ont pris à tâche de ne pas faire rougir leurs maris de l'étroitesse de leur vues. Elles se sont mises à fabriquer des filets de flanelle et des chaussons de laine (...). C'est pitoyable, si ces dames allaient voir ce qu'est un atelier véritable, ce que sont les malheureux et les malheureuses qui y sont entassés, qui s'y épuisent et qui s'y corrompent, il leur viendrait probablement à l'esprit qu'il y a mieux à faire pour les femmes privilégiées que de jouer au travail. C'est insulter aux travailleurs que d'appeler atelier un boudoir doré (...). La femme des classes élevées porte un joug qui lui pèse, elle est lasse d'être la propriété de l'homme, d'être comme dit le code en puissance de mari;

mais elle ne s'émancipera qu'à la condition d'émanciper elle-même le fils et la fille du peuple [44]. »

Chaque jour les journaux comptabilisent les morts [45]. Personne n'est épargné, tout le monde craint l'épidémie que l'on croyait « réservée » aux classes populaires, aux quartiers à l'hygiène douteuse. Les grands sont saisis. Aux dires de Charles de Rémusat, ils évitent d'en parler, le silence est une forme d'exorcisme. Avril 1832, c'est l'hécatombe, le mois le plus meurtrier; le peuple a peur, il ne veut pas croire au choléra, le gouvernement tenterait de l'empoisonner. Le père de Désirée Véret en est persuadé, il ameute le quartier : arrêté, il est en toute hâte recherché par sa fille. Désirée Véret s'épuise en démarches afin de faire libérer son père, vieux fou qui ne croit pas à l'hygiène publique. Comme beaucoup il rend responsable le pouvoir, toujours prêt à tromper le peuple [46].

Prosper Enfantin choisit ce mois douloureux pour faire retraite avec ses disciples à Ménilmontant. Dans l'organisation, beaucoup d'événements sont intervenus. Le statut de la femme, ou plutôt la place des femmes est devenue un enjeu de pouvoir [47]. Tout commence publiquement le 28 novembre 1831 : *Le Globe* donne à lire un discours tenu par Enfantin.

> « J'ai à vous signaler deux actes principaux de l'autorité nouvelle. Notre apostolat ne peut être encore exercé que par des hommes. La femme libre n'a pas encore parlé. J'ai dit en présence de la famille la parole qui doit donner à la femme la liberté. Cette parole sera successivement connue de tous; je la ferai propager par l'enseignement oral et par *Le Globe*. La femme qui sous la loi antique a eu l'homme pour *maître*, qui sous la loi chrétienne l'a eu pour *protecteur*, et qui doit l'avoir pour *associé*, est encore *mineure*. La loi morale pour l'avenir, c'est *l'égalité* de l'homme; le couple sera *l'association* la plus intime, la plus religieuse. Jusqu'à ce que la femme libre se soit révélée, aucune femme ne prendra part à notre œuvre. Toutes les femmes que nous avons provisoirement classées dans les rangs de la hiérarchie deviennent pour nous les égales les unes des autres en attendant que chacune d'elles soit l'égale de l'homme. »

Ainsi, les femmes saint-simoniennes sont mises en marge du mouvement par décision du Père. Jeanne Deroin pressentait ce risque. Elle craignait la résurgence du privilège des dominants, y compris chez les saint-simoniens. Ses interlocuteurs étaient mis en garde contre la formation « de nouveaux pontifes », contre l'émergence de « nouveaux autels », symptômes révélateurs des excès de pouvoir. « Le saint-simonisme nous offre un lien religieux, une hiérarchie sacerdotale, un gouvernement théocratique, ces mots réveillent des souvenirs amers de fanatisme et d'oppression », écrivait-elle dans sa profession de foi. C'est pourquoi elle hésitait à s'engager.

Elle a « peu connu les joies de l'enfance » : la lecture fut sa seule occupation. Privée de fortune, elle pensait devoir renoncer à la science et au bonheur. Portée par l'espoir de partager sa vie avec un philosophe, elle fit vœu de se détourner des marques de l'assujettissement.

> « Jamais me dis-je, je n'achèterai le bonheur au prix de l'esclavage, je veux vivre et souffrir seule, ignorante, inutile, oubliée, mais libre ; je ne reconnaîtrai jamais le droit du plus fort, jamais je ne donnerai mon adhésion à des principes que ma conscience réprouve [48]. »

Cette phrase dit tout ce qu'elle est, Jeanne Deroin n'en dira jamais plus. Faire entendre ce qu'elle a appris sur le monde lui suffit ; le savoir est son univers ; ses principes, ses convictions fondent son existence. L'héritage, elle l'a dit, importe peu. Elle veut être ce qu'elle pense, elle veut faire ce qu'elle dit. Elle a très sérieusement réfléchi et le « résultat de ses méditations » la conduit à penser

> « que toutes les religions étaient un tissu d'absurdités inventées pour asservir le genre humain. Que les lois étaient une arme entre les mains des puissans de la terre pour opprimer les faibles et qu'elles ne servaient qu'à légitimer les injustices des grands. Que le bonheur, la liberté, l'égalité étaient des mots vides de sens, qu'il n'y avait dans ce monde ni moralité ni principes [49] ».

De son point de vue, tout est à reconstruire sur des principes solides. L'égalité est une de ses priorités : « Il faut, dit-elle, effacer jusqu'au dernier vestige des institutions anciennes » ; abolir les derniers privilèges auxquels s'accrochent désespérément les moins avertis. « Il est certain qu'un système qui reposerait sur les débris de l'ancien serait toujours prêt à s'écrouler. » L'esclavage de la femme, privilège odieux, fondé sur la loi du plus fort, doit être déclaré inique [50], car il est le nœud de l'exploitation sociale, non pas une trace, une subsistance, le dernier privilège, mais la première expression des rapports sociaux fondés sur la domination. Très sensible à cette question, elle est profondément indignée de cette survivance qui, de fait, légitime une inégalité sociale plus profonde. « Abus le plus odieux et le plus immoral », il n'en demeure pas moins solidement ancré dans les mœurs. C'est pourquoi elle tente d'en saisir l'origine mais aussi d'en décrire les effets :

> « L'éducation de la femme est dirigée de manière à comprimer toutes ses facultés morales, intellectuelles. On veut la persuader qu'elle est inférieure à l'homme, et l'on s'efforce de réaliser autant que possible cette odieuse supposition [51]. »

Sans doute, les saint-simoniens n'ont pas su répondre à son attente. Elle n'adhère pas au mouvement, ou pendant un temps si court qu'aucune trace de son passage ne subsiste, hormis cette profession de foi pénétrée de critiques.

Forme de plaidoyer contre l'oppression des femmes, son texte témoigne de sa volonté de comprendre les « rapports de sexes ». L'expression semble courante à l'époque, les rédactrices de *L'Apostolat des femmes* l'utilisent dans leurs articles pour faire valoir une nécessaire évolution. Jeanne Deroin décrypte les mécanismes d'un système social fondé sur une prétendue supériorité des hommes. La ruse, la dissimulation, source de vie pour bon nombre de femmes, sont signes d'aliénation pour d'autres, saint-simoniennes ou non. Toutes saisissent l'état d'impuissance dans lequel sont plongés des individus non éclairés. La voie de l'émancipation leur est fermée. Aussi les rédactrices des journaux féminins s'efforcent-elles de mettre à nu le processus d'éducation fondé sur la valorisation de vieux préjugés. Suzanne Voilquin l'explique avec clarté dans le premier numéro de *La Femme libre* :

> « Je prêche donc en ce jour une nouvelle croisade pacifique contre le despotisme, contre l'écrasant joug des préjugés, qui condamne indistinctement, et empêche les faibles de se relever, et surtout contre cette injurieuse croyance qui subalternise et déclare notre sexe inférieur à l'autre [52]. »

Les prolétaires ne sont pas les seules à dénoncer cet état des relations sociales, elles partagent le même sentiment avec d'autres femmes des classes plus élevées, pour reprendre une terminologie familière du temps. Louise Dauriat [53] par exemple regrette « l'abaissement perpétuel » dont les femmes sont l'objet. Elle y voit cependant l'expression d'une rivalité que les hommes ne peuvent pas toujours dissimuler :

> « La moitié de la vie de la fraction dominante des hommes (...) ne supporte pas l'idée d'un mérite égal au leur (...). Des hommes de beaucoup de génie ont assez médit des femmes pour donner des preuves certaines qu'il est en elles de puissans éléments de rivalité. Femmes! taisez-vous disent-ils, laissez-nous parler, cachez votre esprit, votre savoir, vos vertus et laissez à nous seuls, tous les genres de triomphe, de cèlèbrité [54]. »

Le très respectable *Journal des femmes* ne tient pas d'autres discours :

> « On se méprend souvent sur le véritable sens du mot éducation (...); la tendance des idées jusqu'à notre siècle n'a pas permis à la femme de développer les moyens dont le créateur l'a douée; elle a subi la loi du plus fort, et, forcée d'accepter les conditions qui lui ont été imposées,

elle obéit quand on lui dit : " Tu iras jusque-là, point au-delà. " Or qu'est-il résulté de cette estimation inexacte? le voici : la femme ayant à l'égal de l'homme, la conscience de ses facultés et le désir de les exercer librement, souvent, en dépit des conventions humaines, recouvre, par la ruse, les droits dont elle aurait dû légitimement jouir; elle a miné la prison, ne pouvant la briser (...); les défauts qu'on reproche le plus aux femmes, et dont les hommes ont le plus à souffrir, sont précisément ceux que les institutions ont fait naître ou qu'elles semblent prendre soin de développer (...). Les femmes ne sont pas ce que la nature les a faites, parce qu'on les contraint à tourner dans un cercle trop petit pour beaucoup d'entre elles [55] (...). »

CHOISIR SA LIBERTÉ

Désirée Véret n'est pas loin d'énoncer les mêmes critiques, mais pour l'instant, elle est amoureuse. « L'ambitieuse jeune fille du prolétaire » n'a d'yeux que pour celui qui l'a révélée à elle-même. La crise est là, il faut agir. De son émancipation, elle se charge; Enfantin, son aimé, l'a appelée, elle répond. Comme elle s'est adressée à Louis-Philippe, elle interpelle les femmes « privilégiées », celles de l'autre monde, rappelées à la bienséance par Michel Chevalier :

> « Place donc! femmes riches et gracieuses, que le hasard de la naissance a favorisé du don des richesses, place pour la fille du peuple! elle a conquis sa liberté, elle vous a vengées de votre long esclavage; du sein même de l'obscurité elle a élevé un trône qui est devenu l'égal du vôtre [56] (...). Femmes privilégiées et filles du peuple, c'est donc une ère d'affranchissement et de vérité qui s'ouvre devant nous : c'est à nous d'y marcher [57]. »

On pourrait croire qu'elle choisit la licence, du fait de la compréhension dont elle fait preuve envers les courtisanes. Il n'en est rien. Sa voie est celle de la religion. « Pour accéder à un autre mode d'existence sociale », de même que les prolétaires étudiés par Jacques Rancière, il lui faut quitter ce monde du quotidien et ces « détails » qui l'enferment, la contraignent à une existence misérable. Elle ne veut être « ni une assistée chronique, ni un maître en puissance [58] ». Elle choisit sa liberté, précisément au cours de cette année où le choléra a mis à nu une misère jamais perçue avec une telle intensité. Année sombre, sordide [59] même, mais révélatrice des comportements des hommes, de leurs institutions et de leurs valeurs. Dans ces temps de malheurs, l'égoïsme des individus apparaît encore plus odieux, la concurrence plus malfaisante, les dogmes de l'Église traditionnelle plus illusoires, les querelles politiques totalement dérisoires. Choisir sa religion, s'y consacrer est donc pour elle le seul moyen de penser une rédemption possible du monde, par amour pour l'humanité, par amour pour l'homme qu'elle a décidé d'aimer parce qu'il est aimé du peuple [60]. En août, elle est emportée par son amour. Elle vient de rompre les liens qui l'attachaient à la « vieille société »; son père de sang a été admis dans une maison de retraite, plus rien ne la retient :

> « Enfantin, le temps est venu de te parler avec franchise, je me suis dégagée peu à peu des liens de la famille ancienne et pendant qu'un arrêt semblait anéantir l'apostolat des hommes [61] (...). Je puis donc aujourd'hui te parler librement car mes actes suivent de près mes paroles et bientôt le monde me connaîtra comme tu me connaîtras d'abord toi-même (...), j'ai toujours *craint* l'amour, parce que je n'avais pas foi en la moralité des hommes (...). Tes caresses, tes baisers m'ont ranimée, tu m'as rendue au présent, mais tu as causé en moi une véritable anarchie, image vivante de la société (...). Tous mes sentiments sont épars, divisés, antagonistes même les uns aux autres, il me manque un lien qui les unifie et fasse de moi une femme nouvelle. Ce lien c'est l'amour. Prosper tu as commencé... finis ton œuvre, le monde est contre nous, mais il changera (...). Le cœur de la fille du peuple est encore brut (...). J'ai conscience de ce que je fais en ce moment. Ce n'est point la passion ni la faiblesse qui me dicte cette lettre mais j'ai foi que j'accomplis un acte religieux. Je te parle avec le sentiment de liberté, de dignité et d'amour que doit avoir la femme vis-à-vis de l'homme qui se dit attendre la parole (...). Adieu... J'attends je t'embrasse, Jeanne Désirée [62]. »

De toute la correspondance de Désirée Véret, cette lettre est la plus connue [63]. Elle a été diversement interprétée. Avec une grande franchise, elle se livre à Enfantin, son père spirituel, son amant. Son engagement est entier, elle se donne corps et âme à sa foi nouvelle; en femme libre et consciente de l'être, elle déclare son amour à l'homme dont « les hautes vertus » l'inspirent, mais à un homme en retrait, insuffisamment libre à son goût, trop orgueilleux, inaccompli en quelque sorte. Un mystère subsiste. Elle sait cependant ce qu'elle veut. Elle ne sacrifiera pas « la cause des femmes à cet amour ».

Ses idées sur la liberté des femmes sont fermement énoncées : il leur appartient d'acquérir leur liberté, ou plutôt de conquérir leur émancipation. C'est pourquoi en août 1832, avec Marie-Reine Guindorf – dont les parents ont été formés par Eugénie Niboyet –, elle décide de fonder *La Femme libre,* journal des prolétaires saint-simoniennes. Forme de réponse au silence imposé aux femmes par Prosper Enfantin. De ce point de vue, elle a davantage répondu à l'appel de Palmire Bazard qu'à celui du Père Enfantin soucieux de parler des femmes, mais en leur absence. La sœur de Bazard pense l'œuvre de 1789 achevée, sans aucune participation féminine.

> « En trois jours, écrit-elle, la France a réduit en poussière ce qui n'était déjà plus que ruines, l'église spirituelle et le trône féodal; et par toute l'Europe son exemple est suivi. Mais tandis que les esprits s'agitent au milieu des décombres, tandis qu'une grande régénération, prête à s'opérer, met en mouvement tous les sentimens, toutes les activités, que font les femmes? que font-elles, surtout dans cette France qui donna le signal? Hélas femmes de France, répondez-moi; c'est une femme qui vous parle [64]! »

Jeanne Désirée, comme elle aimait à se nommer, a répondu : intervention auprès du roi, en faveur du peuple, appel aux femmes privilégiées. Elle a parlé, elle parlera encore. Malgré son amour, elle prend ses distances avec « la loi nouvelle » édictée par le Père qui, le 27 novembre, « prononça ces paroles » si peu engageantes à l'égard des femmes saint-simoniennes qu'il évinça du groupe.

Plus radicalement, Eugénie Niboyet s'insurge contre la parole du Père. Elle ne peut masquer son indignation. Impatiente comme beaucoup, elle n'attendra pas un hypothétique avenir. Elle a montré ses aptitudes. Elle a besoin de poursuivre sa tâche. Confrontée aux réalités quotidiennes, elle connaît les risques de l'ignorance : pour elle, l'instruction et l'aide matérielle vont de pair. Chaque jour, elle doit répondre aux demandes pressantes des prolétaires sans travail, menacés d'expulsion pour loyer impayé; des mères la sollicitent pour obtenir l'aide de la famille saint-simonienne afin de recevoir la layette indispensable à l'enfant qui va naître; d'autres ont foi en elle et mettent en pratique son enseignement, comme les parents Guindorf si peu guidés, semble-t-il, par l'intérêt personnel. Difficile en effet de distinguer, parmi les miséreux côtoyés, les vrais adeptes de la religion nouvelle de ceux qui, mus par la faim ou le besoin pressant d'argent, frappent à la porte du saint-simonisme : elle expose ses difficultés, ses joies, ses hésitations dans les rapports qu'elle adresse régulièrement à ses pères. « J'ai tâché, écrit-elle, dans tout ce que j'ai dit à cette leçon de faire comprendre à mes fils et à mes filles combien il était important pour la doctrine qu'avant de les associer, nous sachions positivement quelle est leur position à chacun. Je les ai préparés à sentir qu'ils ne devaient pas attendre d'aumône de la doctrine qui vient pour l'abolir et qui d'ailleurs ne peut admettre de rétribution sans travail [65]. » Cette position n'est pas toujours facile à tenir et, quand il y a urgence, dans certains cas, elle se permet d'insister :

« Les filles Bar et Lambinet (...) attendent que la Doctrine vienne un peu à leur aide pour la layette de leurs enfants, j'ai déjà parlé de cela dans tous mes rapports et désire savoir ce que je dois leur répondre, ces femmes ne veulent pas qu'on leur fasse l'aumône, mais dans ce moment qui est urgent, elles sont sans ressource aucune (...) [66]. »

Au cours de son « apostolat » de juillet à novembre 1831, elle a vu plus de 100 personnes, les unes sincères, les autres moins, et a tenté de les « associer »; ses enseignements ont convaincu des ouvrières, des ouvriers amenés à la *Doctrine;* sa parole est de plus en plus religieuse, tout le monde paraît satisfait, en particulier Botiau, son second qui vante sa connaissance des textes, ses talents d'oratrice et sa force de conviction [67].

LA LIBERTÉ EN QUESTION

Impossible de renoncer à toutes ces activités; or, se conformer à la loi du Père signifierait l'annulation de ce travail social, voire la négation de son rôle d'apôtre : Eugénie Niboyet refuse de se soumettre. Elle exprime son amertume avec la même franchise que Désirée Véret dit son amour. Rendue à l'égalité, à la liberté par les saint-simoniens, elle avait confiance; elle croyait à la vérité des mots si chèrement conquis, y compris par la pratique des confessions publiques chères à Enfantin [68]. Frappée d'impuissance par ceux-là mêmes qui lui avaient enjoint de parler, elle ne peut s'empêcher d'énoncer sa propre vérité, en doutant de la supériorité des pères directeurs :

« C'est par la bouche d'une femme que la Parole saint-simonienne doit être, je crois, enseignée et prêchée aux ouvriers, nous ôter cette faculté, c'est nous ôter la vie!... faire de la propagation individuelle est beaucoup sans doute, mais cela ne suffit pas à mon activité. J'aime à agir sur les masses parce que c'est là que je sens toute ma puissance! je suis apôtre, j'ai beaucoup reçu, j'ai beaucoup donné. Je vous en supplie, laissez-moi dans mon élément!... J'ai conscience de l'action que je dois exercer sur les ouvriers parce que je les aime quand je leur fais un enseignement, je me sens tout feu et je me refais là des peines et des fatigues que la propagation individuelle traîne à sa suite. Je demande donc mes Pères que vous me laissiez la libre faculté de faire des enseignements oraux, de distribuer comme par le passé, des cartes et entrées provisoires, sauf à vous à m'interdire ce droit si je remplissais mal ma fonction [69]. »

Avec déférence, elle s'adresse à ses pères, mais elle n'en relève pas moins les contradictions sous-jacentes aux mesures prises par l'Autorité saint-simonienne, voire les absurdités qu'elles recèlent. Enseigner est sa raison d'être, lui ôter « cette faculté » c'est lui ôter la vie. Sans doute exprime-t-elle le besoin de diriger des individus peu favorisés par le hasard de la naissance, individus inférieurs à sa propre classe. Mais ces individus prolétaires, confiés à ses soins, ont été transformés en disciples, par elle éclairés. Est-ce la femme bourgeoise [70] qui parle? en tout cas une bourgeoise bien disponible et peu fortunée. En effet, « c'est en 1830 » qu'elle commença à « se créer, par sa plume, des moyens d'existence [71] ». C'est beaucoup plus l'apôtre qui s'exprime. Elle pratique un apostolat semblable à celui des hommes; comme eux, elle se veut propagatrice de la foi saint-simonienne auprès des masses. C'est là qu'elle sent, dit-elle, « toute sa puissance » et son désir de pouvoir n'est pas différent de celui des autres apôtres. Elle n'accepte donc pas que sa volonté soit niée par une autorité tutélaire autoproclamée. Elle est d'autant plus rétive à la « loi nouvelle » que les proclamations antérieures de la religion saint-simonienne y sont infirmées. Tout particulièrement, les principes de liberté et d'égalité auxquels, dans l'enthousiasme, se sont ralliées des femmes.

La liberté est le thème le plus répandu à l'époque, mais le sens du mot diffère selon la personne qui parle. Ce concept a aidé et aide à penser la fin d'une oppression : oppression privée et oppression publique. Tandis que la liberté de l'individu masculin est toujours pensée dans sa dimension publique – liberté de penser, d'association, de choisir ses représentants –, celle des femmes, à qui est dénié le statut d'individu, prend sens dans sa double dimension : privée et publique; pour se libérer, elles doivent se défaire de la tutelle maritale afin d'acquérir les droits publics auxquels peut prétendre tout individu libre. Aspirer à la liberté implique la conscience d'un manque, d'une dépendance, voire d'une impossibilité d'être soi : ce sentiment ne se traduit pas toujours en acte; le dire, l'écrire, le faire signifient une volonté de rompre les liens qui asservissent l'individu, mais l'expression de cette volonté peut prendre des formes diverses et indirectes, l'assujetti peut se taire – « Votre silence est-il celui du désespoir [72]? » interroge Palmire Bazard –, ou sa parole peut être recouverte par un autre discours qui se surimpose au sien. Là les mots sont les mêmes mais le sens qu'on leur confère est différent. On sait que la liberté associée à la propriété figure en bonne place dans toutes les constitutions qui se sont succédé pendant la période révolutionnaire [73], et que Hegel, grand inspirateur des historiens républicains pense « l'histoire universelle » en fonction du « progrès dans la conscience de la liberté – progrès dont nous avons à connaître la nécessité [74] ». Issu du siècle des Lumières, porté par les philosophes, débattu par l'opinion publique éclairée, ce mot polysémique – « voyageur » par excellence [75] – prend un sens différent selon les théories qui l'explicitent, le pouvoir qui l'applique, ou l'individu qui le pense. Mais chacun s'y réfère bien qu'il s'agisse « d'un de ces détestables mots qui ont plus de valeur que de sens, qui chantent plus qu'ils ne parlent, qui demandent plus qu'ils ne répondent; de ces mots qui ont fait tous les métiers [76] ». C'est toute la distance qui sépare universel et particulier, distance d'autant plus grande pour les femmes qu'elles ne peuvent accéder à l'universel. Aussi, en ces temps où les principes semblent accessibles à tous et à toutes, est-il important de confronter les mots, leurs représentations, avec leurs instrumentalisations. Les contraintes sociales investies dans les mots sont utilisées par les dominants, mais expérimentées par les individus dominés [77].

De là l'importance du sens donné à cette idée abstraite, fondamentale à l'époque et dont tout le monde parle en se représentant son devenir en des termes différents. Désirée Véret s'évertue à donner un contenu social et individuel à cette notion, si attractive mais si peu réelle. De l'enjeu que cela représente pour les femmes, la jeune lingère est consciente. Dans *La Femme libre,* elle et ses compagnes n'auront de cesse de définir le terme, d'exposer leur point de vue, de dire ce que liberté signifie. Le code civil enserre les femmes dans des liens si étroits que le mot se conjugue au futur. Une seule référence à leur disposition : celle des hommes dont la liberté n'a cessé de s'élargir, du champ juridique au champ politique, désormais à portée de main. C'est pourquoi, dès 1832, elles inscrivent leurs démarches dans le grand mouvement d'émancipation qui agite les masses populaires :

> « Lorsque tous les peuples s'agitent au nom de Liberté et que le prolétaire réclame son affranchissement, nous, femmes, resterons-nous passives devant ce grand mouvement d'émancipation sociale qui s'opère sous nos yeux. Notre sort est-il tellement heureux, que nous n'ayons rien aussi à réclamer? la femme, jusqu'à présent, a été exploitée, tyrannisée. Cette tyrannie, cette exploitation doivent cesser. Nous naissons libres comme l'homme et la moitié du genre humain ne peut être, sans injustice, asservie à l'autre [78]. »

« Ainsi le premier numéro de *La Femme libre,* organe des prolétaires saint-simoniennes, inscrit-il l'audace de son combat nouveau dans le concept qui résume l'exigence commune de l'heure, *l'émancipation* [79]. » En effet, liberté et émancipation sont étroitement liées dans les discours de femmes de cette époque; l'idée, attribuée aux saint-simoniens, se répand. Chacun se sent concerné, les journaux destinés aux femmes se préoccupent du problème, toute la presse féminine se fait un devoir de réfléchir à cette question d'actualité débattue dans les foyers et, selon la rédactrice, si « c'est trop d'accorder du courroux, ce n'est pas assez que d'opposer que des railleries [80] ».

L'idée de liberté, en effet, pénètre au cœur des familles. Pour l'individu femme, être libre c'est être délivrée de toute tutelle, familiale et sociale, et penser la liberté du point de vue des femmes, c'est la penser dans le concret des relations privées qui déterminent la réalité de leur statut public. Ainsi l'expose Désirée Véret :

> « Les femmes, jusqu'à présent, ont été esclaves soumises, ou esclaves révoltées, jamais libres (...). Nous, femmes, qui arborons notre bannière, nous nous déclarons libres non pas d'enfreindre pour notre vie intime l'ancienne loi morale, nous la pratiquerons jusqu'au moment où une loi nouvelle, moins exclusive, viendra la remplacer : mais nous nous déclarons libres de toutes les formes que nous imposent les convenances [81]. »

Un pas est franchi : Jeanne Désirée se déclare libre, elle ne souhaite pas être affranchie, elle veut tout simplement être franche, c'est-à-dire libérée de toutes servitudes, y compris de la « ruse » qu'exige la vie sociale. Tout comme Gertrude, une des rédactrices de *La Femme nouvelle,* elle donne un sens précis au mot. Cette franchise est une des préoccupations des femmes saint-simoniennes : « C'est ainsi que vous deviendrez libres parce que vous serez vraies [82] », dit Aglaé Saint-Hilaire. C'est dans ce sens que le comprend Désirée Véret. Elle suit cette voie, dans sa correspondance, dans sa vie et dans ses articles. Au fil des semaines, elle prend ses distances à l'égard des saint-simoniens; la dissimulation, les réticences du Père la gênent. Tandis que Prosper Enfantin, aimé de ses disciples, utilise les confessions publiques à son seul profit, il se cache, ne s'engage qu'à demi, séduit sans se donner. Elle sent la nécessité de se libérer, de se désassujettir des liens qui l'enserrent. « Elle se pose en femme politique » et prévoit la création d'une association de femmes de toutes les opinions :

> « Pour la liberté individuelle des femmes et du peuple. Cette union deviendra politique, je le crois, du moins, je ferai tous mes efforts pour cela et bien des hommes, j'en suis sûre, se joindront à nous quand nous serons assez fortes pour ne pas craindre d'être entraînées par eux. Je voudrais ôter aux femmes qui sont capables de travailler à notre œuvre la trop grande préoccupation saint-simonienne qui les empêche d'avoir leurs idées à elles [83]. »

En d'autres termes, elle cherche à aider les femmes à s'émanciper y compris du saint-simonisme, quoi qu'il lui en coûte.

Jeanne Deroin exprime la même exigence : « La liberté consiste dans le libre exercice de la volonté [84] », écrit-elle. Eugénie Niboyet pense de même, nous l'avons vu. Toutes trois insistent sur la nécessité d'une expression individuelle libérée des contraintes, condition nécessaire pour accéder à une émancipation plus large, d'ordre politique et social : de leur point de vue, comme le dit Jacques Rancière, « l'idée d'émancipation (...) est l'idée d'une action autonome, action d'un sujet qui découvre et manifeste sa propre puissance (...). L'émancipation est un acte d'individuation, l'acte qui donne à un individu son statut de sujet indépendant [85] ». C'est pourquoi la liberté, pour elles, ne peut se limiter à la proclamation d'une idée mais prend sens et effet là où les liens de dépendance peuvent se dénouer, c'est-à-dire au plus près de l'individu, dans la famille. Jeanne Désirée plaide pour l'amélioration « du sort du peuple et des femmes pour une nouvelle organisation du ménage (...) » :

> « C'est en affranchissant la femme qu'on affranchira le travailleur, leurs intérêts sont liés et de leur liberté dépend la sécurité de toutes les classes. Voilà le problème que n'ont pu résoudre les zélés amis du peuple; ils se sont appuyés sur l'accroissement des lumières et des besoins nouveaux des masses pour détruire des privilèges surannés de la noblesse, et ils ont oublié que notre sexe avait aussi marché avec le progrès et devait avoir sa part de l'émancipation générale. Nous dirons aux hommes politiques (...) : si vous conservez cette vieille croyance que la femme n'est propre qu'à produire des enfants, soigner la maison de l'homme et faire sa jouissance; si vous n'associez pas la femme et le peuple, chacun suivant son aptitude, à toute les branches de l'ordre social; si vous ne donnez pas essor au génie dans tel sexe, tel rang qu'il se trouve, vous ne serez pas dans la voie de Dieu qui veut place et bonheur pour tous, et vous échouerez toujours [86]. »

Ce sentiment est partagé par Marie-Reine Guindorf, amie de Désirée Véret, qui définit la liberté en ces termes :

> « Je vais vous expliquer ce que je veux dire lorsque je parle de *liberté* et *d'égalité*. Que pour la femme, ainsi que pour l'homme, il y ait *égale chance de développement;* que dans notre éducation on développe, et nos forces matérielles et nos forces intellectuelles; que nous puissions embrasser les carrières de sciences, si telle est notre vocation; qu'on ne nous exclue pas, sous le rapport de notre légèreté, car nous ne sommes légères que parce qu'on ne nous donne pas la faculté de nous développer [87]. »

LE DIVORCE : UNE NÉCESSITÉ

Cette aspiration à la liberté donne sens à la revendication du divorce [88]. L'idée est répandue, le projet populaire : il fut voté à deux reprises par la Chambre des députés (1831 et 1833), mais rejeté par la Chambre des pairs, malgré les arguments souvent convaincants qui furent avancés. Celui de Jeanne Deroin est sans équivoque :

« Le mariage indissoluble est une chaîne pesante pour les deux époux, humiliante et oppressive pour la femme; au moins l'esclave peut espérer s'affranchir, la mort seule délivre l'épouse. La loi du divorce ne peut se réaliser qu'à prix d'or, elle n'est favorable qu'aux classes les plus aisées de la société [89]. »

Dans ce climat très particulier, où l'autorité de Dieu est sollicitée pour libérer les individus, hommes et femmes adressent des pétitions à l'Assemblée nationale en faveur de l'abrogation de la loi de 1816 et du rétablissement du divorce. Dans ces pétitions, les hommes expriment un souhait personnel, voire une volonté de citoyen; les femmes, quant à elles, décrivent concrètement leur sort afin de montrer le bien-fondé d'une telle mesure, de rendre « vrai » ce qui, pour certains, n'est qu'une question de principe. Telle Mathilde Giguet qui écrit à la Chambre des députés le 31 mars 1831 en prenant pour exemple son cas : son mari l'a quittée et réside depuis plus de six ans à l'étranger. Elle s'étonne des dispositions en vigueur « puisque la religion catholique romaine est la seule qui prohibe le divorce et que cette prohibition (toute religieuse) ne doit point agir sur la loi civile [90] ». Tout comme Mathilde Giguet, des femmes insistent sur la nécessité de mettre fin à des « unions très malheureuses », provoquées par « l'intérêt » ou les « convenances sociales »; la victime la plus démunie, dans ces alliances « arrangées » par les familles, est la femme, placée dans l'incapacité d'avoir recours à la loi, tant le code l'exclut comme personne majeure. La situation décrite par Jeanne Deroin est un plaidoyer, sans appel, en faveur du libre choix entre époux, condition indispensable pour obtenir l'estime de l'autre afin de vivre dans le respect mutuel. Les unions motivées par les seules convenances sociales aboutissent nécessairement au « désordre dans le mariage ».

« Le véritable amour ne peut en former les nœuds, parce que l'homme étant persuadé que la femme est un être faible et frivole, inférieure à lui, ne peut éprouver pour elle une estime sincère, une sympathie réelle [91]. »

Là encore, l'esprit éclairé des députés fait renaître l'espoir, comme en témoigne Gabrielle Beauvais :

« A l'annonce de la résurrection de la loi du divorce, beaucoup d'espérances se sont réveillées, et un grand nombre de personnes, que des malheurs réels avaient forcé de désirer la rupture d'un lien insupportable, ont cru entrevoir la fin de leur peine ou tout au moins la jouissance d'un état moins intolérable [92]. »

Dans leur correspondance, dans la presse, dans les pétitions, des femmes souhaitent, avant tout, lever les équivoques. Liberté ne doit en aucun cas se confondre avec immoralité ou licence : épithètes volontiers attribuées aux femmes qui se singularisent par des signes d'indépendance manifestes. Distinction inlassablement répétée. Suzanne Voilquin ne cesse de l'écrire : « liberté » ne signifie pas « licence ». Cette précaution semble nécessaire quand on lit la définition donnée par le Larousse du XIXe siècle au mot « Émancipé(e) » : « Familier, qui se donne des libertés, qui sort des règles ordinaires de la retenue : une jeune fille émancipée [93]. »

C'est pourquoi, la plupart des rédactrices de *L'Aspostolat des femmes* s'évertuent à définir la liberté en termes politique et social. Car, « pour être libre moralement », il faut « être libre matériellement ». Elles se prononcent pour une réforme complète de l'éducation : l'homme ne doit « plus regarder sa femme comme sa propriété, sa chose [94] ». C'est dire la grande lucidité de ces femmes. Elles devinent les pièges, en même temps qu'elles découvrent l'immensité des réformes à accomplir pour devenir sujets de leur propre histoire. La responsabilité individuelle et collective ne peut se prendre sans « lumières ». Tandis que la Révolution insistait sur l'éducation des mères des futurs citoyens, elles mettent l'accent sur l'instruction des femmes.

LA RÉVÉLATION SAINT-SIMONIENNE EN QUESTION

Depuis la réunion générale du 19 novembre 1831, à l'origine des dissensions internes à la famille saint-simonienne [95], la morale sexuelle agite les esprits. Les femmes sont particulièrement sensibles à cette question : elles hésitent à s'engager car elles connaissent le poids d'une réprobation morale en l'absence d'un mouvement collectif et d'une solidarité de groupe. Aussi, la plupart craignent-elles le jugement des autres, dont le regard influe sur leur comportement. Enfantin laisse les femmes « libres » de parler ou de se taire, mais les retire de la « Famille », sans classement, sans fonction, sans responsabilité; il les pose en « attente », attente d'une révélation dans un ailleurs indéfini. Leur liberté présente ne le concerne pas. Décidé à « provoquer l'affranchissement de la femme [96] », il laisse en suspens la question cruciale du moment : qui décidera de la femme libre? S'agit-il d'une parole ou d'une mise en acte?

Désirée Véret a expérimenté la distance qui sépare les deux propositions. Dans l'état présent des mentalités, les femmes ne peuvent contourner les contraintes sociales, elles doivent les dépasser, et pour ce faire, elles ne peuvent envisager les réformes à venir que dans le heurt des obstacles quotidiens. Accéder à la lecture de son choix est déjà un combat aux dires d'une correspondante du *Globe.* Penser la liberté implique, pour elles, de la saisir dans une relation concrète; c'est ainsi que raisonne une des lectrices du journal saint-simonien :

> « Affranchir la femme y pensez-vous Monsieur. Ah voilà l'obstacle le plus invincible que vous ayez pu placer devant vos pas (...). Voyez, lorsque l'année dernière quelques paroles de réparation et de compassion s'entendirent pour elles et leur sort à la Chambre des députés [97]. »

Elle prévient les risques d'une réprobation sociale : vivre sa liberté dans l'isolement est insupportable, même pour la plus résolue; une femme seule ne peut accéder à la liberté sans bouleverser les traditions, sans transformer le comportement de ses proches. Le processus s'inscrit dans une démarche intersubjective; les solitudes se cumulent. Lucide, une correspondante du *Globe,* Mme Bernard, émet réserves et mises en garde :

> « Ne l'avilissez pas, s'écrie-t-elle. Réclamez seulement pour la femme son existence légale individuelle et indélébile et quand vous aurez forcé à avoir pour elle de la justice, de l'honneur, de la réciprocité, alors la force des choses fera le reste (...) [98]. »

Nombreuses sont les épistolières qui manifestent leurs inquiétudes, voire leur scepticisme à la lecture de certains articles curieusement « licencieux ». Même si l'ensemble de la doctrine provoque toujours des réactions d'enthousiasme, la « loi nouvelle » est largement désapprouvée lorsqu'elle est formulée en ces termes :

> « Dans cette supposition, on verrait sur la terre ce qu'on n'a jamais vu. On verrait (...) des hommes et des femmes qui se donneraient à plusieurs sans jamais cesser d'être l'un à l'autre, et dont l'amour serait, au contraire, comme un divin banquet augmentant de magnificence en raison du nombre et du choix des convives. Dans toute la hiérarchie sacerdotale, depuis le couple suprême, jusqu'au couple-prêtre, de l'ordre le moins élevé, le monde des époux et le monde des amants de tous les grades et de tous les rangs, trouveraient directement et au-dessus d'eux un lien vivant de communion qui serait une loi et une justice chérie de tous, puisque tous les penchans se sentiraient aimés et favorisés par lui, et que par lui, il y aurait une place faite pour toutes les sympathies. C'est alors qu'en toutes choses où la force ni la crainte n'ont jamais pu établir l'ordre, l'ordre serait enfin établi [99]. »

La réaction est immédiate; malgré leurs convictions personnelles, des dames s'inquiètent; la plupart d'entre elles craignent d'être victimes de cette « magnificence », expression d'une liberté sexuelle aux effets souvent désastreux pour les femmes. Francisca Prugniaux demande à être éclairée, tout en marquant son dégoût : « Combien de fois j'avais cru mal comprendre et je cherchais à donner des interprétations à cette promiscuité qui me fait horreur, aussi je me suis découragée, je me trouve isolée quand j'avais cru trouver une famille [100] (...) ». Angoisse bien compréhensible dans l'état de dépendance où sont tenues les femmes. Cette « promiscuité », non accompagnée d'une liberté sociale, peut être entendue comme un assujettissement supplémentaire, voire un avilissement. La liberté du corps sans la liberté de l'esprit est un non-sens : tel est le message de la plupart des saint-simoniennes.

LA FEMME LIBRE : UNE AFFAIRE D'HOMMES

Le malentendu est parfaitement perçu par Désirée Véret. Enfantin n'a pas répondu à son attente; il n'a pas reconnu la « femme libre » qu'elle était devenue. Objet de plaisir, elle n'était pas pensée sujet de désirs. Le père-amant a renvoyé, de fait, la fille du peuple à sa dépendance passée. Dans l'incapacité de s'auto-émanciper, elle devait attendre, comme les autres, l'affranchissement à venir. Au sein du saint-simonisme, la question essentielle en jeu n'était pas l'immoralité, mais l'acte de libération. Tandis que les femmes préféraient s'émanciper, les hommes choisirent de délibérer de leur affranchissement hors de leur présence. Ils se posent en libérateurs, seuls capables de décider du moment de cette libération. Les femmes sous l'influence des normes anciennes [101] sont empêchées, déclarées incapables d'actes autonomes. Ainsi, émancipation et affranchissement sont-ils donnés pour synonymes par les saint-simoniens, institués initiateurs de l'acte de libération.

« La loi nouvelle », source du « schisme » saint-simonien, a été préparée par les membres influents du Collège deux ans auparavant; l'échange de correspondance est édifiant à cet égard. Très tôt est affirmé le prédicat attribué à Saint-Simon : « *L'homme et la femme voilà l'être que Dieu a créé,* l'homme et la femme voilà *l'individu* social [102]. » Dès 1829, Enfantin pense les exclusions à venir :

> « Il faut faire des exemples, dussions-nous rester douze ou quinze seulement. Ceux qui seront exclus rendront autant de services dehors que

dedans. Que si quelques-uns se dégoûteront de la doctrine, ils ne valent pas un regret. Mais l'un des premiers de tous les exemples (si des exclusions sont nécessaires), c'est la rentrée au bercail de la brebis égarée [103]... »

L'objet du débat, mené en petit comité, est précisément l'avenir de la femme; de ce débat, dont elle est le centre, la femme est exclue : aucune saint-simonienne n'est sollicitée pour intervenir dans l'élaboration de « la loi ». « Maintenant arrivons à nous-mêmes, écrit Enfantin. Il faut décidément en finir et je suis d'avis qu'on se hâte de conter à fond les deux grandes questions : *Dieu-matière* et la *femme.* Pour cela je désire que l'on discute deux à deux [104]. » Il n'est aucunement question du présent des femmes, mais de vie future. Traitant de religion – de la nouvelle religion – Enfantin pose le nouveau dogme en rapport avec l'ancien. S'impose alors une relecture du Livre : une assignation nouvelle est donnée au péché originel, « premier fait humain ». Si l'objectif est de « réhabiliter la chair » flétrie par l'Église, l'essentiel des croyances révélées est maintenu.

« C'est encore par les soins d'une femme que le nouvel Adam, régénéré par Saint-Simon, recevra le fruit de l'arbre de la (...) science, car c'est par elle qu'il sera conduit vers Dieu, comme les chrétiens croyaient qu'elle l'en avait éloigné. Elle continuera de remplir cette douce mission civilisatrice qu'elle a si habilement, si tendrement exercée pendant la durée des siècles [105]. »

Dans « cette nouvelle vérité » révélée à ses disciples – selon les propos d'Eugène Rodrigues –, Enfantin se contente d'inverser les préceptes du dogme chrétien : la femme pécheresse, condamnée par l'Église, est transformée en ange civilisateur [106]. Bien avant les réformateurs catholiques, précédant les prêches du révérend père Lacordaire, le Père Enfantin réhabilite Marie, quelque peu oubliée par la Restauration qui préférait les symboles d'expiation aux emblèmes salvateurs [107]. « Marie est déjà venue consoler *les femmes* en donnant *aux hommes* un sauveur; elle a vengé Ève des mépris que sa désobéissance à la loi de *crainte* lui avait attirés; seule avec Dieu, elle a conçu la loi d'amour, mystérieuse prophétie de l'ordre social futur [108]... »

A l'exemple de Marie, modèle de bonté et de douceur, la femme future, dont le cœur est tout amour, répandra ses bienfaits pacificateurs sur l'esprit actif de l'être aimé. Telle est la mission des femmes, tel est le destin de celle qui a été créée par Dieu pour être la compagne de l'homme et dont l'avenir est conçu par Enfantin afin de préparer la nouvelle Église à recevoir la prêtresse, la Mère, qui permettra l'affranchissement complet des femmes.

« Oui, mon ami, c'est pour que l'homme puisse s'élever jusqu'à lui, que Dieu a donné à l'homme une compagne; c'est pour sanctifier la *force* qu'il a jointe à la *douceur;* pour détruire les formes brutales de l'*égoïsme.* Dieu a voulu que l'homme éprouvât le *besoin d'être aimé* par une créature plus tendre, plus dévouée que lui (...). »

Réhabilitée, la pécheresse chrétienne devient la mère salvatrice, « le progrès » se substitue à « la chute » dans le projet toujours réaffirmé de « l'affranchissement complet des femmes ». Mais point de confusion; l'égalité est hors des schèmes saint-simoniens : « La femme sera-t-elle plus puissante que l'homme? Oui religieusement, non politiquement (...). Oui comme Sibylle révélant l'avenir, non s'il faut exécuter le mouvement social qui doit le réaliser. » Enfantin pressent le succès de sa prédication auprès des hommes qui « accueilleront avec ardeur l'idée de se soumettre à celle dont le bonheur est d'obéir [109] ». Toute la doctrine nouvelle est développée dans cette lettre à Duveyrier : « Les femmes désormais objet de culte [110] » seront les médiatrices des hommes auprès de Dieu. Enfantin hypostasie la femme. Complément indispensable à l'homme – être social par excellence –, la femme – être « passif » – personnifie le dévouement; elle demeure au service de l'homme, « être actif », seul capable de mettre en œuvre les transformations nécessaires au progrès de l'humanité. « Muse et Madone [111] » elle était pensée, « Muse et Madone » elle restera [112]. Au sein de la société, la place des femmes n'est évoquée qu'au détour d'une réplique; aux objections formulées par Buchez, le Père répond :

« Vous dites que dans l'avenir, contrairement au dogme du passé (...), et par déduction des principes généraux, la direction de la famille viendra de l'homme ou de la femme suivant que l'un ou l'autre occupera dans la hiérarchie sociale un rang plus élevé. Si je conçois bien ce que c'est qu'un mariage assorti, et je n'en conçois pas d'autres (en thèse générale) pour l'avenir, le grade d'une femme sera celui de son mari. On ne dérogera pas dans l'avenir, car ce serait un mariage monstrueux que celui de deux êtres dont l'un serait supérieur à l'autre [113]. (...) »

Le grade du mari, cité en référence, n'est aucunement une supériorité, c'est un fait social, une fonction de « nature » acceptée comme donnée intangible. Si donc, en 1831, l'affranchissement des femmes mobilise les énergies masculines, si Enfantin y consacre son temps et ses enseignements, l'enjeu est ailleurs. La liberté des femmes, question d'actualité, est déportée « dans aucun lieu nulle part » afin d'agir sur les hommes, à leur insu, par l'énoncé du dogme de la nouvelle Église. Les mots libérateurs masquent la volonté de pouvoir qui les anime : le discours sur l'affranchissement des femmes recouvre le désir de dominer la pensée des apôtres. Comme le souligne Christine Planté, « les destinataires de cette propagande, ceux qu'il s'agit de convertir à la doctrine et de réhabiliter au sein du corps social, sont aussi ceux qui fournissent les modèles et les valeurs de référence de cette parole nouvelle (...). Évoqués pourtant en des termes qui les assignent à une identité produite par l'oppression ailleurs dénoncée, à une place et une fonction soumises à une finalité dont il n'est pas question de leur concéder la maîtrise [114] ». L'enseignement de « la loi d'avenir » d'Enfantin prolonge l'orientation tracée dans sa correspondance. Le thème de « l'égalité de l'homme et de la femme », seule loi morale acceptable [115], est d'autant plus réaffirmé qu'aucune femme ne doit prendre part à l'œuvre commune, « en attendant que la femme libre se soit révélée [116] ». Cependant, la « loi d'avenir » est une voix d'espérance pour les femmes, qui, sous l'effet de cette promesse, écrivent, décrivent et manifestent leur reconnaissance. Elle est chose merveilleuse dans ce quotidien assombri par les épreuves sociales, même si, dans la mission présente, l'apostolat se doit de ne privilégier aucune femme : Enfantin en fait reproche à Duveyrier [117]. L'égalité recherchée par Désirée Véret, celle revendiquée par Eugénie Niboyet, un instant obtenue, n'est pas de ce monde. Au cœur de l'association saint-simonienne, la liberté des femmes est en devenir, l'égalité des sexes, en projet. Assujetties aux lois du passé, victimes d'une morale dépassée dont l'influence perdure, sous la domination de préjugés, les femmes saint-simoniennes ne peuvent parler le langage de l'homme libre. L'acte libérateur ne passe pas par elles, il se passe d'elles. « Ce pôle féminin négatif oriente tout le *Livre nouveau* [118]. » C'est ainsi que des individus parlent sans être entendus, tant le langage du maître les réduit en objet. Pourtant les saint-simoniens disposaient de nombreux textes de femmes susceptibles de leur indiquer la voie à suivre en matière d'émancipation. Or, dans la correspondance, rien n'indique la prise en compte de ces réflexions singulières. En ce domaine, les saint-simoniens puisaient leur source dans le mythe et la tradition, à l'inverse de ce qu'ils faisaient pour l'industrie où les réformes préconisées prenaient racine dans la réalité sociale, au point de séduire, en les étonnant, leurs contemporains.

LE SILENCE DE LA PRESSE OU L'IMMORALITÉ DÉNONCÉE

Malgré l'interdit, où plutôt en interprétant au présent « la loi d'avenir », les femmes écrivent et se parlent. Le défi lancé par *La*

Femme nouvelle est énoncé en ces termes : « Les femmes seules diront quelle liberté elles veulent [119]. » La presse masculine entoure ces propos d'un halo de silence. La liberté pensée inséparable de l'égalité reste sans écho. Même les feuilles les plus proches des prolétaires se taisent [120]. « La réforme de l'éducation », « l'égalité des chances », « la liberté d'opinion politique », « l'indépendance matérielle », « l'accès aux professions », « l'égalité dans le mariage », tous ces thèmes sont pourtant largement développés dans la presse féminine de l'époque. Bien au-delà de l'influence saint-simonienne, *Le Journal des femmes*, par exemple, consacre une grande partie de ses articles à ces questions d'actualité : « Aux femmes les mêmes droits qu'à leurs maris, brisez-moi les chaînes de la subalternité qui les ont si longtemps retenues. Aux jeunes filles, la même éducation qu'à leur frère, les mêmes talents, la même initiation aux mystères de la nature, la même part au soleil [121]. »

Les journaux, généralement préoccupés d'améliorer le sort du peuple, négligent celui des femmes, surtout lorsqu'elles se chargent d'en dénoncer les abus. La popularité saint-simonienne masque le silence libéral et républicain sur une liberté perçue et interprétée sous l'angle de l'immoralité : liberté qui alors devient autre. Selon les républicains, dont la référence, en l'occurrence à la foi chrétienne, est à souligner, l'égalité dans le mariage est synonyme d'immoralité [122]. Ils ne veulent en aucun cas identifier l'émancipation du peuple à l'émancipation des femmes. L'égalité de l'un n'est pas semblable à celle de l'autre. Or, Désirée Véret, Marie-Reine Guindorf, Eugénie Niboyet et plus encore Jeanne Deroin pensent toutes l'égalité comme condition première de la « liberté vraie ». Leur définition est assez proche de celle des républicains. Elles réclament les mêmes droits à l'éducation, l'accès aux mêmes bienfaits de la civilisation. Une distance cependant les sépare, une liberté supplémentaire, simple ajout, mais fondamental, car il introduit l'idée d'égalité : la liberté dans le mariage, inconcevable sans égalité des deux époux, condition nécessaire à la liberté sociale. C'est pourquoi Désirée Véret a placé cette revendication avant les autres car elle est la condition de leur réalisation. « La totale liberté de chacun ne peut exister que s'il y a totale égalité entre tous [123]. » Ce que Georg Simmel a compris à la fin du XIXe siècle, des femmes, principalement des prolétaires, le revendiquaient dès les années 1830.

Or les républicains n'acceptent pas cette interprétation du saint-simonisme, compris dans d'autres domaines sans déformation ni outrance. Quelques-uns s'en effraient [124]. On loue même leur génie : « Cette école mit à nu toutes les plaies du siècle, elle ébranla mille préjugés, elle remua des idées profondes, elle ouvrit à l'intelligence une carrière vaste et nouvelle. L'influence qu'elle exerça fut grande et dure encore [125]. » « L'appel à la femme » est entendu différemment. Louis Blanc ne retient que le scandale, l'extravagance, le sensualisme, la licence. Devant cet enchaînement d'étranges déductions, « Bazard recula, frappé d'effroi. Il tenait aux traditions relatives à la constitution de la famille [126] ». Là s'arrête sa chronique : à l'exception des protestations contre la licence dont il se fait l'écho, il fait silence sur les opinions des femmes, il écarte leurs articles et leurs pétitions. Leur aspiration à la liberté est pourtant si visible, si largement lisible en ces années d'exception, qu'elle ne peut être ignorée, elle est tout simplement occultée. Les femmes saint-simoniennes sont objets d'intérêt pour le critique de la *Doctrine,* mais ne sont pas des acteurs sociaux. L'auteur étudie la « Loi nouvelle » promulguée par Enfantin sur « la réhabilitation de la chair » et conclut : « C'était le sensualisme employé comme moyen de gouvernement; c'était la réhabilitation de l'amant par le confesseur [127]. »

LA SURDITÉ RÉPUBLICAINE

Et pourtant, quelques-unes, Jeanne Deroin tout particulièrement, défendent des idées républicaines. Elles songent cependant à une République nouvelle dont les fondements ne reposeraient sur aucune des institutions anciennes, même rénovées. La radicalité exprimée par Jeanne Deroin s'appuie sur un constat : par-delà les bouleversements révolutionnaires, au cœur même des républiques naissantes, les inégalités ont perduré, voire se sont renforcées; la liberté sélectivement acquise n'a pas conduit à l'égalité restée un principe, une référence utile et utilisée mais non mise en œuvre. Aussi s'interroge-t-elle :

> « Pourquoi la partie la plus nombreuse de la société est-elle accablée d'un travail excessif? pourquoi est-elle avilie et dégradée par la misère et l'ignorance tandis qu'une fraction peu nombreuse s'est emparée exclusivement du droit inique de tout posséder sans rien mériter (...). Il faut reconstruire à neuf l'édifice social, produire un système capable de satisfaire aux vœux et aux besoins de tous [128]. »

La république lui offre cette perspective. Jusqu'alors, elle n'a cessé de s'intéresser aux « événements politiques », et son « amour pour la patrie » lui fait dire que « le vrai patriote désire l'établissement d'une république, sagement organisée où tous les membres sont unis dans l'intérêt général » à condition toutefois que la liberté soit comprise comme « le libre exercice de la volonté » et que l'homme ne puisse « commander à l'homme (...), la loi seule règne au nom de tous [129] ».

Ce point de vue est tout à fait conforme au programme des républicains. L'examen des principes politiques exposé par le journal *La Tribune* nous le confirme : « La souveraineté du peuple, c'est la soumission des intérêts et de la volonté de chaque citoyen aux intérêts et à la volonté de tous [130]. » Les mots sont les mêmes, mais le contenu du propos est-il semblable? La question est posée par les femmes proches des républicains qui, comme eux, se réclament des principes libérateurs hérités des Lumières et des révolutions françaises – celle de 1789, celle de 1830. Elles éprouvent cependant le besoin de changements plus fondamentaux :

> « La révolution de 1789 a fait justice du système féodal, la Révolution de 1830 a fait justice du système représentatif, elle a démontré clairement que les doctrines constitutionnelles n'ont aucune base solide, aucune condition d'existence et de durée; qu'elles ne reposent que sur des fictions absurdes [131]. »

La nécessité d'une réorganisation générale, d'une régénération complète est profondément ressentie. Des associations sinon plus radicales, du moins plus engagées pourraient répondre aux attentes de ces femmes qui veulent, tout comme les hommes, se réaliser politiquement. Les jeunes républicains de la Société des Droits de l'Homme et du Citoyen bénéficient de leur sympathie car ils se disent prêts à accomplir, par des actes concrets, l'œuvre de liberté et d'égalité indispensable à l'unification du peuple :

> « Ce qui est nécessaire, c'est d'abord que le droit souverain du peuple cesse d'être un vain mot; c'est ensuite qu'il soit pratiqué selon la raison et la morale, pour l'intérêt, la liberté et l'égalité de tous. Dans ce double but, la Société des Droits de l'Homme et du Citoyen a réuni des moyens et propagé des doctrines; elle doit dans ce double but, inviter à travailler tous les hommes éclairés justes et courageux [132]. »

Malgré les divergences entre sociétés républicaines – perçues par Jeanne Deroin –, toutes insistent sur la nécessité de donner au peuple les moyens d'exercer sa souveraineté; *Le Bon Sens,* comme les premiers prospectus du *Populaire* de Cabet, en appelle à la « raison » et à la « justice » pour faire entendre ce principe afin qu'il cesse d'être une idée sans réalité, pour qu'enfin il soit appliqué. Claire Démar avait, on le sait, déclaré ses sympathies républicaines. Quelques correspondantes de *La Tribune des femmes* font de même; les rédactrices sont d'ailleurs des lectrices attentives des feuilles républicaines comme *La Tribune, Le Bon Sens; Le Populaire* a retenu l'attention de certaines : Désirée Véret y publiera quelques articles. C'est dire que Jeanne

Deroin n'est pas une exception dans ce milieu de prolétaires lettrées, en marge des Églises chrétiennes dont elles critiquent la pratique détournée de l'enseignement du Christ. Jeunes pour la plupart, elles sont pleines d'espoir et investissent cette espérance dans les nouveaux « systèmes », politico-religieux, que présentent les saint-simoniens et les républicains. Combien sont-elles? impossible de les dénombrer, mais celles qui s'expriment souhaiteraient, comme Claire Démar et Jeanne Deroin, associer ces deux « systèmes », la république et la nouvelle religion saint-simonienne, tant leurs principes semblent au service du peuple dont elles sont issues [133].

Mais les républicains leur font défaut; Marie-Reine Guindorf, du journal des prolétaires saint-simoniennes, s'en étonne :

> « D'où vient qu'ils ne se prononcent pas ouvertement comme les saint-simoniens pour l'émancipation de ces deux classes; d'où vient qu'ils laissent dans leur saint enthousiasme de liberté la femme se débattre seule sous le lien si pesant des préjugés, que l'homme dans son fol orgueil a depuis tant de siècles fait peser sur elle, eh quoi! la liberté est femme, elle préside à toute idée noble et généreuse et ceux qui se déclarent ses défenseurs croyaient avoir assez fait pour elle en brûlant sur son autel quelques grains d'encens!... Arrière ceux qui pensent ainsi, mon cœur de femme ne peut leur donner le doux nom de frère, car je sais pour une républicaine la valeur de ce mot. C'est parce que nous voulons substituer une loi d'amour forte, puissante, énergique; même que nous sentons que le temps est venu d'y coopérer activement, non comme la vassale de l'homme, mais comme son égale [134]. »

Pour les mêmes raisons, Jeanne Deroin avait préféré les saint-simoniens qui, de plus, se prononçaient pour l'abolition de l'héritage. L'affranchissement des femmes reste, en fait, étranger aux républicains, *a fortiori* leur émancipation. Nous avons vu *La Tribune* participer aux polémiques publiques suscitées par le schisme saint-simonien; le journal n'en perçoit que la caricature répandue par les ennemis du saint-simonisme en dénonçant la « promiscuité des femmes ». L'égalité, uniquement concevable dans ce dérapage immoral, est inaccessible aux femmes. Impossible donc d'imaginer l'appartenance des femmes au peuple souverain, puisque l'exercice de la souveraineté signifie l'expression politique des individus égaux entre eux. Or, si l'on en croit *Le Bon Sens,* « le peuple, aux yeux de la raison et de la justice, n'est souverain que parce qu'il travaille, c'est lui qui fait vivre la société, il est juste que ce soit lui qui la domine [135] ». La conception de la souveraineté n'est plus celle de 1789. Nous ne sommes plus au temps où « les droits inhérents à la souveraineté, telle qu'elle est comprise par la sans-culotterie, prennent corps quand le peuple délibère dans ses assemblées générales et lorsqu'il porte les armes. Ne possédant pas ces droits, les femmes sont en partie rejetées du Souverain [136] ». L'argument non explicité, sans doute pensé, à l'époque révolutionnaire, pour ne pas inclure les femmes au sein du peuple souverain [137], ne peut être avancé dans les années 1830. En effet, entre le peuple et les femmes, il y a similitude de situation. Les deux groupes sont victimes d'une minorité privilégiée qui « s'est emparée de tous les droits [138] » : pouvoir politique et richesse économique; les femmes des classes aisées elles-mêmes ne sont que la parure, soumise et rusée, des hommes de cette minorité dominante. Là se fonde la critique des saint-simoniens, dont l'idée d'affranchissement du peuple et des femmes se répand, jusque dans le plus obscur des foyers domestiques, nous dit *Le Journal des femmes*. Le devenir des uns semble lié à celui des autres. Charles Nodier ébauchait d'ailleurs, à la même époque, un parallèle entre les prolétaires et les femmes (vieilles, il est vrai) [139]. Les femmes oisives, si elles défraient souvent la chronique, ne sont pas les plus nombreuses, loin s'en faut; les femmes travaillent depuis longtemps hors du foyer, activité normale qui n'étonne personne alors [140]. Jeanne Deroin et Désirée Véret sont lingères, Eugénie Niboyet écrit pour vivre. Certes, les femmes n'ont pas accès à toutes les professions, c'est d'ailleurs une de leurs revendications, mais elles participent, au même titre que les hommes, à la production de la richesse nationale. C'est pourquoi elles se sentent incluses dans cette proclamation du *Populaire :*

> « Le peuple (dans le sens le plus restreint de ce mot), est la portion la plus utile et même la plus nécessaire car c'est lui qui produit tout par son travail (...). Il pourrait se passer de la minorité oisive (...). Le peuple devrait donc participer à tous les droits sociaux, à tous les bienfaits de la civilisation (...). Amenée par le progrès des Lumières et de la philosophie, l'immortelle révolution de 1789 a proclamé l'affranchissement et la souveraineté du peuple, les droits de l'homme et du citoyen, la liberté et l'égalité. Mais qu'il y a loin de la proclamation du principe à son application [141]. »

Mais, si les femmes appartiennent au peuple, elles ne sont pas le peuple; elles-mêmes pensent et décrivent le peuple au masculin. Désirée Véret se dit fille du peuple. La femme, au sens social du terme, est un concept abstrait, non inséré dans la réalité sociale. Elle est perçue aux côtés du peuple, elle n'en est pas une composante; elle est son épouse, elle est sa mère, mais l'individu femme, égale en droits dans le tissu social, n'existe pas. Jeanne Deroin est formelle : les droits de l'homme ont été proclamés, mais seuls les devoirs ont été imposés aux femmes. Cette idée est si fortement ancrée dans l'esprit des femmes que, lorsque Jeanne Deroin pense à l'avenir politique, elle élabore son projet au masculin, malgré son engagement sans ambages aux côtés des femmes. « La souveraineté appartient à tous, jamais à un seul, jamais à une fraction de la société. » Elle évoque « les droits » et « les devoirs des citoyens », « l'intérêt général », la nécessité « de désigner ceux d'entre eux qui ont mérité la confiance publique pour promulguer la volonté générale [142] ». Comment pourrait-elle forger des concepts politiques féminins quand tous les textes de référence donnent à lire et à comprendre un monde dont la maîtrise est entièrement pensée au masculin. Toutes les lectures de Jeanne Deroin – Rousseau, Morelly, Mably –, toutes les professions de foi républicaines, tous les discours révolutionnaires contribuent à lui forger une pensée politique singulière où la partie féminine de l'humanité reste impensée dans l'ordre du politique. Aucun écrit ne peut l'aider à concevoir une souveraineté populaire qui inclut les deux sexes. C'est donc au neutre – « genre humain » [143] – qu'elle se réfère, et du même coup cette contrainte invisible l'amène à privilégier l'homme, les hommes dont la composante politique lui dénie l'exercice de sa liberté. En s'oubliant, elle concourt ainsi à élargir « les droits de l'homme » de cette « moitié de l'humanité » qui, de son point de vue, n'a cessé de s'occuper d'elle-même. Seul le concept d'affranchissement forgé par les saint-simoniens l'aide à penser une égalité réelle entre les sexes. Or, la *Doctrine* n'est pas conçue en termes politiques, en tout cas pas dans ceux de la Révolution française qui a forgé toutes les traditions, qu'elles soient libérales, républicaines ou socialistes. Le saint-simonisme quant à lui prépare « la régénération de l'humanité » dont le « bonheur » sera le « résultat de l'accomplissement de cette œuvre immense ». L'association universelle, organisée pacifiquement, en est la clé de voûte [144]. L'égalité des sexes prend sens dans cette société régénérée. L'idée court, frappe les plus réticents, le silence des républicains apparaît donc d'autant plus irrationnel.

Charles Nodier intitule son article : « La Femme libre ou l'émancipation des femmes » dans *L'Europe littéraire*. Les libéraux ne craignent pas d'aborder cette question d'actualité. Adolphe Blanqui prête ainsi son concours au *Journal des femmes :*

> « Plus éclairées sur la fragilité des choses politiques, les femmes modéreraient, au lieu de l'exciter, ce vicieux penchant de nos concitoyens pour les places rétribuées (...). Qu'on se hâte donc de changer de système, il en est temps; que chaque homme, de ceux du moins qui sont jeunes, refasse l'éducation de sa femme, et répare les sottises de ses instituteurs.

> Arrière les harpes, les pianos et les sonates! arrière tout le bagage de niaiserie qui prolonge l'enfance du genre humain et la minorité des femmes! parlez-leur des grands intérêts sociaux; instruisez-les pour être les compagnes de l'homme, et non ses servantes [145]! (...) Pourquoi la carrière ouverte aux jeunes hommes sans fortune demeure-t-elle ainsi fermée aux jeunes filles [146]... »

Mais toujours, l'homme garde l'initiative. Blanqui, le libéral, projette d'instruire la compagne de l'homme, mais non les femmes. Objets de débats, elles ne sont pas invitées à devenir actrices de leur propre cause. C'est en termes similaires que les républicains pensent l'amélioration du sort des femmes : les devoirs de l'épouse les préoccupent. *La Mère de famille* est l'un des rares journaux féminins qui ait droit de cité dans les colonnes républicaines : journal moral, religieux, littéraire, d'économie et d'hygiène domestique, son programme bénéficie des encouragements de *La Tribune.* « Nous ne ferons qu'applaudir à une si noble entreprise qui, selon nous, présente de nombreuses chances de succès. Dans un temps où tout marche à l'abandon, sans foi, sans doctrine, on est heureux de trouver un conseil sage et prudent qui dirige vers le bien la pensée chancelante et douteuse [147]. » Les prolétaires saint-simoniennes étaient sans doute « sans foi », et leur pensée « chancelante et douteuse », car les rédacteurs ne transmettent aucun de leurs écrits, qui seraient restés lettre morte si *La Tribune des femmes* ne s'était fait l'écho de cette correspondance. C'est pourquoi, malgré ses convictions politiques, Jeanne Deroin, comme bien d'autres, choisit de s'adresser aux saint-simoniens.

UN FSPOIR : L'ASSOCIATION DES FEMMES

Tout espoir n'est pas perdu malgré les déceptions. Après le saint-simonisme, de nouvelles doctrines s'offrent encore aux femmes inexpérimentées. Qu'importe le cadre, le contenu seul compte pour Désirée Véret, toujours sur la brèche, bien décidée à voir aboutir son projet : « Toutes nuances d'opinions, de religions doivent se confondre pour nous dans une même pensée, celle de notre émancipation. La bannière des femmes est universelle, car, ainsi que l'a dit notre sœur Suzanne, ne sont-elles pas toutes unies par un même lien, la MATERNITÉ. » Elle vient de découvrir les écrits de Charles Fourier. « Ses théories d'associations sont les plus complètes (...) parues à ce sujet. (...) La RELIGION de l'avenir ne doit pas, comme celle du passé, repousser ce qui n'est pas né en elle [148]. » On connaît l'influence de Fourier sur l'élaboration du dogme « enfantinien ». Partisan de la libre expression des passions humaines, Fourier serait, en quelque sorte, le père fondateur de la liberté universelle, non pas au sens hégélien, mais au sens complet du terme, signifié par les femmes des années 1830. Dans sa fameuse thèse, il déclarait en effet, dès 1808, que « les progrès sociaux et changements de période s'opèrent en raison du progrès des femmes vers la liberté; et les décadences d'ordre social s'opèrent en raison du décroissement de la liberté des femmes [149] ». L'école sociétaire en formation s'inscrit dans le mouvement de l'émancipation du peuple et des femmes. Jules Lechevalier, Abel Transon l'ont préférée au saint-simonisme : ils suivent désormais Victor Considerant, fervent partisan lui aussi de la liberté, mais plus nuancé que son maître Charles Fourier. Il n'en attire pas moins les sympathies et les adhésions de celles laissées en « attente » par Enfantin, celles toujours en quête de « familles » constituées. Eugénie Niboyet, toujours active, choisit elle aussi l'école sociétaire après ses échecs saint-simoniens. Mais pour Désirée Véret la question du choix ne se pose pas : en même temps qu'elle découvre la pluralité des courants de pensée, elle se préoccupe d'en faire une synthèse pour atteindre un objectif qui mobilise tout son être, celui d'associer les femmes entre elles, condition nécessaire pour obtenir une émancipation véritable, puisque l'émancipation individuelle ne peut s'obtenir sans « le consentement » de l'autre. Et l'idée d'une égale liberté pour tous et pour toutes s'imposera au vu des multiples efforts de chacune, par la force de la démonstration, par « l'entraînement », par l'exemple des « œuvres » de femmes unies dans « la pensée de l'émancipation ». Or, la seule spécificité féminine susceptible d'unir les femmes de « toutes nuances d'opinions et de religion » est la maternité. Jeanne Désirée n'est pas seule à saisir les enjeux de cette différence : unique pouvoir auquel les hommes ne peuvent accéder, la maternité, pas encore construite en modèle identificatoire, est la seule fonction sociale féminine reconnue. Elle permettrait, osent-elles penser, de rassembler toutes les femmes à qui l'on dénie le droit d'exister. Les réactions suscitées par la tentative d'insurrection de la duchesse de Berry sont révélatrices à cet égard :

> « Une seule qualité peut donc protéger madame de Berri. Le journal légitimiste nous dit clairement ce que le journal doctrinaire devrait se borner à faire penser : c'est qu'elle est fille et mère de roi. Voilà son titre, son seul titre, nous défions ses partisans d'en indiquer un autre [150]. »

Malgré son courage, malgré ses prises de position et ses actes de rébellion, malgré le soulèvement de la Vendée dont elle a pris l'initiative, la duchesse de Berry, Marie-Caroline de Bourbon-Sicile, n'existe pas aux yeux des républicains, pas plus qu'à ceux des légitimistes : elle est seulement fille de François Ier de Sicile et mère d'Henri V. C'est pourquoi elle a suscité un véritable élan de solidarité – le seul qui ait réellement rassemblé des femmes à cette époque. Des femmes de toutes conditions saluaient son courage de mère totalement désintéressé et sa résistance aux outrages a suscité l'admiration : elle rendait possible, malgré l'opprobre, l'action féminine. La duchesse de Berry offrait son exemple aux femmes. Elle leur restituait, en quelque sorte, une fierté d'être. Défendre celle dont les actes étaient niés et la personne salie [151] autorisait les femmes à se reconnaître en elle. Des pétitions en grand nombre sont envoyées à la Chambre des députés. Parmi elles, bien sûr, on lit des professions de foi royalistes, mais d'autres soutiennent la femme, telles les dames de la ville de Romans :

> « Quand les Dames romaines demandèrent à Coriolan d'épargner Rome, Rome fut sauvée. Il fut permis aux femmes de Weinsberg d'enlever ce qu'elles avaient de plus précieux, et de faibles qu'elles étaient, elles devinrent assez fortes pour emporter leur mari ou leur fils. Députés de la France, les femmes françaises demandent la liberté de Madame la Duchesse de Berri; seront-elles refusées? nos voix n'obtiendront-elles pas ce que les lois réclament, ce que l'opinion publique finira par exiger? ... Vos mères, vos filles ne sont-elles plus rien en France, ou craint-on que le sol des anciens Gaulois ne tremble sous le pied d'une femme? Si ce doute vous outrage, brisez les fers de l'héroïne; ouvrez les rangs pressés de nos soldats; laissez passer Madame... Sa captivité fait notre orgueil, elle ferait votre honte [152]. »

Dans le même esprit, Aglaé Saint-Hilaire rédige *Une parole pour la duchesse de Berry*. Elle s'en prend au silence des femmes chrétiennes qui, à l'instar du Christ, devraient élever la voix en faveur de celle qui est aujourd'hui bannie; elle s'interroge et s'étonne du comportement de ses défenseurs. Tous les partis l'ont salie « et sa liberté de femme, qui l'a défendue? (...) Les hommes! ... Ils appellent honte pour la femme ce qu'ils nomment glorieux pour eux, et ils veulent la défendre [153]! »

Aglaé Saint-Hilaire l'a bien compris : qu'elle soit reine ou prolétaire, la femme n'existe pas encore.

Aussi Désirée Véret songe-t-elle à l'association pour permettre aux femmes d'être des individus à part entière. Or, impossible de rassembler des femmes sur un non-être ou sur une exclusion, car trop de distance les sépare de la liberté. L'association des femmes ne peut reposer sur des individus à qui l'on dénie l'activité d'être, hors de leur essence. Mais lorsque des femmes projettent de regrouper les mères réelles ou putatives, elles n'ont pas conscience d'exclure les femmes. Elles pensent rassembler ce qui définit les femmes, au regard des normes et des lois sociales. Bien sûr, les femmes existent en grand nombre, elles le savent, mais ce qui détermine leur existence n'est pas le fait d'être femme, c'est d'être aristocrate, bourgeoise, légitimiste, prolétaire, républicaine, auteur, émancipée, libre et... mère. Il en va de même pour l'homme. Mais l'homme, lui, par la « déclaration des droits », a été identifié comme être social en capacité de devenir citoyen [154]. Le non-libre peut lutter pour sa liberté : des mouvements politiques et sociaux s'en chargent. La femme, elle, n'a pas droit de cité. Cette question est précisément rappelée, dans les années 1830, par des femmes. Les hommes, toutes catégories confondues, cherchent à renouveler l'ancienne dépendance, en réduisant ces êtres à l'état de nature alors qu'elles cherchent à se réaliser politiquement et socialement : épouses, mères ou filles elles doivent rester. De leur côté, les femmes donnent au statut de mère toute sa puissance sociale.

Là encore, le sens des mots diffère en fonction des opinions et des objectifs. Du point de vue de Désirée Véret, les mères peuvent faire apparaître un devenir de femme, détentrice de capacités politiques, apte aux transformations sociales. C'est pourquoi elle songe à sortir du cadre étroit du saint-simonisme qui ne manifeste pas « beaucoup d'envie de trouver la femme libre [155] ». Plus globalement, elle refuse toute affiliation à un mouvement d'hommes. Désormais, elle donne la priorité à la liberté des femmes qui conditionne toutes les autres : « Par mes œuvres on saura mon nom. » Par cette phrase, elle trace tout un programme aux femmes « mères et éducatrices naturelles ». *Union* et *vérité* forment sa devise.

> « Pour moi toutes les questions sociales dépendent de la liberté des femmes : elle les résoudra toutes. C'est donc vers ce but que tendent tous mes efforts; c'est à la bannière des femmes nouvelles que je rapporterai tout ce que je ferai pour notre émancipation : la cause des femmes est universelle, et n'est point seulement saint-simonienne [156]. »

L'ordre social porte la marque des hommes, Désirée Véret ne le récuse pas, elle accepte la spécificité de chaque sexe, attribuée par la grande majorité « aux lois de la nature », mais elle situe son action ailleurs, au-delà d'un ordre, par-delà des noms, dans une humanité reconstruite par et pour la liberté de toutes. Cependant, l'acte d'émancipation doit commencer par récuser la soumission. Or, ce tout premier pas vers l'égalité se heurte aux règles édictées par les hommes :

> « Ils enfantent des doctrines, des systèmes et les baptisent de leurs noms; mais nous, nous enfantons des hommes; nous devrons leur donner notre nom et ne tenir le nôtre que de nos mères et de Dieu. »

Elle craint plus que tout les déclarations d'allégeance, elle en a trop pâti, elle se méfie des pères. Pour écarter tout enrôlement, en même temps qu'elle œuvre pour une association, elle énonce sa liberté : « Je veux être indépendante de toutes [157]. »

Cette volonté de rassembler les forces est commune à tous, mais tandis que les organisations masculines se multiplient, les femmes sont renvoyées à leur isolement, à leur solitude ou à leur dépendance. Les ouvriers eux-mêmes, cette fraction importante du peuple, se regroupent pour revendiquer une meilleure place dans la société, revendication très proche de celles des femmes :

> « Mais la souveraineté populaire ne serait qu'un pur mensonge si, libre et souverain de droit, le peuple était esclave de fait et si son existence morale, intellectuelle et physique n'était point améliorée [158]. »

Tandis que des ouvriers s'associent pour améliorer leur sort et faire entendre leur droit à l'égalité, des femmes expriment les mêmes besoins, emploient les mêmes mots, se comparent à la même classe mais ne bénéficient pas de la même audience ni de la même reconnaissance; aucune organisation ne les représente. Jeanne Deroin a très bien analysé cette absence de reconnaissance sociale qui se perpétue au-delà de la révolution et de ses œuvres : les droits de l'homme, référence libératoire pour les ouvriers des années 1830, ne s'interprètent pas au féminin, sauf pour imposer des devoirs à l'épouse et à la mère. La déclaration des droits de la femme d'Olympe de Gouges serait-elle tombée dans l'oubli? Pas tout à fait; l'idée s'en est répandue et elle prend forme, curieusement, au moment où l'espoir de bouleverser les rapports de sexes s'atténue. Une proclamation est ainsi rédigée par Adèle de Saint-Amand :

> « Les questions les plus dominantes maintenant sont, sans contredit, celles qui ont rapport à la liberté des femmes (...). Voyez comme les femmes maintenant ressaisissent avec audace leurs droits d'intelligence; des œuvres de leur génie jaillissent de toutes parts; c'est en elles comme la première satisfaction d'un besoin longtemps comprimé; elles s'émeuvent et s'agitent dominées d'une inquiétude inaccoutumée, d'un mouvement progressif confus encore, d'un malaise indéfinissable; c'est une impulsion qui les pousse malgré elles (...). C'est un retentissement universel dans les salons, dans les théâtres, dans les romans, les ateliers et les mansardes. Il n'est pas jusqu'aux journaux mâles qui n'agitent plus ou moins directement les questions de la liberté des femmes. L'homme, résultat étrange des préjugés (...), étonné du langage insolite des femmes, se rit et raille, mais ce rire est factice, forcé, diplomatique; c'est celui d'un enfant qui craint, qui s'épouvante; mais qui, les larmes aux yeux, s'essaye à chanter en renforçant sa voix pour braver et dissimuler la frayeur qui saisit sa jeune âme à l'aspect d'un géant (...). Les femmes

> ne devront qu'à elles-mêmes leur émancipation définitive. Les hommes, pour vaincre tous les privilèges, ont fondé la société des Droits de l'Homme; eh bien! que les femmes fondent une société correspondante des Droits de la Femme. C'est par l'association seule qu'elles s'affranchiront de la tutelle insolente et de l'esclavage injuste qu'on leur imposa (...). Elle fera sentir aux pouvoirs mâles que toute représentation nationale est incomplète tant qu'elle n'est que mâle [159]. »

Le texte se conclut par « *ce peu de mots forts de choses et d'actions : Égalité des droits pour tous les sexes; au nôtre réintégration dans ses droits, Émancipation en face de l'aristocratie tutelle mâle, Liberté des femmes, association des femmes,* Société des Droits de la Femme ». Il est clair que pour la ou les rédactrices de ce texte, les femmes ne s'en remettent pas aux droits de l'homme pour obtenir les leurs qu'une « Société » spécifique doit faire valoir; il n'y a pas assimilation tant qu'il y a dépendance. En l'état des rapports sociaux, l'association ne peut voir le jour. La dépendance est encore forte, les marques en sont prégnantes; se pose alors la question du nom.

DE LA NÉCESSITÉ DU NOM, AU BESOIN D'UNE PLACE

Cette question est au cœur des débats de l'heure; jamais des femmes n'avaient posé la question de l'identité individuelle aussi abruptement que l'ose Jeanne Deroin :

> « Et cette coutume qui oblige la femme à porter le nom de son mari, n'est-ce pas le fer brûlant qui imprime au front de l'esclave les lettres initiales du maître, afin qu'il soit reconnu de tous comme sa propriété. L'on a proclamé les droits de l'homme, mais l'on a imposé des devoirs à la femme sans lui reconnaître aucun droit [160]. »

Toutes « les dispositions du code civil » sont à rejeter. Sa position est clairement énoncée : « l'humiliante servitude » se perpétue par-delà les révolutions, et la marche vers le progrès de la liberté des uns n'entraîne aucunement une amélioration du sort des autres. Bien au contraire, selon une correspondante du *Journal des femmes,* c'est à rebours que les femmes avancent. La voie libératrice n'est pas leur chemin. Le nom porté par les femmes serait le révélateur de cette humiliation, marque d'un esclavage sans cesse renouvelé. Cette question du nom hante les saint-simoniennes et, en réponse à un article du *Figaro* les accusant de taire leur nom, Suzanne Voilquin riposte :

> « Non, Messieurs, ce n'est pas par crainte ou par honte que nous taisons le nom de nos maris ou de nos pères, mais nous voulons répondre nous-mêmes de nos paroles et de nos actes [161]. »

Nous avons vu que les correspondantes du *Globe* mettent l'accent sur leur « état de nullité » et déplorent « le malheur d'être femme », signifiant par là leur « non-existence » et que de cet état elles espèrent sortir grâce à la merveilleuse promesse du saint-simonisme. Cette négation, plus que tout autre signe d'asservissement, les oppresse. Elles souhaitent accéder à l'indépendance afin de ne plus être « asservies par la nécessité de se marier pour se faire un nom [162] ». Même l'enfant qu'elles portent, dont personne ne peut nier qu'il soit leur, ne porte pas leur nom, c'est pourquoi l'ouvrage de James de Laurence eut un tel écho auprès des femmes. On se souvient des propos de Claire Démar qui ne désirait pas remplacer la tutelle paternelle par la tutelle maternelle [163], mais le radicalisme de celle qui fut rejetée par les saint-simoniens n'était pas partagé par toutes. L'enfant fait partie des « œuvres » de Jeanne Désirée [164]. Mme Casaubon tient un discours similaire : « Chargées par la nature du soin de la reproduction, quel honneur nous en laisse-t-on? A peine le fruit de nos entrailles a-t-il jeté le premier cri, qu'un maître s'en empare et lui impose son nom. La Femme EST la famille, l'enfant doit porter son nom [165]. » Voilà pourquoi la maternité prend une telle place. L'enfant, œuvre de la femme, est la preuve tangible de ses capacités. En songeant à réunir les mères, première démarche critique à l'égard d'une société qui rejette les femmes, elles s'objectivent dans un caractère social incontestable. Condition de leur liberté, cette identité, plus qu'une identification, est l'expression d'une volonté nécessaire à l'acte de libération qu'elles entreprennent. Cet intérêt accordé au nom se révéla une nécessité pour les femmes écrivains [166]. Pourquoi ne l'aurait-elle pas été pour les femmes ordinaires? George Sand et Daniel Stern se choisirent un nom : le masculin s'imposait. George Sand rappelle dans ses souvenirs [167], comment elle fut nommée lors de la publication d'*Indiana,* au début des années 1830. Ce nom, elle se l'est fait elle-même, par « son travail ». L'aspiration de Désirée Véret participe du même désir. Être soi-même, c'est ce qu'affirment un certain nombre de femmes qui signifient ainsi leur volonté de voir reconnaître leur individualité. Elles veulent faire savoir qu'elles existent par elles-mêmes et non par celui qui doit les protéger en leur donnant son nom, signe de leur dépendance, de leur non-existence comme être social. Jeanne Deroin s'insurge contre ces habitudes qu'elle estime d'un autre âge : la femme devrait avoir un nom propre car exister, au sens social du terme, implique d'être nommée, elle le laisse entendre à Pierre Leroux en 1858 :

> « De tous les noms dont on marque la femme, soit du père ou du mari, je n'aime que le petit nom qui lui est propre [168]... »

Le problème de l'identité individuelle prend donc tout son sens dans la volonté affirmée des femmes de se réaliser politiquement et socialement. Cette nomination garantit, en quelque sorte, le fait d'être intégrée dans ce monde [169]. Impossible de s'affirmer comme agent social responsable sans saisir sa propre singularité, sans se nommer, puisque là se révèle un des enjeux de la domination des hommes sur les femmes. Plus sensible que d'autres à cette inscription des individus dans la réalité sociale, Jeanne Deroin a su éclairer, d'un point de vue critique, une « habitude » si intégrée aux mœurs du temps qu'elle apparaît comme « une donnée de l'histoire » d'ordre presque naturel (au point qu'elle n'est pas encore considérée comme un objet d'histoire; les anthropologues et les sociologues l'ont davantage pensée [170]).

Obtenir un nom ne suffit pas, encore faut-il avoir une place. Second souci de celles qui expriment leur mal-être. En 1832, Jeanne Deroin et d'autres saint-simoniennes ont une conscience aiguë de l'exclusion des femmes; elles sont amenées à réclamer « la place » qui leur revient, soit l'accès aux « fonctions publiques auxquelles [leurs] facultés morales et intellectuelles [leur] donnent droit de participer [171] ». Les correspondantes du *Globe* mettent l'accent sur ce thème dont elles perçoivent toute l'importance pour le devenir des femmes. C'est une « existence légale » qu'elles réclament, simple restitution de « dignité » et d'« honneur » [172] qui leur ont manqué jusqu'alors. Élisabeth Celnart, depuis longtemps, connaît les effets « déplorables » d'une « misérable éducation » réservée aux femmes. « Mais elle a peu d'espoirs » et, malgré ses sympathies pour la Doctrine, elle pense, au contraire des saint-simoniens, que « la mobilité des passions », préconisée par Enfantin, ne fera qu'accentuer l'indignité morale du sexe féminin, plutôt que de participer à son émancipation; elle fait part de ses doutes et de son extrême désenchantement et ne cache pas ses critiques [173].

> « Dans l'ordre industriel, l'homme enlève à la femme l'exercice de toutes les professions, même de celles qui semblaient le patrimoine exclusif de sa faiblesse, de son adresse gracieuse, de sa pudeur. » Partout, « dans l'ordre religieux, politique et administratif, dans la famille même, la femme est regardée comme un être nul [174]. »

Tous les auteurs font état, à cette époque, d'une concurrence exacerbée. La conquête à demi acquise de la liberté individuelle aiguise les appétits des plus forts, le triomphe de l'individualisme est dénoncé par les victimes de cette nouvelle guerre sociale. Les différentes écoles socialistes ne cessent de fustiger cette compétition individuelle, productrice de misère. Cette réalité rend le sort des femmes si peu enviable que Parent-Duchatelet en dénonce les effets :

> « Cet état des choses tend malheureusement à s'accroître dans notre société actuelle, par suite de l'usurpation faite par les hommes d'un grand nombre de travaux qu'il serait plus convenable et plus honorable pour notre sexe de laisser dans le domaine de l'autre. N'est-il pas, par exemple, honteux de voir à Paris des milliers d'hommes, dans la vigueur de l'âge, mener dans des boutiques, dans des magasins la vie molle et efféminée qui ne peut convenir qu'à des femmes [175]. »

Les femmes prolétaires saint-simoniennes ont bien conscience de ne pas obtenir « la place qui leur est due ». L'exploitation économique dont elles sont l'objet n'échappe pas à Marie-Reine Guindorf mais elle va bien au-delà :

> « Dans l'industrie, très peu de carrières nous sont offertes; tous les travaux qui peuvent être de quelque rapport sont faits par des hommes; on ne nous laisse que la liberté d'accepter des états qui nous rapportent à peine de quoi vivre. Dès qu'on voit qu'une industrie quelconque peut être faite par nous, on s'empresse d'en baisser les prix, par la raison que nous ne devons pas gagner autant que les hommes. C'est vrai, il est essentiel que nos gains soient très modiques, car c'est une des causes de notre dépendance envers les hommes, puisque nous sommes obligées d'avoir recours à eux pour notre vie matérielle; mais je crois qu'à bien examiner, il leur serait aussi avantageux qu'à nous que, sous ce rapport, nous ne fussions plus sous leur dépendance; car ils auraient plus de liberté, alors qu'ils ne seraient plus obligés de penser à la subsistance de leurs femmes. Voilà quelques-unes des causes de notre esclavage et de nos souffrances [176]. »

Son ambition est identique à celle de Jeanne Deroin : les femmes doivent avoir accès à toutes les fonctions – matérielles, politiques et intellectuelles – afin qu'un changement réel s'opère : pour ne plus être « subalternisées » par l'homme, maître des règles et des lois, aucun domaine ne doit leur rester étranger, y compris « la science ». Occuper cette « place » qui leur revient implique l'obtention de tous les « droits » de l'homme. Dans l'état présent, elles n'en possèdent « aucun » [177] :

> « Ne craignez point de vous élever au-dessus de cette place obscure que vous occupez » recommande Palmire Bazard. « Faites qu'ils ne posent plus toujours le pied les premiers pour préparer le chemin, venez les aider dans leur recherche, et alors soyez assurées de leur joie à vous offrir une place auprès d'eux. »

C'est une vision optimiste de l'avenir que la propagandiste saint-simonienne offre aux femmes privilégiées à qui elle a décidé de s'adresser. Nécessité ressentie par certaines, empêchées d'être elles-mêmes dans un milieu qui les étouffe et les oppresse, telle Sophie Masure :

> « Je ne me sentais pas à ma place, je la cherche encore en ce monde, et sans l'avoir trouvée, je vais devoir changer. Mais là où je vais il ne me sera même pas possible de recevoir *Le Globe :* au sein de ma famille aristocratique, avec des enfants à élever, je serais perdue si l'on me soupçonne de telles idées [178]... »

De cette réalité quotidienne des femmes, de toutes les femmes, mal ressentie par certaines, utilisée par d'autres, critiquée par quelques-unes, Jeanne Deroin s'inspire pour penser une société autre. C'est la raison pour laquelle « un doute pénible vient arrêter [son] noble élan » vers le saint-simonisme. La dépendance des unes par rapport aux autres est pour elle le pire des esclavages; elle ne reconnaît qu'une tutelle, celle de la loi, à condition qu'elle soit républicaine.

> « L'abolition du droit d'héritage [179] frappe de nullité l'autorité paternelle, espèce de droit divin dont l'abus a souvent causé de grand maux. Mais les mêmes abus ne peuvent-ils pas se reproduire à l'égard de la paternité sociale? Le règne de la capacité est sans doute bien préférable à la domination d'hommes incapables qui ne doivent leur élévation qu'au hasard de la naissance. Mais l'homme commande toujours à l'homme. L'homme obéit toujours à l'homme [180]. Quelles seront les limites du commandement et de l'obéissance? Les inférieurs auront-ils toujours et dans tous les cas le droit de libre examen de la conduite et des actes de leur supérieur [181]? »

Ses doutes sont fondés : ne lit-on pas dans *L'Exposition de la Doctrine* un panégyrique de l'ordre et de la soumission, celle-ci entendue, il est vrai, dans le sens harmonique du consentement, par la « sympathie » qu'elle exhale, revêtue des mots « amour » et « dévouement »? Mais, en fait, c'est d'ordre qu'il s'agit : « C'est *l'ordre* que nous réclamons, c'est *la hiérarchie* la plus unitaire, la plus ferme, que nous appelons pour l'avenir. Il faudrait au peuple une autre éducation que celle qu'il reçoit à chaque instant de ses maîtres [182]. »

Sans doute Jeanne Deroin n'a-t-elle pas reçu l'éducation souhaitée par les saint-simoniens, mais elle ne peut s'empêcher de se référer au passé de servitude d'un peuple trop souvent floué, en manifestant sa méfiance à l'égard de ces « nouveaux pontifes » qui n'envisagent pas la libre critique des individus qu'ils sont censés représenter. Quel que soit le projet de société mis en chantier, les plus merveilleuses promesses ne peuvent se substituer à cette loi fondamentale qui est sa « loi d'avenir » : « Tous les hommes sont égaux en droit, tous doivent être libres, la souveraineté appartient à tous, jamais à un seul, jamais à une fraction de la société [183]. »

L'HISTOIRE ET SES ENJEUX

Aussi le temps est-il à la réflexion. Il importe, à Jeanne Deroin comme à d'autres, de comprendre les raisons pour lesquelles la souveraineté des uns ne s'est jamais accommodée de celle des autres. Cette réflexion s'inscrit dans le grand mouvement d'interrogation de la mémoire, dans cette « invention de l'histoire [184] », d'une histoire dont les hommes de ce siècle ont besoin pour légitimer une idée, un combat, ou rechercher une identité collective. Jeanne Deroin tente d'abord de comprendre l'origine de l'assujettissement des femmes dont la ruse et la dissimulation sont un des effets pervers qui leur interdit la voie de l'émancipation. Fondé sur la loi du plus fort, l'esclavage a été imposé aux femmes. Destinées à la servitude, placées hors du camp des vainqueurs, « n'ayant pris aucune part à la victoire », elles ne prirent « aucune part à la formation de la loi ». Leur irresponsabilité est d'autant plus évidente, de son point de vue, qu'après les premiers âges où le pouvoir des hommes s'est imposé, le christianisme a renforcé, par « l'humilité et la résignation », leur « abaissement volontaire ». Or, depuis, rien n'a changé :

> « Le règne du christianisme est passé, mais il a laissé des traces profondes. De grands événements politiques se sont succédé, des Révolutions ont bouleversé l'Europe, des chants de gloire et de triomphe ont retenti dans tout l'univers; on a proclamé la liberté, l'égalité pour tous, et la femme est encore l'esclave de l'homme et les prolétaires sont encore sous le joug de la misère et de l'ignorance [185]. »

Par ses lectures, elle découvre la spécificité de l'histoire des femmes. Au contraire des hommes, le progrès les a desservies : chaque bouleversement conduit à un avilissement plus prononcé des femmes, à « une situation encore plus humiliante que celle qui l'avait précédée », écrit-elle. Cette quête des sources permet de légitimer, par l'histoire, un mouvement en faveur de l'émancipation qui semble irréversible. Bien des recherches commencent alors, on ne craint pas les découvertes, des historiens s'en mêlent :

> « En acceptant les devoirs d'historiens, nous déclinons toute autre responsabilité (...). Que deviendront nos paroles au milieu de cette effervescence des esprits féminins, au milieu de ces voix hardies qui réclament pour la moitié du genre humain une part plus équitable dans l'ordre social? Que sais-je, dans l'ordre politique peut-être? Car ce n'est pas à nous de nier les immenses progrès de l'éducation des femmes, et le magnifique mouvement de leur pensée vers un avenir plus large et plus

glorieux. Aujourd'hui, le monde semble attendre une régénération, et c'est aux femmes sans doute qu'il le devra, parce qu'elles travaillent avec ardeur et constance à abaisser la montagne des préjugés, et qu'elles auront bientôt aplani la route tortueuse de l'opinion [186]. »

Ils découvrent une histoire singulière, à contresens de la marche progressive de l'humanité. A les lire, l'avancée vers la civilisation serait souvent dommageable pour les femmes, restées en marge du mouvement civilisateur. Au service de ce mouvement, elles l'accompagnent mais n'en bénéficient pas.

Les grands événements du passé focalisent les recherches. On y découvre les traces du progrès ou, au contraire, les marques de la servitude. Les interprétations divergent selon l'hypothèse. L'histoire en son écriture est mise au service des enjeux visibles du présent. Toujours en filigrane, le pouvoir est en question. L'interprétation des réformes de Grégoire VII est édifiante à cet égard :

« On sait qu'un homme après avoir été marié, pouvait recevoir les ordres et parvenir à la prêtrise; la plupart de ceux qui appartenaient aux degrés de la hiérarchie inférieure ne se faisaient pas scrupule d'appeler des femmes auprès d'eux, et partageaient, pour ainsi dire, leurs fonctions avec elles (...). Ce fut de là que sortit l'homme étonnant qui s'éleva le plus énergiquement contre les abus (...). Cet homme fut pape sous le nom de Grégoire VII; il chercha par tous les moyens de rappeler l'antique et sévère discipline parmi les chefs de l'Église (...). La femme fut déclarée meurtrière du genre humain, et de graves docteurs décidèrent que le mariage était un péché au moins véniel. Partout la multitude se déclare contre les pasteurs mariés, et surtout contre leurs femmes. En Italie, le farouche anachorète Pietro Damiani (...) s'adressant aux femmes des clercs, leur jetait ces paroles de rage : " C'est à vous que je m'adresse, séductrices des clercs, amorce de satan, écume du paradis, poison des âmes, glaive des cœurs, huppes, hiboux, chouettes, louves, sangsues insatiables, etc. " Ce fut enfin un nouveau déchaînement en règle contre Ève et ses filles. [Ceci, à l'encontre] de la loi même du Christ [187]. »

C'est une tout autre version des mêmes événements que l'on peut lire dans *L'Exposition de la Doctrine.* On sait que les saint-simoniens stigmatisent les périodes « critiques », au sein desquelles règne l'anarchie morale, pour mieux valoriser les périodes « organiques » caractérisées par un ordre hiérarchique accepté de tous; dans ce sens, ils vantent les réformes de Grégoire VII, dont l'autorité a permis de moraliser une Église qui pouvait ainsi poursuivre sa mission civilisatrice. « Grégoire VII, en obligeant les prêtres à garder le célibat, ne fit que les obliger à sortir du cercle des affections individuelles pour rentrer dans celui des affections générales [188]... » Des modèles sont ainsi proposés aux disciples; les saint-simoniens ont une prédilection pour les personnages historiques dont la mission civilisatrice, au sens « organique » du terme, annonce une humanité disciplinée et hiérarchisée dans un ordre consenti. Certes, ils divergent quelque peu de la « nouvelle histoire », dont la « fonction » est de montrer « que la surrection de 89 vient de loin, que sa poussée correspond à la marche de la civilisation et que la tendance de plusieurs siècles vers un nouvel état social promet ses revendications à la victoire [189] ». Mais pour tous, l'objectif est le même. Il s'agit de légitimer, par l'histoire, le nouveau pouvoir, les nouveaux pouvoirs en formation, qu'ils soient portés par des aspirations populaires ou limités à une élite éclairée. A la manière d'Augustin Thierry à qui « il manque l'histoire des citoyens, l'histoire des sujets, l'histoire du peuple [190] », ou au sens de François Guizot sur les traces de la *civilisation :*

> « C'est le fait de progrès, de développement; il réveille, dit-il, aussitôt l'idée d'un peuple qui marche, non pour changer de place, mais pour changer d'état; d'un peuple dont la condition s'étend et s'améliore. L'idée de progrès, de développement, me paraît être l'idée fondamentale contenue sous le mot de civilisation [191]. »

Citoyenneté en formation, marche vers l'émancipation, progrès, civilisation sont les grands thèmes de l'histoire nouvelle. Émergent ainsi des luttes anciennes, signes avant-coureurs d'une avancée irréversible vers la souveraineté populaire, destin de tout un peuple.

Cette période de transition est propice à toutes les découvertes. Les femmes ne restent pas à l'écart de la curiosité intellectuelle : elles aussi cherchent des grands ancêtres, des signes de rejet d'une domination impensable dans sa pérennité. *Le Citateur féminin,* auquel collabore Eugénie Niboyet, fait une recension de figures de femmes susceptibles de valoriser un sexe trop oublié par l'histoire. C'est ainsi qu'on redécouvre les très beaux poèmes de Louise Labé, les textes importants de Mme de Staël, déjà mis en valeur, il est vrai, par Mme Amable Tastu [192].

C'est alors qu'une autre histoire apparaît, histoire parallèle au progrès des hommes; là encore, les rédactrices du *Journal des femmes,* lettrées pour la plupart, mettent à profit cette ouverture de la raison critique dans les premières années de la publication. Elles se permettent de bousculer les préjugés dans cette époque d'« agitation politique » et font le même constat que Jeanne Deroin :

> « En effet que l'on consulte l'histoire de tous les temps, et l'histoire les montrera constamment exclues de la route de la vérité, constamment déshéritées de leurs droits naturels et ne suivant la marche progressive de l'instruction que de loin, d'une manière vague, incertaine et dangereuse, qui les a toujours tenues dans une humiliante médiocrité à laquelle

elles ne pouvaient échapper qu'en s'élançant dans la carrière de l'intrigue. Là elles acquéraient tout à coup une influence qui semblait les relever à leur propres yeux et les remonter à l'égal de l'homme; là les succès funestes que trop souvent elles obtinrent, achevèrent de les égarer et de les perdre [193]. »

Une correspondante arrive à des conclusions identiques : « L'unité c'est l'homme, le zéro c'était l'esclave, c'est la femme de nos jours, plus dominée, plus privée de tous droits que sous l'ancien régime [194]. » Cette réflexion critique sur les acquis de la Révolution, produit d'un regard spécifique posé sur l'histoire, va faire école. Jusqu'alors, le pacifisme des femmes s'était peu exprimé, mais le savoir historique aidant, elles analysent les révolutions, non comme l'expression d'une révolte contre l'asservissement, mais comme moyen d'accéder au pouvoir, expression de la loi du plus fort. Les femmes, toujours victimes, sont encore plus contraintes, quelle que soit l'issue du conflit. Elles seules en portent les marques.

Un immense chantier est désormais ouvert. Prenant conscience de leur individualité, des femmes éprouvent tout à coup le besoin d'en saisir les sources dans l'histoire; mais, lorsqu'elles se plongent dans le passé, elles ne découvrent que l'ignorance d'elles-mêmes : « Jamais nul ne s'est sérieusement occupé de considérer la femme comme être social exerçant une influence directe sur l'humanité », écrit Eugénie Niboyet; elle espère en l'avenir de l'histoire, encore « incomplète », parce qu'elle croit en l'avenir des femmes : « Que de noms à exhumer de ces catacombes antiques... C'est une mine inépuisable... », écrit-elle. Conscientes de marcher à rebours de la liberté des hommes, elles font confiance « à l'histoire générale de leur sexe [195] » pour éclairer les hommes sur leurs négligences passées et les aider à tracer un parcours humain où hommes et femmes seront unis dans un égal devenir. A condition de pouvoir accéder au savoir.

« LA FORCE DE PENSER » ET « LE BESOIN D'APPRENDRE »

« J'éprouvais un vague désir de tout connaître, de tout savoir », nous dit Jeanne Deroin dont le souhait le plus cher est « d'être riche du trésor de la science ». Elle partage cette soif de savoir avec d'autres femmes : celles qui s'expriment dans la brèche ouverte par les saint-simoniens n'ont de cesse de réclamer l'instruction pour les femmes. Instruire le peuple, éduquer les femmes est la raison d'être d'Eugénie Niboyet. La demande de quelques-unes est si pressante que Marie-

Reine Guindorf choisit d'ouvrir un cours aux prolétaires, tâche qu'elle assume au détriment du temps consacré à *L'Apostolat des femmes*, c'est-à-dire à sa propre expression. Cette soif de connaissances est si fortement exprimée par des femmes de toutes conditions que c'est le seul appel féminin entendu par les républicains [196]. L'instruction des femmes est, avec l'émancipation, le grand thème qui « résonne dans tous les coins [197] ». Une société savante de Paris prend l'initiative, en août 1833, de lancer un débat public sur le thème : « Quels sont les moyens de favoriser et de mettre à profit le grand mouvement intellectuel qui se manifeste chez les femmes? » Pendant plusieurs semaines, des femmes, de toutes origines, confrontent leur point de vue sur la question. En cette année 1833, elles se pressent aux cours publics :

> « La Sorbonne est fermée aux femmes comme le paradis de Mahomet, à ces deux exceptions près, elles sont admises partout (...). Peu à peu les femmes ont pris place aux leçons de Cuvier, de Tissot, et à l'heure qu'il est elles se pressent même à celles des législations comparées [198]. »

1833 est une date d'une extrême importance pour l'instruction du peuple. La loi sur l'école primaire publique, proposée par François Guizot, vient d'être votée. Sophie Masure, que l'on connaît comme correspondante du *Globe*, a adressé une pétition aux députés en faveur d'une école normale d'institutrices. *Le Journal des femmes* retrace les démarches effectuées par la pétitionnaire auprès du ministre de l'Instruction publique et rend compte des interventions à la Chambre des députés sur le sujet. Le 3 mai 1833, le ministre de l'Instruction publique est interpellé en ces termes : « L'éducation des femmes est aussi digne de notre attention que celle des hommes; il importe que la législation des filles soit révisée. » La réponse du ministre est explicite, sa préoccupation est ailleurs. Les filles ne comptent pas dans son projet d'instruction primaire, entièrement pensé pour l'éducation du futur citoyen. « Je ne puis fixer l'époque où je pourrai présenter un projet sur le sujet. » Partout des voix s'élèvent en faveur de l'instruction des filles. L'idée d'une école normale est mûre [199] comme le souligne *Le Journal des femmes*. Nombreuses sont les rédactrices de journaux féminins qui s'étonnent de l'état d'ignorance dans lequel sont tenues les femmes.

> « En jetant un coup d'œil sur l'éducation actuelle des femmes, on est frappé d'abord de voir que la science la plus indispensable à la vie morale, celle en l'absence de qui toutes les autres ne sont rien, leur est entièrement refusée, que nul ne songe à leur apprendre à penser (...). Après cette science capitale, que toutes les autres leur soient prodiguées (...), car savoir c'est la fortune de l'âme et sa liberté; savoir, c'est

posséder l'espace et le temps, c'est agrandir notre étroit horizon de tout l'aspect de l'univers, c'est mettre dans notre vie si bornée tous les siècles du passé; savoir, c'est vivre et retenir dans l'ignorance, c'est presque un homicide [200]. »

La demande d'instruction est telle qu'Eugénie Niboyet en fait l'objet central de son journal, *Le Conseiller des femmes,* qui, créé à Lyon précisément en cette même année 1833, se fixe pour but de faire valoir « les facultés, bonnes et utiles à l'humanité [201] », potentiellement présentes chez les femmes mais trop rarement exploitées.

Exemplaire à cet égard est le destin de Jeanne Deroin. Apprendre seule, lorsqu'on est pauvre, est une véritable gageure quand l'ambition outrepasse les limites du groupe social de l'aspirante. Jeanne Deroin souffre de voir tant de laissés-pour-compte des progrès de l'instruction dont tout le monde vante les bienfaits. Elle cherche à devenir institutrice afin d'instruire les enfants les plus défavorisés « par les hasards de la naissance [202] ». Mais ayant elle-même appris à lire et à écrire dans des conditions difficiles, elle dut se présenter plusieurs fois pour obtenir son brevet de capacité. « Elle échoua (...) pour deux causes : ses idées religieuses (...) et sa mauvaise écriture provenant de ce fait, qu'enfant, elle s'était habituée à écrire en caractères imprimés; ce n'est que plus tard qu'elle apprit à écrire et à compter; car sa mère, femme d'une autre époque, jugeait que l'instruction était inutile pour les femmes. Cette circonstance, en apparence secondaire, lui donna à réfléchir sur le sort et la situation des femmes dans la société et décida, pour ainsi dire, de son avenir et de sa vie. Elle obtint cependant le brevet tant désiré, grâce à la bienveillance de l'abbé Deguerry, qui l'aida dans cette affaire [203]. » Même sollicitude à l'égard des pauvres chez Marie-Reine Guindorf dans son intervention à la Société des Méthodes d'Enseignement en septembre (ou octobre) 1833 :

« Existe-t-il des établissemens publics pour l'éducation des filles? Pour les hommes il est des collèges où quelques jeunes hommes privés de fortune sont élevés aux frais de la société; mais en rentrant dans le cercle que je me suis tracé, visitons les écoles gratuites formées pour le peuple : dans celle des filles qu'apprend-on? lire, écrire, peut-être s'étendra-t-on jusqu'à les faire compter; *mais leur langue, qui jamais songea à l'apprendre aux filles pauvres?* (...) Ne l'avez-vous pas entendu, lorsque le ministre de l'instruction publique présenta le projet de loi pour l'instruction primaire [204] : après avoir énuméré tous les moyens de former des écoles de garçons dans toutes les communes de France, n'a-t-il pas ajouté que dans celles où il y aurait lieu on pourrait en former de filles : voilà ces chances égales pour l'enfance (...). Et pourtant, parmi les femmes il en est qui sont dévorées par le besoin d'apprendre; c'est pour celles-là que la vie est pleine de douleurs, car sentir en soi la force de penser et se voir étouffer parce qu'on est femme, être obligée de torturer sa pensée pour la passer à la filière des gens qui nous entourent!... A peine permet-on aux femmes de dire toute leur pensée (...); combien ne lui faut-il pas de force pour lutter contre les préjugés, sous le poids desquels on essaie de l'étouffer [205]! »

Lorsqu'on lit ces lignes, on ne peut s'empêcher de penser aux propos de Mme de Staël. C'est justement dans le but de donner aux femmes un moyen de former leur esprit hors des préjugés, en marge du monde des hommes, hors des contraintes sociales dont elle souffre, que Sophie Masure forme le projet d'une école normale d'institutrices. Bien sûr, l'objectif n'est pas formulé ainsi; il ne s'agit que d'enseigner, mission éducative dont la fonction incombe « naturellement » aux femmes selon une expression chère aux contemporains; mais, en même temps, les femmes ainsi formées sont intégrées au processus d'instruction du public, elles acquièrent une « place » dans la société, un statut hors du foyer domestique. C'est ainsi que l'expriment Désirée Véret, Jeanne Deroin et Eugénie Niboyet et que l'expose Suzanne Voilquin aux séances de la société savante :

« Nous avons ensuite entendu une femme qui, satisfaite de la vie de famille (...), n'a pas craint d'émettre cette pensée inouïe dans notre siècle de lumières, " que la femme pour remplir les conditions de son existence, doit en tout se conformer aux désirs de son mari, et n'avoir point d'autres opinions que les siennes... "; grâce à Dieu, ce langage est devenu rare; à notre époque la femme commence maintenant à ne plus renier son *individualité,* elle commence à sentir une *unité* dans le *grand tout;* maintenant elle veut *s'unir* à l'homme qu'elle préfère, mais non plus *se confondre* en *lui;* elle ne veut plus se retrancher derrière un *nom* qui n'est pas sien, et qui forme par cela même un des plus forts anneaux de sa chaîne, puisqu'il rend un autre solidaire de ses actes; mais elle veut répondre par elle-même de sa moralité, de sa valeur réelle; enfin créature intelligente et perfectible comme l'homme, elle veut maintenant avoir comme lui au grand banquet de la vie, *un nom, une place* qui lui soit propre et dont elle dispose à son gré [206]. »

Face à une demande aussi pressante, François Guizot lui-même hésite. En 1833, il accueille avec sympathie les propositions de Sophie Masure sans toutefois lui donner satisfaction. Comment le ministre, sans y avoir songé lui-même, aurait-il été contraint d'organiser l'instruction publique des filles, quand aucune pression de l'opposition, tous partis confondus, ne s'exerçait dans ce sens? *La Tribune,* remarquée pour ses diatribes antigouvernementales – c'est le journal le plus poursuivi de l'époque –, ne fait aucune allusion aux écoles de filles dans son commentaire du projet de loi sur l'instruction primaire.

Ce non-acte du ministère n'est pas commenté par le journal de l'opposition le plus sensible aux inégalités : le rédacteur y dénonce la disparité entre riches et pauvres, préoccupation essentielle et unique des républicains d'alors, sans mentionner l'inégalité entre les hommes et les femmes dont les écarts vont s'accroître avec la mise en œuvre de la loi.

> « Ici tous sont égaux, si l'instruction primaire est devenue un besoin social, et par conséquent une dette de la société, elle doit être gratuite pour tous, parce qu'elle est soldée par tous; si l'institution est une fonction publique, elle doit s'appliquer à tout le monde, sans distinction. C'est ainsi seulement qu'on ne forcera pas le pauvre à s'humilier devant le riche, en sollicitant un droit comme une faveur, en subissant de pénible enquêtes, et en s'exposant à des refus ou à des admissions également dégradantes pour la dignité humaine [207]. »

Trois ans plus tard, une ordonnance royale règle en principe la question de l'éducation des filles. Loin de satisfaire les institutrices, elle aggrave leur situation. Mises sous tutelle des autorités locales, sous-payées, elles ne peuvent assumer leur tâches comme un instituteur. Quelques-unes osent exprimer leurs griefs aux représentants de la nation : Mme Polier, institutrice à Saint-Martin-des-Touches, réclame une loi obligeant les conseils municipaux à voter des fonds pour les écoles primaires de filles; la dame Lartigues, de Blanquefort, près du Mans, se plaint de la concurrence des établissements religieux où les sœurs enseignent sans autorisation [208]. Mlle Cordier, institutrice à Longjumeau, décrit ses démêlés avec les autorités locales : le comité fit fermer son école parce qu'elle avait donné à ses élèves « quelques récompenses sans en demander l'autorisation à l'autorité »; elle demande l'application de la loi de 1833 aux institutrices, totalement assujetties aux autorités locales par l'ordonnance de juin 1836 :

> « A quoi bon un brevet s'il faut demander la permission de s'en servir à quinze ou vingt individus qui ne vous connaissent pas et qui ont le droit de vous refuser sur des prétextes légers ou, comme cela m'est arrivé, parce que vous ne plaisez pas au curé! L'enseignement est une profession libre et lorsque la titulaire offre des garanties de moralité attestées par des certificats, pourquoi ne pourrait-elle pas travailler pour vivre sans être obligée d'en demander la permission [209]. »

On doit s'interroger sur les raisons fondamentales qui ont présidé au refus d'intégrer les filles, au même titre que les garçons, dans l'instruction publique, un refus que rien, en apparence, ne justifie : les mentalités, si souvent invoquées pour rendre compte d'une exclusion, sont loin, en ce domaine, d'être rétives. Or, ce rejet eut pour effet de placer les femmes sous la tutelle ecclésiastique, « sur les genoux de l'Église » et ceci, bien avant la loi Falloux. Guidée par ce besoin d'unir le corps social, la stratégie des partis peut nous éclairer et nous aider à comprendre comment et pourquoi est pensée l'école : centre de formation du citoyen, lieu d'apprentissage de la démocratie, les femmes en sont exclues. Impensée dans le corps des actifs, leur individualité est rendue invisible; du même coup, l'école publique devient pour elles inaccessible. Cette exclusion nous permet de saisir le mode de production du citoyen, assujetti à une communauté d'individus façonnés sur un même modèle afin de servir une même cause : *une communauté de semblables.*

GOUVERNER LES ESPRITS

En 1833, l'éducation du peuple préoccupe de plus en plus le gouvernement dont l'assise sociale ne cesse d'être fragilisée par les émeutes populaires. Plus que tout autre, François Guizot est soucieux de gouverner : « Quand je dis gouvernement, je comprends sous le mot les pouvoirs de tout genre qui existent dans la société, depuis les pouvoirs domestiques qui ne sortent pas de la famille, jusqu'aux pouvoirs publics qui sont placés au sommet de l'État [210]. » De son point de vue, « le grand problème des sociétés modernes, c'est le gouvernement des esprits [211] ». Préoccupé de mettre un terme à la Révolution, il lui faut lier la société au pouvoir, diriger les passions en trouvant les moyens de gouvernement dans les individus, créer à la fois un pouvoir public et une opinion commune. Ce doctrinaire, ce libéral singulier, qui apprécie l'art de gouverner les masses, cet opposant irréductible au suffrage universel [212], appartient à la même tradition que Benjamin Constant, préoccupé « d'enserrer les âmes grossières dans un réseau [213] ». Dans son esprit, l'instruction publique est désormais « une garantie de l'ordre et de la stabilité sociale (...), développer l'intelligence, propager les lumières, c'est assurer l'empire et la durée de la monarchie constitutionnelle [214] ». La loi Guizot du 28 juillet 1833 est presque unanimement saluée; le ministre de l'Instruction publique, couvert d'éloges, peut, en toute approbation, mettre en application ses principes d'ordre et de morale. Des directives précises sont adressées aux instituteurs, après enquête effectuée par les recteurs [215]. On craint désormais le peuple, dangereux, incontrôlable : sa moralisation doit donc présider à son éducation.

> « L'instituteur est appelé par le père de famille à partager son autorité naturelle; il doit cultiver l'intérieur de l'âme de ses élèves (...), s'appliquer sans cesse à propager, à affermir ces principes impérissables de morale

et de raison sans lesquels l'ordre universel est en péril, et à jeter profondément dans de jeunes cœurs ces semences de vertu et d'honneur que l'âge et les passions n'étoufferont point. La foi dans la providence, la sainteté du devoir, la soumission à l'autorité paternelle, le respect dû aux lois, au prince, aux droits de tous, tels sont les sentiments qu'il s'attachera à développer [216]. »

La morale publique, les vertus civiques sont invoquées de la même façon par les républicains, à peine touchés par ce « grand mouvement intellectuel qui se manifeste chez les femmes ». Leur demande reste lettre morte. S'ils se séparent de Guizot sur le plan politique, ils ne se distinguent guère de sa démarche dans ce domaine. Leurs références sont identiques : l'État doit seulement se substituer à l'autorité paternelle. Pas un mot, pas une note sur l'éducation des filles [217]. Certes, il n'est pas question d'interdit [218], le silence est tout simplement de rigueur. La brochure éditée par la Société des Droits de l'Homme sur l'éducation nationale est sans équivoque. Les républicains se proposent de former des citoyens au service d'une patrie « pour la prospérité du corps social ». Les vertus républicaines sont mises à l'honneur dès le plus jeune âge. Élevés en commun dans une école ouverte à tous, les enfants seront instruits en vue de respecter, par-dessus toutes choses, les lois de l'État.

« Qu'on les exerce assez tôt à ne jamais regarder leur individu que par ses relations avec le corps de l'État, et à n'apercevoir, pour ainsi dire, leur propre existence que comme une partie de la sienne, et ils finiront, en quelque sorte, par s'identifier avec ce grand tout; ils se sentiront membres de la patrie [219]. »

La Revue républicaine, publication au contenu théorique, éditée à partir de 1834, est tout aussi explicite. Afin de mettre un terme à « cette hideuse lutte des intérêts égoïstes [220] », les républicains disent vouloir inculquer les vertus de dévouement pour promouvoir l'idée d'une supériorité du droit social sur le droit des individus. « L'éducabilité des sentiments moraux » appartient à l'arsenal républicain. L'objectif est de construire une société homogène et, de ce point de vue, « instruire est synonyme de moraliser » pour attacher « le cœur des citoyens à l'État [221] ». L'école est le lieu privilégié de l'apprentissage de la fraternité, premier pas vers la grande famille où chacun se dévoue à tous.

« Cette agrégation d'hommes dirigés par un même mode d'action et un même esprit vers un but commun, vers un but qui forme le lien de toutes les individualités entre elles est ce qu'on appelle une nation [222]. »

Le silence des uns, la non-intervention des autres sont lourds de conséquences pour les femmes. Eugénie Niboyet le sait : elle crée, à

Lyon, une Athénée des femmes, « considérant que dans un siècle de progrès les femmes doivent travailler d'une manière active au développement de leurs facultés morales et intellectuelles [223] ». Cette initiative est d'autant plus nécessaire que

> « l'homme regarde l'instruction comme une propriété exclusive (...). Alarmé de la passion de savoir dont les ilotes lui paraissent enflammés, il leur prouve, physiologiquement parlant, que ce ne peut être pour eux qu'une passion malheureuse. Partout il croit voir des mains hardies s'élevant pour lui ravir son sceptre; il croit sentir chanceler son trône (...) et l'homme a peur de ces têtes sans cervelle qui veulent remplacer les fleurs et les rubans par la couronne d'épines du savant, par le bonnet carré du juge, de l'avocat, du docteur en médecine [224] ».

Cette tentative, comme les autres, reste sans écho politique. Et pourtant, cette volonté de savoir des femmes participe de la même passion que celle des prolétaires [225] dont le sort préoccupe les républicains. En novembre 1832, plus de mille ouvriers, boulangers, corroyeurs, passementiers, selliers, fondeurs, menuisiers, horlogers avaient adressé une pétition à la Chambre des députés. Se référant à la « grande tradition de 1789 », ils demandèrent que l'enseignement des « hautes sciences » soit rendu accessible à toutes les classes et que l'enseignement primaire soit donné gratuitement afin de rendre vraie l'idée de souveraineté populaire qui « ne serait qu'un pur mensonge si, libre et souverain de droit, le peuple était esclave de fait et si son existence morale, intellectuelle et physique n'était point améliorée ». Mais c'est de la liberté des hommes dont il s'agit et parce que la Charte n'évoque qu'une liberté de principe, elle est qualifiée alors de « fiction constitutionnelle [226] ».

La référence à 1789 est constante : ce moment fondateur d'une révolution inachevée est sans cesse réinterprété au gré des demandes sociales et des enjeux politiques investis dans l'histoire. 1789 : les droits de l'homme et du citoyen sont à la fois identiques et séparés. Identiques par la liberté : tout homme est potentiellement citoyen. Séparés par l'inégalité : tout homme ne peut prétendre à la gestion de la chose publique. Mais l'identification entre l'homme et le citoyen est énoncée et le principe considéré comme acquis. Ce qui compte alors, c'est le sens donné aux mots « citoyen » et « libre », c'est l'idée que l'on se fait d'une liberté pleine et entière. En ces temps où les constituants pensent les droits en pleine souveraineté, les hommes libres d'exercer leur citoyenneté ne peuvent être que leurs égaux. Tous ne le sont pas : ceux qui sont encore dépendants sont déclarés potentiellement libres. Celui-là est libre, nous dit l'abbé Sieyès, « qui a l'assurance de n'être point inquiété dans l'exercice de sa propriété personnelle, et dans l'usage de sa propriété réelle ». Mais le principe est identique pour tous, voire valable pour les femmes :

> « Tous ne sont pas citoyens actifs. Les femmes, du moins dans l'état actuel, les enfants, les étrangers, ceux encore qui ne contribueraient en rien à soutenir l'établissement public, ne doivent point influer activement sur la chose publique [227]. »

L'identification opère si bien en 1792 que la grande majorité des hommes accède à la citoyenneté. Moment d'exception, mais moment d'espoir aussi.

Dans le temps long de l'histoire de la démocratie, l'écart subsiste entre les droits de l'homme et ceux du citoyen. L'égalité civile, référence abstraite à la liberté, fut pour longtemps séparée de l'égalité politique, manifestation concrète de la souveraineté.

> « Il faut que les lumières s'étendent, dira Benjamin Constant, que l'espèce humaine s'égalise et s'élève, et que chacune de ces générations successives que la mort engloutit, laisse du moins après elle une trace brillante qui marque la route de la vérité [228]. »

Les révolutionnaires viennent de briser le système féodal et la souveraineté royale n'est plus; cependant, tous le disent, la souveraineté doit rester une et indivisible. Aussi ne peut-elle unir que des individus égaux. Plus encore, semblables entre eux. Impossible alors d'envisager l'exercice de la souveraineté par des citoyens multiples, pluriels. La citoyenneté ainsi conçue ne peut s'accommoder de différences. Elle ne se pense que par identification au modèle de liberté mis en œuvre en 1789. Comme le souligne François Furet, « les hommes de la Constituante ont décrété l'égalité mais ils ont appris aussi dans les livres du siècle que l'aptitude au gouvernement et à la vie publique naît de l'indépendance et de l'instruction, donc de la propriété et de l'aisance [229] ». Cette idée, si fortement ancrée dans l'esprit des législateurs, s'impose peu à peu. La souveraineté populaire ne s'exercera plus que virtuellement : identifiée aux gouvernants qui s'en sont emparés. François Guizot l'affirme :

> « Nous avons vu la souveraineté passer du peuple dans un homme : c'est l'histoire de Napoléon. Celui-là aussi a été personnification du peuple souverain (...). Napoléon empereur qu'était-ce donc sinon le fait que je décris, le peuple devenu roi [230] ? »

En 1833, l'identification de l'homme au citoyen se modèle dans l'éducation de l'homme nouveau, de celui capable de s'identifier aux hommes libres de 1789, comme de celui, toujours dépendant, éduqué à reconnaître l'homme de gouvernement capable de le représenter. L'enjeu est d'importance, les femmes le savent, l'école est le lieu d'apprentissage de la citoyenneté. En dépend le succès de la démocratie représentative qui en est l'aboutissement. Les libéraux au pouvoir montrent clairement leur préférence pour un modèle de société hiérarchisée. Comme exemple : la famille, comme citoyen modèle : le père.

> « Nulle part le pouvoir n'est plus constamment limité, plus impérieusement ramené à la vraie loi soit par sa propre nature, soit par les nécessités de sa situation. Nulle part, le droit de suffrage n'est plus réel ni si étendu (...), il est certain, que naturellement et en général, ni les femmes, ni les mineurs ne sont capables de régler [les] intérêts de [la société]. La providence a voué les unes à l'existence domestique; les autres n'ont pas encore atteint à la plénitude de leur existence individuelle et de ses facultés. De là dérive la première restriction du droit de suffrage, sa légitimité comme sa nécessité [231]. »

Alexis de Tocqueville expose la même opinion :

> « Jamais non plus les Américains n'ont imaginé que la conséquence des principes démocratiques fût de renverser la puissance maritale (...). Ils ont pensé que toute association, pour être efficace, devait avoir un chef et que le chef naturel de l'association conjugale était l'homme (...). Et ils croient que dans la petite société du mari et de la femme, ainsi que dans la grande société politique, l'objet de la démocratie est de régler et de légitimer les pouvoirs nécessaires, et non de détruire tout pouvoir [232]. »

En 1840, lorsque paraît le second volume de *De la Démocratie en Amérique,* le modèle est clairement établi. Des citoyens passifs de la constitution de 1791 au gouvernement représentatif, toutes les étapes furent envisagées pour rendre vraie l'idée d'une souveraineté nationale exercée par des individus libres au sens antique du terme, c'est-à-dire « libres des soins matériels de la vie ».

Signifiée par les constituants qui l'incarnent, cette idée est renforcée par les libéraux au moment précis où l'ordre social est en jeu. Lorsqu'en 1835 paraît le premier volume de *De la Démocratie en Amérique,* étonnamment il est salué par tous. Louis Blanc en fait une critique élogieuse dans la *Revue républicaine*. Les idées développées ne choquent pas, car, d'un certain point de vue, elles sont porteuses de progrès social. Or, les héritiers des Constituants projettent l'universalité des droits sur la base de leur situation sociale. La liberté citoyenne, au sens actif du terme, suppose de disposer de temps : le temps nécessaire à l'acquisition des lumières devient indispensable à la gestion de la chose publique :

> « Le peuple ne saurait gouverner lui-même, dit-on, mais il veut toujours sincèrement le bien de l'État, et son instinct ne manque guère de lui

désigner ceux qu'un même désir anime et qui sont les plus capables de tenir en main le pouvoir (...). Il est impossible, quoi qu'on fasse, d'élever les lumières du peuple au-dessus d'un certain niveau. On aura beau faciliter les abords des connaissances humaines, améliorer les méthodes d'enseignement et mettre la science à bon marché, on ne fera jamais que les hommes s'instruisent et développent leur intelligence sans y consacrer du temps. Le plus ou moins de facilité que rencontre le peuple à vivre sans travailler forme donc la limite nécessaire de ses progrès intellectuels (...); mais pour qu'elle n'existât point, il faudrait que le peuple n'eût point à s'occuper des soins matériels de la vie, c'est-à-dire qu'il ne fût point le peuple. Il est donc aussi difficile à concevoir une société où tous les hommes soient très éclairés qu'un État où tous les citoyens soient riches [233]. »

Animé des mêmes certitudes, François Guizot organise l'école primaire afin de préparer les enfants du peuple à se soumettre librement aux représentants d'une élite éclairée. Ainsi les libéraux tentent de reconstituer le lien social par l'apprentissage d'une citoyenneté singulière où les enfants de la population émeutière seraient enserrés dans les mailles d'un système éducatif hiérarchisé. Le jeune citoyen y apprendrait d'abord à obéir à la loi.

Cette conception de la liberté n'est pas mise en cause par les républicains, elle est tout simplement élargie. A aucun moment ils ne subvertissent le modèle, son extension leur suffit. Du même coup, ils en adoptent les valeurs : en premier lieu l'alliance de l'autorité et de la liberté qui « procèdent l'une de l'autre », écrit Pierre Leroux [234]. Certes, ils ne conçoivent de liberté que dans l'égalité politique, « c'est-à-dire l'intervention égale de chaque citoyen dans les affaires du pays » à laquelle s'ajoutent « l'égalité civile » et surtout « l'égalité morale [235] ». Mais, en adoptant les valeurs morales fondamentales, ils cherchent à reconstituer l'harmonie sociale sans bouleverser le socle sur lequel elle repose. Le pouvoir républicain reste un et indivisible :

> « Nous demandons un pouvoir central (...); les citoyens, au lieu de se combattre, s'entraident, les éléments sociaux, au lieu de s'entrechoquer dans un choc inextricable, se coordonnent, et par une action harmonique concourent au but donné; le grand principe de la souveraineté nationale se comprend enfin et peut s'appliquer; et le pouvoir devient régulateur, pacifique au lieu d'usurpateur qu'il était par sa nature [236]. »

Héritiers de 1792 plus que de 1791, ils préparent la communauté future en mettant l'accent non sur les différences, mais sur l'unité du corps social. Tout repose sur l'apprentissage du dévouement, sur la pratique de la fraternité.

« Il n'y a pour nous qu'une idée, l'idée du lien social, l'idée de fraternité, l'idée de la France. Nous sommes des logiciens, et non pas des révélateurs ; nous avons un principe commun, nous parlons la même langue, nous nous entendons toujours. Toutes les idées différentes de celle-là sont l'égoïsme, celle de la France est le dévouement [237]. »

Fraternité est, en fait, le mot clé de la pensée républicaine : il semble ouvrir toutes les portes du renouveau et clore le temps de l'individualisme : « Jusqu'ici les constitutions ont été faites en vue de l'individu, désormais qu'elles soient faites en vue de la société [238]. » Société imaginaire, société de frères [239] qui doit se substituer à la société présente où parlent les républicains : société inégalitaire, violente, immorale, mixte, éclatée, sur laquelle la morale républicaine ne peut avoir prise en l'absence de « l'éducabilité des sentiments moraux [240] ». La foi nouvelle doit être propagée, enseignée, imposée à tous. Les républicains s'apprêtent à préparer l'opinion en utilisant la presse, agent créateur de l'esprit public et dont le rôle ne cesse de s'accroître, « à mesure que les hommes deviennent plus semblables et plus égaux [241] ». En 1834, tout comme Tocqueville, Armand Marrast est averti du puissant moyen dont il peut disposer, « en créant, en reflétant ou en dirigeant l'esprit public [242] ». L'école donne les premiers rudiments de l'opinion commune. Dans cette perspective, au contraire de Condorcet, l'éducation prime sur l'instruction. Préoccupation centrale de l'époque, elle peut résoudre les difficultés sociales, atténuer la misère par le progrès des mœurs, ressouder cette société éclatée en classes antagoniques et en individus concurrents. Tout comme le gouvernement libéral est préoccupé de moraliser la classe ouvrière – l'enquête du docteur Villermé est effectuée dans les années 1835-1836, à la demande de l'Académie des sciences morales et politiques fondée par Guizot –, les républicains, eux, sont décidés à développer « l'esprit moral » dans le but d'inculquer à une génération le dévouement et la fraternité. Héritiers de la Convention, ils éviteront « l'anarchie dans les idées des enfants, qui plus tard se feront hommes et citoyens [243] ». Leur projet s'apparente à celui de Le Peletier de Saint-Fargeau qui voulait « former une race renouvelée, forte, laborieuse, réglée, disciplinée [244] » ; il est semblable à s'y méprendre à celui de Rousseau énonçant la perspective de

« donner aux âmes la forme nationale, et de diriger tellement leurs opinions et leurs goûts, qu'elles soient patriotes par inclination, par passion, par nécessité. Un enfant en ouvrant les yeux doit voir la patrie et jusqu'à la mort ne plus voir qu'elle [245] ».

Républicains et libéraux concourent au même but : unir le corps social défait. L'éducation en est la clé.

L'héritage des deux formations est identique. Mais les républicains voudraient rompre avec une certaine idée de liberté dont l'un des effets est l'exploitation de l'homme par l'homme. Aussi inversent-ils les objectifs. La liberté concurrentielle est transformée en dévouement collectif au service de la société, « la morale de la fraternité répond que l'homme ne s'appartient pas [246] ». Il s'agit de façonner un modèle de citoyen capable de se dévouer à la cause commune. Comme chez les libéraux, l'obéissance préside à la production du citoyen. Les mots utilisés pour imaginer l'unité républicaine sont encore indéfinis dans leur abstraction : « le collectif », la « primauté du social », « l'État républicain » sont flous dans leur conception. Mais l'idée de dévouement est précise. Elle rend compte de l'égalité ou plutôt elle est sa mise en œuvre : « égalité extrême » selon l'expression de Montesquieu, elle est égalité de tous au service de l'État-nation. Elle prépare l'identification de l'homme au citoyen. Comme le souligne Claude Nicolet, « la pression de l'étymologie comme celle de l'histoire vont converger, et l'on en arrivera précisément à l'idée que si l'homme a des droits en tant qu'être social, c'est justement parce qu'il est – en puissance ou en fait – aussi un citoyen. Nul mieux que Rousseau n'avait déduit cette inévitable conclusion de toute réflexion théorique sur les fondements de la nature du droit [247] ». Dans le même ordre d'idées, Mona Ozouf montre les tensions entre les principes et leur réalisation : « L'égalité formelle camoufle sans doute les inégalités réelles, mais elle ne les protège pas longtemps. Elle met au contraire en évidence l'immense mensonge de la société par rapport au principe sur lequel elle s'appuie. Elle introduit dans la vie sociale ce que Tocqueville a si bien compris, un germe de bouleversement infini. La grande affaire du XIXe siècle va être de faire coïncider la réalité de l'égalité avec son annonciation révolutionnaire [248]. »

Je dirais que la grande affaire politique du XIXe siècle c'est de faire croire à la réalité de cette jonction. Or, les femmes, exclues du processus, permettent de lever le masque des discours en ces années 1830 où les acteurs sociaux – femmes, ouvriers – expriment la même volonté de savoir. Elles, comme eux, attendent de l'opposition républicaine une prise en charge de leur besoin. Mais les républicains pensent le devenir social en termes de morale fraternelle, aucune place n'est prévue pour celles qui ne seront jamais des frères. La communauté des semblables ne peut inclure des individus différents. Sans doute, à suivre l'hypothèse d'Étienne Balibar, cette incapacité à entendre les revendications des femmes est à mettre sur le compte des « contradictions refoulées qui travaillent la politique moderne

(...), constamment présente au creux de sa pratique discursive, législative, organisative, répressive »; et si nous pouvons seulement « aujourd'hui dater le début de leur énonciation propre [249] », il reste à rendre compte de l'historicité des effets de ces contradictions : à savoir les relations de pouvoir dont la différence sociale de sexe, pivot central, révèle les enjeux. La révolution de 1789 a marqué une rupture, Élisabeth Guibert-Slediewsky a raison de parler de « tournant ». Mais s'agit-il d'une « mutation décisive dans l'histoire des femmes [250] »? Les termes du débat ne sont pas clos : la citoyenneté définie en 1789, repensée en 1792, réélaborée au lendemain de la Révolution [251], est à nouveau repensée dans les années 1830. Les femmes révolutionnaires se nommaient citoyennes, elles ne l'étaient pas aux dires de Louise Dauriat : « On n'est telle que quand on exerce des droits civils, politiques et religieux [252]. »

Dans les années 1830, des femmes interviennent publiquement au moment précis où se pense l'extension de la citoyenneté par la diffusion d'une certaine forme de savoir, au moment où l'école, devenue moyen de reconstitution du lien social, est le lieu où se prépare l'identification de l'homme et du citoyen. Entre la liberté pensée en 1789 et la citoyenneté en exercice, toute une formation sociale est en jeu. Il importe aux autorités de s'en représenter l'achèvement et d'en maîtriser le développement. C'est pourquoi l'inculcation de valeurs communes l'emporte sur la diffusion des lumières. Dans un souci d'ordre, les représentants du corps social en formation songent davantage à apprendre aux futurs citoyens à servir qu'à transmettre un savoir aux individus. Gouverner les esprits apparaît indispensable à la reconstitution d'une souveraineté une et indivisible, face à la multiplicité des hommes. L'identification de l'homme au citoyen passe par cette discipline collective, imposée à des individus différents dans le but de les préparer aux réflexes communautaires.

Les femmes ne pensent pas différemment des hommes. A partir de représentations communes, de valeurs partagées, d'aspirations identiques, elles imaginent cependant un devenir social autre que celui pensé pour elles par la plupart d'entre eux, ce devenir énoncé par les autorités politiques. Ainsi de Lamartine qui, en 1835, présente la seconde pétition de Sophie Masure en faveur d'une école normale d'institutrices, en interprétant, de son point de vue, la pensée de la pétitionnaire :

> « Il n'est ni dans la pensée de Mlle Masure, ni dans la mienne d'enlever les femmes à la sphère de la vie domestique et de les transporter dans celle de l'éducation publique. La femme est l'âme de la famille (...). Il n'y a donc pas d'éducation publique pour les femmes. L'éducation doit

être spéciale. L'éducation publique ne convient qu'à ce qui est destiné comme nous à la vie active publique [253]. »

Or, lorsque des femmes sollicitent l'instruction, clé de la liberté citoyenne, mais aussi clé de l'émancipation, elles demandent l'accès aux carrières professionnelles et, par là même, une place dans la sphère publique. Elles s'approprient les idées communes en projetant d'autres formes de rapports sociaux. Leur statut ne serait pas induit par leur nature mais acquis par une culture à laquelle elles aspirent. Au cœur d'un même système de pensée, deux discours se font face : dans cette confrontation, des femmes se posent en sujets d'une histoire qu'elles voudraient autre. La mise en regard des discours révèle l'écart qui sépare les besoins exprimés des projets sociaux énoncés et met en lumière les préoccupations communes des hommes qui aspirent à la gestion de la chose publique. Chacun, dans son projet propre, pense la formation des individus en conformité avec l'idéal social projeté. En toute logique, les principes de domination l'emportent sur l'apprentissage de la liberté émancipatrice. Cette vision d'un monde uniforme rend impossible l'intégration des femmes : non seulement elles sont différentes des hommes mais ceux-ci les veulent autres. Le maintien de la dépendance des femmes apparaît nécessaire à la liberté du citoyen, pensée dans une communauté d'individus semblablement libres.

C'est pourquoi je dirais que la citoyenneté, fondatrice d'exclusion, est à la fois le produit d'une construction discursive et le résultat d'un rapport de forces [254]. L'analyse des discours qui disent les règles d'un système politique permet de faire émerger le « genre » du citoyen, mais ne peut rendre compte du processus historique lent, chaotique, jamais définitivement établi. Dans ce mouvement complexe, des formations politiques aussi différentes sont amenées à respecter les mêmes règles. Le citoyen formé dans des écoles publiques sera représenté par des mandataires chargés de gouverner. En nuançant le point de vue de Joan Landes, je dirais que la sphère publique, pensée pour cette communauté fraternelle constitutive de la république, n'a pas été construite contre les femmes mais que leur exclusion est la condition de son existence [255].

Entre liberté et nécessité [256]

Ainsi, des hommes, investis de responsabilités, tentent de reconstituer les liens sociaux en fonction de leurs intérêts propres. De nouveaux rapports se tissent sur des bases différentes de celles du passé. Chacun va trouver sa place dans une société recomposée. On perçoit déjà les embryons d'associations professionnelles, les prémices d'organisations politiques : républicains, libéraux, légitimistes, saint-simoniens, fouriéristes, ouvriers, artisans s'organisent au sein de sociétés plus ou moins reconnues, plus ou moins légales, en tout cas bien réelles. La cohésion sociale est en bonne voie : les coups de semonce de Bonald, de Maistre et de bien d'autres sur les risques encourus par une société éclatée et immorale ont été entendus. Mais l'achèvement du processus ne sera atteint que lorsque la place des femmes sera pensée, dans l'ordre des valeurs, hors du champ de la scène publique. Dans les représentations collectives, elles étaient et seront dans et hors le monde; compagnes des acteurs sociaux, elles accompagneront les hommes en épousant leur cause. Les pas franchis par les femmes dans les années 1830 seront effacés : leur avancée vers la liberté doit être repoussée comme une exception, signe d'un désordre ou plutôt d'un profond désarroi. Or, pour Jeanne Deroin ou Désirée Véret, une société nouvelle ne peut s'ériger sur les bases de l'inégalité et de la dépendance. Aucun groupe ne répond à leur attente. Toute adhésion à un collectif leur imposerait un respect de l'ordre interne et, de ce fait, une soumission à la loi du groupe dominé par les hommes persuadés de l'infériorité des femmes. Les perspectives les plus novatrices privilégient la liberté des hommes au détriment de l'émancipation des femmes. Accepter ce lien, se soumettre à une loi de dépendance, est donc contraire aux principes et à leur raison d'être. Restent Dieu, la fuite ou la solitude, et... un espace étroit dans les cadres sociaux tels qu'ils se dessinent, au sein desquels des femmes peuvent cependant agir en oubliant, par nécessité, leur propre liberté.

Jeanne Deroin, Désirée Véret, Eugénie Niboyet, toutes trois déçues, suivent des voies différentes mais non divergentes, car une même idée les guide : la liberté d'agir. Néanmoins, c'est solitairement et non solidairement qu'elles sont confrontées à la réalité marquée par les inégalités sociales dénoncées par les républicains. Elles subissent une dépendance dont les responsabilités sont mal cernées et dont le maintien est souhaité par la plupart des hommes qui en taisent les effets. Cependant, pour chacune d'elles, une foi ultime subsiste : la croyance en Dieu.

LE SILENCE DE JEANNE DEROIN

Conformément à ses principes, Jeanne Deroin épouse, en août 1832, M. Desroches qui l'avait initiée au saint-simonisme. Son mari, économe d'une maison de retraite, prend l'engagement de la laisser libre de ses actes lorsqu'elle le juge nécessaire. Les époux se marient civilement [257]. Acte déviant au regard des années 1860, mais en parfaite harmonie avec l'opinion commune, dans l'anticléricalisme des années 1830. Par-delà les lois du mariage qui placent la femme « sous le joug » d'un mari maître de son sort, Jeanne Deroin veut en prévenir les « funestes conséquences » : elle passe une sorte de contrat avec son ami. Contrat d'autant plus solide qu'il s'agit d'un engagement moral, fondé sur une volonté exceptionnelle et un respect de soi hors du commun. « Je veux vivre et souffrir seule ignorante, inutile, oubliée mais libre, je ne reconnaîtrai jamais le droit du plus fort, jamais je ne donnerai mon adhésion à des principes que ma conscience réprouve [258]... » Intéressée aux affaires publiques, animée d'une foi inflexible, elle est convaincue que le bonheur « consiste plus réellement dans la perfection morale » et « dans les jouissances intellectuelles » plutôt que « dans les biens terrestres ». Prête à « braver tous les dangers, franchir tous les obstacles, et supporter avec calme et dignité les traits du ridicule, les outrages, les souffrances et les persécutions », elle veut « mêler sa voix à celle des défenseurs du peuple » tout en transformant les rapports de sexes [259].

Elle est prête mais l'histoire ne l'est pas. Pendant seize ans elle se tait et reste en attente de circonstances plus favorables pour accomplir sa « mission ». Silence contraint par la stratégie des partis dont les priorités ne correspondent pas aux siennes. Les républicains s'apprêtent à construire une « démocratie sans les femmes » et les saint-simoniens sont à la recherche d'une mère mythique en Égypte [260]. Comme les lois communes sont pensées, préparées et donc imposées par une minorité d'hommes, publiquement elle se tait. De plus, dans sa vie privée, la vie l'emporte sur les principes intellectuels et moraux : elle rêvait d'une union avec un philosophe déshérité, détaché des liens et des biens terrestres, la réalité fut tout autre. Desroches l'a, semble-t-il, aimée pour la force de ses idées mais également physiquement. Jeanne Deroin aurait été déçue, si l'on en croit le témoignage d'Hortense Wild qu'elle connut en 1848 et qui toute sa vie est restée son amie :

> « S'inspirant des premiers chrétiens, par sentiments, pour rester libre, et pour mieux pouvoir concourir à l'avancement des progrès sociaux, Jeanne rêva d'allier au mariage l'état de chasteté absolue. Ayant cru trouver en monsieur Desroches l'homme selon son désir, elle l'épousa. Mais trompée dans cette attente, elle devint successivement mère de trois enfants, qui ne perdirent rien de l'affection maternelle, malgré le rêve évanoui [261]. »

Cependant, à 26 ans, ses convictions sont établies, elle est capable de faire un choix conscient, pas simplement dicté par les circonstances de la vie. Elle a été marquée par un passé dévastateur dont son engagement est empreint. Née au commencement du despotisme impérial, comme elle l'écrit, elle a davantage été affligée par les souffrances des guerres qu'elle n'a été éblouie par la « fausse gloire des conquêtes ». Elle a vu succéder « au despotisme impérial, le despotisme des rois, l'hypocrisie des prêtres et de leurs adhérents ». Pauvre elle-même, fortifiée par les épreuves, elle tient à préserver avant toute chose son besoin de vérité [262].

C'est en 1848 seulement qu'elle tentera de réaliser sa mission en tout point conforme aux idées de sa jeunesse.

DÉSIRÉE VÉRET : EN QUÊTE DES AUTRES

Au printemps 1833, Désirée Véret part pour l'Angleterre, elle a 23 ans. Elle « coud du matin au soir » des « robes et des nouveautés ». Elle est triste, déçue, elle ne trouve pas ce qu'elle cherche. En quittant les saint-simoniens, elle s'est rapprochée de Fourier. En quête d'un amour exceptionnel, elle dit être « arrêtée, contrariée par mille obstacles »; elle ne parvient pas à faire partager la force de ses idées à ses contemporains. Toujours à la recherche de l'autre, elle aurait renoncé à cet amour impossible. Plus « utile à rien », écrit-elle, elle n'éprouve rien : plus d'enthousiasme, plus de croyance. Là est son malheur [263]. Pendant son séjour en Angleterre, elle entretient une correspondance régulière avec Charles Fourier. Il l'encourage, la flatte, lui donne quelques conseils, la rassure, abonde dans son sens à propos de son aversion contre les Anglais qui sont « sous tous les rapports, une nation de peu de valeur; il n'y a d'exception que sur ce qui touche au matériel de l'industrie ». Et il ose lui avouer son amour : « Je vous aime à l'adoration »; conscient de la différence d'âge qui les sépare, il ajoute : « Vous êtes trop jolie pour qu'un amant suranné puisse fixer votre attention [264]. » Malgré cette attache, la foi de Désirée Véret est émoussée. Elle a perdu sa superbe saint-simonienne. Une année à peine s'est écoulée : l'espérance vaincue, les certitudes ébranlées, elle est prise dans un « chaos » qui « augmente de jour en jour [265] ». Et pourtant, dans les interstices du travail quotidien, la lumière entrevue subsiste : « Je pourrais donc un jour m'abandonner à mon naturel sans crainte de briser ceux qui m'entourent ou d'être brisée par eux [266]. » Les projets de Fourier sont en cours d'expérience, Désirée Véret lui écrit sa reconnaissance :

> « Oh! mr. Fourier, que de grâces les femmes vous rendront quand, par vous, elles seront indépendantes, quand elles ne seront plus forcées, pour gagner leur pain quotidien, de sacrifier à de sots préjugés et à de sottes personnes l'imagination et la franchise qui sont en elles [267]. »

Malgré sa volonté et, sans doute, son orgueil de fille de prolétaire, elle ne peut contenir son besoin de dire l'insupportable vie quotidienne. Plongée dans la monotonie sordide des longues journées de travail, elle s'épanche et laisse aller ses plaintes. Elle ne supporte plus les conditions faites aux femmes prolétaires. « On nous tient si esclaves, le travail est si peu attrayant que j'aimerais autant être aux galères, il faut travailler depuis 7 heures du matin jusqu'à minuit au plus tôt [268]. » Désirée Véret semble étouffer. Sortir de sa condition d'exploitée est son souhait le plus cher : après avoir espéré un ailleurs possible, des relations différentes, une société autre, elle souhaite quitter cet esclavage, voué aux gémonies par les « sciences sociales » qui l'ont formée. Impossible alors de taire sa conception du monde qu'elle assène à qui veut l'entendre. Les réactions hostiles ne tardent pas : elle est vite qualifiée de folle, comme le seront d'ailleurs la plupart des prolétaires saint-simoniennes. Leur mal-être fondamental est sans doute visible. Après ce fol espoir, il leur est difficile de surmonter, même d'affronter les dures réalités des prolétaires – qui plus est femmes. Elles sont d'autant plus sensibles, d'autant plus désespérées qu'à la dépendance civile s'ajoute l'exploitation dans le travail. Marie-Reine Guindorf s'est suicidée, tout comme Claire Démar. D'autres inconnues ont pu sans doute emprunter le même chemin. Inévitable impasse de ces « amours libres » dans le déséquilibre des libertés, dont une certaine historiographie s'est gaussée, mais surtout désespoir lié à leur impossibilité de « faire de grandes choses », l'interdit étant la règle en ce qui les concerne. Elles ont le sentiment d'être dans un monde étrange, tandis que l'étrangeté leur est attribuée. Cette perception a laissé des traces durables :

> « A Paris, le saint-simonisme subsistait, d'une part dans la famille des fidèles, d'autre part dans le groupe féminin qui s'était formé pour affranchir son sexe. Ce groupe fonda un journal (...). Il y avait d'étrange chose dans cette feuille (...) : " gloire aux femmes qui, suivant l'instinct de liberté, ont aplani la route de notre émancipation ! " (...). Peu de temps après, Claire Démar se suicidait avec un jeune saint-simonien, Desessarts ; tous deux atteints de folie mystique, proclamèrent la sainteté de leur conduite (...). Il y avait des saint-simoniennes d'esprit plus sain et de condition plus relevée [269]... »

Ce jugement de Georges Weil a été si souvent repris qu'il est difficile de s'en défaire pour rendre compte de vies en apparence si paradoxales : à la fois femmes ordinaires, ouvrières, croyantes, amoureuses de la vie et des hommes, mais possédant une conscience aiguë de leur assujettissement, elles ne peuvent supporter une existence que d'aucuns qualifieraient de normale. Quitter le joug qui les accable les préoccupe au quotidien. Cette soif de bonheur inaccessible, exprimée par Désirée Véret, est, somme toute, un sentiment que partagent ses contemporains. Génération romantique, dira-t-on. Peut-être, mais pour une fraction de cette génération, la moins favorisée, celle dont les privilèges se décomptent en négatif, le sentiment d'inaccomplissement exclusif les empêche tout simplement de vivre.

A Londres, Désirée Véret poursuit sa recherche des théories nouvelles, elle fréquente assidûment Anna Wheeler, connue en France par les rédactrices de *La Tribune des femmes.* Dans chacune de ses lettres, Désirée Véret rend compte des activités d'Anna Wheeler : « Mme Wheeler propage le phalanstère autant qu'elle le peut », « elle est plus à même que moi de le faire avec succès ». Rencontre bénéfique pour la jeune ouvrière car Anna Wheeler était une pionnière en matière d'égalité des sexes. Dès 1825, elle s'insurgeait :

> « Les femmes sont la moitié de la race humaine et ont, autant que les hommes, droit au bonheur pour leur propre compte, dans leur propre intérêt. Le bonheur de chaque individu, et bien sûr de toutes les classes, doit être assuré dans l'intérêt de cet individu ou de ces individus et non dans la dépendance du bonheur d'autres individus et d'autres classes, quels qu'ils soient. Quand chaque individu devient heureux, le bonheur de tous est assuré. Le jargon charlatanesque sur le " bien public " distinct

> du bien individuel des membres de la société ne doit plus abuser l'esprit humain [270]. »

Désirée Véret rentre en France en 1834; elle laisse à Londres une Anna Wheeler malade, plus désespérée encore qu'elle-même ne pouvait l'être. En France, elle découvre une ville de province, Dieppe, qu'elle qualifie de désert au regard des « choses sociales » connues à Londres. Là-bas, l'école saint-simonienne prospère et Owen lui a promis qu'à son retour en Angleterre, « de grandes choses seraient accomplies [271] ».

Fidèle à ses déclarations de 1832, elle ne privilégie aucune école en particulier. Elle reste cependant comme « un oiseau sur la branche ». Elle prendra son envol comme Jeanne Deroin en 1848, dans un moment « plus favorable aux grandes choses ».

EUGÉNIE NIBOYET : LA VOIE DU RÉALISME

De retour dans la région lyonnaise, pays de son époux, Eugénie Niboyet poursuit sa tâche d'éducatrice prosélyte, dans le but d'améliorer le sort des autres. Contrainte d'abandonner son activité saint-simonienne, elle reste cependant disponible. Elle suit Jules Lechevalier en adhérant aux idées nouvelles propagées par le « phalanstère [272] ». Elle juge raisonnables leurs propositions :

> « Mr Fourier a donc, ce me semble, saisi mieux qu'aucun la pensée divine en travaillant à développer dans les plus grandes étendues toutes les facultés humaines; il ne transforme pas, il ne refait pas ce qui est, car selon lui tout ce qui est a son utilité [273]. »

Depuis quelques mois déjà Jules Lechevalier avait ouvertement fait part de ses sympathies pour les théories de Fourier :

> « Votre découverte (...) est à mes yeux plus large, plus complète plus facilement réalisable que le saint-simonisme (...), enfin résout le problème de la destinée de l'individu sur lequel nous barbotons depuis si longtemps [274]... »

Ce n'est pas « l'harmonie » dont rêve Désirée Véret dans ses lettres à son « bien-aimé Fourier ». Eugénie Niboyet, plus pratique, plus réaliste, surtout plus « raisonnable », veut contribuer à créer une association viable, efficace, à l'aide de personnes bien en vue socialement. Elle s'intéresse davantage à la réalité présente qu'à d'hypothétiques prophéties. Eugénie Niboyet vit dans ce monde, elle n'en souhaite pas d'autres, pourvu qu'elle puisse se faire entendre, sans perdre « l'estime et la considération générale » de ses concitoyens :

> « Disposée à l'œuvre nouvelle (...), déjà j'ai fait un bon usage de mes journaux et de mes livres et j'ai bien la conviction que je ne sème pas une graine inféconde; bientôt j'espère elle portera ses fruits et quand je vous aurai amené des hommes et des femmes de cœur et d'action je m'estimerai trop heureuse. Je compte vous amener Mr Arlès [275], jeune saint-simonien très distingué, riche et qui habite Lyon où il a une grande influence par sa position, il n'a jamais été hiérarchisé dans la Doctrine [276]... »

Son réalisme politique est identique à celui des jeunes dirigeants, adeptes du fouriérisme, soucieux d'expérimenter, sans entraves, la « découverte » du père fondateur. Attirer des fidèles, démontrer l'efficacité du phalanstère, tels sont leurs objectifs, à l'inverse du maître qui, de leur point de vue, se perd dans son utopie. D'ailleurs, Victor Considerant n'hésite pas à le censurer : il ne prendra désormais « que les articles qu'il jugera bon » car « les lecteurs se sont tous convaincus que Fourier nuisait à la propagation [277]... ». Jules Lechevalier obtient le soutien de François Guizot qu'il souhaite placer en tête de ses actionnaires, « ce qu'il m'a promis. Avec ce nom, le succès de fondation pécuniaire m'est assuré (...). J'ai trouvé en Mr Guizot plus de largeur et de sens que dans tous ces *chenapans* de la République [278]... ». Eugénie Niboyet partage les idées de ceux qui édulcorent la pensée du réformateur, en taisant tout particulièrement ce qu'ils qualifieraient de « passions licencieuses ». Elle se permet cependant de mettre en doute, à l'occasion, telle ou telle proposition de l'École sociétaire.

> « Vous voulez avec Mr. Fourier associer les hommes en travaux par courtes séances et je le conçois facile en agriculture et pour beaucoup de cas en industrie, mais par exemple comment obtiendrez-vous la perfection dans les arts, dans les sciences si vous divisez les travaux? il y a toute une vie d'homme dans un art, Raphaël, non plus que Gluck n'auraient pu diviser leur chef-d'œuvre [279]... »

Et, malgré les sarcasmes, elle ne craint pas de revendiquer son passé saint-simonien : « Je jouis par moi-même et par la position de mon mari de l'estime et de la considération générale; malgré tout cela on ne me pardonne pas de défendre un ennemi vaincu [280]. » Cependant, au sein de l'École, elle se sent plus libre. Elle n'a pas oublié l'idée d'affranchissement qu'elle va développer dans son journal *Le Conseiller des femmes,* fondé l'année suivante. Son engagement est cependant motivé par le besoin d'être reconnue comme un être pensant et agissant. Elle a conquis sa place et tient à la garder. Pourtant, la cause est difficile, malgré le zèle des fouriéristes. Les disciples du saint-simonisme ont laissé des traces : le scepticisme et la crainte ont remplacé la foi et l'enthousiasme qui accueillaient les réalisations promises :

« Quand on dit : voilà un saint-simonien, chacun l'exorcise, fait le signe de la croix en criant damnation, tandis que d'autres moins superstitieux mais non moins crédules, se croient dépouillés de leur patrimoine ou pensent voir arriver à grands pas la loi agraire, la promiscuité, que sais-je, enfin tous les maux dont Dieu dans sa colère peut nous gratifier [281]... »

« Les colosses sont devenus nains. » Désormais pour être entendu, il faut être pratique. Eugénie Niboyet l'a bien compris.

C'est en famille qu'Eugénie Niboyet effectue sa propagation, elle « enrégimente » ses deux sœurs qu'elle avait déjà « rendues saint-simoniennes zélées ». Avec son mari, elle envisage l'avenir de l'École et son implantation à Lyon et à Mâcon. Tous deux, issus de familles « impérialistes », ont évolué ensemble vers le fouriérisme. Niboyet est, semble-t-il, ingénieur à cette époque; l'harmonie règne entre les époux. Ils se sépareront dans les années 1834-1840, et il ne sera plus jamais question de lui. Pour l'heure, chacun jouit de la considération due à une famille qui a servi la France [282]. Cette harmonie familiale aide à supporter l'exclusion politique et l'indigence intellectuelle dont elle souffre. Reconnue par les siens, elle peut croire encore au devenir meilleur quand ses proches partagent cet espoir.

DIEU, L'ULTIME RECOURS

Toutes trois sont restées profondément croyantes. Jeanne Deroin ne permet pas aux saint-simoniens d'interpréter la Bible à leur guise et ses arguments critiques à l'égard de la nouvelle religion font preuve d'une longue méditation :

« Est-il possible de croire que cette innombrable multitude d'atomes, privés de vie, se soient unis d'eux-mêmes pour former ce magnifique ensemble que nous nommons l'univers! (...). Dire que tout ce qui est, que l'univers enfin c'est Dieu, qu'il est tout à la fois, esprit et matière; c'est nier d'une manière implicite l'existence de Dieu; reconnaître et proclamer la loi du progrès, c'est avouer un commencement, c'est reconnaître une cause antérieure; il y a contradiction manifeste [283]... »

Cette référence ultime permet aux femmes de croire en une loi suprême au-dessus des hommes. Référence absolue à laquelle, tout particulièrement, Jeanne Deroin est attachée. Dieu est l'Autorité [284], le fondateur de l'égalité. Établie par Dieu, cette égalité fut transformée en lien de dépendance par les hommes, désignés comme seuls responsables de l'assujettissement des êtres qu'ils ont infériorisés.

Penser cette œuvre humaine, c'est signifier son caractère amendable, voire transmuable, dans la mesure où l'infériorité fut naturalisée au profit des privilégiés de sexe masculin. Croire en Dieu, c'est respecter ses œuvres et espérer un retour en l'état où il les a créées. Pour stigmatiser la malignité des hommes, Jeanne Deroin utilise d'ailleurs un vocabulaire religieux :

> « Doivent-ils la traiter en esclave? honte, anathème à celui qui oserait l'affirmer. La femme est l'égale de l'homme, son affranchissement ne sera pas une concession, mais la reconnaissance d'un droit légitime, c'est un acte dont l'accomplissement contribuera puissamment au bonheur de l'humanité [285]. »

L'égalité des sexes, refusée par les hommes, est légitimée par Dieu. Là est l'essentiel. Mme de Staël expose la même idée dans *L'Amour dans le mariage :*

> « Le christianisme a tiré les femmes d'un état qui ressemblait à l'esclavage. L'égalité devant Dieu était la base de cette admirable religion; elle tend à maintenir l'égalité des droits sur la terre; la justice divine, la seule parfaite, n'admet aucun genre de privilège [286]... »

Même pensée chez Désirée Véret : le recours ultime à Dieu relativise les arguments des hommes en faveur de la dépendance des femmes, et, de fait, minimise leur portée en les soumettant au jugement de Dieu. C'est ainsi que la loi à laquelle les femmes sont soumises est la LOI, celle de Dieu; celle des hommes ne les concerne pas : « ... Si nous continuons à prendre des noms d'hommes et de doctrines, nous serons esclaves à notre insu des principes qu'ils ont enfantés [287]... »

Dieu n'est pas seulement au-dessus des hommes, simples mortels, il est au-dessus des Églises. Position d'autant plus importante qu'aucune d'entre elles n'est plus respectée. Dans l'état actuel des âmes égarées, l'œcuménisme s'impose. C'est du moins l'avis d'Eugénie Niboyet :

> « Je crois que l'organisation n'a pas besoin pour l'harmonie de passer par une filière religieuse; soyons Païens, Déistes ou Chrétiens, quel que soit notre culte, nous honorons le même Dieu et l'homme qui le comprend le mieux est celui qui se rapproche le plus de l'unité d'action [288]... »

La croyance en Dieu semble d'autant plus forte qu'elle n'est plus transmise par une institution.

Depuis longtemps déjà, les partisans de la morale chrétienne se plaignent du manque de formation religieuse du peuple. Celui-ci serait plus accessible aux préjugés depuis que sa raison n'est plus éclairée par la religion [289]. Sans disparaître, les croyances se sont individualisées. Qu'on le déplore ou qu'on s'en réjouisse, le dogme, le culte, les paroles des apôtres, celles du Christ sont entrés dans le domaine public; on s'y réfère pour mieux convaincre; la raison critique n'épargne pas le domaine religieux. Chacun lit ce qu'il croit, s'éclaire au gré de ses propres normes, juge vrai ce qu'il pense juste. Mais, du même coup, la multiplicité de ces voix individuelles nuit à la nation qui est alors atteinte dans son unité de pensée et paralysée dans sa capacité d'agir. Les individus aux droits égaux sont en train d'en user et d'en abuser. On a tout dissous en voulant tout affranchir. L'esprit des nations fait défaut parce que l'esprit de la famille est touché au cœur. Tels sont les arguments des hommes d'ordre [290]. Pour certains d'entre eux, même les moins croyants, le recours à la religion peut aider à rétablir l'ordre social, tandis que ce même recours est une quête d'absolu pour des femmes. Invisible légitimité, Dieu aidera à reconstituer le lien social, par la régénération du monde, dans « l'association universelle ». Garant de l'ordre pour les uns, il est la vérité de l'égalité pour les autres. Mais, pour tous, il est temps de raviver les croyances communes. Ce sont les objectifs qui divergent. L'instrumentalisation de la religion va devenir un véritable enjeu social. Père tutélaire du bon ordre des familles au sein duquel les femmes sont subalternisées, ou ange libérateur, tel est le destin d'un Dieu réactualisé.

L'ASSOMPTION DE LA MORALE

L'Avenir ! mot d'ardeur et de mélancolie,
Que me réserve-t-il ! L'hymen fixe mon sort :
Sous mon sexe mon âme plie
Comme sous un arrêt de mort [1].

Élisabeth Celnart

Après cette formidable explosion de liberté, l'ordre nouveau se repense, la morale se réinvente : ordre vacillant, morale balbutiante dans un premier temps, mais chacun sent la nécessité de contribuer à la formation de cet « homme nouveau [2] » dont les contours ont été entrevus par les acteurs de la Révolution française. Le pouvoir se ressaisit et, dès 1835, impose son ordre. Les théoriciens du libéralisme deviennent praticiens; ils œuvrent à la formation, du jeune citoyen respectueux de la loi et de la hiérarchie sociale. Les républicains préparent la fraternité sociale. Ils valorisent le travail et le dévouement – dispositions qui les rapprochent du christianisme renaissant, fondé sur l'amour du peuple et du bien. Une nouvelle fois, les prolétaires se révoltent; mais les barricades, armes du peuple, cèdent encore à la répression. Quelques années plus tard, les communistes projettent le bonheur commun, espoir renouvelé, hors du temps, hors de ce monde : ils réinventent un devenir communautaire. Ces années d'entre deux révolutions, années de transition dirait-on, années d'élaboration de la république à venir, années clés du gouvernement représentatif, années d'apprentissage de la démocratie, sont des années où se façonne un nouvel ordre au sein duquel la place des femmes est un des enjeux essentiels. Pendant ce temps, la plupart des femmes nées dans la liberté des années 1830 se taisent.

> « Nous sommes à une époque décisive, à l'un de ces moments solennels où se résout pour l'humanité le problème de l'avenir [3]. »

Ces années d'apprentissage de « l'homme nouveau » correspondent au temps de gestation de la fonction sociale maternelle, sorte de substitut à l'inexistence publique des femmes. Exclues du corps social en tant que femmes, elles sont de plus en plus objet de préoccupation en tant que mères.

Au moment où les autorités politiques et morales inventent de nouvelles valeurs aux effets positifs pour les hommes, l'effet s'inverse dès lors qu'il agit sur les femmes : l'homme public est un homme libre, la femme publique est une prostituée. Le travail est la fierté de l'ouvrier, « l'ouvrière » deviendra « mot impie ».

Totalement projeté vers l'avenir, l'homme est tout entier valorisé par sa fonction. La capacité des hommes est la référence incontestée des libéraux : capacité intellectuelle, industrielle, financière, politique et morale – toutes aptitudes déniées aux femmes au nom de la Raison, héritée des Lumières, dont ils se sont emparés. Chez les républicains, le travail devient valeur sociale : il forge une identité à ce peuple resté jusqu'alors composite, informe, il permet de distinguer l'ouvrier, le compagnon, l'artisan, de l'homme des faubourgs, puis du délinquant. Valeur essentielle, valeur attachée à l'homme, valeur qui le crée. Or, pour les femmes, l'activité professionnelle est limitée, entravée par toutes sortes d'interdits. Celles qui la pratiquent par contrainte ou par choix sont dévalorisées. L'homme libéral est porteur d'un projet : représentatif des besoins des masses, il se sent investi d'un pouvoir social compatible avec sa propre liberté. L'homme républicain est intégré à une société qu'il construit, il devient agent fondateur d'une nation pour laquelle il se dévoue au même titre que ses frères. Porteur d'une nouvelle souveraineté, il doit apprendre la discipline de la liberté au sein d'une communauté à laquelle il s'identifie. La nouvelle morale politique, fondée sur l'obéissance ou le dévouement, contribue ainsi à forger le nouvel ordre social. Ces idées peu à peu s'imposent comme autant de références; elles deviennent, par assimilation, un mode d'être pour tous ceux qui aspirent à vivre dans ce monde; transformées en *doxa,* elles sont créatrices d'orthodoxie au point qu'une pensée autre devient incongrue ou dangereuse [4]. Ainsi, chaque école partisane s'évertue à se débarrasser des « souillures » liées au passé. « L'appel aux femmes » du *Nouveau Monde* fouriériste est significatif à cet égard :

> « La famille, c'est l'anneau sacré de la grande chaîne de la société, c'est la pierre angulaire de l'édifice social (...). A l'œuvre! que chacune de nous apporte une pierre pour lever le plus tôt possible le premier phalanstère; que chacune de nous en remplissant ses devoirs sacrés d'épouse, de mère de famille, de citoyenne (...), travaillions au triomphe de l'œuvre divine, faisions respecter le nom des disciples de Fourier en offrant l'exemple de toutes les vertus [5]. »

Les valeurs transcendantales du passé ont fait place à des valeurs positives, mises au service de l'homme social. L'équivalent, pour les femmes, est impensé parce que impensable. Comme si leur exclusion de la sphère publique permettait l'épanouissement de la liberté des hommes dont elles dépendent.

Les principes de liberté, d'égalité restent des valeurs abstraites. Ce sont des valeurs de référence. « Cette égalité complète s'échappe tous les jours des mains du peuple au moment où il croit la saisir [6]. » Les principes sont désormais relayés par une morale concrète à même d'unifier le corps social au détriment de l'individualité complète des femmes. La réussite est si patente dans les années 1840 que, de l'impossibilité d'être « poète, artiste, savante, industrielle » comme l'écrivait Eugénie Niboyet en 1835, imprégnée de son expérience de liberté récemment vécue, on est passé à l'impossibilité de vivre quand on est femme. En témoigne l'évolution de la pensée de Clémence Robert qui écrit, en 1839 :

« Je suis femme
Née ici j'y mourrai – Jamais l'heureux voyage
Ne viendra de son aile ouvrir mon horizon.
Je ne connaîtrai rien du monde de passage
Au-delà de ce mur qui borne ma maison (...).
Je n'admirerai pas un désert, un grand fleuve (...)
Je suis femme
Je resterai dans mon enclos
En regardant partir, pour leur heureux voyage,
Mes frères qui s'en vont en longs pèlerinages,
Soldats marchands ou matelots,
Comme une plante reste attachée aux rivages,
En voyant sur son front voyager les nuages,
Et sous ses pieds passer les flots.
Ni les lieux ni les temps – Du passé de ce monde,
Mon esprit toujours ignorant,
N'aura dans son ombre profonde,
Que le jour qui s'élève et l'heure du cadran.
Aux âges dont il reste un sillon de mémoire,
Je ne pourrai jamais revivre par l'histoire (...).
Pas un mot qui parle pour moi.
Je suis femme [7] *(...). »*

Ainsi appréhendent la vie celles qui ont cru pouvoir, un moment, agir sur le monde des humains. L'exclusion dont elles sont victimes n'est pas signifiée explicitement par les hommes qui se sont emparés de l'universelle liberté : elle est le produit de cette appropriation exclusive. L'usage du mot permet tout simplement d'en masquer la pratique. Par l'invention du citoyen futur, les hommes d'ordre projettent ce qu'ils sont dans ce qui devrait être. Ils pensent pour eux-mêmes, à eux-mêmes, en oubliant les femmes, en songeant à leurs compagnes. Toutes les nouvelles valeurs, socle fondateur des idéologies libérales et républicaines – le savoir, les capacités, le travail, le dévouement, la fraternité... – forment système. Elles sont des garanties d'ordre et de sécurité pour les autorités politiques et président à la réorganisation des liens sociaux dans l'opposition. Seul leur ordonnancement dans le réseau social permet la conservation de l'ensemble, ce qui en fait tout le prix. A cet ensemble, les femmes sont associées. En tant qu'épouses et mères, elles sont incluses dans ce système de valeurs, sources de représentations collectives. Imperceptiblement, cette construction sociale devient vérité sous l'effet de la norme érigée qui structure les différents corps sociaux. Ce processus participe de la mise en ordre du pouvoir libéral, sans être un obstacle à la formation des sociétés ou groupes d'opposition : il alimente les mentalités du temps, voire les façonne bien plus qu'il n'en est le produit. On a trop tendance, dans l'historiographie, même la plus récente, à substituer les effets aux causes pour rendre compte des rapports de sexes [8]. Or, les mentalités reflètent les rapports de pouvoirs. Les mécanismes qui les commandent restent à décrypter.

Les mentalités collectives sont souvent prétexte pour rendre compte de la force des choses : « Héritages complexes. Situées à la croisée des phénomènes quotidiens et des pratiques culturelles – d'aucuns diraient : des infrastructures et des superstructures –, elles décrivent la spécificité d'un groupe social précis dans un temps et un espace donnés [9]. » Elles sont le produit d'une formation plus ou moins lente qui classe, nomme, identifie les groupes sociaux [10]. S'en tenir au constat descriptif d'une réalité, c'est s'interdire l'analyse des présupposés à partir desquels les représentations collectives se dessinent, c'est s'empêcher de percevoir les résistances, c'est accepter comme donnée de l'histoire ce qui est de l'ordre du construit et ne retenir que les invariants, l'immuabilité de la leçon, toujours la même : « Le masculin (les hommes), pour dominer, doit contenir la puissance du féminin, et pour la contenir, il doit d'abord s'en emparer, en exproprier les femmes qui en sont les supports premiers, originaires [11]. » Cette leçon anhistorique dont on ignore l'enjeu est interprétée comme une nécessité, tout en restant énigme liée aux préjugés, contraire à l'universalisme républicain; leçon philosophique plus que politique, elle n'entre pas dans le processus de l'histoire. Inscrite dans les mentalités, elle ne peut s'analyser dans des rapports sociaux qui disent les rapports de pouvoirs [12]. Impossible de nier la part de crainte que révèle cette exclusion toujours renouvelée. Peur fondamentale qui dépasse les simples enjeux politiques, peur ancienne, sans cesse réactivée, autour de laquelle les mentalités masculines se forment. Mais au-delà de cette réaction, aux origines proches et lointaines, il reste les pratiques de domination dans l'actualité de la législation qui s'efforce de circonscrire l'espace féminin dans certaines limites. Les discours, les valeurs auxquelles ces pratiques se réfèrent accompagnent et légitiment la législation. Et l'ensemble participe à la création d'une catégorie censée représenter les femmes, toutes les femmes auxquelles on dénie le droit à l'individualité.

Si les femmes existent, le groupe social des femmes ne prend sens que par l'exclusion dont elles sont victimes – les femmes sont multiples, incluses dans des groupes divers. Le pouvoir constitué, les réseaux qu'il engendre œuvrent à situer ce groupe hors du monde masculin libre et organisé. Pour rendre possibles la viabilité de l'ordre et sa reproduction, il importe alors de façonner une identité féminine qui se veut miroir de *la* femme, dans laquelle son image, image de soi, doit se refléter. Cette identité fondatrice d'un univers féminin est représentation créatrice des mentalités. Aussi, pour éviter de considérer comme une donnée de l'histoire ce qui, précisément, est une création historique, il est nécessaire de mettre au jour cette pratique politique dans sa production idéologique : saisir les conditions d'émergence des valeurs et les confronter à la réalité sociale perçue par les individus. Ces valeurs, moyen d'intégration sociale, fondatrices d'identité [13] sont à l'origine de la constitution des « genres » *(gender)* dont la spécificité est définie par des individus et des groupes dont l'intérêt, la sécurité, voire la survie dépendent d'une structure hiérarchique de la société – structure nécessaire à la reproduction du pouvoir masculin.

Exclues de l'instruction publique, lieu d'apprentissage de la citoyenneté, écartées de l'éducation, source de la fraternité, jugées incapables de raison, les femmes ne peuvent accéder à aucune fonction susceptible d'influer sur la « chose publique ». Celles qui sont contraintes au travail bénéficient au mieux d'un apitoiement social : le travail n'est pour elles qu'une valeur négative.

Pourtant, si leur existence sociale est encore impensée, leur existence réelle s'impose. En même temps qu'elles sont exclues de la sphère publique, elles sont associées, incluses dans la sphère privée des hommes dont les représentants politiques et moraux imaginent le bonheur au sein du foyer protecteur. C'est d'abord l'Église renaissante qui a songé aux femmes, à leur fonction sociale à l'intérieur de la famille, plus tard les républicains ont emboîté le pas, à la suite de Michelet.

En fait, dans les années 1835-1840, le peuple devient prioritaire. La pensée de Félicité de Lamennais est significative à cet égard : préoccupé du sort des « prolétaires, hommes du peuple », il leur enjoint de s'unir « pour conquérir d'abord le complément » de leurs « droits personnels », les « droits politiques » qu'on leur refuse, parce que « de la participation au gouvernement ou de la jouissance des droits du citoyen, dépend en premier lieu sa liberté personnelle [14] ». Lamennais dénonce l'instrumentalisation du peuple et part en guerre contre les faux principes d'égalité nés du triomphe de la raison des puissants. Politiquement, les travailleurs sont réduits « à l'état de machine aveugle ». Cette dénonciation radicale mobilise les énergies des hommes les plus critiques et permet d'oublier ces autres parias : les femmes, celles du peuple en particulier, laissées sur les bords du chemin de la liberté. Pour elles, entre 1835 et 1848, les désillusions s'accumulent. « La société a voulu que je fusse l'esclave de la race masculine en recevant d'elle seule le pain de chaque jour, écrit l'une d'elles. Ce que je demandais à Dieu et aux hommes, c'était uniquement l'indépendance dans le travail [15]. » Désormais, on les veut utiles et non point libres. Les désillusions sont à la mesure des espoirs des années 1830. Pour avoir voulu participer aux progrès de l'humanité, elles ont recherché l'instruction, elles ont revendiqué le savoir – nécessaire au développement de leur raison, indispensable à l'épanouissement de leurs capacités, afin d'œuvrer à l'utilité commune. Or, non seulement elles se sont vu retirer ce qu'elles croyaient être un droit, mais celles qui, à force de liberté et de ténacité, réussissaient à s'approprier un savoir subissaient entraves et interdits dans leur activité publique.

Aucune valeur positive nouvelle ne permet aux femmes d'obtenir la reconnaissance sociale dévolue aux hommes seuls. Dans de telles conditions, la résurgence d'anciennes valeurs s'impose : des modèles maternels sont réactivés, réactualisés par des femmes du passé telle Mme de Rémusat, devenue une des références d'Eugénie Niboyet. L'éducation apparaît comme le moyen pour *la* femme d'être une mère respectée dont le destin s'attache à l'enfant, futur citoyen. En apparence, ce rôle féminin s'inscrit dans le contenu de la régénération saint-simonienne. Mais, cette idée héritée d'un très ancien messianisme, repensée, agitée par des femmes, ne pouvait s'épanouir que dans des temps d'exception, au temps des désordres sociaux qui favorisent les grands projets. Prise en charge par des femmes, elle transgressait les normes et subvertissait les rapports de sexes. Elle appartient désormais au temps passé, révolu. Entre possible et utopie, des femmes auraient pu devenir des sujets d'histoire. Hors de ce temps, soumises à la loi des hommes, les plus lucides constatent et regrettent le manque de cohésion, l'absence de solidarité : « L'esprit de corps manque aux femmes », écrit Eugénie Niboyet. La raison des organisations naissantes l'emporte sur une cause chassée hors de l'histoire.

Or, dans ces mêmes années 1835-1840, l'Église renaissante redonne sens à cette fonction maternelle, mais lui donne un autre sens. Un certain nombre de ses desservants croient aux vertus régénératrices des femmes : Lacordaire le dit dans ses prêches, des moralistes s'en font l'écho, Aimé-Martin magnifie ces vertus, et ses propos résonnent comme un baume dans le cœur des femmes. Autre lieu, autre sens, et surtout autre usage. Par la voix de l'Église, les nouvelles valeurs sont mises au service de la famille lorsqu'elles s'appliquent aux femmes. L'individu s'efface au profit des siens, des autres. Le dévouement, l'abnégation, le don de soi sont présentés comme autant de valeurs utiles à la société, nécessaires à la liberté du citoyen. Ces valeurs sont transmises de telle sorte que des femmes peuvent croire au renouveau possible, à leur rôle social au sein d'une société nouvelle par elles régénérée : « On a négligé la morale du Christ », disait Eugénie Niboyet en 1834. En écho, Alphonse Esquiros lui répond :

> « Le renoncement à soi-même, c'est-à-dire le sacrifice de l'égoïsme individuel à l'intérêt de l'humanité, est la première condition de tout vrai révolutionnaire [16] (...). Allez donc au Christ, pauvres samaritaines des temps modernes, femmes parias, vous toutes femmes que le monde opprime et brise. Allez au Christ, il vous relèvera (...). O femmes vous devenez plus fortes que nous [17]. »

A la même époque Eugénie Niboyet publie un livre d'éducation qui « est le fruit d'une conviction profonde », intitulé *Dieu manifesté par les œuvres de la création*. Elle souhaite « démontrer que les Écritures sont constamment d'accord avec les lois qui régissent l'univers et le monde ». Le point de vue qu'elle développe est en pleine conformité avec son temps et la mission qu'elle pensait sienne dans les années 1830 a été réduite à la fonction de mère. Elle la revendique et s'attarde sur ses devoirs :

> « Le titre le plus doux pour une femme est le titre de mère; mais il faut toute une vie pour remplir les devoirs qu'il impose. Le père doit ses services à la patrie, la mère doit des citoyens. Allaiter, nourrir, voilà le sacerdoce de la femme (...). Les femmes ne doivent jamais s'immiscer dans les affaires de l'État. Elles sont au foyer domestique les inspiratrices

de l'ordre dont l'époux est l'organe; et si elles n'ont aucune part apparente aux assemblées nationales, elles y participent d'une manière occulte [18]. »

Comment ne pas citer cette réflexion d'Elisabeth Janway :

« Les perceptions intuitives du monde ne sont pas fiables, écrit-elle, si elles sont formées par un moi intérieur qui a appris qu'il n'est pas considéré comme primordial [*primary*]. Ses jugements doivent toujours s'adapter à ceux qui sont fondés sur l'expérience masculine. La connaissance *a priori* féminine ne peut donc pas être acceptée comme valable par le moi féminin qui est obligé, par les lois de l'altérité, de vivre comme une personne déplacée non seulement dans le monde de l'homme mais aussi à l'intérieur d'elle-même [19]. »

Au même moment, Désirée Véret-Gay se réfugie dans l'utopie communautaire et préconise une tout autre méthode d'éducation : elle valorise l'éducation collective des enfants, tout comme l'avait fait déjà, en son temps, Claire Démar. L'ouvrage d'Eugénie Niboyet est couronné, l'expérience de Désirée Gay échoue.

Les deux femmes, ainsi que Jeanne Deroin, vont se rencontrer, au cœur du processus révolutionnaire, elles vont réclamer ensemble « la participation des femmes aux assemblées »; c'est dire combien les discours publics entendus sont imprégnés des valeurs communément admises. En 1848, l'ordre social est défait, les valeurs sont repensées à la lumière des idées nouvelles, produit d'un rapport de forces. Eugénie Niboyet s'expose à nouveau; elle ne se désavoue pas, elle repense avec les autres un nouvel ordre qui, cette fois, pourrait intégrer les femmes comme des individus à part entière. Cependant, si bouleversement il y a, il ne signifie pas table rase du passé : ces trois femmes entrent en révolution avec les autres, remplies de leur passé, un passé mêlé d'espoirs et de déceptions, entrelacé de rêves et d'utopies, d'humiliations, de joie et de misère, de croyances et d'adhésions. La mission des femmes, leur mission, un temps en sommeil, resurgit à la faveur d'un autre désordre, d'une autre crise.

DE « L'UTILITÉ » DES FEMMES

Les libéraux, plus sensibles au devenir individuel, pensent l'utilité des femmes dans la civilisation – ils sont d'ailleurs plus nombreux, à cette époque, à se préoccuper de leur sort. Le titre même de l'initiative prise par la Société des Méthodes d'Enseignement : *Quels sont les moyens de favoriser et de mettre à profit le mouvement intellectuel qui se manifeste chez les femmes,* est sans ambiguïté. La recension des besoins une fois faite, en fonction de l'évolution probable de la société, les libéraux évaluent les capacités naturelles des épouses et des mères susceptibles de rendre des services à la famille et à la communauté; et le droit des femmes à l'éducation, occulté pour elles-mêmes, peut devenir nécessaire s'il est mis au service de la famille. Adolphe Blanqui, mieux que d'autres, a songé à cette question; il livre ses réflexions au *Journal des femmes* dans un article qu'il intitule : « A quoi servent les femmes? », dans le but de valoriser leurs fonctions « naturelles ». De servantes, elles doivent se muer en compagnes de l'homme.

« En attendant que votre règne advienne (...), j'ose vous assurer, pour commencer par le commencement, que vous seules pouvez vous résigner à avoir mal au cœur pendant sept ou huit mois, et à risquer votre vie le neuvième, pour nous procurer la satisfaction de posséder un ou plusieurs héritiers de nos vertus (...). Nos héritiers une fois posés, il s'agit de les allaiter (...). Je n'ai garde d'oublier le plus grand de vos titres, celui de cuisinières (...). Ainsi donc, le travail de la femme et la part de service qu'elle rend à la communauté ne comptent point comme espèces, parce qu'ils sont d'un ordre plus élevé. Malheur à qui les considère comme ces valeurs vulgaires que l'on cote à la Bourse! (...) Le temps approche où la grande division des fortunes obligera les chefs de famille à surveiller bien plus le moral de leurs filles [20] que les chiffres de leur dot. Et c'est à vrai dire de ce côté que doit se porter l'attention (...). Quelle que soit l'industrie exercée par une femme, elle est considérée tacitement comme attachée au sort d'un homme auquel elle rend des services, par cela seul qu'elle existe, et voilà pourquoi on fait entrer en ligne de compte l'appui qu'elle en reçoit. Loin donc d'être une preuve de son infériorité relative, l'humble salaire de la femme démontre au contraire l'importance de sa vocation, et on ne demande si communément des dots que là où on ne trouve pas des habitudes sévères et des mœurs qui rassurent [21]. »

La place « élevée » qu'Adolphe Blanqui réserve aux femmes n'est-elle pas identique au piédestal façonné par les saint-simoniens en l'honneur de *la femme,* mythe ancien par eux renouvelé? Chacun à sa manière magnifie le rôle spécifique des femmes pour mieux les assujettir à la société pensée et organisée pour le « bonheur des hommes », pour le bien de « l'humanité ». Proposition en tout point contraire à ce que Louise Dauriat réclamait lors des séances de la rue de Taranne [22], à savoir, non pas le « règne des femmes, mais leur participation légale dans la vie sociale et politique : non pas le règne des femmes, mais cette concurrence nécessaire entre elles et les hommes pour le bonheur de tous [23] ». Désormais, la seule existence légale reconnue aux femmes est celle qui l'attache au sort d'un homme, Eugénie Niboyet l'a compris. Elle tente cependant de donner à cette existence légale l'éclat de l'utilité passée. Tandis que la plupart des femmes s'effacent peu à peu, à l'exception de celles qui, dans les années 1840, outrepassent l'interdit, telle Flora Tristan. Il est de plus en plus question de *la Femme.* C'est peut-être une raison suffisante pour que Jeanne Deroin se taise. C'en est une en tout cas pour suivre le parcours d'Eugénie Niboyet insérée dans son monde : il éclaire ce nouvel ordre naissant au sein duquel les rôles sociaux se dessinent, ordre qui laisse entrevoir l'enjeu politique de la place des femmes dont dépend la liberté du citoyen.

De cet ordre, Désirée Véret ne veut pas. Après l'échec de son école expérimentale, elle se « repose des luttes passées » en se réfugiant dans le rêve et l'amour; rêves de liberté et d'utopie qui la font échapper à la réalité sociale des êtres assujettis sans perspective politique; elle préfère se reconnaître dans l'owénisme, « l'une des impulsions gigantesques, mais éphémères qui captèrent l'enthousiasme des masses, en leur présentant la vision d'une structure complètement différente [24] ».

Seule Eugénie Niboyet maintient une activité publique, vivant constamment entre « nécessité et liberté », entre les sociétés philanthropiques et la liberté individuelle : sa vie est édifiante. Au contraire de Désirée Véret, elle inscrit son travail d'écriture, sa parole d'éducatrice, dans la réalité de son temps, en prise avec la morale, au milieu des difficultés financières qui l'assaillent. Elle ne perd pas, cependant, le fil ténu mais conducteur d'une certaine forme de liberté, celle d'agir.

« LA SOLIDARITÉ MANQUE AUX FEMMES! »

En cette fin d'année 1833, le prosélytisme sociétaire ne lui suffit plus. En bonne adepte de l'École, elle veut montrer la force de l'exemple en fondant un journal lyonnais, son journal : elle l'appellera *Le Conseiller des femmes,* conçu sur le modèle du *Journal des femmes,* diffusé à Paris. Par cette publication hebdomadaire, elle souhaite donner aux écrivains, appartenant à un sexe trop souvent réduit au silence, un moyen d'expression qui leur fait cruellement défaut à Lyon : sa ville, deuxième de France, dont le peuple frondeur a su puiser dans le courage des femmes les forces nécessaires à sa résistance. Lyon, comme beaucoup d'autres villes, s'est peu préoccupé du sort des femmes, il serait temps d'y penser. Leur éducation requiert tout particulièrement l'attention d'Eugénie Niboyet. Elle est prête à faire face à ces nouvelles tâches. Cette population féminine, active et résistante, dont on ignore les voix, peut s'enorgueillir d'illustres poètes comme Marceline Desbordes-Valmore. Donner à lire ses mots et ses vers honore les femmes en même temps que la gloire du poète tisse une renommée artistique à la ville, jalouse de ses prérogatives mais piètre rivale de Paris. Au goût d'Eugénie Niboyet, Lyon est trop méconnu, trop défavorisé au profit de la capitale identifiée à la nation parce qu'elle parle d'abondance en son nom. Des femmes de province il sera donc question : le premier numéro paraît en novembre [25]. Eugénie Niboyet a sauté le pas : jusqu'alors, elle s'était satisfaite d'une intervention au sein de groupes fondés par d'autres, cette fois-ci, elle crée son propre organe de presse.

La publicité donnée aux opinions individuelles, multiples, plurielles, constitue une force que le pouvoir craint; « l'opinion publique » pèse dans les décisions royales. Eugénie Niboyet l'entend et le comprend si bien qu'elle souhaite ajouter sa voix de femme à ce concert d'idées « non altérées » par les journaux. Ses propositions, pense-t-elle, peuvent encore être entendues. « La presse » est « alors une institution propre aux personnes privées en tant que public », elle n'est pas encore devenue, mais c'est limite, « l'institution de certains membres du public qui ne sont plus que des personnes privées – autrement dit (...), un biais par lequel certains intérêts privés privilégiés font irruption dans la sphère publique [26] ». Émile de Girardin n'a pas encore opéré sa révolution [27]. Eugénie Niboyet souhaite, comme tous ses contemporains, donner à ses écrits une dimension morale : la force de sa pensée fera pencher l'opinion du côté du bien, par la presse, « véritable science du bien et du mal qui est aujourd'hui le plus sûr moyen d'action qu'on puisse employer », elle pense avoir une heureuse influence sur la population ouvrière nombreuse à Lyon dans les ateliers où « les femmes sont en majorité [28] ».

Eugénie Niboyet n'a pas changé de cap, il s'agit toujours d'éduquer les masses avec les moyens dont elle dispose : l'écriture et la parole. Cependant, le ton est neuf, plus nuancé, plus serein en apparence; les projets, plus modestes, semblent craindre l'hostilité : une hostilité masculine encore mal cernée mais bien présente. Pour y faire face, « la solidarité manque » aux femmes. Seule, Eugénie Niboyet ne peut rien, elle le sait. Outre Marceline Desbordes-Valmore, elle sollicite d'autres plumes, moins illustres mais dont la réputation littéraire s'est déjà répandue : Ulliac Dudrezène, parmi d'autres, collabore au journal et fait valoir son opinion sur l'émancipation des femmes [29]. Ces voix, cependant, sont encore trop peu nombreuses, au dire de sa directrice, parce que les femmes craignent l'anathème.

Le jugement des hommes, désormais, compte plus que le point de vue des femmes : ceux-ci vont bientôt monopoliser la presse et impressionner les esprits jusqu'à créer « l'opinion publique ». Quelques-uns donneront le ton au point d'étouffer toute expression déviante. C'est pourquoi la prudence s'impose aux rédactrices. En tout cas, c'est sur ce mode qu'elles choisissent de s'exprimer :

> « Prétendre lever l'étendard de la révolte, et l'on ne saurait aborder une semblable question sans froisser mille susceptibilités, et sans entendre mille voix crier anathème (...). Nous en appellerons aux hommes de cœur. Quel est celui d'entre tous qui voudrait essayer de nier qu'il y ait un malheur réel, attaché à la condition de naître femme (...); c'est à tel point que la jeune mère (...) fait presque toujours dans son cœur le vœu de mettre au monde un homme de plus (...). On a tenu fermé pour elle le temple de la science, et l'on a mis son industrie au rabais, pour avoir d'elle meilleur compte. Hommes de tous les siècles, vous avez été à l'égard de la femme ce qu'un monarque absolu est pour le peuple soumis à sa loi; vous avez bâillonné son intelligence, afin qu'elle se soumît sans trop de murmures à votre oppression [30]. »

Là s'arrêtent les ressentiments. Les plaintes vindicatives sont peu de mise; il s'agit simplement de faire état des souffrances attachées désormais au sort des femmes. Elles sont si peu solidaires entre elles que le regard des hommes détermine entièrement leur comportement : ce regard s'impose à elles. Plus question pour les rédactrices de vouloir transgresser les normes. Plus question de s'insurger contre le pouvoir des hommes : « l'étendard de la révolte » a été replié. La directrice et ses collaboratrices du *Conseiller* pensent plutôt s'adapter : permettre aux femmes de vivre en bonne intelligence avec les hommes, en pliant leur personnalité aux circonstances. Elles conservent une petite part de liberté, celle de dénoncer l'injustice dont elles sont l'objet, en choisissant le moment opportun. Une femme devrait être « suivant les circonstances, savante, artiste ou industrielle, cacher tous ses talens, n'en ressentir aucun orgueil et, en un mot, tendre à la perfection, si elle veut être aimée et plaire aux hommes de notre siècle tout imparfaits qu'ils sont [31] ».

Ce constat, au goût amer de défaite, intervient un an après la parution du premier numéro dans lequel la directrice stigmatisait « les préjugés » et dénonçait « la loi du plus fort », comme si son « courage » n'avait pu suffire à vaincre les résistances, un moment ébranlées à Paris, voire secouées en province : qu'on se souvienne de l'écho des lettres de femmes adressées au *Globe*. Eugénie Niboyet voulait cependant garder espoir en « l'avenir des femmes », espoir non exempt de doutes pour cet esprit lucide mais espoir fondé, pour l'essentiel, sur le verbe divin. « La raison du plus fort » semblait céder la place « à la raison du plus sage ». Le courage ne lui manque pas. Dieu a « écrit l'espoir dans son cœur », mais elle déplore la faiblesse de ses congénères. « La femme ne sera véritablement forte que lorsqu'elle sera, de bonne foi, l'amie de son sexe, c'est la première vertu de l'homme qu'elle doit chercher à imiter, si elle ne veut point demeurer éternellement son esclave. L'esprit de corps lui manque [32]. » Plainte répétitive qui ne se présente plus comme un appel mais souligne une nécessité. L'absence de solidarité est un constat, pas encore un échec, car l'association des femmes se manifeste encore dans des lieux pour le moins inattendus pour un observateur non éclairé. C'est au couvent qu'Eugénie Niboyet en relève les effets, si bénéfiques à la réhabilitation de la liberté des femmes. Des religieuses, après la révolution de Juillet, refusèrent de prêter serment au nouveau pouvoir : elles furent dispersées et contraintes de demander asile à d'autres communautés; certaines d'entre elles trouvèrent refuge auprès des sœurs de la Visitation qui apprécièrent leurs qualités et leur dévouement; de sœurs converses qu'elles étaient, elles devinrent religieuses de par l'autorité de la supérieure du couvent. L'archevêque annula cette consécration mais les sœurs refusèrent d'obtempérer. Cette preuve d'autonomie de la part d'un corps que l'on dit si réservé, si soumis à l'autorité ecclésiastique, ravit Eugénie Niboyet, en démontrant, une nouvelle fois, « que l'union fait la force [33] ».

RÉGÉNÉRER LE MONDE

Malgré les signes avant-coureurs d'une restauration de l'ordre et bien qu'elle perçoive les changements d'attitudes et devine le repli des femmes dans la solitude du foyer, Eugénie Niboyet veut prévenir leur retrait de la scène publique en apportant la preuve de leur utilité sociale. Démontrer leur capacité d'accomplir une mission sociale indispensable aux hommes de ce temps, tel est son objectif.

En ces temps si sombres, où des hommes ont montré jusqu'où la barbarie pouvait faire tomber l'âme humaine, après les émeutes de 1834 férocement réprimées [34], la directrice du journal, qui a fait appel à la générosité des femmes en faveur des victimes ouvrières, est à la recherche d'une morale supérieure, de vertus régénératrices, chères aux saint-simoniennes. D'autant plus chères que les événements lyonnais ont laissé les témoins transis. Eugénie Niboyet attend que retombe son émotion avant d'écrire « sur les événements de Lyon » : « L'humanité vient de se suicider dans une partie de ses enfants [35]. »

Elle est mesurée dans ses critiques – le gouvernement est ici épargné. Les lois de septembre se préparent, la presse est sous le regard inquisiteur du pouvoir. Eugénie Niboyet reste cependant persuadée qu'une partie de l'humanité baigne dans « l'immoralisme » dont la responsabilité incombe aux hommes, incapables de résoudre la question sociale autrement que par une sauvage répression. Incapacité si patente, de son point de vue, qu'il appartient aux femmes d'apaiser les conflits, de reconstruire d'autres rapports sociaux. Seules porteuses « d'un message de paix et d'harmonie », les femmes ont une tâche immense à accomplir :

> « Tous nos efforts maintenant doivent donc tendre à reconstruire. L'essor est donné; la femme doit être instruite pour le bonheur de tous [36]. »

Leur « supériorité morale » a été amplement démontrée. Capables de dévouement à la cause de l'humanité, animées d'un esprit apaisant, elles agissent par passion du devoir. Elles sont prêtes à l'abnégation :

> « Dans les temps anciens cette supériorité morale de la femme fut divinisée; aujourd'hui, après bien des siècles de barbarie et d'erreurs, elle commence à être avouée dans les pays civilisés [37]. »

De Montesquieu dont elle instrumentalise l'idée, Eugénie Niboyet retient cette phrase désormais célèbre : « Si les hommes font les lois, les femmes font les mœurs [38]. » Elle a renoncé à une égalité complète, mais si elle accepte de repenser une égalité différente, elle refuse toujours l'idée de domination. En fait, elle n'a rien oublié et sait que l'égalité proclamée n'est qu'un vain mot :

> « Oui tous les hommes sont égaux, toutefois, reconnaissons-le, rien de semblable n'a eu lieu en fait. Sans doute, chaque homme peut jouir du bénéfice de la loi, mais qui la fait, l'interprète et l'applique? Toujours et partout des hommes à privilèges, propriétaires ou rentiers, intéressés à maintenir certaines prérogatives réservées à ceux qui *ont*... La Loi *est*, ou paraît *être* égale pour tous, mais en réalité rien de moins vrai que cette égalité. Dire que tous les hommes sont égaux en droits, c'est reconnaître qu'ils peuvent arriver aux charges et dignités de l'État. Or, nous le demandons, n'est-ce pas ici que commence la mystification pour le plus grand nombre [39]? »

Parfaitement consciente des inégalités sociales, Eugénie Niboyet fait non seulement preuve de lucidité, mais d'une certaine habileté : elle n'identifie pas le droit au fait et fonde son analyse critique sur les rapports entre les hommes, pour convaincre ceux qui, comme elle, pensent le devenir du peuple à partir des réalités concrètes. L'abstraction des principes égalitaires, leur caractère universel dont l'usage est au service des hommes de raison – raison dont ils se sont emparés – occultent les privilèges d'une minorité de nantis. En dénonçant cette mystification du pouvoir, Eugénie Niboyet tente de rendre solidaires des femmes les victimes du système inique : les non-privilégiés. Démarche d'autant mieux comprise – si l'on veut bien considérer les femmes comme des non-privilégiées – que, exclues « du corps social », elles ont besoin de l'aide de tous ceux qui, inégalement traités par la société, sont reconnus comme individus à part entière et donc en position d'intervenir en faveur des plus démunies.

Le code civil, ce monument du droit, un « des grands instruments de la réconciliation nationale », avalise le principe d'égalité civile. « Socle » du droit français, il traduit, selon François Furet, « le monde social nouveau » qui « ne comporte plus que des individus égaux, soumis aux mêmes textes, qui fixent leurs droits et leurs obligations et que le juge, en cas de litige, doit appliquer plus qu'interpréter [40] ». Il reste que d'autres individus sont assujettis par le code à la puissance paternelle et à l'autorité maritale. La subordination de la femme est inscrite explicitement dans le code, texte de référence démocratique pour les historiens contemporains. A l'encontre de cette interprétation – dont on s'étonne qu'elle perdure malgré l'évidence de l'énoncé –, des femmes se pensent en individus, inégalement traitées par le droit. Ainsi l'énonce Ulliac Dudrezène. Consciente d'appartenir à une catégorie subalternisée par le code établi par des hommes, elle souhaite lier le sort des femmes à celui du peuple :

> « Nous sommes peut-être les seuls êtres de la création qui ayons à la fois pour nous et pour le peuple, le sentiment clair et distinct des *droits* et des *devoirs,* tous inséparables. Ainsi, la femme tributaire de l'état par les impôts et par ses enfans, ne peut espérer prendre aucune part aux affaires politiques ou administratives * (...). Qu'on ouvre le Code civil; qu'on lise tout ce qui concerne la femme, et l'on se demandera sans doute d'où sont sorties ces lois barbares par lesquelles non seulement la femme est condamnée à une tutelle éternelle, mais aussi à voir sa dignité comme épouse rabaissée (...). Où sont inscrits nos droits? nulle part et partout une main de fer a inscrit notre abaissement et nos devoirs! (...) le mal est dans l'oubli des principes d'une liberté sage qui repose sur les *droits* et les *devoirs.* C'est à nous, femmes, de *prouver* nos *droits;* c'est à nous de répandre parmi les femmes l'instruction (...). Ainsi s'établira par la force des choses une *émancipation* RÉELLE. » Elle tient à effacer peu à peu, du Code, « les lois qui montrent combien la raison *acquise* de l'homme civilisé, reste souvent au-dessous de la raison native des *ilotes* du monde entier [41] ».

* « Ce fait est tellement VRAI qu'il nous a été impossible à nous, PROPRIÉTAIRE et DIRECTRICE du *Conseiller des femmes,* d'éluder la loi qui veut que tout journal périodique ait un gérant MÂLE. NOTE DE LA DIRECTRICE. »

L'heure n'est plus aux grandes proclamations; c'est une démarche concrète que les rédactrices entreprennent sous la direction d'Eugénie Niboyet. Elles prennent acte de l'inégalité des sexes – disparité de nature transformée en inégalité par les lois; cependant, elles mettent en valeur les qualités intrinsèques des femmes, « qualités de cœur », « supériorité morale »; dispensatrices d'amour, « toujours sage dans sa tendresse » [42]. La femme qu'elles incorporent ainsi au corps social voit s'étendre ses devoirs, moyen pour prouver le bien-fondé de ses droits. Modeste, Eugénie Niboyet se veut convaincante :

> « Certes, nous le sentons, quant à présent nous lui sommes bien inférieures en développement intellectuel, mais du côté du cœur nous prenons notre revanche, et ce qu'il a de plus en force physique, nous le lui rendons en force morale [43]. »

Toutes contribuent à valoriser le rôle social des femmes. Leur démonstration tend, non plus à idéaliser *la* femme à l'instar des saint-simoniens, mais à restituer aux femmes leurs places en leur assignant une mission présente à la mesure de la reconnaissance dont elles bénéficient. Reconnaissance minimale qu'il s'agit de faire valoir. D'un certain point de vue, elles se pensent en parias, « leur royaume n'est pas de ce monde », mais il doit le devenir [44]. L'épithète d'ilotes [45] qu'elles s'attribuent donne sens à leur projet. Au risque de basculer dans la barbarie, le monde doit faire appel à leur dévouement grâce auquel elles se verront intégrées à la société qui, sans elles, ne peut rien. Infériorisées par le code, étrangères aux lois, elles se mettent en position d'élaborer ce « code moral » vainement recherché par leurs contemporains.

VALORISER LA DIFFÉRENCE

Plus que jamais, le dévouement est remis à l'honneur. Le don de soi devient une nécessité : en bon rousseauiste, on veut croire à la bonté naturelle des hommes. La restauration de valeurs anciennes, à laquelle Eugénie Niboyet et ses compagnes apportent leur contribution, apparaît indispensable au sauvetage de l'humanité. En louant les « qualités naturelles » des femmes, les rédactrices du *Conseiller* participent, d'un certain point de vue, au bouleversement des principes auxquels étaient attachées Jeanne Deroin et Désirée Véret. Elles n'incitent plus les lectrices à réclamer la stricte égalité mais commencent à faire entendre les mérites de la complémentarité des sexes. Plutôt que de les relativiser, elles accentuent les différences entre les hommes et les femmes. Elles ont pris acte de l'état social et constaté l'échec de l'émancipation individuelle. Pleinement conscientes de leur non-existence sociale en tant que femmes, elles magnifient ce qui est reconnu, c'est-à-dire la fonction spécifique de la femme à qui le destin maternel dicte sa loi. « Soyons femmes, toujours femmes, et nous serons supérieures [46]. »

La femme libre à l'identité propre, dont la place était contestée par des préjugés archaïques, est désormais soupçonnée de s'être identifiée à l'homme, sous la plume d'Ulliac Dudrezène. Suprême injure en ces temps où la différence est devenue un moyen d'être. La liberté de se soumettre à l'ordre des sexes en cultivant sa différence serait-elle la seule issue pour les femmes? N'y aurait-il aucun autre choix pour celle qui ne peut vivre hors du « corps social »? Le fait même d'intervenir publiquement impliquerait-il une telle contrainte? « Malheur à celles qui, étant femmes, se font hommes! » menace la rédactrice. Comme si les femmes des années 1830 avaient risqué, par le désordre des sexes, de bouleverser la société tout entière, en se perdant elles-mêmes. Les recommandations se font précises afin de maintenir l'équilibre nécessaire au salut des deux sexes.

> « L'instruction est du domaine de l'intelligence, l'éducation est du domaine de l'âme; l'organisation de l'homme le rend propre au savoir; l'organisation de la femme la rend propre au développement du sens moral, c'est-à-dire de cet instinct si sûr qui fait distinguer le bien du mal, le juste de l'injuste à la femme la plus ignorante [47] (...). »

Certes, les idées d'Ulliac Dudrezène relatives à ce qu'elle appelle « la vraie émancipation » diffèrent quelque peu de la pensée d'Eugénie Niboyet, plus attachée à respecter l'individualité des femmes. Cependant, la directrice ne développe pas un autre point de vue : les notes de bas de page témoignent de son approbation.

Ce mode de penser puise son origine d'une mise à l'écart des femmes, de l'exclusion d'un genre « subalternisé ». Ancré dans la réalité, il va renforcer l'assurance de la communauté masculine, profondément convaincue de posséder seule l'intelligence : l'instruction est destinée aux hommes parce que le gouvernement des hommes leur incombe. C'est sur ce ton que les discours politiques se répandent et se font écho. La valorisation de la différence – effet retour d'une domination illégitime – contribue, de fait, à créer des modèles, à représenter le sexe en fonction d'une spécificité naturalisée. Cette forme d'intégration au monde permet aux femmes d'accéder à la reconnaissance publique, moyen d'échapper à l'isolement.

La différence des sexes ainsi mise en valeur nous montre combien la démarche théorique de Luce Irigaray exprime une relation-tension qui est inscrite dans l'histoire et dont on perçoit les effets bien loin de notre présent.

> « Pour demeurer vivants, dit-elle, nous avons besoin de la différence sexuelle. (...) Les femmes correspondent au singulier universel. Leur identité se tient dans la non-scission systématique de la nature et de l'esprit, dans la retouche de ces deux universels [48]. »

Incontestablement, Eugénie Niboyet et ses compagnes d'écriture ont pensé dans les mêmes termes. Ces idées, nées d'un échec collectif, permettent à celles qui les énoncent de ne pas mourir socialement. Si l'échec n'est pas analysé, il est profondément ressenti. Ainsi, mais sans en saisir toute la portée, *Le Conseiller des femmes* d'Eugénie Niboyet, par la mise en valeur des aptitudes « spécifiquement » féminines, participe-t-il à la perpétuation d'une inégalité. A cause de cette participation féminine, il est tentant d'ôter à cette pratique sa dimension historique. Insistons : les femmes, comme les hommes, sont des agents actifs de l'histoire. D'enjeu politique qu'elle était dans les années 1830, l'inégalité des sexes, œuvre des hommes du point de vue de Jeanne Deroin, devient une donnée d'ordre naturel, dont l'origine peut être pensée divine. De fait, le journal d'Eugénie Niboyet renforce le système de valeurs qui structure les rapports sociaux au nom d'une morale politique, invoquée par les libéraux, repensée par l'Église, forgée par les moralistes, redéfinie par les républicains.

L'ÉDUCATION EN QUESTION : « CIVILISER LES ILOTES »

En 1834, Eugénie Niboyet décide de fonder l'Athénée des femmes, au sein duquel l'éducation sera faite par des femmes, pour des femmes [49]. Par cette fondation, Eugénie Niboyet renoue avec l'association et réhabilite la solidarité. Elle peut à nouveau dispenser l'instruction dont elle n'a pas oublié le prix et surtout l'éducation, si nécessaire aux femmes et mieux adaptée à leur vocation maternelle. Plus conforme à leur rôle social. Elle entreprend une véritable croisade en faveur de la civilisation des « ilotes » dont la société ne soupçonne pas les capacités : elle a trop longtemps négligé ce potentiel humain.

> « Pourquoi refuserait-on à un sexe ce dont l'autre jouit si bien, pourquoi la raison de la femme resterait-elle sans aliment, sa conscience sans lumières? De quel droit lui refuserait-on la liberté morale dont elle a besoin pour exercer sur le milieu dans lequel elle vit une action qui réagisse utilement sur l'ensemble? En admettant que la femme soit

particulièrement destinée à veiller et diriger la famille, on admet implicitement l'autorité directe qu'elle exerce sur l'humanité (...). Selon nous, la femme, douée plus particulièrement de facultés aimantes, doit exercer dans la société une puissance de cœur [50] (...). »

Point de vue semblable, à quelques nuances près, à celui de Michelet – à la fois idéologue et historien républicain – qui dresse un portrait élogieux de Mme Roland, dans son *Histoire de la Révolution française.*

« Pour vouloir la République, l'inspirer, la faire, ce n'était pas assez d'un noble cœur et d'un grand esprit. Il fallait encore une chose... Et quelle? Être jeune, avoir cette jeunesse d'âme, cette chaleur de sang, cet aveuglement fécond qui voit déjà dans le monde ce qui n'est encore qu'en l'âme, et qui le voyant le crée... Il fallait avoir la foi [51]. »

C'est d'ailleurs aux mêmes femmes, et à leur autorité morale que personne ne conteste, qu'Eugénie Niboyet se réfère : à Mme de Staël, « au génie si fécond », à Mme Roland, « à l'âme si élevée [52] », à toutes celles dont les ouvrages sur l'éducation ont été accueillis avec force louanges – en premier lieu, celui de Mme de Rémusat dont le livre ne cessera d'être réédité [53]. La comtesse de Rémusat, au noble dessein, mère du doctrinaire, membre éminent de l'aristocratie d'Ancien Régime, expose des opinions dont la perspicacité satisfait le cœur de bien des républicains.

« La destinée d'une femme est à son tour comprise dans ces deux titres non moins nobles, épouse et mère de citoyen. Si en cette qualité, l'opinion publique lui accorde toute la considération qu'elle a droit d'inspirer, si son éducation est dirigée vers les moyens de l'obtenir, elle n'aura plus à se plaindre de son partage sur la terre [54]. »

On retrouve ici le grand débat introduit par la Révolution : membres du corps social, les femmes ne peuvent être mises à l'écart de la nation française unie dans une même foi, soudée par une même volonté de défendre les intérêts du peuple [55]. Dans l'immédiat, ce n'est pas ce qui préoccupe Eugénie Niboyet. Il lui importe d'abord de répondre à une nécessité : éduquer les femmes dont personne ne se préoccupe; leur apprendre l'abnégation de soi mais aussi les instruire. Elles restent, aux yeux d'Eugénie Niboyet, des « ilotes » susceptibles de devenir des individus « civilisés » dont les exigences personnelles sont complémentaires des besoins sociaux. C'est pourquoi la directrice du *Conseiller* est sensible au réalisme de Mme de Rémusat.

« Toute espèce d'instruction morale ou religieuse manque aux dernières classes de la société. Que des femmes éclairées et charitables unissent leurs efforts dans les campagnes au zèle des curés, une grande amélioration morale résultera d'une si salutaire entreprise [56]. »

Pourquoi restituer ses lettres de noblesse à des opinions somme toute dépassées? La notoriété de l'auteur, dont la clairvoyance est manifeste, influe sans doute sur le choix de la fondatrice de l'Athénée. Mais l'œuvre éducatrice des prêtres, que la comtesse semble tenir en haute estime, est décriée, leur école critiquée par des proches d'Eugénie Niboyet. Quoi qu'il en soit, l'éducation des filles ne retient guère l'attention du monde politique. L'Église, plus utilitaire, d'un certain point de vue plus politique, commence à percevoir tout l'intérêt idéologique et social d'une éducation dont les mères seraient l'objet.

RÉGÉNÉRATION PAR LES MÈRES

En effet, tout un courant de pensée s'élabore en faveur de l'éducation des mères de famille. Celui qui exprime, avec le plus de conviction, ce point de vue, se réfère lui aussi à l'autorité de Mmes de Rémusat, Necker de Saussure et Guizot : Aimé-Martin, professeur à l'École polytechnique, destitué par le maréchal Soult, alors ministre de la Guerre, pour avoir professé des idées trop libérales au gré du gouvernement. Il est soutenu par *La Tribune des départements* dont l'engagement républicain est, nous l'avons vu, très clairement exprimé. Le livre qu'Aimé-Martin consacre à « l'éducation des mères de famille » est publié pour la première fois en 1834. Il bénéficie d'un succès sans cesse renouvelé. Il est réédité jusqu'en 1883 [57]. C'est l'engouement. Considéré en avance sur le siècle, voici en quels termes *Le Journal des femmes* l'accueille :

> « C'est la régénération de notre sexe qui est le but du livre que nous examinons (...) [58]. Le but réel de M. Aimé-Martin est d'arracher, par la toute-puissance des femmes, la société aux divagations du siècle, et de le soumettre de nouveau aux idées morales et religieuses [59]. »

Comme bon nombre de ses contemporains, le moraliste est préoccupé de ce qu'il appelle « la dépravation de la société ». Il faut, pense-t-il, « arracher l'homme au mensonge », à « l'égoïsme » qui caractérise son temps. L'instruction publique ne peut rien. Rousseau, en penseur novateur, a su découvrir la mère en la femme, mais il s'est arrêté aux portes de son influence morale. L'amour maternel est seul en mesure de relever ce siècle souillé par la « terreur », perverti par l'égoïsme et l'appât du gain. Parce que les mères sont innocentes et pures, « il faut que les peuples s'abrutissent dans leurs bras, ou se civilisent à leurs pieds ». Le sauvetage moral de la société, aux mœurs dissolues, est entre leurs mains : « Travailler à leur éducation, c'est donc travailler à la nôtre », affirme-t-il; « leur donner de nobles et de hautes pensées, c'est tuer d'un seul coup nos petites passions et nos petites ambitions », car seule la mère est capable de dévouement. De la femme elle-même, il n'est guère question. Son utilité seule préoccupe l'auteur. Le service de l'homme guide sa pensée : « Les lumières sont versées dans le cœur » de la mère « afin d'en projeter les rayons amoureux » sur la vie des hommes. « Leur mission » n'est pas un enseignement, « elle est une influence ». Pas question d'écoles des femmes mais d'attitude exemplaire des épouses et des mères au sein de la famille.

> « Elles ne sont ni guerriers, ni magistrats, ni législateurs; elles sont épouses et mères, elles sont ce que le créateur a voulu qu'elles fussent; c'est une moitié entière du genre humain échappée par sa faiblesse même aux corruptions de nos puissances et de nos gloires. Oh! qu'elles cessent de regretter leur part dans ces passions fatales! qu'elles nous laissent la tribune, les trônes et la guerre, si elles partageaient nos fureurs, qui donc ici-bas pourrait les adoucir! voilà leur influence, voilà leur royauté! comme elles portent dans leur sein les nations à venir, elles portent dans leur âme les destinées de ces nations. Qu'elles fassent entendre sur la terre les mêmes paroles d'humanité et de liberté; qu'elles y fassent naître un seul sentiment d'amour de Dieu et des hommes, et leurs destinées seront accomplies! Il faut des armées pour conquérir le monde, il ne faut qu'un sentiment moral pour le civiliser et le sauver [60]. »

Le réel des femmes est ainsi transformé en représentation maternelle. Construction discursive dans le cadre de la morale et de la religion restaurées, cette représentation lie le sort des femmes au destin de la mère. L'idée n'est pas nouvelle, elle est tout simplement renouvelée. Elle apparaît cependant singulièrement novatrice aux contemporains. L'émancipation est devenue un projet vague, et la place de la femme s'estompe pour laisser s'épanouir celle dont la vocation est d'être mère. Les rédactrices du *Journal des femmes* l'écrivent : Aimé-Martin est un précurseur. Elles prévoient son succès. Son livre est lu, ses idées sont neuves – leur impact est à peine perceptible, mais les femmes s'y intéressent : une place enfin est donnée aux femmes. Aimé-Martin parle de cette éducation chère à Eugénie Niboyet. Qu'importe alors la « vocation naturelle » invoquée! Les femmes ne sont pas oubliées. Peut-être Eugénie Niboyet eût-elle exposé ses réserves sur cet ouvrage qui tresse des couronnes à la mère sans se préoccuper du sort des femmes, mais les moyens lui manquent : *Le Conseiller des femmes* s'éteint en août 1834 pour être remplacé par la *Mosaïque lyonnaise* où la liberté de ton n'est plus de mise.

Une autre voix s'élève en faveur de l'amour de l'humanité, celle de Félicité de Lamennais. Il conforte toutes celles dont la foi en Dieu n'a pas été ébranlée par la déstabilisation de son Église. Le prêtre réfractaire à la tutelle des hommes leur dit de se méfier de ceux qui parlent de liberté et la « détruisent par leurs œuvres », en affirmant : « Vous n'avez qu'un père qui est Dieu, et qu'un maître qui est le Christ (...). Tous naissent égaux : Nul, en venant au monde n'apporte avec lui le droit de commander. » Sa lecture des textes sacrés est pleine d'humanité. Dévoué aux hommes du peuple, il évoque davantage le fils de Marie que le fils de Dieu. Ainsi la mère du Christ est-elle associée à la divinité [61].

Eugénie Niboyet lui rend hommage en termes extrêmement élogieux. Elle salue le « saint homme » qui sait se mettre au service du peuple sans se soumettre aux autorités. Et « c'est à la femme que M. de la Mennais confie les douleurs de l'humanité, c'est elle qu'il charge de les guérir, comme seule capable de les comprendre [62] ». Un disciple de Lamennais, le père Lacordaire, croit, lui aussi, au rôle bienfaiteur des femmes lorsqu'elles sont mères. Ses prédications recueillent un succès inattendu, surprenant même, auprès de ce peuple pensé sans foi par l'Église de la tradition. Lors de ses conférences à Notre-Dame, le père emploie un ton qui tranche avec l'habituel sermon d'anathème entendu au cours des missions. Lui sait parler au cœur des hommes et celui des femmes est également touché. Bien que ses premières conférences ne s'adressent pas à elles, un grand nombre de femmes l'ont entendu. Ainsi Clémence Robert : sensible à la propagande républicaine, favorable à l'émancipation des individus, elle œuvre pour l'instruction des femmes : aucune discipline ne doit leur rester étrangère. Et pourtant, comme beaucoup, elle est touchée par la grâce du révérend père. « Les femmes viennent en foule recueillir d'une âme avide et ardente ce qui peut en parvenir jusqu'à elles (...). Lacordaire est donc pour nous le prêtre par excellence [63] (...). » Les prises de position de ce « révolutionnaire » enchantent les auditrices. Le christianisme primitif, réhabilité, humanise la religion renaissante par la grâce de ces nouveaux chrétiens qui, à l'instar de leurs prédécesseurs de 1789, sont capables de repousser les « tyrans sacerdotaux ». Si les nouveaux moralistes de l'Église ont la faveur de celles qui hissèrent, il y a peu, la bannière de la liberté, c'est qu'eux seuls désormais se préoccupent de leur sort. La liberté pensée dans les années 1830 s'éloigne, et le chemin de l'instruction qui pourrait les y conduire reste fermé aux femmes. Les prédicateurs parlent au cœur, ils réveillent leur volonté d'exister socialement. C'est ainsi que Lacordaire se fait entendre.

Membre du groupe de La Chênaie, aux côtés de Gerbet et de

Montalembert, Lacordaire rompt avec le père fondateur, après la condamnation de *Paroles d'un croyant* par l'encyclique *Singulari nos.* Il reste néanmoins profondément associé à la pensée de Lamennais. Plus sensible que les conservateurs ultramontains à la soif de croyance manifestée par un peuple insatisfait du gallicanisme, il emploie le langage de son temps, ayant connu les mêmes doutes et éprouvé les mêmes enthousiasmes que ses contemporains : au contact de Rousseau, avec d'autres lycéens, il a perdu la foi au début du siècle. C'est un converti qui s'adresse au peuple de Paris en 1835. Dans ses prêches, le Dieu vengeur a fait place au Christ sauveur, presque humain, lié à Marie par l'amour et la mort. Douloureuse mère dont l'immense amour pénètre le fils avec qui elle partage les souffrances de la rédemption. La réhabilitation de Marie, mère du Christ, à laquelle les femmes peuvent s'identifier, se prépare. La Vierge commence à faire des apparitions remarquées. L'Église se méfie encore. Pourtant, depuis l'année du choléra qui a vu la promotion de saint Roch, le recours populaire penche de plus en plus vers la mère du Christ. Après Lamennais :

> « Jésus-Christ n'est plus que figure de l'humanité éprouvée et magnifiée par Dieu. Dès les *Paroles d'un croyant,* le symbole d'un retour de Jésus s'éclaire par l'idée d'une nouvelle Passion dont le peuple est, cette fois, la victime, le nouveau Christ souffrant et triomphant [64]. »

Le nouveau christianisme fait des ravages jusque dans les rangs républicains. Barbès lui-même aurait proclamé sa foi chrétienne dans sa prison, en 1839. En même temps que l'humanité du Christ est célébrée, ce sont les souffrances de sa mère qui sont redécouvertes. Le temps de Marie, vierge aimante et souffrante, est venu : les apparitions sont désormais reconnues et popularisées par l'Église de Rome. La Vierge de Catherine Labouré, longtemps dans l'ombre de la médaille qui célébrait son apparition discrète, est donnée lentement en adoration. A partir de 1834-1835, c'est l'explosion. « Plus de huit millions de médailles furent frappées en France en moins de quatre ans, et, en 1842, la diffusion est évaluée à cent millions [65]. » Chaque année alors les apparitions se succèdent.

La religion de l'*Imitation de Jésus-Christ* est diffusée par les nouveaux prêcheurs, religion du sentiment, du cœur, de la Bible : par-delà les querelles anciennes, cette religion-là parle au peuple et renouvelle la catéchèse. Des femmes, si souvent ignorées, sont attirées par ces religieux. Elles se voient associées au renouveau par le cœur de la mère. Elles sont emportées dans ce mouvement de régénérescence de l'Église qui s'inscrit dans ce monde, au sein du peuple dont les misères sont perçues et dénoncées. Les nouveaux apôtres énoncent la doctrine du christianisme primitif, ils parlent le langage de l'égalité. Saint Paul est ainsi revisité. Malgré l'absence d'ambiguïté de ses paroles sur la soumission nécessaire des épouses, ses épîtres ont la faveur du *Conseiller des femmes* et en particulier, cela s'entend, l'épître aux Galates qui est aussi la grande référence de Jeanne Deroin.

> « Oui, vous tous qui avez été baptisés en Christ, vous avez revêtu Christ. Il n'y a plus ni Juif, ni Grec; il n'y a plus ni esclave ni homme libre; il n'y a plus l'homme et la femme; car tous vous n'êtes qu'un en Jésus-Christ [66]. »

Ce mouvement se répand partout, notamment à Lyon, où Frédéric Ozanam, principal fondateur de la Société Saint-Vincent-de-Paul en 1833, a grande réputation. Autre disciple de Lamennais, partisan de Lacordaire, il cherche à soulager la misère ouvrière par le développement de l'association. Il déplore tout particulièrement, d'un point de vue très proche de celui d'Eugénie Niboyet, les conditions de travail auxquelles sont soumis les femmes et les enfants. C'est le début du catholicisme social [67] encore peu développé, mais suffisamment entendu pour étonner les républicains et susciter les réflexions critiques d'un Louis Blanc contre « les meneurs mutuellistes » qui subissent l'influence du clergé qui « s'exerce sourdement et à petit bruit par les femmes [68] ».

Remarque rassurante pour le quarante-huitard soucieux de croire à l'engagement républicain des ouvriers dont l'innocence serait pervertie « sourdement » – relevons le terme – par les femmes. Assertion sans véritable fondement dans les années 1835 : les femmes ouvrières, comme leur époux, donnent leur confiance aux croyants proches du peuple sans manifester de sympathie particulière envers le clergé – elles ne sont pas encore sur « les genoux de l'Église [69] » –, resté pour l'essentiel traditionaliste, opposé d'ailleurs aux idées sociales d'Ozanam : « Les défiances des prélats contre le caractère laïque de la Société [Saint-Vincent-de-Paul] disparurent quand Grégoire XVI lui adressa un bref approbateur en 1845 [70]. » L'éducation des femmes sur « les genoux de l'Église » n'est que le résultat d'un rejet libéral et républicain dont il importe de rendre compte.

Ce mouvement est l'expression de tout un courant de pensée dont le Lyonnais Pierre Simon Ballanche est l'un des éminents représentants, lui qui était convaincu du devenir salvateur du christianisme : « Le christianisme est le but auquel doit tendre l'humanité (...). Le christianisme est la religion éminemment plébéienne, la vraie religion de l'humanité [71]. »

En y associant les femmes, « le réveil » religieux, en ce « printemps [72] » des églises, offre une place à celles qui ne peuvent se satisfaire d'une existence privée. Les moralistes comme Aimé-Martin, les nouveaux apôtres de l'Église catholique plaident pour l'éducation des filles parce qu'ils croient à leur vocation régénératrice, au sens modeste du terme. En réhabilitant les qualités « spécifiquement » féminines, ils créent des valeurs familiales sur lesquelles se fonde une idéologie féminine nécessaire aux femmes dont la « vocation sociale » reste impensée par les hommes politiques. En ces années 1835-1840, la soif d'éducation, toujours manifestée par des femmes, est laissée à l'initiative individuelle ou à la charge des congrégations. Le dévouement de certains prêtres desservants, souvent déconsidérés par leurs évêques et qui vivent aux limites de la pauvreté – les pétitions adressées à l'Assemblée en font foi –, est à mettre au crédit de cette Église renaissante. L'aide apportée par l'abbé Deguerry à Jeanne Deroin en témoigne. Le brevet de capacité, plusieurs fois refusé à Jeanne Deroin, comprend, outre l'instruction morale, « le catéchisme, la lecture, l'écriture bâtarde et cursive [73] ». Jeanne Deroin connaissait l'histoire, débattait de théologie, mais l'écriture bâtarde n'était pas son fort. On s'étonne d'apprendre que seul un prêtre ait pu lui venir en aide tant les « amis » possibles hors de l'Église étaient nombreux. Les préoccupations des hommes des sociétés politiques étaient, apparemment, ailleurs.

Il nous faut comprendre le sens de cette séparation, interroger les discours des hommes de cette époque afin de redécouvrir la source du malentendu, au sens fort du terme, entre la demande des femmes et les pratiques des hommes. Démarche d'autant plus nécessaire que se jouent, dans ces années-là, non seulement le statut des femmes, la formation du citoyen, mais aussi l'anticléricalisme des années 1850-1860.

Quand on perçoit l'intérêt exceptionnel dont bénéficiaient l'instruction et l'éducation, quand on lit les très nombreux articles qui leur étaient consacrés par les journaux féminins, en ces temps où Jacotot était à la mode [74], où les écoles mutuelles bénéficiaient d'un engouement particulier, on s'étonne de constater que le gouvernement libéral, pas plus que les républicains, ne songea pas un instant à promouvoir sinon l'instruction du moins l'éducation des filles. Un détour par le politique s'impose. Autour du peuple et de son travail, se jouent l'audience républicaine et le mode d'exercice de la souveraineté.

DE LA VALEUR TRAVAIL

Loin de s'opposer à ce mouvement de régénération, les républicains s'en rapprochent. Ils parlent un langage semblable à celui des desservants de l'Église renaissante. *Paroles d'un croyant* est salué par la *Revue républicaine* en ces termes :

> « C'est le christianisme demandant la réalisation de l'égalité sur cette terre. Croyants ou non-croyants à la divinité du Christ, vous tous dont les âmes ont adopté sa morale divine, vous tous qui êtes prêts à confesser à la face des rois les dogmes éternels de la liberté, de l'égalité et de la fraternité, lisez, lisez sans cesse [75]. »

Même si le sentiment religieux est le dernier refuge d'un peuple contre les maux qui l'accablent, les « saillies irreligieuses de Voltaire, les emportements de Diderot, les haines de Béranger, et en général les passions de l'école philosophique du XVIIIe siècle [76] », ne sont plus de mise. Rousseau, Lamartine, Lamennais sont appelés comme témoins : l'esprit religieux si nécessaire ne doit pas interférer dans le gouvernement des hommes. Contre les théosophes, les républicains voudraient maintenir la religion dans un théisme rousseauiste, c'est-à-dire dans un rapport de l'homme privé avec l'infini. Mais l'absence de religion dans l'État ne signifie pas arracher le sentiment religieux du cœur de l'homme. Bien au contraire, plus que jamais ce sentiment est nécessaire à l'esprit républicain. Le parti s'est fixé comme objectif de conserver le bien-être physique et moral des classes heureuses tout en améliorant physiquement et moralement le sort des prolétaires [77]. Or, à les lire, « jamais les travailleurs ne se sont trouvés dans une position morale et physique pire que celle que leur font aujourd'hui les gouvernants, les bourgeois, les économistes, les industrialistes [78] ». Il est temps de mettre en œuvre une pensée sociale, de réhabiliter la fraternité des Conventionnels, de donner sens au dévouement des hommes, pour l'utilité de tous et l'intérêt de la famille.

Les républicains sont minoritaires et peu implantés dans le monde ouvrier. Ils s'interrogent. Comment faire « descendre la République dans l'atelier? ». Trop pervertis par l'esprit pernicieux de l'égoïsme bourgeois, victimes de leurs passions cupides, les ouvriers, dont le sentiment républicain n'est pas encore développé, « ne comprennent en général leur affranchissement que d'une seule manière; c'est de devenir bourgeois, c'est-à-dire possesseur individuel d'un atelier et des instruments de travail [79] ». Il importe aux républicains de soustraire l'ouvrier à cette concurrence hostile, « à ce morcellement qui en fait dans les mains de quelques hommes l'instrument le plus direct de l'oppression des masses et de la corruption de tous [80] ». L'idéal de sociabilité doit être revivifié. Le travail ne doit pas abrutir. Associé à la connaissance des droits et des devoirs, il peut devenir l'essence du sentiment de coopération, de solidarité, en un mot de la Fraternité. Le travail est non seulement valorisé mais il devient moyen par lequel le peuple peut prendre conscience de ses devoirs. Compris dans la sociabilité, par son utilité, il permet de substituer le dévouement à l'égoïsme. Il garantit la liberté et l'égalité de tous. Tout comme l'amélioration morale et physique de tous les hommes ne peut s'opérer que par le travail, dans l'harmonie.

> « Il faut proclamer cette vérité que le travail est l'agent le plus actif de la réalisation de l'égalité [81]. »

Le travail devient alors l'acte le plus social et le plus moral [82].

Cette valorisation du travail ne cesse d'être répétée dans les colonnes de la *Revue républicaine*. Il est la solution, le sauvetage de la société : « dans l'état donné de la civilisation le bien-être de chaque société ne peut se conserver ou s'accroître que par le travail [83] ». Il est la base de l'ordre social nouveau afin que chaque homme puisse disposer de liberté, chaque citoyen d'égalité, chaque homme de fraternité. Il forgera la nouvelle alliance entre les peuples. En d'autres termes, non seulement le travail atteste de l'identité ouvrière, mais encore il est le garant de l'identité sociale de l'homme, inséparable de ce qu'est l'homme en son activité. Il est l'homme. Aussi les républicains s'efforcent-ils de proposer « d'ordonner dans chaque ville, dans chaque canton ou dans chaque commune, selon l'importance des industries locales, la formation d'associations entre tous les ouvriers, exerçant le même état [84] ». L'ouvrier, muni de cette identité puisée aux sources du travail, doit s'inscrire dans un projet politique au sein du peuple. Par le travail valorisé et organisé, le peuple sera partie prenante de la république et restera lui-même, c'est-à-dire le peuple. Il est la condition de possibilité de la république sociale, voire de la république tout court. En écho à la morale religieuse, la morale républicaine rattache l'individu à l'association dont il fait partie, réinsère l'homme dans le corps social. L'homme actif, responsable, est mis à l'honneur, comme s'il était nécessaire de donner une dimension politique à cette activité. L'insérer dans une perspective tracée en 1789 apparaît comme l'ultime condition de sa participation citoyenne, le lien entre l'homme travailleur et le citoyen à venir. Par le travail ainsi pensé, l'ouvrier, l'homme « contribue à soutenir l'établissement public », il devient citoyen actif.

L'homme et le père de famille. Ses devoirs, leurs devoirs sont essentiels à la collectivité. Les républicains se chargent de faire entendre à cette classe ouvrière, oublieuse des services rendus par les conventionnels, la nouvelle morale.

> « L'éducation morale leur a appris que la paternité imposait des devoirs; qu'un père avait l'obligation morale de nourrir, d'élever, de faire instruire ses enfants. De leur donner un état. Alors ils ont soin de n'avoir pas plus d'enfants que leur revenu ne peut en élever [85]. »

L'activité masculine ne se borne pas à servir la chose publique; elle s'étend au devoir privé. Point n'est question des femmes, pas même du rôle actif des mères. Elles sont toutes, dans leur ensemble, en état de dépendance. Victimes de l'exploitation des industriels, de la concupiscence des riches, elles doivent être protégées. Et tout particulièrement les filles de la classe ouvrière. Dans l'esprit républicain, l'activité, au sens fort du terme, appartient à l'homme. Les femmes ne font que subir, elles ne peuvent avoir qu'un rôle passif. « Jamais le travail des femmes n'a été moins rétribué, jamais la misère ne les a poussées plus impérieusement vers la prostitution [86]. » Le travail des femmes conduit à l'immoralité, au désordre. Pas question pour elles d'obtenir, comme le demandaient les prolétaires saint-simoniennes, un salaire décent, l'accès à toutes les fonctions; l'avenir est dans le salaire de l'ouvrier qui a charge d'entretenir toute sa famille. « Partout le minimum du salaire de l'ouvrier doit suffire à son existence, à celle de sa famille [87]. » La place des femmes est au foyer domestique. Le rôle de la mère n'est pas encore valorisé par les républicains; il faudra attendre Jules Simon pour que la République donne à la maternité toute son ampleur sociale. Mais le silence sur elle est révélateur de son exclusion comme agent actif de la république future. Pour l'heure, afin de donner à la république sa dimension universelle, il est bon d'énoncer les devoirs privés et publics du citoyen. C'est le rôle social du père qui est mis en valeur. Le malthusianisme manifesté par les théoriciens de la république n'est qu'une incise dans le discours : il a pour but de responsabiliser l'ouvrier, comptable des bouches à nourrir. Le trop-plein d'enfants, c'est le désordre assuré, le travail obligé des femmes et des aînés, l'aggravation de l'exploitation. La république, idéalement représentée, est tout autre dans l'esprit des propagandistes.

> « Supposons qu'une jeune génération soit soumise à l'action générale d'une éducation publique où, par tous les moyens possibles, on enseigne le mépris de l'oisiveté, où l'on excite l'amour du travail comme le meilleur moyen d'indépendance et d'égalité, où l'on enseigne à la fois les devoirs du citoyen et les devoirs du père de famille, où l'on représente

la paternité comme une sorte de sacerdoce social qui impose les plus hautes et les plus saintes obligations; supposons que l'enfant, devenu homme et ouvrier, trouve dans les institutions sociales la garantie d'un salaire suffisant [88]... »

L'intérêt le plus sacré, celui de la patrie, pourra être servi dans le bonheur de tous.

Ce discours, ces discours étonnent. En décalage avec la réalité, la prospective politique républicaine est émise dans un temps où le libéralisme triomphe. Elle n'en nie pas moins l'existence sociale des femmes : visiblement présentes, les femmes travaillent. Villermé les a décrites nombreuses dans les ateliers textiles. Il parle volontiers de « canutes », de « compagnonnes » sans autre forme d'énonciation [89] (ces termes féminins furent masculinisés au rythme de l'organisation du travail monopolisée par les hommes). Non seulement elles travaillent, mais certaines participent à la vie politique de l'atelier : par exemple, plus de 120 d'entre elles s'associent aux hommes pour réclamer la suppression du livret et la journée de 12 heures. Un « travail excessif compromet la santé et l'existence » des deux sexes [90]. Alors pourquoi ce silence sur la vie laborieuse des femmes? Silence républicain qui s'étend jusqu'à la famille : de la production collective à la reproduction domestique, les femmes ne prennent aucune part à l'activité sociale. Comme si l'activité de l'homme entraînait l'inactivité des femmes, l'impliquait.

En effet, la liberté citoyenne a toujours été pensée par rapport à la dépendance. Le citoyen libre représente légitimement ceux qui ne le sont pas. L'égalité nouvellement acquise par les hommes suppose l'absence d'assistance, en un mot l'acquisition de l'autonomie. A cette condition – et à cette seule condition –, les hommes libres peuvent accéder à la communauté des représentants légitimes, communauté de semblables. L'idée de représentation est ici en jeu. Les républicains n'ont pas acquis leurs lettres de noblesse en matière de capacité représentative. Le peuple encore moins. Celui-ci a toujours été représenté. Il doit passer le seuil de la représentation. Tout comme l'homme libéral – dont les capacités intellectuelles, politiques et morales sont incontestées – est reconnu représentant naturel de celui encore sous tutelle, de celui dont les capacités sont moindres, le républicain futur se doit d'accéder à cette liberté active et responsable. La valorisation du travail, activité publique par excellence, ne suffit pas. Or, l'homme du peuple n'est pas propriétaire. C'est pourquoi, à l'instar du bourgeois, il voit sa responsabilité engagée dans le domaine privé. Comme lui, il doit être libéré des soins du ménage qui sont sans effet sur la chose publique. Il doit devenir le représentant naturel de sa famille et, en tout premier lieu, de son épouse dont il assure la subsistance. « Les hommes commencent par être les représentants des femmes avant que d'être les représentants des hommes de la nation [91] », écrivait le conventionnel Thérémin. Afin de donner à ce mode de représentation un caractère d'évidence, un aspect naturel, l'homme du peuple doit se transmuer de protégé en protecteur et, du même coup, sa femme, qui risque de l'empêcher de devenir acteur politique, est mise dans l'incapacité d'accéder à l'égalité. La passivité de l'ouvrière est la condition nécessaire de la liberté de l'ouvrier. Lorsque la capacité citoyenne de l'homme du peuple sera incontestée, la femme du peuple républicain pourra acquérir son titre de mère du citoyen. Pour l'heure, l'Église seule s'en préoccupe. Le travail des femmes, nécessité individuelle aussi bien que collective, devient peu à peu, dans le discours politique, une incongruité, une absurdité, une inconvenance morale dans l'ordre social qui se dessine. Parce que le travail est la condition de la liberté politique, il ne peut être licite au féminin dans une république bien ordonnée. La mère seule est sauvée par l'Église. Les femmes les plus lucides vivent cette tension en permanence : entre nécessité et liberté.

Quelques années plus tard, Michelet, le grand historien républicain, l'écrivain qui travaille à une œuvre sociale d'une haute importance, celui qui éclaire et moralise les masses [92], le premier parmi les républicains, se penche sur le rôle et la place des femmes dans la société. Il développe un point de vue similaire à celui des nouveaux apôtres du réveil religieux. Les femmes doivent être protégées, tout particulièrement la mère dont l'éminence dans la famille est restaurée par l'écrivain. Seul le tuteur diffère. Le désintérêt des hommes pour le sort des femmes embarrasse très tôt Michelet dont l'influence ne cesse de grandir. Averti du passé, il prépare l'avenir. Historien du politique, le devenir social des individus l'intéresse. Dans son livre, *Le Prêtre, la femme et la famille,* il prévient ses contemporains :

> « L'homme moderne, l'homme de l'avenir ne cédera pas la femme aux influences de l'homme du passé. La direction de celui-ci c'est, comme on va le voir, un mariage plus puissant que l'autre; mariage spirituel... Mais qui a l'esprit à tout [93]. »

C'est pourquoi, afin de « la soustraire » à l'influence « étrangère » – elle n'a par elle-même aucune idée propre –, en particulier à celle du prêtre, l'homme doit « associer » la femme, « l'acquérir [94] » dans le mariage, la façonner, l'initier dans sa vocation naturelle, ce « miracle de Dieu », celle de mère :

> « L'avantage singulier de la mère dans l'éducation, c'est qu'étant, pardessus tous, dévouée et désintéressée, elle respecte dans la faible petite

chose qui devient une personne la personnalité naissante (...). L'idéal de toute mère, et c'est le véritable dans l'éducation, c'est de faire un héros, un homme puissant en actes et fécond en œuvres, qui veuille et qui puisse et qui crée [95]. »

L'homme est le créateur, la femme devient sa chose après qu'enfant il a été la sienne. Avant d'autres, dans le mode de penser républicain du temps, en fusion conflictuelle avec l'Église, Michelet a défini les conditions de la liberté du citoyen. Il a dessiné pour ce faire la fonction spécifique des femmes, leur rôle conservateur du foyer dans une subalternité bien comprise.

« Que le foyer se raffermisse et l'édifice ébranlé de la religion et de la religion politique va reprendre assiette. Cette humble pierre où nous ne voyons que le bon vieux Lare domestique, c'est, ne l'oublions pas, la pierre angulaire du Temple et le fondement de la cité [96]. »

DISCOURS SUR LES FEMMES OU L'EXCLUSIVITÉ MASCULINE

« De tous temps les rapports des sexes ont préoccupé les législateurs. Tous ont senti l'importance de ces rapports dont la liberté plus ou moins étendue a notablement influé non seulement sur les mœurs mais encore sur les formes politiques des sociétés [97]. »

Pour les parlementaires des années 1840, aucun besoin de légiférer : la Chambre est satisfaite du code civil dont elle dispose; point de réforme en vue, quoi qu'exigent les pétitions répétées de femmes pas plus marginales que ne le sont d'autres individus ou d'autres groupes sociaux que l'on entend plus volontiers à l'Assemblée. Et, sur le sujet, toujours, l'opposition républicaine reste silencieuse. Des hommes s'enhardissent. Ils voudraient réduire encore davantage le droit des femmes : droit de succession, notamment, droit d'exercer un commerce pendant le célibat, « la position de l'homme ne peut pas être comparée à celle de la femme, les charges n'étant point égales ». En conséquence, des modifications sont proposées à l'Assemblée nationale [98]. Démarche jugée nécessaire au regard « des prétentions injurieuses d'un sexe sans raison ».

Cette pétition est isolée parmi tant d'autres qui traitent de sujets plus nobles : « de la misère ouvrière », de « l'abolition de l'esclavage dans les colonies » – émanant, celle-ci, de producteurs de betteraves à sucre. Mais, à l'évidence, le pétitionnaire solitaire perçoit un courant de pensée défavorable aux droits des femmes, aussi limités soient-ils. Ce courant d'opinion est confirmé par une autre réclamation, rédigée, celle-ci, en 1842. Selon le pétitionnaire, les emplois donnés aux femmes par l'État, dans les bureaux de poste et les débits de tabac, occupés par des femmes « galantes, immorales sans droit ni titre », sont fauteurs de troubles et menacent la classe morale et vertueuse [99].

La morale, valeur abstraite, force irréelle, presque mythique, appelée par des milliers de voix, s'autonomise, devient un être social, à force d'épithètes, de métaphores filées qui tissent les liens dans lesquels les individus s'entremêlent, s'engouffrent, se débattent mais s'attachent les uns aux autres; par elle, l'unité sociale, que tous réclament, est ainsi renouvelée. Cette morale même échappe aux femmes, malgré ce que veut croire Eugénie Niboyet. Peu à peu l'idée que quelques-uns s'en font s'impose à tous. Là est, me semble-t-il, la « source des rapports sociaux [100] ». Massivement, elle fustige son contraire : l'immoralisme, celui des femmes, dont les déviations licencieuses suscitent l'opprobre public, même lorsque, irresponsables, elles doivent être protégées. Cette morale, toute politique, dont le manque a été douloureusement ressenti au début des années 1830, est modelée pour favoriser l'unité du peuple, la fraternité, la communauté des hommes. Aucune place, au sein de cette communauté régénérée, n'est réservée aux femmes, y compris au sein d'une société fondée sur une morale unique que *L'Atelier* appelle de ses vœux. Ses contours sont explicitement masculins :

> « Oui enfin, la morale contient et commande tous les progrès qu'il est humainement possible d'espérer et de concevoir. Ces progrès sont résumés dans ces deux mots : fraternité universelle. Or, tout ce qui peut conduire à ce but définitif y est parfaitement enseigné; le dévouement, la persévérance, le travail, la sobriété, en un mot tout ce qui fait la bonté, la force et la capacité, la morale l'excite sous toutes les formes imaginables [101]. »

Les rédacteurs de *L'Atelier* ne se « penchent » sur la situation des femmes que pour susciter, au même titre que la *Revue républicaine,* la « commisération » ou la « pitié » des lecteurs, à défaut d'obtenir une « justice ». Selon eux, l'homme moral se doit de protéger la mère de ses enfants :

> « La femme n'est pas faite pour manufacturer vos produits, pour habiter vos usines, elle se doit à l'éducation première de ses enfants, aux soins du ménage; c'est donc le salaire de l'homme seul, réfléchissez-y bien, qui doit, dans la raison et la justice, satisfaire aux besoins de la famille [102]. »

A la lecture des articles de *L'Atelier,* on oublie les positions avancées par Buchez en faveur de l'égalité des sexes au sein du saint-simonisme, celles qui fondaient sa critique des théories enfantiniennes. Les opinions développées par *L'Atelier* sont connues, tout comme celles de Cabet [103]. Cependant, mieux comprendre les opinions de ces « amis des femmes » permet d'expliquer les apparents compromis d'Eugénie Niboyet, le retrait de Désirée Gay et le silence de Jeanne Deroin. Aucune des trois n'a choisi la voie de l'exception. Femmes ordinaires, persuadées que leur sort est indissociablement lié à celui des autres femmes, elles ne peuvent concevoir de transformations que dans une stratégie d'alliance avec d'autres opprimés : les autres femmes, les hommes du peuple également. Or, la solidarité manque aux femmes et les représentants du peuple mettent en pratique l'exclusion des femmes de la grande entreprise sociale, de l'établissement public, selon l'expression chère à Sieyès. Hors de cet espace de liberté indispensable, elles sont contraintes de vivre dans ce monde soumis aux valeurs et représentations dont les règles leur échappent ou de faire le choix de se taire en rêvant à des jours meilleurs.

LES AMIS DES FEMMES

Les amis les plus proches, comme Cabet, ceux qui, comme Aimé-Martin, valorisent, avant de le magnifier, le rôle de la mère, n'ouvrent qu'une voie possible à l'émancipation des femmes, celui du perfectionnement du mariage, « source de mille jouissances morales bien supérieures aux autres jouissances. Oui, la morale et la famille sont plus conformes à la dignité (...), au bonheur de la femme que son isolement et son indépendance [104] ».

La position de Pierre Leroux – ami de Pauline Roland et de George Sand – plus élaborée, participe de la même idéologie, exprime un même besoin. Une longue argumentation est développée dans *L'Encyclopédie nouvelle,* au cours d'un débat simulé sur le thème suivant : « Les femmes souffrent. – Y a-t-il un remède à cette souffrance? Quel est ce remède? » Ce débat réunit « M. le réformateur, L'hôte, et M. le Comte. » Le réformateur, partisan de l'égalité complète, est accusé de nier la différence visible et, de ce fait, d'identifier la femme à l'homme, ce qui ne peut se penser. L'hôte développe un point de vue médian qui, à la fin des échanges, l'emporte; point de vue important car il définit le destin à venir des femmes, leur devenir social, à défaut de toute position politique :

> « Nous avons reconnu manifestement, du moins je l'espère, mille et mille sources de perfectionnement et d'émancipation pour elle dans le mariage, et nous sommes convaincus que si la famille, telle qu'elle est,

ne représente encore qu'une geôle pour les femmes, la famille telle qu'elle sera est le théâtre le plus favorable à leur développement. Là (...) seulement, elles pourront être égales à l'homme, parce qu'elles seront différentes de lui ; là elles seront citoyennes en élevant des citoyens ; là enfin elles seront françaises en restant femmes [105]. »

Si les qualités de cœur, ainsi mises en valeur, ouvrent la voie à l'existence sociale des femmes – perspectives qui peuvent réjouir certaines –, elles n'autorisent pas cependant une adhésion totale. L'idée d'égalité réduite à l'espace familial, l'émancipation limitée au mariage – quoique Eugénie Niboyet et d'autres y attachent une grande importance –, cette idée peut éventuellement satisfaire la soif de reconnaissance de quelques-unes, combler leurs ambitions philanthropiques, voire littéraires, dans la perspective large imaginée par Pierre Leroux, mais elle ne peut faire oublier la « liberté vraie », individuelle, sociale et politique. Édith Thomas qualifie de « bon sens » la pensée de Pierre Leroux. Elle « va à l'encontre des folies sexuelles des saint-simoniens et des sottises réactionnaires de Proudhon [106] ». « Bon sens » qui, il est vrai, l'a emporté. Les femmes de 1848, dans leur ensemble, ont défendu une spécificité féminine – rôle de missionnaire, trait d'union entre les frères. Cette spécificité est revendiquée au nom de la fraternité. Or, parce qu'elles sont, au mieux, des sœurs, ce rôle, cette place, en un mot cette représentation les déporte en marge de la communauté politique dont le réseau s'étend jusque dans la vie privée des individus. L'espace réservé aux femmes tend à se réduire. Comme dans bien des domaines, Pierre Leroux ne s'est pas satisfait d'une démonstration savante : il a affiné, développé son analyse de l'égalité des sexes. L'originalité de ses idées a souvent été soulignée. Incontestablement, avec lui, « nous pénétrons dans un univers plus philosophique que directement politique » parce que « la philosophie » est pour lui « conception sociale » ; « nous rencontrons une utopie socialiste » qui est « rejet de l'anachronisme [107] ».

Mais à vouloir considérer les relations hommes-femmes, une autre question se pose : d'où provient cette singularité de Pierre Leroux ? Ne serait-elle pas l'émanation de ce dispositif familial longuement pensé dont les femmes sont les prisonnières sous couvert d'égalité ? Moyen sans doute indispensable pour libérer le citoyen de tout lien de dépendance, mais égalité concédée à la femme par l'homme qui lui dit sa liberté en l'inscrivant dans un domaine dont il fixe les bornes – et, par là, réaffirme sa suprématie. Si Pierre Leroux est le penseur singulier de la liberté des hommes, lui qui ne peut croire à la supériorité de la société sur les individus, sa pratique ressemble à s'y méprendre à celle de ses semblables : circonscrire la liberté des femmes est bien son objet. S'il autorise à contester l'unicité du corps social, il la reconstitue dans la famille et, là, rencontre ses contemporains. La femme reste la condition de la liberté de l'homme; sa liberté à elle est en deçà, au second plan, à l'ombre de la famille de celui qui seul peut exprimer sa singularité. Leroux ne cesse d'affirmer « en continuité avec le principe d'individualité, de personnalité, de liberté que l'homme moderne doit inventer un nouveau vivre ensemble des hommes [108] ». Il ne s'adresse qu'à une moitié de l'humanité, quoi qu'il dise de sa dimension, plutôt double que mixte. La femme n'existe qu'unie à l'homme. Hors de cette union, la femme n'est pas. Son accès à l'égalité suppose son assexuation [109]. Ce pourrait être le moyen de faire entendre raison aux hommes, contre les fausses infériorités féminines. Mais nier la différence des sexes signifie, pour Leroux, nier la femme dont l'existence n'est révélée que par l'homme.

> « La femme n'a pas à revendiquer l'égalité comme femme, ainsi que vous lui avez enseigné, mais à revendiquer l'égalité comme épouse (...). Hors de là elle ne peut revendiquer l'égalité que comme personne humaine (...). Dans ce système, la femme étant déclarée libre en tant que femme avant que le couple n'existe, il en résulte que son amour, son sexe lui sont remis, pour ainsi dire, afin qu'elle fasse parade de sa liberté. La déclarer libre ainsi, libre à ce titre, libre parce qu'elle a un sexe, c'est la déclarer libre non seulement d'user, mais d'abuser de son amour [110]. »

La femme est vraiment chez Leroux l'autre du même, dans l'altérité qu'il crée. Individualisée, autonomisée, elle devient un individu différent qui lui fait peur [111] parce qu'il échappe à sa création. C'est dire la difficulté de penser une liberté individuelle au sens où l'entendaient Jeanne Deroin et Désirée Véret dans les premières années de la monarchie de Juillet. Leur plus cher ami, celui de Pauline Roland, compagne de prison de Jeanne Deroin en 1851, celui qui refuse de se soumettre aux normes des partis et des groupes : Pierre Leroux, en même temps qu'il dénonce l'inégalité sociale, indique aux femmes le droit chemin de la famille.

LA FIN DES ILLUSIONS : VIVRE POURTANT

Dans de telles conditions, la protection des femmes requiert l'assentiment de la grande majorité. Sans droits, rejetées d'une liberté massivement réclamée dès 1831, en marge de l'instruction puis de l'éducation publiques, elles sont mises à l'écart des progrès sociaux à venir. Leur situation économique et sociale est l'exact effet de leur statut. Main-d'œuvre sous-payée, les femmes sont l'objet d'une exploitation légale. Le patronat peut agir sans crainte des manifestations d'hostilité de la part des « partis » politiques. Les réformes envisagées, les appels à la révolution ne concernent pas les femmes. Dans l'analyse historique, on a eu trop tendance à identifier les effets aux causes, en justifiant le destin civique des femmes par la réalité de leur infériorité sociale. En fait, le sort réservé à ces individus mineurs est le résultat d'une construction politique émanant de pouvoirs masculins, au service desquels fut pensée la liberté universelle.

Écartées de la liberté des constituants, ignorées de l'égalité des républicains, les femmes ne pouvaient être que les premières victimes de l'économie libérale. En ces années, creuset de la pensée républicaine, où le travail et l'éducation deviennent les « agents actifs » de l'égalité [112], en écarter les femmes c'était laisser le champ libre à une exploitation plus féroce. Rendues plus vulnérables, elles devenaient, certes, plus dépendantes, mais en même temps beaucoup plus isolées qu'au temps du saint-simonisme, plus démunies et donc plus sensibles aux discours religieux ou moraux, au cœur desquels elles prenaient place.

Après septembre 1835, l'ordre règne : était « déclaré punissable de détention et d'une amende de 10 000 à 50 000 fr. l'offense à la personne du roi et toute attaque contre le principe de gouvernement commise par voie de publication »; le projet, soumis à la Chambre, « défendait aux citoyens sous des peines exorbitantes, quoique moins sévères, de prendre la qualification de républicain, de mêler la personne du roi à la discussion des actes du gouvernement, d'exprimer le vœu ou l'espoir de la destruction de l'ordre monarchique et constitutionnel [113]... ». Pour quelques femmes, les lois de septembre sont la conséquence logique de l'aveuglement des hommes, incapables de comprendre une liberté complète. Leur propre assujettissement était l'expression visible d'une pratique de domination qui s'exerçait aussi sur les hommes. Le code devait donc être remanié en priorité si l'on voulait donner un sens à la lutte contre les lois répressives. Ainsi raisonne Louise Dauriat.

LES MENSONGES DE LA LOI

C'est précisément après les lois de septembre que l'iniquité du code civil est dénoncée. De par le droit, la loi légitime l'infériorité et justifie par avance toute oppression, même excessive au regard des moralistes. L'isolement des femmes, dont certaines prennent conscience, met à nu cette légalité inique. C'est pourquoi, après le musellement des canaux traditionnels d'expression, les pétitions reprennent leurs droits. Louise Dauriat en fait largement usage. Retenons celle de janvier 1837 pour mieux comprendre les raisons du silence public des femmes dont les échecs collectifs successifs pouvaient décourager les plus vindicatives. Louise Dauriat s'en prend à ce qu'elle pense être la racine de ce mal : la loi. C'est à Marie Wollstonecraft qu'elle se réfère, marquant sa propre filiation : en dix pages d'une écriture dense, elle argumente en faveur de « l'abolition » des « articles subversifs » du code civil :

> « Ce fut le point capital pour les législateurs que d'assigner une place aux femmes (...); quoique s'appuyant de la force physique, ils ont, sur le point le plus essentiel, fasciné l'entendement des autres hommes afin de mieux se les assujettir; qu'ils fussent conquérans ou prêtres, ils ont altéré, dans les autres hommes, des éléments de bien que les femmes s'occupent sans cesse de régénérer à travers d'innombrables obstacles. Il y a honte dans la loi et pour les hommes et pour les femmes [114]... »

Les rapports de pouvoir sont ici saisis avec une acuité peu commune. Louise Dauriat, déjà rencontrée comme correspondante du *Globe,* tente de désolidariser les députés de la Chambre de 1837 des législateurs du passé. Elle souhaite les convaincre : qu'ils fassent preuve d'intelligence et refusent l'allégeance au pouvoir! Elle a compris : « Les doctrines peuvent être vraies; mais c'est l'autorité, non la vérité qui fait la loi [115]. » La vérité des principes hérités de 1789 est menacée : la loi accorde au père la responsabilité de la famille, laissant croire à son unique pouvoir de géniteur. La mère est inexistante.

> « Pour le code français, il n'y a de patrie que pour le père; il n'y en a jamais pour la mère. Une femme perd sa patrie en épousant un étranger (...). Par réciprocité sans doute de citoyen à citoyen de chaque nation et non de citoyenne à citoyenne (...). Ainsi donc, point de patrie pour la mère, plus de patrie pour l'épouse. Et sans l'épouse et sans la mère, il n'y aurait ni patrie, ni nationalité [116]. »

En découvrant le mensonge de la loi qui nie la mixité de l'humanité et perpétue un pouvoir réservé à une minorité d'hommes, elle révèle la fausse unicité de la citoyenneté. L'inégalité réelle, recouverte de l'égalité civile masculine, est masquée par le voile de la représentation. Elle dénonce ainsi « les iniquités du législateur » :

> « On n'est pas citoyenne pour être l'épouse d'un citoyen, pour subir l'exclusion perpétuelle, ou la peine de mort; on n'est telle que quand on exerce des droits civils, politiques et religieux [117]. »

A n'en pas douter, Louise Dauriat sait ce qu'exercice de la souveraineté veut dire : l'entremise d'un autre, fût-il l'époux, ne confère pas le titre de citoyenne. C'est dire combien cette opinion argumentée s'oppose aux projets républicains en révélant les tensions liées à l'absence de concordance entre concepts et réalité [118], et principalement la tension entre l'idée-valeur de liberté individuelle et l'assujettissement des individus. La loi de subordination des femmes, inscrite dans le code civil, est acceptée par les républicains. Et, en l'acceptant, ils intègrent le système du gouvernement représentatif cher aux doctrinaires, détenu par une minorité de privilégiés. De fait, ils s'interdisent d'argumenter en faveur de la liberté de tous, ils s'interdisent de faire valoir l'égalité réelle puisqu'ils reconnaissent la supériorité naturelle de quelques-uns, fût-ce le père de famille. Ils donnent, *a posteriori,* raison à François Guizot, hostile au suffrage universel sous prétexte que « l'on ne l'a jamais admis » : toujours les femmes en ont été exclues. Louise Dauriat a perçu cette communauté d'idées. Logiquement, elle en rend responsables les hommes politiques, tous partis confondus [119]. Les opposants à la monarchie de Juillet pensent leurs critiques et élaborent leurs projets à l'intérieur d'un cadre dessiné par d'autres. Ils veulent croire à l'égalité future dans un avenir républicain meilleur. Cette communauté des semblables, mise au jour par Louise Dauriat, est à poser face au silence public des femmes afin d'en comprendre le sens. Leurs propos ne pouvaient plus s'entendre hors des normes prescrites élaborées par tous ceux qui avaient intérêt à s'emparer des principes libérateurs.

EUGÉNIE NIBOYET : LA VOIE DE L'EXEMPLARITÉ

Eugénie Niboyet ne veut pas aller à l'encontre de la loi. Elle veut être entendue par les hommes de son temps : déjà engagée du côté des mères, elle redouble de zèle, toujours dans le but de se faire mieux comprendre.

Après sa malheureuse tentative dans *La Mosaïque lyonnaise,* où elle avait cru pouvoir disposer d'indépendance, où ses collaborateurs honorables l'ont empêchée de diriger en toute liberté cette feuille où elle « n'a consenti qu'à regret à ce qu'on fît de la littérature sans but [120] », elle tire le bilan de ces cinq dernières années d'agitation extrême. Le constat d'échec qu'elle dresse l'amène à populariser l'idée d'une liberté « limitée », d'une émancipation « relative » pour des femmes conscientes de la valeur démonstrative de leurs devoirs sociaux, remplis avec « modération, sans bruit, sans forfanterie ». Elle mesure l'immensité de la tâche à l'échelle de l'hostilité rencontrée, mais ne tombe pas pour autant dans le découragement. Elle laisse seulement transparaître son amertume, voire une certaine exaspération, sentiments qu'elle veut traduire, pour les lectrices du *Citateur féminin,* en un second espoir, à condition, pense-t-elle, de choisir une forme d'expression nuancée et d'agir selon les normes du temps plutôt que dans l'égarement des espérances passées :

> « Qu'on se le persuade bien, le mal n'est pas d'avoir demandé des concessions utiles à tous, mais seulement d'avoir eu la prétention de les obtenir immédiatement pleines et entières (...). Les prétentions exagérées se sont succédé (...). C'est donc pour avoir trop exigé qu'elles n'ont rien obtenu, et qu'elles ne s'y trompent pas, la liberté ne leur sera concédée que du jour où leur mérite en aura fait la conquête. »

Les interdits sont devenus incontournables, Eugénie Niboyet le sait. Elle choisit la voie de l'exemplarité : seule l'influence morale, pense-t-elle, peut permettre aux femmes d'exercer le rôle social auquel elle ne veut renoncer ni pour elle-même ni pour les autres. La voie de la régénération leur sera ouverte si elles savent utiliser cette force morale encore inexploitée : moyen d'acquérir l'ascendant sur les proches mais aussi de convaincre les hésitants, voire de fléchir les récalcitrants :

> « Nous croyons peut-être plus qu'aucune autre à l'émancipation de la femme (...). Qu'elles soient d'abord épouses et mères, plus tard elles pourront intervenir dans les questions législatives en ce qui touche à la morale. Les femmes ont voulu s'élever jusqu'à vous, et vous avez crié à l'usurpation; vous les avez abreuvées de dégoûts, de critiques amères, de mensonges odieux, et parce qu'elles ne se sont pas servies des mêmes armes, vous les avez crues vaincues? (...) Assez de système, assez de doctrines de progrès; c'est par l'application qu'il faut désormais justifier les théories [121]... »

Le trait est acéré. Dans l'écriture journalistique, l'esprit pugnace de l'auteur excelle. Si fréquemment confrontée au monde masculin, aux hommes de pouvoir, elle pense avoir mûri dans les querelles, expériences mêlées d'enthousiasme, d'humiliations et de déceptions. Mettre en œuvre, au plus vite, des actions morales est pour l'heure son seul souhait. Celles-ci serviront d'emblèmes aux femmes.

DÉSIRÉE VÉRET : LE REFUGE DE L'UTOPIE

Désirée Véret ne comprend pas l'évolution des rapports sociaux dans les mêmes termes. Elle ne s'adapte pas au nouvel ordre. D'après sa correspondance, il est vrai très tardive – c'est une vieille dame heureuse de se souvenir qui livre ses confidences à Victor Considerant qu'elle aima à son retour d'Angleterre, et qu'au déclin de sa vie elle aime encore –, elle avoue qu'en ce temps-là, « après la lutte, [je m'] envolais dans les nuages de la rêverie, où je me faisais un monde idéal. La vie réelle terrestre m'a toujours été pénible [122] ». Entre 1836 et 1837, les années de rêve alternent avec les expériences politiques et sociales. Elle continue à fréquenter Fourier. Elle le rencontre une dernière fois lors d'une réunion chez Owen [123]. Victor Considerant épouse la fille de Clarisse Vigoureux, Désirée Véret décide de lier sa vie à celle de Jules Gay, partisan et traducteur d'Owen [124]. Elle vit hors du monde dans lequel veut s'insérer Eugénie Niboyet. Elle n'a rien oublié, rien renié. Mais l'ordre restauré par la monarchie de Juillet ne lui permet pas de reprendre la lutte. Ses difficultés, les échecs subis, la fin des illusions vécues dans le drame par certaines de ses amies [125], l'ensemble de ces obstacles l'entraînent « dans les nuages de la rêverie ». Pour le quotidien, elle préfère la compagnie des premiers communistes à celui des salons de Marie-Madeleine Poutret de Mauchamps qu'Eugénie Niboyet fréquente en compagnie de Flora Tristan. Non que la barrière de classe soit pour elle infranchissable; bien au contraire, elle l'a dit dès 1832 : « Toutes les femmes doivent s'unir pour accéder à la vraie liberté », mais elle ne peut, semble-t-il, concilier sa manière de vivre et de penser avec le moralisme du temps. Elle n'a d'autre choix que de rester à l'écart, hors de la portée d'une société, somme toute restreinte, mais qui croit à son audience et à son autorité. Ce retrait est surtout lié à l'absence d'interlocuteur : après la mort de Fourier, ses plus proches amis de l'École sociétaire polémiquent avec les républicains; occupés à faire valoir leur point de vue sur l'inégalité, ils semblent avoir oublié l'essentiel. Le débat se déroule entre hommes et l'inégalité des sexes n'est plus qu'un exemple pour mieux fonder le principe de l'inégalité.

> « ... l'inégalité est dans les races, dans les types, dans les caractères, dans les facultés, dans les passions, dans les sexes, dans les âges; et les

philosophes auraient beau décréter l'égalité pendant dix mille ans, qu'ils ne feraient rien à cela. Voilà d'abord pourquoi les doctrines égalitaires sont absurdes, – parce que l'inégalité est de nature, et que les inégalités naturelles emportent les inégalités sociales [126]... »

Entre l'apprentissage de la liberté citoyenne et l'inégalité naturelle qui hiérarchise la société, l'espace public dont disposent les femmes devient de plus en plus étroit. Pour ces femmes, suffisamment lettrées pour espérer quitter l'habit de prolétaire, peu de choix possibles. L'enseignement et l'écriture sont des voies ouvertes mais semées d'embûches de toutes sortes. Elles sont nombreuses à s'interroger sur « cette triste, triste condition humaine ». Le « seul état que la société veuille bien laisser aux femmes » qui « n'ont point de génie » ne permet pas de vivre. Sans protection, à la merci des autorités locales, toujours sous surveillance, victimes de la concurrence inégale des congrégations, beaucoup d'institutrices « découragées sont disposées à abandonner un état » auquel elles sont pourtant « dévouées ». Aucune « loi ne force à faire voter des dépenses pour faire instruire le sexe féminin [127] ». Aussi sont-elles nombreuses à opter pour l'enseignement privé.

Désirée Gay crée avec son époux, « à Châtillon-sous-Bagneux (Seine), une maison pour enfants. Ce projet échoue, faute, dit Gay, d'« un capital suffisant au départ [128] ». L'esprit novateur caractérisait le projet de Désirée Gay. Son programme d'éducation physique et morale commençait très tôt : dès la naissance des enfants. Tout était pensé pour éveiller leur curiosité et les préparer à la liberté; la mère elle-même était libérée des contraintes de la prime éducation, non pas dépossédée, mais désassujettie de son enfant; c'est ainsi qu'était recommandé l'allaitement artificiel, mieux adapté à l'éducation communautaire des enfants :

« L'éducation privée est incomplète et compliquée; elle fausse le naturel de l'enfant, donne essor à ses défauts qu'il faut réprimer plus tard et manque des ressources que possède l'éducation en commun [129]. »

Après l'échec de cette expérience à laquelle elle tenait beaucoup, Désirée Gay repart en Angleterre, toujours à la recherche de l'association, « la vraie », la seule voie possible pour le peuple, souvent mal conseillé par « des faux amis ». Le travailleur, pressuré par le « capital et le talent », est victime de « tout ce qui a quelque apparence respectable (...). L'ignorance aveugle le peuple, il ne voit pas que la vraie association peut seule mettre un terme à ses douleurs, et dans son désespoir, il forme des coalitions injustes semblables à celles qu'il s'efforce de détruire [130] ».

ÉCRIRE POUR VIVRE

Eugénie Niboyet préfère la parole écrite pour s'adresser au peuple, les journaux sont ses lieux de prédilection, mais elle ne peut ni ne veut contourner la loi sur la presse. Après l'échec de sa dernière tentative avec *L'Ami des familles,* elle s'autorise à écrire des ouvrages édifiants où elle fait montre d'un prosélytisme moraliste. Elle participe ainsi aux concours organisés et proposés par la Société de la Morale chrétienne. Travailler est pour elle une nécessité : elle vit séparée de son mari depuis 1836 environ et, d'après un rapport de police, elle ne dispose d'aucune fortune au point de solliciter un secours en 1837 auprès du ministre de l'Instruction publique [131]. Eugénie Niboyet se débat alors dans des difficultés financières souvent insurmontables. Elle soumet donc le ministère de l'Instruction publique à un harcèlement épistolaire dans le but d'obtenir une indemnité littéraire. Elle recourt à mille ruses pour dépasser ou contourner les interdits d'alors. En cela elle se rapproche de Flora Tristan, elle aussi à la recherche de moyens pour mener à bien son projet d'*Union ouvrière,* inconciliable avec la hiérarchie et l'exploitation légale de son temps. Elles se rencontrent d'ailleurs et projettent de fonder ensemble un journal. Sans doute l'une et l'autre sont-elles guidées par l'ambition, mais une ambition sociale et peu « commerçante » [132], comme l'affirme Flora Tristan à Eugénie Niboyet [133]. Malgré cette brève rencontre et cette convergence d'intérêts, de « cœur » s'entend, leurs chemins diffèrent : Eugénie Niboyet cherche la reconnaissance auprès de sociétés philanthropiques. Elle rédige plusieurs essais : le premier est un plaidoyer en faveur de l'abolition de la peine de mort qu'elle dédie à son père Georges Louis Mouchon [134].

Son père semble être une référence refuge. Il lui permet d'inscrire ses actes dans une filiation, de croire à ses projets, à ses actions, afin d'écarter les propos désobligeants sur les vaines tentatives échappées d'âmes égarées de femmes dont les paroles restent sans écoute. Seule, elle a encore foi en sa volonté et en ses ambitions de transformation sociale. Quelque émoussées qu'elles fussent, elles guident toujours ses pas. Mais elle doit faire face aux nécessités matérielles. Elle écrit beaucoup – des pièces de théâtre, des essais, des traductions [135] – et se trouve bientôt couronnée pour son ouvrage intitulé *Des Aveugles et de leur éducation* [136].

Eugénie Niboyet adhère à la Société de la Morale chrétienne dont l'idée était venue à des protestants. Fondée en septembre 1821 par les grandes familles du temps, les La Rochefoucauld-Liancourt, Lasteyrie, Gérando, cette association était inspirée par un esprit œcuménique, dirait-on aujourd'hui, si l'on en croit la description qu'en donne Charles de Rémusat : « C'était comme une centralisation des œuvres diverses qui donnaient naissance en Angleterre à des sociétés particulières, la réforme des prisons, le placement des orphelins, l'abolition de la loterie, celle de la traite des noirs, etc. [137]. » Elle devient secrétaire générale d'un comité de bienfaisance de la Société, après avoir été couronnée, par deux fois, par ceux dont elle reconnaît la grandeur d'âme avant d'en respecter l'autorité et d'en admettre la supériorité. D'origine protestante, elle appartient au même monde. Profondément croyante, elle est cependant plus attachée aux actes qu'aux dogmes : sa correspondance avec Jules Lechevalier l'atteste. En 1838, elle reçoit son deuxième prix pour *De la Réforme du système pénitentiaire,* question d'actualité longuement débattue dans les sociétés philanthropiques.

Ces années sont difficiles pour l'écrivain, elle multiplie les signes d'allégeance, dédicace un de ses essais à « Sa Majesté la Reine des Français et à son Altesse Royale Madame Adélaïde ». Ne vivant que de sa plume, elle a besoin de protection [138]. La société philanthropique lui offre cette sécurité, elle s'y dépense sans compter. Sa bonne connaissance de l'Angleterre lui permet d'établir une comparaison entre les deux pays, comparaison très défavorable pour la France où les sociétés de bienfaisance, au sens où elle entend le mot – c'est-à-dire d'un point de vue réformateur et non d'un point de vue caritatif –, sont largement dominées par les autorités masculines.

> « D'où vient que les femmes appelées à exercer une action si puissante dans le mouvement intellectuel des peuples, sont en quelques façons étrangères à celui qu'impriment en France les institutions philanthropiques [139]? »

Rien d'équivalent en effet dans le pays d'Owen où Elizabeth Fry est une figure modèle, à laquelle Eugénie Niboyet se réfère. Elle vient de traduire plusieurs ouvrages dont *Le Livre des jeunes mères* de Child Lydia Maria, publication bienfaisante de la banque philanthropique. Là comme ailleurs, elle souhaiterait la parité des charges et des responsabilités, mais les temps ont changé, les milieux dans lesquels elle s'exprime aussi. Plus qu'ailleurs, il importe de respecter les règles. Eugénie Niboyet s'y soumet, tout en vantant les qualités de cœur qui animent la Société.

Enfin, ses efforts sont couronnés de succès. Elle obtient l'indemnité tant convoitée en 1839, grâce au décret, en date du 10 mars 1838, signée par Salvandy; il reste que ce « décret de Salvandy essaie de remédier à une situation depuis longtemps anarchique mais présente de nombreuses lacunes [140] ». Elle n'a pas ménagé les flatteries et n'hésite pas à amplifier ses malheurs :

> « J'ai tout épuisé, tout donné à tous (?), le gouvernement ne me sera-t-il (?) pas en aide? je viens seule à vous Monsieur le Ministre, mais d'autres l'ont fait avec succès, que Dieu me donne leur sort! »

et elle se recommande de Monsieur de Lamartine, de Broglie [141]. Les « bons noms » sont des clés efficaces. Avait-elle d'autre choix, elle dont le talent ne peut rivaliser avec celui d'une George Sand mais dont les qualités littéraires ont été reconnues?

Eugénie Niboyet avait su s'imposer auprès des saint-simoniens; elle avait polémiqué, analysé les limites de l'école sociétaire, tiré un bilan critique de l'école enfantinienne. Que lui reste-t-il? On l'a vu évoluer lentement vers plus de modération, au fur et à mesure de l'assomption de la morale, sans jamais cependant oublier l'essentiel : le droit des femmes. Parallèlement, les écrits de Désirée Gay se raréfient en ces temps, il est vrai, de retrait de l'opposition. En un moment où l'opinion publique ne s'exprime plus qu'au masculin, elle semble s'être réfugiée dans la sécurité de l'amour privé, à défaut de celui du peuple. Et toujours Jeanne Deroin, la plus farouchement attachée à la liberté des femmes, est plongée dans le silence, tandis que d'autres, comme Flora Tristan, se chargent d'une mission qu'elles croyaient leur. Pourquoi ce silence quand l'écriture est pour certaines un refuge, un moyen d'outrepasser l'objet de discours que sont devenues les femmes? Serait-il impossible de se dire femme hors des représentations admises, hors de l'identité imposée? La libre-pensée est-elle exprimable en l'absence d'une émancipation collective?

ET MALGRÉ TOUT ÉCRIRE

Eugénie Niboyet s'active de tous côtés. Toujours en proie aux difficultés financières, elle sollicite les recommandations. Mme Émilie Mallet [142] intervient à plusieurs reprises en sa faveur; elle parle « d'angoisse », de « cruelle détresse », « de privations » à l'époque où, pour des raisons d'ordre politique, « les indemnités littéraires avaient été supprimées par Monsieur Villemain [143] ».

> « La nuit je travaille selon mes pensées et le jour je m'occupe de la moralisation des détenues de Saint-Lazare que je visite au nom de la

Société de la Morale Chrétienne et comme secrétaire générale du comité de bienfaisance, présidé par Mme La Comtesse de Montalivet [144]. »

A partir du 21 juin 1841, son indemnité est rétablie, mais à un taux moindre : de 800 fr., elle passe à 500 fr. Ses pièces de théâtre ne semblent pas obtenir le succès attendu : là encore elle se débat pour les faire lire, et frapper à la bonne porte n'est pas toujours facile [145]. Trois ans plus tard, elle doit faire face aux mêmes difficultés, affronter les mêmes refus, elle désespère de son succès [146]. Malgré les difficultés de toutes sortes, Eugénie Niboyet n'a pas renoncé à sa vocation première : le journalisme. En février 1844, elle fonde *La Paix des deux mondes :*

« Le journal est une œuvre plus qu'une entreprise (...), chacun de ses rédacteurs, dans sa spécialité tendra au même but, le bien de l'humanité par la conquête pacifique du monde [147]. »

Le projet est noble, ambitieux mais peu critique sur les rapports sociaux de son temps. Le ton est modéré; le journal se préoccupe, avant tout, de questions humanitaires : de la réforme des prisons, de la nécessaire moralisation du théâtre, des méfaits du duel, de l'inique peine de mort. On retrouve ici les thèmes chers à Eugénie Niboyet. Finis les articles acides du *Conseiller des femmes.* Les temps sont différents : la polémique oubliée, la critique écartée.

La presse d'opinion se fait de plus en plus rare; le ton est désormais donné par la presse d'information, celle du journal d'Émile de Girardin, *La Presse,* fondé en 1836. Il faut être prudent. Le gouvernement craint les débordements politiques depuis les grèves dures de l'année 1840, réprimées brutalement. La répression laisse derrière elle son cortège de misère. Cette plaie de plus en plus voyante mobilise les « hommes de bien » : les pétitions se font nombreuses en faveur d'une réglementation du travail des enfants; des manufacturiers de Mulhouse, de Carcassonne, des médecins interviennent auprès des députés. Enfin l'Assemblée légifère sur la question et la première loi protectrice est votée en 1841. Le travail des enfants n'est pas interdit, mais réglementé. En l'absence d'une prise en charge qu'elle souhaiterait d'État, Eugénie Niboyet mobilise ses forces pour faire face au travail social qui ne manque pas : à Saint-Lazare, elle fonde, au quartier des nourrices, une école des enfants [148]. Et même si, en cette période, il n'est pas facile de s'exprimer librement, le 10 octobre 1844, Eugénie Niboyet retrouve les accents d'une cause qui semblait éteinte :

« L'article intitulé *Vos jeunes filles,* n'appartient ni à un homme ni à un bas-bleu; c'est un travail de conviction sorti de la plume d'une femme assez amie du bien pour le rechercher en toutes choses [149]. »

De toutes parts, elle doit se garder : l'accusation de bas-bleu a eu de beaux jours, Barbey d'Aurevilly et Albert Cim l'ont rendue célèbre. La polémique n'a pas atteint le niveau d'antiféminisme de la fin du siècle [150], mais elle est bien présente et contribue à accroître les difficultés d'Eugénie Niboyet, qui se veut agent responsable de sa vie et de ses œuvres. Malgré ses propos nuancés, la rédactrice n'échappe pas à la vigilance de la justice : elle est condamnée à un mois de prison pour délit de presse en 1845 [151]. Implorant la clémence royale, elle obtient une grâce à la suite d'un rapport d'un commissaire de police favorable à l'indulgence [152]. Les journaux politiques étaient soumis à une réglementation spéciale, avec droit de timbre et autorisation particulière, non demandée par Eugénie Niboyet, persuadée de ne traiter que de questions humanitaires. L'autorité policière, si elle recommande la clémence, lui dénie le droit de penser par elle-même : la prévenue appartenait, rappelle le commissaire, au saint-simonisme, et sa feuille est d'obédience fouriériste. Difficile d'être écrivain sans encourir le risque d'être un bas-bleu; impossible d'écrire ses sentiments humanistes sans être arbitrairement affiliée à un courant politique, connu sinon reconnu; on mesure les difficultés d'affirmer sa liberté publiquement, dans les années 1840, plus encore quand on est femme.

L'ÉGALITÉ POSSIBLE DANS LA « COMMUNAUTÉ »

Désirée Gay a plus de chance. Elle a épousé un homme qui l'estime et qui partage ses idées. La famille est pour lui un obstacle à la liberté individuelle. Pour les femmes, il réclame la même liberté, acquise depuis longtemps par les hommes.

> « La question des relations entre les sexes est tellement fondamentale qu'elle compromettrait pour des siècles peut-être, si elle n'était sagement résolue, l'avènement d'une sociabilité plus avancée (...). Le mariage serait, sous la communauté, une difficulté inextricable et continuelle. [Dans ce but, il se prononce pour la] communauté des biens, la liberté des relations amoureuses et l'union fraternelle de tous les membres de la famille humaine [153] ».

Jules Gay voit, dans les relations égalitaires entre hommes et femmes, les fondements de l'harmonie sociale : ce sont les conditions indispensables au bonheur d'un peuple. Le couple Gay vit en harmonie, sans partager les idées de la plupart de leurs congénères. En effet, dans les années 1840, les partisans de l'égalité réelle sont peu nombreux. Comme le souligne Louis Devance, la famille triomphe : tous les socialistes ou presque « adhèrent au type bourgeois de la famille [154] ». Les communistes, opposés à Cabet, ne sont pas entendus. Cependant, aussi minoritaires soient-ils, ils vivent ce qu'ils disent. Aux côtés de Jules Gay, Désirée Véret fut libre. C'est ainsi qu'elle l'exprime à son vieil ami-amant Enfantin :

> « Je commence heureusement cette année rapprochée des trois hommes qui me sont les plus chers – de vous qui m'avez créée intellectuellement, de Considerant que j'ai aimé longtemps de toute l'ardeur de mon âme et de mon mari qui m'a tant aimée et m'a été si dévoué que je lui passe tous ses défauts par reconnaissance [155]... »

Instable dans son travail, Jules Gay a bénéficié de la protection de sa femme, toujours en relation avec ses anciens amis saint-simoniens, pour obtenir certains emplois. Désirée Véret n'a pas ménagé ses efforts en démarches et en correspondance [156]. Mais qu'importe, son époux lui rend justice. Il lui accorde le premier rôle, ne serait-ce que comme ambassadrice. Il a épousé une égale et sa vanité d'homme n'est pas atteinte [157].

Sa fidélité est allée bien au-delà des idées sociales propagées par les saint-simoniens. De formation owéniste, il a embrassé les idées communistes [158]. Mais il a besoin de travailler. Les saint-simoniens sont des connaissances et des recommandations précieuses : les places qu'ils ont acquises dans les banques et les chemins de fer les rendent estimables à tous ceux qui manquent de travail. Eugénie Niboyet saura également se souvenir d'Enfantin pour placer son fils « sous son patronage [159] ».

L'INVERSION DE LA LIBERTÉ ?

> « Je ne saurais voir, en France, que deux classes distinctes : les riches et les pauvres! ceux qui font la loi et ceux qui la subissent, ceux qui la possèdent et, en vertu de cette possession, occupent les fonctions publiques, jouissent de toutes les libertés attachées à la richesse; ceux qui ne possèdent rien, ne connaissent aucune liberté, pas même la liberté du travail, puisque notre ordre social n'a pas su garantir encore à chacun l'exercice de ses forces et de ses facultés [160]. (...) »

Que peuvent faire les femmes sans fortune, soumises au code civil pour échapper à ce carcan? Certaines choisissent de rompre le silence par le dépassement de soi. Flora Tristan s'épuise dans son Tour de France [161]. Laure Grouvelle, républicaine, est arrêtée pour complot et condamnée en 1838 à cinq ans de prison et « la captivité conduisit à la folie cette héroïne de la démocratie [162] ». Sans protection, sans talent, impossible d'avoir une activité sociale, une opinion politique. Dans le gouvernement, dans l'opposition, tous les groupes constitués, des mutuelles aux sociétés secrètes, toutes les autorités politiques et morales pensent le sort des femmes lié au progrès accompli par les hommes. Impossible d'échapper à cette opinion despotique qui les réduit, au mieux, au rôle de mères protectrices. Seul un courage exceptionnel ou une volonté a-normale peut permettre de dépasser cet ordre. Mais la mort prématurée est souvent l'issue de cette transgression peu commune.

C'est dire aussi les limites, pour les historiens, des théories d'anthropologues tel Louis Dumont qui utilise le concept d'englobement pour penser les relations qui prévalent dans les sociétés, en particulier les relations hommes-femmes. Incontestablement, sa réflexion est fondée sur une grande érudition et une connaissance des structures sociales présentes et passées. Cette idée part d'un constat : partout dans le monde les sociétés reposent sur le socle d'une structure dominante masculine. L'englobement, contrepartie du/des pouvoirs... masculin(s), est, en quelque sorte, une réactualisation de l'idée de complémentarité pensée en d'autres temps par Ivan Illitch. A propos de l'égalité entre individus différents, Louis Dumont ne conçoit que deux voies possibles dans la reconnaissance de l'Autre, « la hiérarchie et le conflit ». Il avoue sa préférence pour la première solution au nom de « l'inversion » possible des valeurs qui permet de rétablir l'équilibre : « Cela d'autant plus qu'il lui faudrait ici être englobée à son tour dans la valeur suprême de l'individualisme égalitaire. » Posé comme idée, dans la cohérence des systèmes de valeurs, ce point de vue peut s'entendre : la hiérarchie entre les sexes, prise dans son « englobement », suppose une inversion possible du pouvoir par la mère [163]. Dans les pratiques politiques, si l'on veut bien prendre en considération l'expérience et la perception des femmes, la hiérarchie entre les sexes signifie *pouvoir* et *domination* pour les premiers rôles, *infériorité* et *assujettissement* pour les seconds.

Cette vieille idée des pouvoirs féminins, modernisée par Louis Dumont [164], est issue d'une longue étude des sociétés : les arrangements des femmes avec le pouvoir sont anciens, multiples et les inversions sont observées depuis la haute Antiquité. Mais cette idée postule un invariant : une complémentarité, socialement inégale, nécessaire entre les sexes. La hiérarchie sur laquelle elle repose garantirait la conservation de l'ensemble dans cette approche cognitive d'un monde structuré où « l'inversion est inscrite dans la structure ». Ce postulat suppose les femmes, toutes les femmes, silencieuses, éternellement consentantes, non pas inférieures, mais différentes dans les actes. Toujours dans l'ordre des choses, elles s'empareraient d'une autorité autre, en contrepoids à celui qui dispose, de par la loi, de l'individualité sociale, civique et civile. Cette raison à l'œuvre, qui ordonne la compréhension du monde présent, ne permet pas l'analyse de sa production dans le mouvement de l'histoire. Surtout, elle induit la reconstruction du passé et, de fait, conditionne la mémoire historique. Ignorer celles et ceux qui se sont élevés contre cette idée, négliger les tensions vécues par les femmes qui agissent le plus souvent entre liberté et nécessité, c'est manquer l'historicité d'un conflit si peu singulier qu'il focalise en lui l'essentiel des enjeux de pouvoir. L'incapacité à penser les tensions est étroitement liée à la vision téléologique de l'histoire qui, malgré l'évolution de son mode de penser, ne peut se défaire du récit qui rend compte de ce qui est, de ce qui a changé, de ce qui a vaincu. Isolées, minoritaires, les démarches concrètes des femmes en vue d'obtenir le statut d'individu à part entière sont écartées, faute d'une représentativité démontrée. Mise à l'écart d'autant plus compréhensible que ces démarches restent inabouties. Car ces pratiques individuelles sont effectuées par des individus a-normaux, en tension avec les valeurs dominantes. Elles surgissent comme autant de symptômes révélateurs d'un système qui prend prétexte d'une dépendance préalablement construite pour s'emparer de l'universalité à des fins privilégiées. La prise en compte de la résistance à l'englobement permet précisément à l'historien de mettre au jour un processus qui est créateur d'un modèle : ce modèle constamment reproduit, dénoncé par des individus sans nom – de simples institutrices par exemple –, autorise l'analyse du système dans sa production.

Entre mémoire et reconstruction

Le 23 février 1848 au soir, Paris est en joie, Paris illumine. Le 24, on trace sur les moulures du trône royal ces simples mots :

> « Le peuple de Paris à l'Europe entière
> *Liberté, Égalité, Fraternité.*
> Un cri enthousiaste de Vive la République! Le premier qu'on ait poussé depuis le matin, tant on a été fidèle à la consigne donnée par les chefs politiques, salue cette proclamation solennelle et familière tout ensemble de la victoire du peuple. Les insurgés courent aux fenêtres et font retenir au-dehors leurs acclamations [165]. »

Louis-Philippe abdique.

Paris rêve, s'enflamme, entraîne hommes et femmes dans une république exemplaire – une république rêvée? Une république où pour la première fois les femmes libres et égales en droit participeraient à sa fondation. Étranges espoirs aux yeux des quarante-huitards qui se sont efforcés d'effacer, d'écarter, de marginaliser les projets novateurs et les revendications égalitaires. La république modèle, celle d'un moment, l'utopique démocratie sera vite classée parmi les « illusions lyriques ».

La mémoire des femmes de 1848 fut la première reconstruite. Insuffisamment travestie cependant pour être oubliée. Ponctuellement, on redécouvre celles qui devinrent les figures emblématiques des « femmes de 1848 ».

Jeanne Deroin, la première candidate aux élections législatives; Désirée Gay, la déléguée révoltée de la Commission du Luxembourg, Eugénie Niboyet, la présidente du Club des femmes, sont devenues les mères fondatrices du féminisme moderne, celles qui, les premières, luttèrent pour les droits politiques des femmes. Leur lutte, périodiquement revisitée, est portée à la connaissance des nouvelles générations; leurs écrits les plus novateurs sont donnés à lire afin que les « premières » ne soient pas oubliées. C'est ainsi que *La Vie sociale* (janvier 1919) consacre un article aux « aînées et leur besogne » : le souvenir de Jeanne Deroin, fondatrice de *L'Opinion des femmes,* est ravivé; elle prend place, dans la mémoire des femmes, aux côtés de Maria Deraisme et de Marie de Gournay. Des dizaines d'années plus tard, après *Le Figaro* (1912), *L'Éclaireur* (1932), etc., Maryse Wolinski consacre un article « Aux grandes femmes » qui nous ont précédées : parmi elles Eugénie Niboyet, Désirée Gay et surtout Jeanne Deroin incarnent, un moment, « les femmes de 1848 » pour les lecteurs de *Charlie-Hebdo :*

> « Dans le Paris bouillonnant de 1848, où l'agitation politique est entretenue par 274 journaux, les femmes participent activement aux manifestations populaires. Elles montent sur les barricades, prennent la parole et se battent pour la république sociale aux côtés des chômeurs et des ouvriers chassés des Ateliers nationaux (...), mais *La Voix des femmes* (journal dirigé par Eugénie Niboyet) se vend mal et Jeanne Derouin fonde, en août 1848, *L'Opinion des femmes.* Les rédactrices s'y expriment en toute liberté, notamment Désirée Gay, la journaliste [166]... »

Recherché, retrouvé, leur souvenir a souvent servi des causes, celles des féminismes, bien sûr, mais aussi celles des socialismes-chrétiens, utopiques, communautaires. Les figures qui en émergent appartiennent au patrimoine militant, mais les femmes qu'elles représentent ne sont pas haussées au statut d'acteurs de l'histoire [167]. Davantage porte-drapeau des sans-nom, elles sont écartées du passé républicain et révolutionnaire. Elles restent encore aux portes, en marge de l'histoire politique, hors des événements fondateurs de la démocratie. Bien que l'historiographie la plus récente prenne en compte leurs revendications en faveur du suffrage universel [168], elles n'entrent pas dans son mode de penser. Comme si la volonté des femmes ne pouvait être assimilée à la volonté générale d'un peuple, comme si l'universalité ne les concernait pas, la liberté, l'égalité ne les atteignaient pas, comme si les mots dits, écrits, mots neutres, mots « baladeurs », disait Valéry, mots exemplaires, principes libérateurs, mots d'ordre qui font bouger tout un peuple, passaient à côté, ne pouvaient s'arrêter sur cette moitié de l'humanité; comme si la « morale républicaine » forgée en 1835 imposait sa représentation du politique, envahissait la réflexion historique, constituait la structure de l'histoire politique. Conforme aux énoncés des discours des contemporains, l'écriture de ces événements apparaît surdéterminée par la rationalité de ces discours fondateurs devenus, dans l'enfermement d'une pensée masculine [169], discours exemplaires d'une lutte dont les présupposés ne sont pas interrogés.

Elles sont déportées, déplacées dans un ailleurs, hors des discours illusoires du temps qu'elles soumettent à la question.

Avant d'entrer au cœur de la révolution comme elles y ont pénétré elles-mêmes, un détour est nécessaire par le passé recomposé afin de comprendre comment la mémoire historique s'est façonnée. Les traces qui subsistent, marquées du sceau du ridicule, signes d'irréalité, ont été transformées en « rêve d'émancipation [170] », comme le furent les espoirs de leurs compagnes de 1789-1793; elles sont tirées hors du temps réglé du politique. Tâchons de rattraper ces figures symboliques, afin tout simplement de suivre le parcours de ces femmes mûres – elles ont atteint la quarantaine –, qui ressemblent à leurs contemporaines avant d'incarner, par fidélité à elles-mêmes, emportées par cette « liberté » qui les habite depuis les années 1830, « les femmes de 1848 » : personnages d'exception d'une histoire des femmes, pensée dans un ensemble indifférencié, mais symptômes révélateurs des dysfonctionnements de la démocratie dans son apprentissage.

Firmin Maillard a largement contribué à la reconstruction d'une mémoire. Par les nombreux détails rapportés, les informations relatées, il donne l'apparence du récit vrai en puisant aux sources contemporaines : il cite les noms, les professions, les articles de journalistes, publicistes, humoristes, partisans ou non des journées de Février. Mais, en parsemant son récit de notes caricaturales, il dénature, transforme, travestit les propos de celles qui ressortent, sous sa plume, en personnages irresponsables et apolitiques :

> « Car, cela n'allait pas toujours tout seul à la *Voix des femmes*. Henriette, artiste *(sic)*, une des exaltées de la maison, dénonçait avec rage à l'indignation publique les journaux républicains qui, avec un entêtement très condamnable, ne parlaient pas plus de la *Voix des femmes* que si elle n'eût pas existé. A vrai dire, les souscriptions n'abondaient pas; Olinde Rodrigues prit quatre actions de 50 francs et fut cité en tête du journal avec tous les honneurs que ces dames purent rendre à cette extravagance qui, du reste, n'eut pas de caractère contagieux. Des individus, plus fous encore, voulurent empêcher la vente de la *Voix des femmes* sur la voie publique... ; bref, les pauvres citoyennes connaissaient déjà toutes les misères qui accablent la femme écrivain, quand elles songèrent à adjoindre à la plume un outil qu'elles maniaient avec encore plus de facilité, – la langue [171] ! »

Interprétation d'un antiféminisme classique qui devrait ranger son auteur parmi les publicistes « datés » s'il n'était nourri de souvenirs

– aujourd'hui réédités pour leur valeur historique, littéraire et politique – d'Alexis de Tocqueville, de Maxime Du Camp, de Daniel Stern, d'autres encore, dont le talent est aussi incontesté. La reconnaissance dont ces écrivains disposent en fait des témoins privilégiés des historiens. Tous disent leur incompréhension à l'égard de ces manifestations de femmes, qualifiées de « bizarres », dont les propositions sont classées parmi les « étranges systèmes ». Seul l'exceptionnel désordre, engendré par la révolution de Février, aurait favorisé ces excès de tous ordres.

Le peuple alors dominait Paris; un peuple ignoré du monde lettré, un peuple généreux sans doute, mais incapable de volonté libre. Tel est le point de vue de la plupart des observateurs dont on retient le témoignage. Alexis de Tocqueville fut l'un de ces témoins; observateur de l'agitation des rues, il rend compte de son étonnement, tout en désignant les responsables :

> « Dès le 25 février, mille systèmes étranges sortirent impétueusement de l'esprit des novateurs, et se répandirent dans l'esprit troublé de la foule. Tout était encore debout sauf la royauté et le parlement, et il semblait que du choc de la révolution, la société elle-même eût été réduite en poussière, et qu'on eût mis au concours la forme nouvelle qu'il fallait donner à l'édifice qu'on allait élever à sa place; chacun proposait son plan; celui-ci le produisait dans les journaux; celui-là dans les placards, qui couvrirent bientôt les murs; cet autre en plein vent par la parole. L'un prétendait détruire l'inégalité des fortunes, l'autre l'inégalité des lumières, le troisième entreprenait de niveler la plus ancienne des inégalités, celle de l'homme et de la femme; on indiquait des spécifiques contre la pauvreté et des remèdes à ce mal du travail qui tourmente l'humanité depuis qu'elle existe [172]. »

Dans l'esprit de cet aristocrate libéral dont la lucidité a été maintes fois saluée, l'étrangeté grandit au gré des transgressions : certaines inégalités sont incontournables, d'autres sont immuables. L'inégalité entre hommes et femmes est si ancienne que son existence est devenue tout simplement légitime. Propos d'aristocrate, mais opinion partagée par bon nombre de contemporains soucieux de distinguer ce qui apparaît raisonnable dans le foisonnement de projets diffusés à l'époque. Daniel Stern n'est pas loin de partager les mêmes idées. Elle est d'autant plus écoutée qu'elle vient de publier un remarquable *Essai sur la liberté,* dans lequel l'égoïsme bourgeois est dénoncé. Dès l'introduction à son *Histoire de la révolution 1848,* l'écrivain s'interdit, parce que femme, tout esprit partisan : « Quelle que dût être l'issue d'une révolution prochaine, écrit-elle, je n'avais pas beaucoup à en craindre, je n'avais absolument rien à en attendre pour moi-même.

Mon sexe, sous tous les régimes, m'interdisait les ambitions politiques; la convoitise féminine du pouvoir pour les amis ne m'était pas permise davantage; car, si j'étais étrangère au parti que la Révolution allait confondre, je n'appartenais pas non plus à celui dont elle préparait le triomphe [173]. » Le regard porté sur ces « prétendues femmes libres » révèle l'immense distance sociale qui la sépare de « ces femmes » dont elle s'écarte : ces inconnues qui n'ont pourtant cessé de revendiquer la liberté, si chère à Daniel Stern. Son jugement est sans appel :

> « Ces tentatives, il faut le dire, ne furent ni bien mûrement réfléchies, ni bien sagement conduites par des femmes dont le zèle était d'ailleurs trop imparfaitement secondé par le talent. Sans tenir compte de l'état des mœurs, elles heurtèrent de front les usages et les coutumes plutôt que de chercher à gagner les esprits. Au lieu de reprendre, dans leurs écrits, la pensée de Condorcet, de traiter, avec simplicité et modestie, les questions relatives à l'éducation des femmes dans toutes les classes, aux carrières qu'il serait possible de leur ouvrir, au salaire de la femme du peuple, à l'autorité de la mère de famille, à la dignité de l'épouse, mieux protégée par la loi; au lieu d'avancer pas à pas, avec prudence, à mesure que l'opinion se montrerait favorable, elles firent des manifestations très impolitiques, elles ouvrirent avec fracas des clubs qui devinrent aussitôt un sujet de risée. Elles portèrent dans les banquets des toasts dont le ton mystique et le sens vague ne pouvaient ni convaincre, ni éclairer personne; elles publièrent des journaux qui ne se firent point lire. L'une d'entre elles réclama officiellement, à la mairie d'une petite ville de province, son droit d'électrice [174]; peu après, une autre plus hardie encore, afficha, sur les murs de Paris, sa candidature à l'Assemblée nationale [175]. A ces démonstrations, qui n'étaient que hors de propos, il se mêla des excentricités de bas étage [176] (...). Toutes ces choses bizarres, ce tapage extérieur, n'eurent d'autres effets que d'effaroucher beaucoup de bons esprits et de rendre au préjugé, qui allait s'affaiblissant, une force nouvelle [177]. »

Dans ce texte, les femmes dont il est question sont inclassables. Non identifiées, elles sont hors normes : ni épouses respectables, ni femmes du peuple démuni, elles sont assimilées, par leur comportement, à cette classe avide et vulgaire, reconnaissable à son « égoïsme » et à ses « mensonges », en un mot à la bourgeoisie, petite de surcroît. Longtemps cette représentation a été reproduite, contre toute évidence : quelques-unes peuvent être qualifiées de bourgeoises oisives, mais le plus grand nombre doit travailler pour vivre; aujourd'hui encore cette représentation perdure. Daniel Stern ne pardonne pas à Eugénie Niboyet, directrice de *La Voix des femmes,* ses maladresses; de Jeanne Deroin elle ne retint que la passion subversive. Elle s'afficha! dit-elle. Les autres femmes lettrées subissent le même traitement, à l'exception de George Sand dont on verra combien la critique pèsera sur l'opinion républicaine et socialiste. L'attitude de George Sand, méprisante à l'égard de ces « femmes exaltées », se mesure à l'aune de cette représentation. L'écrivain est davantage préoccupée du sort du peuple que des droits politiques de quelques femmes bourgeoises, pour la plupart sans talent. Elle « se mit soigneusement à l'écart de toutes les tentatives faites par [ces] femmes pour réclamer l'extension au sexe féminin des progrès accomplis ou annoncés par la nouvelle République [178] ».

> « Par leur langage et leur attitude, elles ont paru donner raison à l'ignorance et à la frivolité qui, du moins, se voilaient de quelque grâce. Ces bruyantes révoltées ont confirmé les esprits délicats et timides dans le sentiment de l'obéissance passive et de la résignation. La crainte du ridicule venant s'ajouter à la mollesse des habitudes et à cette langueur d'âme qu'entretient en elles une éducation futile, les femmes ont presque toutes déserté leur propre cause [179], et le véritable obstacle à leur affranchissement tient beaucoup plus aujourd'hui à la défiance où les ont jetées des tentatives inconsidérées et à la fausse notion qu'elles ont conçue du devoir qu'aux rigueurs législatives de la tradition salique [180]. »

Aucune de ces femmes n'a le privilège d'être nommée et, de ce fait, leur existence réelle est effacée. L'acteur, dont le nom est occulté par les témoins d'une subversion inachevée, ne pourra pas être retenu par l'histoire. Daniel Stern connaît la valeur du nom – elle qui s'est nommée. On peut donc penser qu'il s'agit d'un acte réfléchi dont la portée « historique » n'échappe pas à son auteur. Des historiens utiliseront cette référence pour minimiser le sens donné aux mots par les « femmes de 1848 » et nier la dimension politique de leurs actes [181].

Seules les femmes du peuple ont la faveur de Daniel Stern. Sans la nommer, certes, mais en donnant à lire la pétition qu'elle adresse au gouvernement dès le 3 mars 1848, elle rend hommage à Désirée Gay, parce que la modestie du ton lui agrée et que le peuple, par elle magnifié, « ignore l'infériorité de la femme, établie dans nos mœurs par la tradition latine, il ne connaît guère davantage l'arrêt porté contre elle par la théologie chrétienne (...). Le prolétaire, qui voit partout la femme active, intelligente et sérieuse à ses côtés, réclame pour elle, en dépit des sarcasmes de la bourgeoisie, qu'il ne saurait comprendre, ce qu'il demande pour lui-même : l'instruction, le travail bien tempéré [182] ».

Ce peuple, dont on craint les réactions, est sensible aux propos des « agitateurs parisiens [183] » – victime de la crise économique, il est touché massivement par le chômage et, depuis quelques années, il retient l'attention des écrivains. Michelet, avant d'autres, a étudié son « comportement » et s'est penché sur son « état ». Il a imposé, pour longtemps, sa vision d'un groupe social souvent révolté mais silencieux sur lui-même. Classés en un ensemble monolithique, ces « gens » aux réactions « simples » sont assimilés, dans le langage de l'écrivain, aux mineurs, aux enfants. Envers ce peuple, il conseille la protection.

> « Le patronage ne supplée nullement ici à ce qui manque à l'esprit d'association. L'apparition récente de l'idée d'égalité a tué (pour un temps) l'idée qui l'avait précédée, celle de protection bienveillante, d'adoption, de paternité. Le riche a dit durement au pauvre : "Tu réclames l'égalité et le rang de frère? eh bien soit! mais dès ce moment, tu ne trouveras plus d'assistance en moi; Dieu m'imposait les devoirs du père; en réclamant l'égalité, tu m'en as toi-même affranchi [184]." »

Ce peuple, par l'individu qui l'incarne, devient homme en prenant femme. Ainsi la femme du peuple bénéficie de la sollicitude de l'écrivain, parce qu'elle est tout dévouement pour l'homme, « la femme aime l'homme justement parce qu'il est fort (...), l'inégalité leur plaît comme occasion de dévouement [185] ».

La place acquise par les femmes l'est au gré des représentations construites par des individus autorisés, et celles-ci deviennent très vite représentations collectives dans la mesure où elles s'inscrivent dans le socle des structures sociales qu'aucune autorité politique ne veut bouleverser. La représentation donnée ici par l'écrivain qui sert la cause républicaine – devenue cause juste par le triomphe de la révolution – ne peut être transgressée impunément. Le désir d'égalité, exprimé dès février par toutes celles dont l'espoir fut enfoui sous le poids des discours, ne peut être reconnu. Non seulement cet espoir va à l'encontre de ce qui est désormais considéré comme une inégalité naturelle, mais, satisfait, il risquerait de mettre en cause la libre existence de l'homme « au vrai sens » du terme qui « est surtout d'avoir une femme [186] » : affranchir celle-ci, la laisser parler pour elle-même, ce serait renoncer à son identité d'homme. Plus encore, les tenants de l'histoire de la liberté étendue à tous ne peuvent concevoir le surgissement d'un antagonisme entre *lui et elle*. Elle, sa fille, sa sœur, son épouse, mieux encore sa mère, ne peut s'insurger contre celui qui la protège et dont elle est la raison d'être. Tout autre comportement n'est qu'aberration creusant des brèches dans la vision progressiste [187] de la marche de l'humanité, divisée en classes, certes, mais formant des blocs uniformément masculins. Celles qui dévient de ce sens historique seront écartées de la réflexion politique. La sanction sera le silence et, par là même, l'oubli, à l'exception de celles dont le statut, trop fortement marqué du sceau des victimes, s'apparente à celui du peuple; c'est ainsi que Garnier-Pagès se souvient des ouvrières :

> « Une multitude de femmes, en proie à la plus grande misère, réclamait du travail ou du pain. Le ministère résolut de leur donner du pain par le travail. (...) Au bout de quelques jours, M.A. Duclec avait choisi des locaux dans les douze arrondissements, et il y avait installé des ateliers de couture (...). Il permit même aux femmes de travailler à domicile; et sa confiance ne fut pas trompée. Il réussit si bien qu'il parvint à faire vivre, pendant quatre mois, trente à quarante mille femmes [188]. »

Les ouvrières subsisteront dans l'histoire. Les autres, qualifiées d'apolitiques, seront mises à l'écart. Elles n'émergeront qu'à contre-courant des formes de pensée; au mieux sortiront-elles, après avoir été lavées des insultes, grandies par l'exception. Toujours, elles resteront à contresens d'une histoire marquée par la raison publique qui était exprimée par une minorité triomphante au nom d'une volonté générale à laquelle s'identifiaient tous ceux qui adhéraient aux discours des autorités.

On a oublié les critiques de Jeanne Deroin, mais les souvenirs de Maxime Du Camp demeurent :

> « Les choses ne prenaient pas toujours une tournure aussi grave. Les femmes avaient établi un club dans les caves des galeries Bonne-Nouvelle. Là, ce n'était point la bourgeoisie que l'on vitupérait : c'était l'homme, le mari, le maître, le tyran! les plus timides réclamaient le divorce, les plus hardies préconisaient le mariage à l'essai; quant aux enfants, on les abandonnait généreusement à leurs pères; ce pluriel n'a rien d'excessif [189]. »

Maxime Du Camp ne manquait pas de sources : il a pu aisément puiser dans les caricatures du *Charivari*. Les détournements de noms, les jeux de mots, chers à Daumier, faisaient les beaux jours de tous ceux qui se gaussaient des femmes. Pendant plusieurs semaines, « celles du club » ont fait la une de cette feuille si populaire et Jeanne Deroin n'a pas haussé le ton pour répondre aux insultes : c'est avec humour qu'elle a relevé les absurdités de ce « journal pour rire » [190].

Malgré ce retrait symptomatique des femmes, « la » femme est partout présente en république : mère féconde ou guerrière, toujours elle harangue ou apaise les hésitants. La république les aurait-elle réduites à une représentation symbolique parce qu'elle les rejetait hors de sa formation? Sans jamais les reconnaître comme porte-parole, elle les a érigées en statues, les a portées en emblèmes. Les femmes sont devenues porte-drapeau, figures héroïques, objet d'une vénération symbolique, mais jamais elles n'ont été, en république, sujets vivants de discours publics : « Disons-le donc une fois pour toutes : tout au long de cette histoire des révolutions populaires qui va en France de 1789 à 1871, les conditions sont réunies pour qu'on glisse facilement de l'une à l'autre de ces trois réalités en principe distinctes : la femme combattante d'élite – la femme porte-drapeau – la femme allégorie vivante [191]. » Comme si les fondateurs de républiques compensaient ainsi les exclusions, actes impensables au sein d'une institution qui se voulait représentation de la volonté générale, donc de toutes les volontés. Ces formes d'intégration sont rendues nécessaires pour la vérité des discours sur l'universalité des droits. Si *la femme* représente la république, *des femmes* ne pourront faire croire que cette république a été construite sans elles, voire contre elles.

Serait-ce que le mot égalité, emblème de la république de 1848, était si étroit qu'il ne pouvait contenir tous les sens qui lui avaient été donnés [192]? Et pourtant, Eugénie Niboyet, Jeanne Deroin et Désirée Gay se sont inscrites dans le mouvement de 1848, comme les autres révolutionnaires suivant « l'impulsion principale » qu'analyse Maurice Agulhon : « Qu'on appelle cela établir la Justice, faire régner le Droit, ou réaliser les principes [de Liberté, d'Égalité, et de Fraternité], dans l'esprit des vainqueurs et des acclamateurs, c'est tout un (...) un aspect majeur : le droit de vote, qui donne une dignité politique égale à l'homme du peuple et du bourgeois (...), une autre, d'une ambition plus grande encore : la tentative d'arracher l'ouvrier à l'exploitation et à la misère [193]. » Elles ont partagé ces aspirations populaires en acteurs conscients d'appartenir à cette « humanité triomphante » de 1848.

Les civilisations sont mortelles, disait Marc Bloch, je dirais que les idées meurent aussi. A nous de les réactualiser dans le temps court de leur expression.

QUAND LA MÉMOIRE
RENAÎT À L'ESPOIR.
1848 OU LE TEMPS DE L'ÉGALITÉ

Février 1848, la Seconde République annoncée est pleine de promesses. Il ne s'agit plus simplement d'agiter le drapeau de la liberté, mais de mettre en œuvre une démocratie, dans le respect des consciences et la dignité des individus. Les droits de tous et de chacun sont à l'ordre du jour. Le travail est à l'honneur et l'idée de dépendance apparaît incompatible avec la proclamation du suffrage universel qui est l'émanation de la libre volonté d'un peuple averti mais non encore expérimenté. La vraie république semble enfin possible; une république dont les représentants, membres du gouvernement provisoire, parlent en termes novateurs, engageants, chaleureux; une république annonciatrice du bonheur humain. Désormais, « il n'y a plus ni catégories, ni privilèges » :

> « C'est qu'en se constituant République, le gouvernement a pris l'obligation de satisfaire tous les intérêts légitimes, de donner du pain au travailleur, d'effacer toutes distinctions de classes, d'abolir tous les privilèges (...), d'appeler enfin tous les citoyens à l'exercice complet des droits politiques. Comment, en présence d'un pareil avenir, le peuple ne serait-il pas calme et plein de confiance (...). Il [le gouvernement provisoire] a pris pour sa devise ces trois mots empruntés à l'Évangile : Liberté, Égalité, Fraternité [1]. »

Ce sont ces discours qu'entendent les femmes, dans l'actualité de la république naissante : parce qu'ils sont énoncés par des autorités respectées, ils sont reçus comme une vérité au triomphe de laquelle tous veulent contribuer. Dans ce bouillonnement d'idées, la mémoire des femmes libres des années 1830 renaît à l'espoir. La plupart d'entre elles sont devenues mères. Il n'empêche, chacune [2] entre en république avec la foi de ses jeunes années, en dépit de l'expérience acquise. Leur espoir est cependant mêlé de doute, mais ce sentiment n'entame en rien l'enthousiasme affiché de la plupart d'entre elles. Ouvrières, bourgeoises, femmes de lettres, ensemble ou séparées, de mars à avril, elles arpentent les rues, pétitionnent, prennent la parole dans les clubs. Les trois « mots sacrés » de la devise républicaine, brandis comme un étendard, légitiment leurs discours. En effet, ces mots, inlassablement répétés, telle une incantation, prennent une valeur universelle incontestable : ainsi leur équité ne peut plus être mise en doute. Les leçons de l'histoire ont été tirées : Février 1848 marque une rupture avec le passé car il n'est plus possible d'associer « idée de privilège et idée de démocratie [3] ». Chacune à sa manière ranime le souvenir d'Olympe de Gouges, de Mme Roland, des citoyennes républicaines révolutionnaires, voire de Marie-Antoinette, afin de rompre le processus des exclusions d'antan. Rendre justice à leurs glorieuses ancêtres, c'est inscrire leur présent politique dans un passé révolutionnaire révolu. Les républicains sincères se feront un devoir de mettre un terme aux errements du passé, comme ils l'ont déjà fait en abolissant la peine de mort pour raison politique. Elles s'adressent aux « citoyens représentants », sûres d'être entendues. Tel est l'état d'esprit de la plupart de celles qui se nomment « les femmes de 1848 ». Même si le doute les assaille, elles veulent croire à « la vérité des mots ».

> « Les femmes qui comprennent la grandeur de leur mission sociale viennent faire appel à votre sagesse et à votre justice.
> Elles demandent au nom de la fraternité, que la liberté et l'égalité soient désormais une vérité pour elles comme pour leurs frères.
> C'est au nom de cette grande loi de solidarité universelle, qui ne peut plus être méconnue, qu'elles demandent le droit d'accomplir tout leur devoir. Car c'est un devoir pour elles de prendre part au grand œuvre de régénération sociale. L'expérience du passé et les souffrances du présent témoignent assez que l'homme seul ne peut concilier l'ordre et la liberté, l'égalité des droits et le classement selon la capacité, l'intérêt individuel et l'intérêt général [4]. »

Dans le temps court de la Seconde République, Jeanne Deroin, Désirée Gay et Eugénie Niboyet restent sur le devant de la scène, tellement exposées qu'on pourrait penser leur parcours exceptionnel. Elles ont tout simplement partagé « les illusions » de leurs contemporains en croyant à la vérité des discours sur la démocratie.

Par leurs engagements, leurs propositions, elles ont soumis à la question une démocratie représentative aux bases encore instables. Toutes trois furent les interlocutrices privilégiées des républicains, ceux qui disaient ou croyaient incarner la souveraineté de tous, ceux-là mêmes qui ne pouvaient concevoir l'intégration sociale des femmes sans penser leur pouvoir en péril. Très vite, le statut des femmes est apparu comme un enjeu de pouvoir. Elles ont révélé cet enjeu et ont montré que l'universalité dont s'emparaient les hommes masquait la perpétuation des inégalités, en laissant croire à la victoire de tous.

LE SOUFFLE DE LA LIBERTÉ

Tout occupée à la publication de son roman consacré à *Catherine II et ses filles d'honneur,* c'est à peine si Eugénie Niboyet perçoit les brises de l'ère nouvelle. Elle s'est rapprochée de Victor Considerant, mais c'est la responsable de la Société de la Morale Chrétienne qui s'adresse au fondateur de *La Démocratie pacifique* et non l'ancienne sociétaire préoccupée d'émancipation [5]. Aurait-elle manqué la lecture des comptes rendus des banquets organisés le jour anniversaire de la naissance de Fourier?

> « Aux Femmes!
> Chez presque tous les peuples de la terre, les femmes sont encore esclaves, et même dans nos sociétés civilisées, leur existence est précaire et mêlée d'afflictions. Fourier a préparé leur émancipation graduelle par des voies d'ordre, de sagesse et d'honneur. Le temps n'est pas loin où, avec l'indigence, disparaîtront des plaies et des profanations que nous n'osons pas nommer devant vous, femmes! et dont vos enfants doivent ignorer l'existence. Le temps n'est pas loin où le génie des femmes, échappant à l'antique tutelle, prendra le libre et glorieux essor auquel Dieu l'a destinée [6]! »

Elle n'est pas encore prête à suivre la voie de la liberté retrouvée : fidèle à ses amis réformateurs, Eugénie Niboyet est, pour l'heure, solidaire de la duchesse d'Orléans dont elle admire le courage. Tout comme les femmes des années 1830 avaient choisi de soutenir la duchesse de Berry [7], elle honore la mère et non le parti qu'elle représente :

> « Si du haut de son balcon, dominant la foule, cette princesse eût pris dans ses bras le filleul de notre capitale; si elle eût donné au peuple et à l'armée réunis, appui pour la veuve, protection pour l'orphelin, le peuple et l'armée eussent accueilli la mère et veillé sur le fils : quelques instants plus tard, il était trop tard, la république surgissait des barricades, le souverain, c'était la nation [8]! »

Eugénie Niboyet deviendra républicaine lorsqu'elle aura compris l'irréversibilité du processus. Républicaine du lendemain, mais républicaine sincère. Quel que soit le régime, elle œuvre pour la justice sociale et le respect des droits des individus. La nation se devait d'honorer les engagements pris auprès de la duchesse d'Orléans; il lui importait de soutenir celle qui, connaissant ses devoirs, défendait non pas son trône, mais celui de son fils. Notons le rôle emblématique de ces reines dont l'existence seule rend la fierté au sexe que l'on dit inférieur : Eugénie Niboyet, depuis *Le Conseiller des femmes,* n'a cessé de leur rendre hommage. Elle vient tout juste de saluer l'une d'entre elles, Catherine II, à qui elle voue un véritable culte :

> « Catherine II a, pour sa part, contribué à consolider l'empire russe; à son nom se rattachent toutes les ambitions et toutes les gloires! Ardente et passionnée, cette femme portait dans la tête le code des lois de son pays et tenait dans la main le sceptre qui lui servait à les buriner sur des tables d'airain [9]. »

Désirée Gay est impatiente; elle sent venir les bouleversements mais ne voudrait pas les affronter seule. Elle appartient à cette catégorie de ceux « qui s'estiment victimes ou sont insatisfaits de l'évolution antérieure [dont les aspirations] s'épanouissent brusquement au grand jour avec la disparition de l'ordre traditionnel [10] ». Elle hésite, prend conseil auprès des amis d'autrefois : Victor Considerant, le Père Enfantin [11]. Elle espère en la détermination du Père, elle le presse; en même temps, elle craint sa passivité : il est devenu un homme d'affaires respecté. Elle exprime cependant le vœu qu'il l'accompagne; elle le voudrait témoin actif de sa fidélité à l'œuvre commune :

> « Nous ne pouvons mourir sans compléter l'œuvre qui a été toute notre existence présente, il y a une certaine logique surhumaine ou divine qui s'y oppose et j'ai foi qu'assez d'entre nous ont le sentiment de cette logique pour qu'ils trouvent en eux la force d'aider ceux qui faibliront en route [12]... »

Le 24 février, tout commence; Désirée Gay est prête, ses visites au Père Enfantin se multiplient, sa correspondance devient quotidienne. Elle n'ose prendre elle-même une initiative dont elle pressent la nécessité [13], mais, comme en 1832, Enfantin, très vite, l'exaspère. Parce qu'elle attend toujours cette liberté promise, elle a besoin d'agir. Elle ne sait pas encore comment, mais elle sait « dans quel sens elle le fera [14] ». Enfantin n'est plus la figure christique des années 1830 : plus près des réalités industrielles et commerciales, « le père ne veut pas frayer avec ces " alchimistes " et travailler à " l'alambic " de l'organisation du travail. Il faut réaliser une œuvre plus modeste et ne pas laisser le pays sombrer dans l'anarchie [15] ». Les chemins de fer sont toute son activité. Parfaitement intégré à ce monde de l'industrie naissante, il est loin des « chimères » qui animent encore Désirée Gay. La jeune femme éprouve à nouveau cette « répulsion » envers celui qui reste sourd à ses appels depuis si longtemps. Enfin elle se décide. Seule, elle agit, et la fascination exercée par l'amant-père-penseur s'estompe.

La première, elle pétitionne en faveur des plus défavorisées : les ouvrières. Le 2 mars, elle communique le texte à Louis Blanc; le 3 elle en envoie copie à Émile de Girardin, avec prière d'insérer, « ce qu'il n'a pas fait »; le même jour, elle fait porter l'adresse à Duveyrier « qui ne répond pas »; le 5, le texte est envoyé à Jules Michelet qui la remercie par une recommandation chaleureuse auprès de Louis Blanc. Elle rend visite à Rodrigues qui est, « comme autrefois, plein d'ardeur ». Louis Blanc, lui demande de mettre, par écrit « quelques idées d'organisation immédiate [16] ».

Tout est désormais possible, l'espoir renaît. Désirée Gay a retrouvé la fougue de la jeune Véret et rien ne semble pouvoir l'arrêter. Tout à sa confiance, elle ne saisit pas l'importance de ces premiers silences qui bientôt seront interprétés comme autant de refus. Elle retient les réponses positives en faveur des femmes. Des hommes dont l'autorité morale est incontestée ont bien voulu l'entendre, qu'importent alors les différences de point de vue sur le rôle des femmes en république! Elle a été écoutée et Louis Blanc la consulte. Là est l'essentiel.

LE TEMPS DES PÉTITIONS

Dans les premières semaines de mars, les membres du gouvernement provisoire [17] bénéficient d'une grande confiance. Décidés à mettre un terme à l'exploitation et à la misère, ils ont proclamé le droit au travail. Ils préparent une république unie, fraternelle : la vengeance bannie, la peine de mort est abolie en matière politique. Enfin, le suffrage universel est désormais la vérité du peuple souverain.

Décidément, le temps de la Liberté, de l'Égalité et de la Fraternité semble venu. Chantés autour des arbres de la liberté plantés partout, les trois mots sacrés sont louangés, magnifiés, unanimement salués. L'espérance soutient alors toutes les catégories sociales non privilégiées : des femmes et des hommes pensent aux réformes à venir; plus que jamais les premières veulent croire à la réalité des principes républicains, à leur vérité. Trop longtemps « subalternisées », elles agissent dans l'urgence, de peur de manquer ce moment pas encore éphémère [18]. Les réformes proposées ont ce caractère d'évidence qu'induit la foi en la doctrine républicaine. Les femmes pressées souhaitent prendre part « à l'honneur et au bien-être des institutions nouvelles ». Elles pensent tout naturellement être en mesure de contribuer à l'amélioration de la condition des femmes, de celle des ouvrières; en tout premier lieu, Désirée Gay entre en République à leur côté :

> « Citoyens,
> Beaucoup de femmes isolées sont dans une situation désespérée, vous ne voudrez pas qu'elles continuent à être exposées à la misère ou au désordre. Les bonnes mœurs font la force des républiques, et ce sont les femmes qui font les mœurs; que la nation honore, par votre voix, le travail des femmes! qu'elles prennent rang, par votre volonté, dans la réorganisation qui s'opère; et que le principe de l'association soit encouragé par vous pour les travaux qui sont de leur ressort (...).
> *Post-scriptum* [19] :
> Je demande qu'il soit nommé des déléguées près de la commission du travail, afin de pourvoir à l'organisation du travail des femmes.
> Que des listes soient ouvertes où viendront s'inscrire des femmes sans travail et les femmes de bonne volonté pour organiser.
> Qu'il soit créé d'urgence des restaurants nationaux, ainsi que des buanderies et lingeries nationales où le peuple trouverait à bon marché des alimens sains et des soins d'ordre et de propreté qu'il ne peut se procurer dans l'isolement, mais que des femmes réunies en association peuvent facilement organiser [20]. »

Le langage de Désirée Gay est conforme à l'esprit du temps; elle ne dit rien qui puisse entraver les tâches du gouvernement. Les Ateliers nationaux sont créés depuis le 26 février, la commission du gouvernement pour les travailleurs est présidée par Louis Blanc dont le premier souci est de réorganiser le travail en favorisant l'association. En s'adressant au président de la Commission du Luxembourg, Désirée Gay frappe à la bonne porte. Retenons cependant le *post-scriptum*, glissé subrepticement à l'occasion de cette profession de foi associative : ici, privé et public s'entremêlent; la gestion de la vie laborieuse des femmes, mères de famille pour la plupart, impose la prise en charge sans exclusive des tâches quotidiennes. Pour les femmes, l'organisation du travail suppose la réorganisation de la vie privée. Il s'agit si peu d'un rêve, à ce moment précis de l'apprentissage de la république, que Louis Blanc envisage de répondre favorablement aux demandes, pressantes alors : les délégations se multiplient auprès de la Commission du Luxembourg. Les blanchisseuses et les fangeuses demandent justice à la république, suivent les filetières et culottières : bannières en tête, elles sont près d'une centaine devant le palais dès les premiers jours de mars; les institutrices elles-mêmes attirent l'attention du gouvernement; les déléguées des couturières, les passementières tour à tour se succèdent auprès des responsables du gouvernement provisoire. Diverses propositions de réformes sont avancées afin d'améliorer le sort des ouvrières. Elles réclament, avant tout, l'ouverture d'Ateliers nationaux pour les femmes, profondément touchées par le chômage [21]. Les journaux s'inquiètent du sort des ouvrières; ils se font l'écho des plaintes; *La Liberté* elle-même, journal pourtant bien modéré, s'étonne du peu d'empressement manifesté par le gouvernement à l'égard des femmes en général et des ouvrières en particulier : « On s'occupe d'une régénération sociale, on élabore des plans d'organisation du travail et nous n'avons pas encore entendu dire un seul mot du travail des femmes [22]. » Louis Blanc n'est pas insensible à ces appels. Au cours des travaux de la commission, les 3 et 5 mars, il a proposé de fonder dans les quatre quartiers les plus populeux des établissements destinés à recevoir chacun environ 400 ménages d'ouvriers avec un appartement distinct pour chaque famille, « de manière à assurer à tous ces ménages, par la consommation sur une grande échelle, les avantages d'une notable économie sur le logement, le chauffage, la nourriture, l'éclairage, etc.; le résultat de cette économie dans la commission équivaudrait à une augmentation de salaire pour les ouvriers, sans dommage pour les patrons. Il y aurait dans ces établissements une salle de lecture, une crèche, une salle d'asile, une école, des cours, des jardins, des bains, etc., l'État serait à la tête de l'institution – pour éviter la constitution d'une nouvelle couche privilégiée [23] ».

L'heure est à l'optimisme; le mouvement s'amplifie : l'organisation du travail des femmes suppose des regroupements, des débats, des assemblées pour envisager concrètement la mise en œuvre des trois mots sacrés. Des femmes se rassemblent, se réunissent. Elles retrouvent la mémoire des années 1830 sur l'indépendance, l'émancipation, en un mot la liberté. Les changements sont si proches, qui ne peuvent laisser pour compte la moitié de l'humanité. Resurgissent alors les critiques contre le code civil qui minorise « les dernières parias de la société ». Ces femmes s'inscrivent dans le grand mouvement du suffrage universel et s'interrogent, en interrogeant les membres du gouvernement, sur leur participation au vote. Seront-elles intégrées à l'universalité? Les droits de tous sont-ils aussi les droits de toutes?

La première association prend le titre de Société pour l'Émancipation des femmes. Jenny d'Héricourt en est la secrétaire. Les statuts sont d'une grande précision. Les femmes seules sont admises à en faire partie et doivent s'engager à propager les idées d'émancipation « dans son sens absolu et légitime, [le mot] signifie avant tout affranchissement intellectuel et moral. Cette condition première et supérieure étant, pour les deux sexes, la base normale de tous les progrès sociaux, emporte avec elle toutes les autres conséquences [24] ». Des conférences seront données dans toute la France. Pour l'essentiel, les organisatrices appartiennent à la classe lettrée. Elles veulent agir en éducatrices, « apporter leur pierre au vaste édifice de l'avenir ».

> « Nous avons compris, nous femmes, nous françaises, que le magnifique mouvement de Février n'est pas une révolution politique, mais le commencement d'une révolution sociale [25]. »

Elles connaissent le poids des préjugés et c'est avec modération qu'elles s'adressent au gouvernement provisoire [26]. L'indépendance matérielle est une priorité; elles souhaitent l'abrogation de tous les articles du code civil « attentatoires à la liberté personnelle », et, si « les droits politiques sont perçus comme étant la clé de voûte de tout l'édifice de l'émancipation », le travail et l'instruction en sont les piliers. Tout comme Désirée Gay, elles répondent aux problèmes quotidiens des femmes.

La famille n'est plus cet îlot préservé dans la mesure où les tâches qu'elle génère sont assimilées au travail productif. Toute une conception de la liberté est ici exposée. Attachées à « l'indépendance matérielle et morale [27] », les rédactrices mesurent le poids des contraintes sociales mais projettent des transformations qui risquent de bouleverser les habitudes familiales. En républicaines convaincues, elles préparent l'avènement du « règne sincère de la vraie liberté, de la vraie égalité, de la vraie fraternité ».

> « La liberté, c'est l'indépendance matérielle, intellectuelle et morale [28] (...). L'égalité, c'est le niveau de la justice et de la vérité sur toutes les têtes (...). La fraternité, c'est le lien d'amour qui doit rattacher les uns aux autres tous les membres de la grande famille humaine [29]. »

La fraternité l'emporte sur les deux autres principes parce qu'elle « est essentiellement une œuvre toute de cœur », aussi les hommes doivent-ils se hâter « d'appeler à leur aide les femmes en qui seules résident encore, dans leur pureté primitive, les plus grandes forces du cœur [30] ». Ainsi détournent-elles le sens originel du mot afin de s'en emparer au nom d'une « pureté » non souillée par les « responsabilités » sociales, sans penser que cette invention « des frères » signifiait un lien exclusif : elles croyaient encore pouvoir « bouleverser l'ordre du monde sans être renvoyées à ses fondements [31] ».

Elles ne sont pas sûres d'être écoutées. Plus proches des réalités qu'emportées par le rêve, c'est avec une grande lucidité qu'elles s'interrogent :

> « Comment faire converger la liberté de la femme avec celle du mari? Comment la faire converger sous toutes ses faces, sociale, civile, politique, religieuse? Comment l'instaurer de façon que le despotisme ne puisse jamais retrouver entrée soit d'un côté soit de l'autre [32]? »

Les questions posées semblent être au cœur des débats d'alors. Le statut social des femmes, leur rôle dans la nouvelle république tourmentent les esprits au point que le gouvernement prend une mesure inattendue – initiative qui est due, il est vrai, à Hippolyte Carnot, ancien saint-simonien, ministre de l'Instruction publique. Celui-ci confie, dès le 2 mars, à Ernest Legouvé, une chaire au Collège de France pour envisager les différents moyens de relever la condition féminine, « considérant qu'il est convenable d'éclairer l'opinion publique par des études et des discussions sérieuses sur une matière aussi importante et aussi agitée [33] ». Immédiatement, le succès des cours est assuré, les femmes affluent et se pressent pour entendre celui dont la réputation commence à se répandre : n'a-t-il pas été précédé par son illustre père qui, à la fin du siècle dernier, se penchait déjà sur *« le mérite des femmes [34] »?* La première salle attribuée à l'auguste défenseur des femmes est trop petite : le grand amphithéâtre du Collège de France désormais l'accueillera. Si, au cours des conférences, l'infériorité des femmes est à nouveau affirmée, celles qui écoutent ne veulent entendre que ce qui les valorise et les intègre à la nouvelle république.

> « Loin de déposséder les hommes, la mission des femmes sera de faire ce que les hommes ne font pas, d'aspirer aux places vides, de représenter enfin dans la cité l'esprit de la femme (...). A côté des mots égalité et liberté, notre drapeau porte le mot sublime de fraternité (...), les femmes seules peuvent être les missionnaires de cette parole. La liberté et l'égalité sont des sentiments virils c'est-à-dire jaloux, soupçonneux, et qui ne parlent qu'au nom du droit. La fraternité parle au nom de l'amour, et la fraternité c'est l'âme même des femmes [35]. »

L'heure est à l'enthousiasme et non au scepticisme; les propositions se multiplient : le 16 mars toujours, le gouvernement provisoire est saisi d'une autre pétition présentée par Antonine, André de Saint-Gieles, présidente d'une assemblée réunissant « des artistes, des ouvrières, des littérateurs, des professeurs et d'autres ». Elles se disent confiantes et adhèrent aux discours républicains – à la lettre. Il est clair « qu'il ne peut y avoir deux libertés, deux égalités, deux fraternités; la liberté, l'égalité de l'homme sont bien évidemment celles de la femme [36] ». Elles proposent plutôt qu'elles ne réclament, et renouvellent le sens du mot souverain. « A côté du peuple-roi, il faut de toute nécessité proclamer le peuple-reine ou, mieux encore, les comprendre tous deux dans le peuple-souverainS [37] ». Elles argumentent sur des bouleversements opérés par la révolution en tirant les conséquences ultimes de ses effets. Désormais, le droit commun les inclut : les incapacités antérieures ne « formant plus d'obstacles à l'inscription sur les listes électorales », le décret qui institue le suffrage universel les englobe – elles n'ont subi aucune peine infamante et ne sont pas victimes de « démence constatée ». Membre du *souverains,* elles le rendent pluriel [38] en fonction de la visible différence qui distingue les hommes des femmes. Elles énoncent ainsi la pluralité du souverain et, par là même, sa multiplicité : « Il n'est pas bon que l'homme soit seul », affirment-elles, les femmes doivent être normalement associées au gouvernement de la cité car, malgré tous les obstacles dressés contre leur épanouissement, elles ont su, elle a su « se relever elle-même »; c'est dire combien les hommes manqueraient l'utilité publique en se passant d'une aide aussi précieuse [39].

Le 22 mars, Armand Marrast, maire de Paris, reçoit une délégation du Comité des droits de la femme [40] constitué à cette occasion. La délégation cherche à éclairer le sens donné aux mots par les républicains. La question est simple : « L'élection pour tous sans exception. Nous venons vous demander si les femmes sont comprises dans cette grande généralité [41]. » Leur argumentation repose sur cette généralité supposée telle. Le gouvernement vient de proclamer « le suffrage universel » et « la République a décidé d'abolir tous les privilèges »; « être vraiment libres, c'est ne reconnaître d'autres autorités que celle de la loi votée par tous les citoyens sans exception; être vraiment égaux, c'est accepter sincèrement un ordre social plaçant sur la même ligne, dotant des mêmes avantages tous les enfants d'une même patrie, c'est n'admettre d'autres différences que celle du talent, du mérite et de la vertu [42] ». Si aucun privilège ne doit subsister, les femmes seront donc égales aux hommes devant la loi.

> « La République a réveillé, ainsi que dans l'homme, tout ce qu'il y a de dignité et de courage dans la femme qui sent que pour elle aussi le temps est passé de mendier humblement son bien-être, que le temps est venu où, de sa propre main, elle doit effacer de nos codes jusqu'aux dernières traces de brutalité et d'égoïsme, mettre en équilibre la balance de la justice, travailler enfin de concert avec l'homme, à leur bonheur commun [43]. »

S'« il n'y a plus de prolétaires en France [44] », au dire de Lamartine, les 17 millions de femmes doivent être comprises dans les décrets, sinon la France en comptera encore « plus de dix-sept millions [45] ».

Armand Marrast est circonspect; il n'ose engager le gouvernement provisoire et renvoie la décision au vote de l'Assemblée nationale qui doit être élue le 23 avril; en attendant, il promet qu'à l'avenir « les lois faites dans des vues plus larges pour le bien de tous, assureraient [aux femmes] les droits civils qui les rendraient plus indépendantes et par conséquent plus heureuses [46] ». Les promesses sont vagues mais l'espérance est encore possible. Une brèche est entrouverte, dans laquelle s'engouffrent des femmes dont le sort est resté jusqu'alors impensé par les réformateurs sociaux.

Jeanne Deroin est de celles-là. Le temps d'accomplir sa mission est venu. Elle a confié ses enfants à des amis sûrs, bien décidée à se consacrer entièrement à la cause des femmes, qui est aussi celle du peuple. Elle fait parvenir quatre pétitions successives au gouvernement provisoire, pour finalement s'adresser directement aux citoyens; les mêmes arguments sont avancés :

> « Aux citoyens français
> On a proclamé la Liberté, l'Égalité et la Fraternité pour tous, pourquoi ne laisserait-on aux femmes que des devoirs à remplir, sans leur donner les droits de citoyennes? (...). Voulez-vous qu'elles soient les ilotes de votre nouvelle République? (...). Quand ils abolissent tous les privilèges, ils ne voudront pas conserver le plus inique de tous et laisser une moitié de la nation sous la domination de l'autre [47]. »

Jeanne Deroin retrouve les accents de sa profession de foi saint-simonienne; elle insiste sur la légitimité de la cause des femmes, sur le bien-fondé d'une demande en tout point conforme aux principes républicains. Si l'argumentation est forte, son exigence est modeste car elle ne demande qu'une représentation relative : des femmes, choisies parmi les plus dignes, nommées par les hommes eux-mêmes, auront pour tâche de « défendre les droits de leur sexe et les principes généreux de notre glorieuse révolution ». Pour elle aussi « la Liberté, l'Égalité, et la Fraternité » doivent devenir « vérité » nationale. Elle adapte cette vérité, qu'elle croit possible, aux préjugés du temps. Elle ne demande qu'un petit pas aux républicains. Loin d'être en avant des femmes de 1848, elle est en deçà de leurs propositions. Le réalisme de Jeanne Deroin, en retrait des manifestations bruyantes qui ne conviennent guère aux femmes, séduit Eugénie Niboyet : « Notre sœur et amie, Mme Deroin, nous prie de publier l'adresse suivante. Comment n'accéderions-nous pas à sa demande, quand ses vœux sont nos vœux, quand elle exprime ce que nous avons senti [48]. »

LA VOIX DES FEMMES

Pressée par le mouvement, Eugénie Niboyet a cédé. Ses « vieux démons » ont resurgi : ce besoin d'éduquer et sa volonté « d'influencer les masses » l'emportent sur ses hésitations. Le 20 mars, elle publie le premier numéro de *La Voix des femmes* dans le but de coordonner toutes ces voix dispersées. Elle pense être la mieux à même de diriger le mouvement afin de canaliser ce bouillonnement en faveur de l'égalité. La rivalité se lit en filigrane dans *La Voix* qui sélectionne les adresses et regrette que d'autres groupes, tels le Comité des droits de la femme ou la Société de l'Émancipation des femmes [49] tiennent des réunions distinctes. Mais le temps presse, les délégations continuent à se succéder. Il est temps de prendre des mesures en faveur des femmes qui toujours attendent l'ouverture des Ateliers nationaux malgré la précision des projets [50] dont dispose le gouvernement provisoire. Les femmes restent à l'écart de l'organisation du travail. Depuis le 1er mars, 150 à 200 ouvriers, représentant différentes corporations, se sont réunis pour envisager l'organisation du travail, la journée de 10 heures a été décrétée, le marchandage supprimé. Les femmes semblent avoir été oubliées. Eugénie Niboyet veut prendre une initiative en faveur de ses « sœurs d'infortunes ». Comme par le passé, elle croit à la valeur de l'exemple : l'utilité sociale des femmes ne sera pas simplement dite, elle sera pratiquée. En aucune manière elle ne veut entraver la tâche du gouvernement qui a toute sa « sympathie », mais elle a entendu tant « de cris d'étonnement » dans la bouche des femmes qu'elle a résolu « de servir d'organe à leur pensée, d'expression à leurs sentiments » :

> « Une grande révolution vient de s'accomplir. Cataclysme moral d'idées plus rapide que l'onde [51] (...). Les glorieux promoteurs de cette éclatante victoire ont eu tous les partis pour historiens, tous les journaux pour tribune! et pourquoi donc à son tour, la femme ne mêlerait-elle pas sa voix à ce Te Deum général, elle qui donne des citoyens à l'État, des chefs à la famille? La Liberté, l'Égalité, la Fraternité appellent le genre humain aux mêmes prérogatives; honneur à cette trinité sainte [52] qui accordera aux femmes des droits de citoyenneté, leur permettant de s'élever intellectuellement et moralement à l'égal des hommes [53]. »

Le ton est donné, c'est la mère qui s'exprime; ce sont les mères qui prennent dans *La Voix* le devant de la scène; la mère, éducatrice naturelle de l'enfant, dévouée à sa famille, doit participer au progrès commun en se dévouant à la Patrie, à la République; elle doit accomplir tous ses devoirs; mais pour ce faire, des droits doivent être accordés à celles qui donnent des « citoyens à l'État » et « des chefs à la famille ». C'est au nom de ses devoirs que la femme-mère réclame ses droits [54]. La distance est prise avec « la femme libre » imaginée par Enfantin : ce sont des femmes indépendantes, libres de tout esprit de parti, conscientes de leurs responsabilités sociales, qui veulent être entendues. Tous les thèmes développés par Aimé-Martin, que Désirée Gay cite en exergue d'un de ses articles [55], sont repris par les rédactrices du journal. La directrice veut être l'écho des revendications « justes », « légitimes » des femmes – ces mots reviennent sans cesse – à condition qu'elles ne heurtent pas de front les préjugés des hommes dont il importe de fléchir le jugement. Il faut avant tout convaincre car il ne doit plus être permis aux hommes de dire : « l'humanité c'est nous ».

> « Comment donc, sous peine d'inconséquence, un gouvernement libre pourrait-il laisser en dehors de ses prévisions la moitié numérique de l'humanité, frappée jusqu'à ce jour d'interdit par l'injustice et la force brutale? Les lettres s'honorent de la célébrité de George Sand, les arts s'honorent de la célébrité de Mme Rachel [56] (...). Nous ne pouvons associer l'idée de privilège et l'idée de démocratie [57]. »

L'argumentation d'Eugénie Niboyet est simple, uniquement fondée sur l'analyse logique du discours républicain. Elle ne veut rien bouleverser; tout au plus souhaite-t-elle traduire, dans la réalité, quelques proclamations. Choisir le monde tel qu'il est lui suffit, à condition d'unir, de dépasser les antagonismes, et d'abord de reconstituer l'unité du couple par l'égalité de l'homme et de la femme : bien que différents, ils doivent bénéficier des mêmes droits au nom de cette démocratie qui, en principe, vient d'abolir tous les privilèges. Elle n'est pas plus attachée que d'autres à la citoyenneté, mais elle adhère aux discours républicains et croit aux vertus du suffrage universel pour résoudre la question sociale : l'inégalité des sexes peut également trouver sa solution dans une nouvelle représentation nationale. Lamartine, dont l'audience est considérable, ne vient-il pas de proclamer :

> « La liberté a tout affranchi, l'égalité devant la loi a tout nivelé, la fraternité va tout unir [58]? »

Dans ce concert de discours égalitaires, il est compréhensible que des femmes s'emparent des idées révolutionnaires de la République dont la devise s'adresse à tous, donc à toutes. « Misère » et « ignorance » sont les deux fléaux à combattre. Eugénie Niboyet tient à participer à ce combat singulier. Dans cette perspective, elle s'associe à celles dont le ton serein et les propositions modérées s'accordent à son projet. Jeanne Deroin est nommée secrétaire générale de la Société de la Voix des femmes, Désirée Gay en assure la vice-présidence. Les voilà réunies pour une lourde tâche, allégée cependant par la noblesse d'une cause dont la légitimité n'est contestée par personne encore.

QUE VEULENT-ELLES?

« La femme ne doit pas s'émanciper en se faisant homme; elle doit émanciper l'homme en le faisant femme [59]. »

Dès le 25 mars, les collaborations affluent, « l'association fraternelle » peut se constituer. Confiantes, les rédactrices de *La Voix* savent cependant que l'avancée de leur cause dépend de la justesse de leur argumentation et de l'aspect « raisonnable » de leurs propositions. Mûries par l'expérience, elles ont pris la mesure des préjugés solidement ancrés dans la pensée masculine. Elles comptent cependant sur les amis républicains et socialistes qui ne peuvent, sans risquer de se déjuger, « exclure la moitié de l'humanité » des bienfaits de la république. Pendant plus d'un mois, elles vont répéter inlassablement les principes auxquels elles sont attachées, au nom de cette « sainte devise » qui vient de proclamer la liberté, l'égalité, la fraternité pour tous.

> « *Nos principes*
> Partant du principe de la souveraineté du peuple, nous croyons que les femmes auront une place nouvelle dans l'ordre social qui s'élève (...). Nous aurons donc à exposer les idées de réformes que nous voudrions voir introduire dans la législation, et nous devrons nous occuper de l'organisation du travail, en ce qui concerne les femmes. De ces deux points dépend l'exercice de nos droits, et de l'exercice de nos droits dépendent l'avenir de nos enfants et la paix de la société [60]. »

Il n'est aucunement question de bouleverser les rapports de sexes : par « nature », la femme possède des « vertus qui l'ont élevée de l'esclavage antique à la liberté mystique de la chrétienne [61] »; Désirée Gay suggère seulement d'étendre ces « fonctions naturelles », apanage du sexe féminin, à la « grande famille humaine ». Mais cette simple ouverture sociale conduit à l'édification de droits spécifiques qui garantissent aux femmes « la vie individuelle, la vie de famille, la vie sociale », vie complète à laquelle aspire tout individu libre [62]. Ainsi, « la loi » ne peut plus être « formulée par l'homme seul [63] », puisque l'individu social suppose l'individu politique dont il est le produit. Elles veulent être citoyennes et non citoyens, car « les saints devoirs de la famille [64] » leur incombent. Simple justice « pour une égalité sans désordre, sans récrimination [65] ». La tâche est immense et l'association des deux sexes ne sera pas superflue dans ce monde chargé d'antagonismes sociaux.

« Nouveaux apôtres de la fraternité universelle, hommes et femmes, nous pouvons, nous devons tous remplir dignement cette mission patriotique et conciliatrice [66]. »

Les principes sont immédiatement concrétisés par ces nouveaux « apôtres » de l'égalité et de la conciliation : les droits ne leur sont dus qu'au regard des devoirs assumés. Si elles réclament « le même droit pour toutes, la même part dans l'éducation publique et la réciprocité dans le mariage [67] », c'est pour être disponibles afin d'accomplir la mission conciliatrice que nécessite l'état exsangue de la société.

Conformément aux principes énoncés, l'émancipation est à l'ordre du jour. Proclamer la liberté ne suffit pas : la liberté se conquiert, elle ne se donne pas; raison suffisante pour développer l'instruction « chaque jour plus nécessaire [68] ». Mais certains mots effraient : forgée dès l'enfance, la défiance s'incruste dans le cœur de celles qui craignent d'emprunter [69] des chemins interdits. *La Voix* s'explique : les rédactrices veulent éviter toute confusion avec « l'odalisque indolente, la femme ignorante et sensuelle », la « prêtresse » attribuée à l'imagination d'Enfantin [70]. La république de 1848, à la « formule sublime », a besoin d'une femme indépendante, instruite de ses droits, sûre de son jugement.

« Point d'émancipation saine et fertile pour notre sexe, si nous ne chassons au loin l'ignorance (...). D'où vient que notre libre arbitre est presque toujours soumis à la volonté d'un maître, d'un despote libérateur? (...). C'est que notre intelligence captive est étrangère à tout raisonnement sérieux, c'est qu'en général nous n'avons que des mots dans la tête, des connaissances restreintes et des opinions vacillantes [71] (...). »

La critique radicale de la dépendance des femmes [72] est une idée chère à la directrice du journal. Les trois responsables, qui ont conscience de leur indépendance, savent ce que suppose sa conquête. Eugénie Niboyet vit séparée de son mari [73], Désirée Véret dispose d'une liberté conforme aux idées communistes du couple Gay et Jeanne Deroin agit conformément aux engagements passés [74]. Le chemin parcouru par les trois femmes les distingue de leurs « sœurs d'infortunes », les rend en quelque sorte exceptionnelles au regard d'une dépendance féminine considérée comme « naturelle ». L'exceptionalité est cependant très relative : d'autres ex-saint-simoniennes suivent la même voie [75]. Quelques-unes, plus jeunes, s'éveillent à la liberté, à la faveur du grand mouvement égalitaire inauguré par Février. Somme toute, rien de bien différent des hommes dont une minorité s'exprime au nom du peuple.

En responsables, toutes trois pressentent la grande œuvre à accomplir auprès des femmes avant que celles-ci puissent contribuer à la régénération de la société. Il leur faut répandre, au plus vite, les idées novatrices afin de « sauver leurs sœurs de toutes les misères morales et matérielles [76] ». Avec l'instruction, l'organisation du travail commande l'urgence. Adolphe Blanqui semble d'ailleurs partager la même préoccupation : il se prononce pour une instruction plus soutenue, une réelle organisation du travail des jeunes filles et des femmes dont dépend « la réforme du foyer domestique dans les populations ouvrières [77] ».

Désirée Gay, chargée de cette tâche, souhaite consulter les ouvrières afin de recueillir les propositions de chacune, car elle se défie des systèmes préconçus. Tenir ce qu'on promet, telle est sa devise. Pour l'organisation du travail, « les formules, les systèmes nous préoccuperont moins que les faits et que la volonté générale des femmes [78] ». Réunir les femmes n'est pas encore suffisant, le journal ouvre ses colonnes aux propositions de celles qui connaissent la réalité. Sur le travail dans les prisons par exemple – activité sous-payée, très mal acceptée par les ouvrières de l'aiguille –, l'objectif des rédactrices est d'obtenir sa réglementation afin d'atténuer la concurrence dont sont victimes les femmes. Les quartiers les plus misérables sont l'objet particulier de leur sollicitude.

> « Aujourd'hui, Messieurs, qu'un des mille moyens par lesquels on peut arriver à améliorer le sort de la classe laborieuse serait la construction de vastes maisons, donnant à tous, bon air, propreté, économie, il suffirait de la construction d'une de ces maisons pour que les avantages en fussent immédiatement sentis partout (...).
> Le rez-de-chaussée se composerait d'une crèche, d'un asile, d'un cabinet de lecture, d'une salle de bain, d'une buanderie, d'un lavoir, d'une salle à manger, d'une loge et dépendance de concierge. Dans les caves, un ou plusieurs calorifères distribueraient la chaleur partout et à tous ; autour et au-dessus de ces instruments de chaleur, on construirait des fours, dans lesquels chaque locataire, moyennant une rétribution de 10 centimes (...), pourrait faire cuire le repas de famille sans perte de temps pour personne (...).
> Une école professionnelle pour les jeunes filles pourrait aussi trouver sa place sous la surveillance immédiate de la famille (...).
> Des cours pourraient être faits tous les soirs, dans le local de la salle d'asile [79]... »

Le plan, identique à celui de Désirée Gay, est publié *in extenso* dans *La Voix des femmes*. On notera l'intérêt constant porté aux deux formes de travail : salarié et domestique. Là encore, la frontière entre public et privé s'efface. La socialisation du travail domestique, héritée des « systèmes de régénération sociale » – idée déjà développée par

Claire Démar par exemple –, apparaît novatrice en 1848, sans pour autant être utopique : certaines sont informées des expériences sociétaires, d'autres plus sensibles aux écrits communautaires. A Londres déjà – ville familière à Désirée Gay – « à la veille de la révolution industrielle », bon nombre de Londoniennes « privilégient leur activité professionnelle au détriment d'activités domestiques » qui pourraient être « satisfaites par des services marchands [80] »; au-delà de la Manche, la réputation d'Owen n'est plus à faire : il exalte l'expérience révolutionnaire française et s'adresse directement aux quarante-huitards [81]; *La Voix des femmes* lui ouvre ses colonnes. Or, malgré cet « air du temps », à de rares exceptions près [82], seules les femmes se préoccupent de repenser l'organisation des tâches ménagères, tant la charge repose sur elles.

Les femmes préviennent ainsi « l'impossible retour des ilotes de la République [83] », mais, en même temps, elles transgressent les normes implicites de la partition des rôles. Tous les plans d'organisation du travail tendent à inscrire les ouvrières dans le corps des actifs sans tutelle; en créant des restaurants nationaux, des buanderies, des lingeries collectives, les initiatrices se posent en sujets capables d'améliorer le sort quotidien des femmes et des ouvriers; elles s'engagent ainsi dans la gestion de la cité en agents responsables d'une république en formation. Projets utopiques au regard de notre présent, mais projets réalistes à une époque où démocratie signifiait responsabilité et liberté individuelle. De fait, elles introduisent une véritable rupture dans la façon de penser la liberté civique; sans l'expliciter en termes politiques, elles énoncent, en toute logique, une transformation radicale des structures familiales traditionnelles. Là, elles vont se heurter à l'impensé des libéraux-républicains qui, depuis la Constituante, n'imaginent le citoyen qu'en représentant d'une famille dont il est le tuteur-protecteur.

Les projets clairement définis dès le début du mois d'avril, la Société de la Voix des femmes tient à les porter à la connaissance directe du gouvernement. Les critiques commencent à être formulées, aussi leur importe-t-il de lever les obstacles et d'éviter toute méprise. Elles ne sont pas les prétendues exaltées dont, par avance, elles se désolidarisent! Elles apportent un soutien sans faille au gouvernement alors que « l'insubordination et le désordre règnent depuis trois semaines dans les ateliers de Paris (...), l'ouvrière prend patience, elle qui gagne à peine son pain quotidien [84] ». Des délégations d'ouvrières ont apporté leur soutien au gouvernement provisoire, certaines ont remis leur obole, symbolique certes, mais ô combien significative d'un état d'esprit. Elles insistent : « C'est au nom de nos devoirs seulement que nous réclamons nos droits. »

> « C'est au nom des saintes obligations de la famille, au nom des tendres servitudes de la mère que nous venons vous dire : oui, nous avons comme vous le droit de servir notre pays dans la proportion de nos forces. Oui, nous avons comme vous le droit de nous dévouer au monde [85] (...). »

QUE FONT-ELLES?

Face au dévouement public, *La Voix des femmes* ne veut pas être en reste. Elles se sont engagées à soutenir le gouvernement : des mesures s'imposent! Elles lancent des « appels aux riches » et fustigent la « populomanie [86] » responsable des excès. Elles se chargent d'une quête auprès des plus fortunés afin de rendre justice aux plus démunis [87].

Rien n'est négligé : dès que l'occasion se présente, elles s'adressent à ceux qui veulent bien les entendre, en surmontant les difficultés de la prise de parole publique. C'est ainsi que Jeanne-Marie [88] dépeint le sort pénible des ouvrières à un auditoire d'hommes, chahuteurs puis attentifs, emportés par cette voix nouvelle aux accents de vérité peu ordinaires.

> « Vous êtes surpris, presque scandalisés, qu'une femme ose prendre la parole à cette tribune (...) : Pendant qu'ici, vous discutez sur les malheurs de la Pologne et de l'Irlande, à côté de vous de pauvres filles du peuple meurent de douleurs et de faim. C'est au secours de ces infortunées qu'il faut d'abord venir. Vous frissonneriez, si nous tracions la peinture exacte de leur misère [89]... »

Les élections approchent! le sort de la République sera bientôt entre les mains de la nouvelle Assemblée : comme les autres républicains-socialistes, elles se sont prononcées pour le recul de la date du suffrage afin de participer à l'éducation des masses pour qui la démocratie n'est qu'un mot. Conscientes également de l'enjeu des élections pour le devenir des femmes, elles appellent celles-ci à user de leur influence auprès de leur famille [90].

Inlassablement, les femmes de la Société interviennent en faveur de leurs « sœurs »; elles donnent l'impression d'être partout à la fois. L'instruction des femmes est l'objet d'une réflexion quotidienne. Elle se pratique sous forme de conférences dont Eugénie Niboyet a pris l'initiative dès la mi-avril. L'oratrice y développe des idées conciliatrices sans omettre de dénoncer « les vices d'une législation qui interdit aux femmes non seulement le droit de vendre, d'acheter, de transiger, mais encore de pouvoir se présenter à la municipalité pour un baptême, un mariage, un passeport, un décès », ce qu'elle qualifie d'*« illégalité légale »*. Il n'est question que de justice : les femmes ne prétendent ni « aux honneurs », ni à « la toge », ni au pouvoir; si elles s'engagent dans des carrières jusque-là réservées aux hommes, c'est qu'elles aspirent à défendre leur liberté; elles servent leur cause :

> « Mesdames, nous sommes républicaines, car nous demandons l'égalité, la liberté, la fraternité. La République, c'est la justice; la justice, c'est pour chacun de nous la plus grande somme de bien-être. Peut-on parler d'égalité dans la misère, de liberté dans le malheur? républicaines, soyons donc socialistes, c'est-à-dire étendons à tous et à toutes notre sollicitude. »

Le point de vue est original : ce n'est pas un socialisme de système mais un socialisme de « sollicitude » qu'enseigne Eugénie Niboyet. En cela, elle est au diapason de la rue qui dénonce, de plus en plus haut, l'inégalité réelle. Des ouvrières écrivent à *La Voix* pour raconter leur misère; la directrice les entend, mais aussi les voit au siège du journal, toutes à la recherche d'un emploi de plus en plus rare. La misère est partout et les femmes, si faiblement organisées, ne peuvent faire face seules au chômage et à la concurrence des hommes! Aussi, malgré sa volonté de regrouper toutes les femmes, son cœur penche du côté des plus défavorisées, du côté de « l'Égalité vraie », de l'égalité sociale, « de l'Égalité complète », c'est ainsi que parfois le ton monte à *La Voix :*

> « La France est en République.
> La République, c'est la régénération de la société, la société ce sont les hommes et les femmes. Le plus profond principe de la régénération proclamée par la République c'est l'Égalité, l'Égalité sociale; l'Égalité de tous les membres de la société.
> Dire aux femmes : vous n'êtes pas électeurs, vous n'êtes pas éligibles (...), c'est refuser d'établir l'Égalité tout en la proclamant, – c'est déshonorer une victoire remportée pour le bien de tous, – c'est monopoliser indignement les résultats publics et communs du triomphe, – c'est n'être plus républicains, – tranchons le mot, c'est être *Aristocrates!* que la nation lise, réfléchisse et décide [91]. »

En fonction de l'urgence, les tâches sont réparties : l'enseignement de Jeanne Deroin est davantage tourné vers les réformes sociales nécessaires à mettre en œuvre. Son cours baigne dans une religiosité toute saint-simonienne : plus que jamais, pense-t-elle, « la loi de l'humanité doit être basée sur la loi de Dieu » qui a uni l'homme à la femme. Or, sans le concours de celles qui ont été jusqu'alors subalternisées, la République n'est qu'un vain mot.

« Une grande réforme sociale est nécessaire, inévitable; mais cette réforme pour être complète, durable ne peut émaner de l'homme seul [92]. »

Comme les autres, elle se réfère à l'amour de la mère. Pour l'heure, il n'est question que de l'amour des autres. L'espoir est d'autant plus fondé que les rédactrices de *La Voix* commencent à être entendues : des Ateliers nationaux vont enfin être ouverts aux ouvrières. Les démarches de Désirée Gay n'auront pas été vaines : la nouvelle élue exulte et fait part de sa joie à Enfantin bien sûr, ce témoin silencieux dont la présence rassurante lui est si nécessaire. Elle est heureuse de lui dire qu'elle a été élue à l'unanimité par les femmes de son arrondissement parmi les cinq déléguées qui doivent les représenter près du gouvernement provisoire : « Je dois ce petit triomphe à la manière large dont j'ai posé la question du travail des femmes dans le rapport moral comme dans le rapport matériel [93]. »

Immédiatement, Désirée Gay se met au travail : les premiers Ateliers sont ouverts le 10 avril et elle est nommée chef de division de celui de la cour des Fontaines. Elle ne peut donc plus assurer ses fonctions de vice-présidente de la société; Eugénie Niboyet le regrette mais fait part de sa joie. Au vu de ces premières conquêtes, l'optimisme ne faiblit pas.

A L'AFFUT DES SYMPATHIES!

Dans les colonnes du journal, une large publicité est faite au cours d'Ernest Legouvé : « Ce généreux et noble défenseur de la femme, qui sait allier si bien le charme de l'entraînement à l'accent de vérité [94]. » Elles privilégient les opinions des écrivains, surtout lorsqu'ils tancent leurs contemporains. C'est ainsi qu'une première page est consacrée au discours du déjà grand Victor Hugo :

« Oh! que ce vœu soit entendu, que cet appel ne soit pas fait en vain, que le poète et le penseur achèvent de rendre de plus en plus sainte et vénérable aux yeux de la foule, trop prompte à l'ironie et trop disposée à l'insouciance, cette pure et noble compagne de l'homme, si forte quelques fois, souvent si accablée, toujours si résignée, presqu'égale à l'homme par la pensée, supérieure à l'homme par tous les instincts mystérieux de la tendresse et du sentiment, n'ayant pas, à un aussi haut degré, si l'on veut, la faculté virile de créer par l'esprit, mais sachant mieux aimer, moins grande intelligence peut-être, mais à coup sûr plus grand cœur (...). Comme elle aime mieux, elle souffre davantage; il semble que Dieu ait voulu lui donner en ce monde tous les martyres, sans doute parce qu'il lui réserve ailleurs toutes les couronnes [95]... »

Qu'importe si l'écrivain sanctionne, par son autorité, l'infériorité relative des femmes, il les plaint et c'est déjà beaucoup! les termes sont proches, le martyre des femmes est volontiers dénoncé dans les colonnes du journal. Leur royaume est renvoyé au-delà de ce monde, mais la souffrance des femmes est mise au jour et cela suffit. Les témoignages de sympathie sont rares : Alphonse Esquiros [96] le rappelle dans sa profession de foi auprès des électeurs : « La femme ne doit pas être oubliée [97] », écrit-il. A croire que les fouriéristes, les saint-simoniens s'étaient tus. Olinde Rodrigues est une de ces exceptions rares. Il n'a rien oublié en rédigeant un projet de constitution où l'égalité, la vraie, comme elles la nomment, prend son véritable sens : « Comme on le voit, cet honorable défenseur des droits de la femme ne sépare pas les sexes, il sait qu'on ne peut opprimer l'un sans opprimer l'autre [98] », écrivent les rédactrices [99].

L'approbation des clubs est particulièrement recherchée : celui de l'Émancipation du Peuple a accueilli favorablement le discours de Jeanne-Marie en faveur des ouvrières et il en est chaleureusement remercié par *La Voix* qui n'omet pas la note émotive introduite par « le bouquet de fleurs » offert à l'oratrice devenue pour l'heure « citoyenne » [100]. On rend aussi les « honneurs au club des Jacobins de 1848 » qui a bien voulu proclamer « le principe de l'émancipation progressive des femmes [101]... ». Mais c'est à Cabet que s'adressent les remerciements les plus chaleureux : ses prises de position sont accueillies comme autant de « signes qui marquent les temps ». Eugénie Niboyet, Désirée Gay et Jeanne Deroin « bénissent ce généreux citoyen (...) digne de leur persévérance dans [leur] mission régénératrice... ». Son courage est salué [102]! En réalité si Cabet a popularisé les revendications des femmes, s'il a fait applaudir leurs initiatives, s'il a reconnu la légitimité de leurs « prétentions » politiques et sociales, il ne s'est pas prononcé sur ce qu'il appelle une « question délicate, complexe et très difficile », « question toute nouvelle » qu'il a préféré renvoyer à un prochain débat qui n'a jamais eu lieu [103].

La solidarité manifestée par les femmes est encore plus volontiers exposée. On aime à citer les prises de position des étrangères : la lettre d'Elisabeth Sheridan, anglaise, qui, à peine débarquée à Boulogne, s'adresse au gouvernement provisoire [104] pour dénoncer la dépendance des femmes, est reproduite. Les engagements d'Anna Knight [105], quakeresse anglaise, dont la réputation anti-esclavagiste a dépassé les frontières, sont présentés.

> « Les hommes sont dans le char du progrès, les femmes marchent derrière, attachées et traînées comme des esclaves [106]. »

La province est également saluée. La moindre initiative est annoncée afin de rendre les lectrices de plus en plus confiantes, de plus en plus sûres d'elles-mêmes :

> « ... Lyon, la ville travailleuse, l'active cité, a consacré dès longtemps l'égalité pour tous, comprenant comme de raison l'égalité pour toutes. Un Club central de femmes s'est organisé dans son sein, qui a décidé de réclamer le droit d'élection auprès du Gouvernement Provisoire. A l'œuvre, multiplions nos efforts, marchons sans nous inquiéter de ce que font celles qui renient leur sexe et manquent à leur mandat [107]. »

Malgré quelques inquiétudes qui, çà et là, se manifestent, la confiance semble irrépressible. Le 6 avril, Henriette, « l'artiste [108] », imagine un stratagème susceptible de dévoiler l'incohérence du « suffrage dit universel ». Au Club de l'Émancipation du Peuple, le nom de George Sand avait été prononcé pour une éventuelle candidature. Chiche! avait-elle pensé : légalement, des électeurs proposeraient une femme, George Sand, dont la candidature est illégale et, illégalement, des non-électrices proposeraient un candidat légal, Ernest Legouvé, à la députation. Cette idée, présentée au cours d'une séance publique de la Société de la Voix des Femmes, recueille l'assentiment des participantes : une délégation doit se présenter au club du citoyen Cabet pour l'inciter à se prononcer en faveur des deux candidats. La directrice ne doute pas de la réponse de l'heureuse « élue » :

> « Nous avons nommé Sand! (...),
> En effet, la première femme appelée par les hommes à l'Assemblée Constituante, devait déjà être acceptée par eux. Sand ne leur est pas semblable; mais son génie les étonne et peut-être, magnifiques rêveurs, lui feront-ils l'honneur d'appeler mâle ce génie (...).
> Sand, dès ses débuts dans la carrière littéraire, a renié son sexe et son nom; elle s'est faite homme par l'esprit; elle est restée femme par le côté maternel, la tendresse infinie! (...) pour franchir le seuil de nos dernières destinées, allons à celle qui déjà est au temple parmi les élus! La femme marche encore sans force dans sa liberté, Sand est puissante et n'effraie personne, c'est elle qu'il faut appeler par le vœu de toutes au vote de tous. Nous en avons la conviction; du jour où nos intérêts seront entre ses mains, elle vivra en nous et comme nous! Place aux principes, ils sont impérissables; place au talent il est sain; place au génie, il est immortel!
> En appelant Sand à l'Assemblée nationale, les hommes croiront faire une exception, ils consacreront le principe et la règle [109]... »

La stratégie est bien imaginée. Sachant combien les hommes évoluent lentement en matière d'égalité, le principe seul importe. Trop longtemps ils ont conjugué les droits des individus au masculin; ils ne peuvent changer la règle sans être contraints de repenser l'organisation sociale tout entière, or rien n'indique qu'ils y soient préparés. C'est pourquoi, sans rien changer au mode de penser des hommes, elles imaginent introduire au sein de leur Assemblée quelqu'une qui leur ressemble et leur laisse croire, par son nom d'homme, à une certaine similitude de comportement. Mais elle est la femme qui, en son temps, a dénoncé la servitude de ses sœurs et femme elle restera. Ainsi... non pas le loup, mais la louve sera introduite dans la bergerie, trompant les hommes qui lui reconnaissent un talent singulier!

DES VOIX SANS ÉCHO

La candidature de George Sand n'avait rien de fantaisiste : elle semblait répondre non seulement à l'attente des femmes, mais à celle des républicains qui, nombreux, étaient attentifs à la condition des femmes ouvrières. Il était donc possible d'envisager, au-delà de l'urgence, une législation plus favorable à l'ensemble des femmes. L'échéance électorale approchait; les nouvelles manifestations d'avril en faveur d'un report ont échoué et la date du 23 est maintenue; les futurs représentants affichent leur profession de foi en faveur de la devise républicaine : certains s'engagent à protéger le sexe faible, tous se prononcent en faveur de la famille, quelques-uns louent les bienfaits maternels. Et voilà que des femmes interviennent dans la campagne électorale, choisissent leurs représentants, proposent leur candidate! Première dissonance dans ce concert républicain où les pleurs et les plaintes étaient préférés à l'indépendance des voix.

La Voix des femmes propose George Sand pour mettre un terme aux inégalités les plus criantes – proposition logique au regard des idées sociales de l'écrivain. La raison républicaine est ici pleinement à l'œuvre : le gouvernement s'est engagé publiquement à protéger les faibles. Le 6 avril, en même temps que paraît la proposition de *La Voix des femmes*, le *Bulletin de la République*, organe officiel du gouvernement, prend position :

> « Dans ces derniers temps, plusieurs femmes encouragées par l'esprit de secte, ont élevé la voix pour réclamer au nom de l'intelligence, les privilèges de l'intelligence. La question était mal posée. En admettant que la société eût beaucoup gagné à l'admission de quelques capacités du sexe dans l'administration des affaires publiques, la masse des femmes pauvres et privées d'éducation n'y eût rien gagné. Ces réclamations personnelles n'ont point ému la société (...). Nous ne craignons pas de le dire, les tentatives de la femme libre dans le saint-simonisme ont eu un caractère aristocratique. L'homme n'étant pas libre, comment la femme pouvait-elle sagement aspirer à l'être plus que lui [110]?... »

Le ton était donné, mais *La Voix* ne retient que le propos favorable aux femmes : un représentant du gouvernement se préoccupe de leurs sœurs, c'est déjà beaucoup! Elles ne savent pas encore que l'auteur de cet article se nomme George Sand. C'est à Ledru-Rollin qu'elles répondent le 11 avril : elles veulent aider le ministre à les mieux connaître. Cette certitude d'être comprises ne les quitte qu'après avoir pris connaissance de la réponse indirecte de George Sand [111], adressée à *La Réforme*.

La prise de conscience est brutale; c'est une immense surprise, une grande méprise. La lettre est humiliante! Non seulement George Sand refuse sa candidature, mais feint de découvrir l'existence de « ces dames »; en déniant à leur démarche toute dimension politique, elle renvoie ces « inconnues » à « l'obscur silence [112] ». Ce refus de l'écrivain reconnu est un coup porté à la cause des femmes car bon nombre d'entre elles avaient foi en l'auteur de *Lélia*. Elles étaient convaincues d'avoir choisi la candidate idéale, parce que Sand, malgré son nom, restait femme, consciente d'appartenir au sexe opprimé. Une de ces « inconnues » n'exprimait-elle pas son espoir à *La Démocratie pacifique* en ces termes :

> « George Sand (...) ne fait que se mêler au courant limpide et sublime du progrès général, en consentant à descendre dans la lice de la discussion sociale. Puisque la poésie est en si beau train d'envahissement, n'est-il pas permis de pousser l'utopie jusqu'à croire à la convenance prochaine d'appeler au sein de la représentation nationale une députation des femmes? J'en demande mille fois pardon au public masculin, étonné d'abord d'une telle espérance, mais il me semble que l'assemblée serait une expression bien plus exacte du sentiment et de l'intelligence de la nation, si elle se composait de deux moitiés... comme la famille [113]... »

L'espoir est brisé : le langage de George Sand signifie le mépris dans lequel elle tient les initiatrices de sa candidature, un mépris semblable à celui du *Charivari*, sans le masque de l'humour. Étant énoncé sans détour, il apparaît plus vrai. George Sand parle de « plaisanterie », de « prétentions ridicules », de « fantaisie » d'écrire « son nom », termes difficiles à accepter par celles dont l'espérance n'était fondée que sur la foi en la légitimité de leur demande. Non seulement leur démarche est illégitime aux yeux de l'écrivain, mais leurs prétentions politiques sont déclarées sans fondement. Les sujets qui s'expriment deviennent objets de plaisanterie pour la seule femme reconnue par ses pairs. « Mon silence pourrait faire croire que j'adhère aux principes dont ce journal voudrait se faire l'organe », écrit-elle. Elle ne leur reconnaît même pas la faculté d'exprimer les principes d'égalité. Un tel désaveu laisse des traces d'autant plus nettes qu'il émane d'une personnalité dont *La Liberté* salue le réalisme. Pressentant peut-être cette réponse, les rédactrices de *La Voix* avaient voulu souligner la distance qui les séparait de Sand, en employant le terme « d'abîme » entre elles et l'écrivain qui « avait rompu avec son sexe »; mais il leur fallait croire au bon accueil de celle qui, par son talent et sa réussite sociale, faisait figure de démenti à l'infériorité féminine. Après cette semonce, George Sand leur adresse une dernière leçon de modestie en leur déniant la capacité de concevoir des protestations dignes d'une critique :

> « Nous n'avons point trouvé jusqu'ici la protestation de ces dames assez significative pour qu'il soit nécessaire de les contrarier en la discutant. Si elle se formulait d'une manière plus sérieuse, nous consacrerions un travail particulier à l'examen de leurs droits et de leurs devoirs dans le présent et dans l'avenir [114]. »

« Ces dames » ne méritent même pas d'être contredites. Qu'importe ce qu'elles ont dit, ce qu'elles ont écrit, elles sont hors de portée de l'écrivain. George Sand veut ignorer leur point de vue, semblable au sien, sur la question somme toute guère controversée « du privilège maternel ». Toutes ou presque se sont identifiées au modèle féminin façonné par les moralistes des années 1835-1840. La seule différence, et de taille, c'est que ces dames réclament l'égalité des droits au nom de la vérité des principes républicains. Mais George Sand est ailleurs, hors de leur monde. Elle est femme d'exception qui intervient aux côtés des hommes représentants du Souverain; elle ne peut comprendre celles qui introduisent les femmes dans ce corps « un et indivisible ». Lorsqu'elle rédige les textes de Ledru-Rollin, George Sand oublie, de fait, la catégorie des exclues dont elle est une des composantes, pour privilégier l'individu qui prend « une part directe à la vie politique » : paradoxe dont elle rit et joue en espiègle sans l'ombre d'une critique à l'encontre de la communauté masculine qui rend grâce à son talent [115]. C'est pourquoi George Sand ne rencontre guère d'obstacle pour exprimer son point de vue dans la presse, tandis que les journaux organisent une véritable « conspiration du silence » sur les écrits des femmes, ces autres qui osent, comme en 1789, « envahir les clubs » au nom de l'égalité des droits.

Il est vrai que « ces dames », figures obscures, inclassables n'intéressent guère. Elles sont très rarement citées par la presse masculine qui semble s'ingénier à ne pas les nommer. Si, par un de ces hasards fréquents aux époques révolutionnaires, une quelconque publicité est faite à un comité de femmes, les rédacteurs restent vagues sur sa provenance [116]. Si, malencontreusement, un nom est cité, une faute s'est glissée dans l'orthographe, due sans doute à la maladresse d'un typographe [117]. Plus directement, parce que plus éloignée « des prétentions socialistes », *La Liberté* expose les raisons de son silence : en réponse à une critique formulée par Jeanne Deroin, le journal lui adresse cette réplique :

> « Le respect que nous professons pour le sexe auquel appartient notre correspondante, *Mme XXX,* nous engage à ne pas livrer à la publicité le mémoire qu'elle nous a remis – dans l'intention manifeste de le voir imprimé (...). C'est à la fois une preuve de notre estime pour les femmes en général, et sans doute aussi un petit châtiment auquel notre correspondante sera sensible et ce sera bien. Encore une fois, au nom de nos sœurs et de nos mères, nous maintenons notre article sur l'émancipation – dans toute son intégrité [118]. »

L'occultation raisonnée du nom de la correspondante dit la volonté des rédacteurs de soumettre cette femme à l'obéissance, elle qui précisément la conteste, en osant élever la voix contre leurs prétentions d'oppresseurs. Jeanne Deroin apporte un démenti à leurs allégations, tout juste bonnes pour les colonnes du *Charivari,* en invoquant, à l'appui de ses dires, la religion et l'histoire. Plus globalement, l'opinion de Jeanne Deroin outrepasse la raison commune (la *doxa*) lorsqu'elle affirme que les femmes « savent bien que, si le privilège inique de l'exploitation de la femme par l'homme subsiste toujours, tous les autres renaîtront insensiblement [119] ». Propos démesurés, prétentions sans fondement au regard des censeurs! Non seulement Jeanne Deroin ne se réclame d'aucune tradition politique reconnue, mais elle ose prévoir la perpétuation de l'exploitation et peut-être l'inéluctabilité des conflits sociaux, aussi longtemps que la femme subira le joug de l'homme. De tels propos, dignes d'une Cassandre, sont inaudibles en politique, car le sens de l'histoire échappe aux femmes, étrangères à la pensée politique! *La Liberté* taira donc son nom. On ne saura pas qui parle. L'auteur effacé, le discours est sans sujet, il perd le sens qui lui a été donné.

Mais le silence devient pesant. Malgré l'espoir, la volonté de stigmatiser l'oppression est trop forte; elle se manifeste dans les colonnes de *La Voix* en dépit de la vigilante prudence de sa directrice. Henriette, l'artiste, l'une des signataires de la pétition de Mme de Saint-Gieles, ne contient plus son indignation contre « la conspiration du silence » à laquelle toute la presse a participé : *Le National, Les Débats, La Réforme, L'Union, Le Commerce, Le Moniteur, Le Constitutionnel, L'Estafette, La Patrie, Le Siècle, La République, La République* particulièrement dite française.

> « Prendre l'initiative, exprimer nos désirs et nos espérances fondées sur le droit commun, tel était notre devoir. (...) Agissant sous l'influence de

cette idée, rien ne nous coûta. Copies et envois de pétitions à la plupart des journaux, visites personnelles, prières, rien ne fut oublié de notre part, sinon la chose importante entre toutes, c'est que la femme n'étant rien, la presse ne s'attribuerait pas la mission de la faire devenir quelque chose. En République, comme en tout temps, la presse est une puissance qui entend ne traiter qu'avec ses égaux. La presse parler des femmes fi donc! Ce serait tomber en quenouille [120]. (...) »

Le point de vue des femmes ne peut être entendu sans une médiation masculine : en son absence, il demeure dans l'obscurité de celles qui l'expriment. Si Olinde Rodrigues affiche ses convictions en matière d'égalité des sexes, les journaux proches de ses opinions publient sa profession de foi [121], mais si des femmes énoncent elles-mêmes des idées qu'elles croient justes pour leur sexe, celles-ci sont irrecevables sur un plan strictement politique parce que les « femmes ne sont rien ». Une interprétation, toujours, s'impose par le « sujet supposé savoir ». Ainsi, pendant cette courte période où la préparation des élections focalise les énergies en même temps qu'elle permet de dénoncer toutes les inégalités, *La Démocratie pacifique,* organe des fouriéristes, est silencieuse sur les questions soulevées par les « femmes de 1848 [122] ». Mieux, certains actes, révélateurs des inégalités qui subsistent, sont qualifiés de « curieux » voire « d'étranges » : c'est en ces termes qu'est relaté l'incident de Boussac où Pauline Roland se présente aux élections municipales et exige que soit consigné au procès-verbal le refus qui lui est opposé. Il s'agit, pour l'organe sociétaire, « d'un curieux incident [123] ». Toujours de « singulières manifestations » se déroulent lorsque des femmes en sont les acteurs [124].

Cependant, les rédacteurs de *La Démocratie pacifique* semblent tenir en haute estime les dames patronnesses dont ils relatent en priorité les activités :

« Aux mères du Peuple
... Le peuple français a toujours respecté les femmes. Il doit particulièrement son amour aux dames des salles d'asile et des crèches. Hommage, honneur à ces dames adoptives des enfants du peuple [125]. »

Le journal oublie que les ouvrières s'en sont prises à ces dames qui dirigeaient les crèches de leurs boudoirs sans tenir compte ni des avis, ni des compétences des gestionnaires. *La Démocratie pacifique* se réjouit de l'ouverture du cours d'Ernest Legouvé, en se référant précisément à l'article « Femme » de l'*Encyclopédie :* le nouveau professeur est apprécié comme « garant des idées progressives et sagement émancipatrices [126] », parce qu'il se prononce pour un « affranchissement » modéré, en maintenant « le pouvoir directeur du père de famille [127] ». Celui qui reconnaît le dévouement exceptionnel des mères est particulièrement choyé par la presse libérale et républicaine. Il est vrai que les mères recueillent l'assentiment de tous – des « républicains de la veille » comme de « ceux du lendemain » [128]; la mère protectrice mais aussi protégée correspond à l'idéal du nouveau citoyen. C'est ainsi qu'Auguste Blanqui approuve la participation des femmes aux manifestations : « La famille universelle a besoin de toutes les mères [129] », aurait-il déclaré. Il semble en effet que la figure de ces mères soit remarquée dans les cortèges. On les aime d'autant plus lorsqu'elles sont parées des attributs de la République.

> « Dans les rangs d'une des légions de la banlieue marchait une femme coiffée du bonnet rouge et portant une écharpe tricolore sur une robe blanche. A côté d'elle flottait une bannière sur laquelle on lisait : " Mère de seize enfants; blessée le 24 février pour la défense de la liberté [130]. " »

Entre cette mère à la parure voyante et les statues vivantes – figures préférées des cortèges –, il n'y a qu'un pas que le *Bulletin de la République* aime à franchir : il salue les « jeunes filles fraîchement parées » lors de la manifestation du 20 avril. La presse semble avoir un goût particulier pour les « rassemblements mystérieux de femmes [131] », pour les « héroïnes des barricades [132] ». Les emblèmes féminins ont la faveur du public : la Liberté, l'Égalité, la Fraternité ne sont-elles pas qualifiées de « saintes femmes » par *La Vraie République* [133]! C'est à ces mères, représentation préférée de la femme, que le *Bulletin de la République* s'adresse le 28 mars, leur demandant de dire « quelles sombres pensées traversaient leur esprit, le jour où elles voyaient leurs filles devenues mères à leur tour ». Ce sont elles qui sont invitées à parler des misères particulières des femmes. Et ce sont leurs plaintes qui sont écoutées, plaintes d'autant mieux entendues qu'elles servent la cause du peuple. Eugénie Niboyet l'a compris :

> « Quand nous avons parlé avec onction au nom du malheur, on nous a écoutées; quand nous avons parlé de nos droits avec autorité, on nous a fermé la bouche [134]. »

Profond malentendu entre celles qui aspirent à l'égalité des droits au nom de leurs devoirs de mères, et ceux dont l'engagement républicain impose de devoir protéger l'épouse dévouée, par les soins de laquelle le sort de l'ouvrier doit être amélioré. Les républicains sont prêts, toutes tendances confondues, à écouter les plaintes des ouvrières défavorisées, des mères misérables. Mais lorsque ces mêmes ouvrières, ces mêmes mères se posent en sujets libres pour exiger que justice leur soit rendue, lorsqu'elles font montre d'autorité, elles ne sont plus entendues. Les républicains les souhaitent obéissantes et soumises [135]. Ils sont là pour exprimer, en leurs lieu et place, ce dont elles ont besoin. Désirée Gay vient d'apprendre, à ses dépens, quelle est la place des femmes en république. Destituée de ses responsabilités après s'être insurgée contre des autorités qu'elle estime incompétentes, elle refuse de se soumettre et expose les faits à l'origine de sa révolte :

> « ... Dire les obstacles que les déléguées ont rencontrés au-dessus d'elles est impossible; énumérer les douleurs, les misères qu'elles ont vues chez leurs sœurs est impossible aussi. Elles meurent de faim, cela est positif, l'ouvrage qu'on leur donne dans l'atelier est un leurre; l'organisation du travail des femmes un despotisme sous un nouveau nom, et la nomination des déléguées de femmes une mystification que les hommes ont faite aux femmes pour se débarrasser d'elles [136]... »

On ne peut être plus clair, mais c'est un langage inacceptable pour les autorités républicaines. Désirée Gay est « remerciée » après avoir exposé les plaintes et les critiques émises par les ouvrières qui, depuis le début du mois de mars, cherchent à se faire entendre. Que ce soit pour mettre en cause le travail aux pièces ou pour obtenir de l'ouvrage, les différentes corporations témoignent de l'intérêt qu'elles portent à la question centrale du moment. Après avoir réclamé justice [137], elles expriment leurs doléances auprès du gouvernement provisoire : le 30, les couturières non libres et les déléguées des sages-femmes; le 8 avril, les ouvrières sans ouvrage du XIe arrondissement et celles du Xe; le 10, ce sont les blanchisseuses de Clichy qui se déplacent, sans compter les prises de position individuelles – la femme Caillaud, la femme Berger –, les anonymes [138]; elles savent ce qu'elles veulent, elles l'ont dit et répété. Or, les autorités, non contredites par les partis « représentants du peuple », pensent les diriger sans prendre en considération leur point de vue : la commission mise en place par Louis Blanc, dans les premiers jours du mois de mars, ne comprend aucune femme [139]. Malgré le faible poids de cette commission – concédée à la pression populaire –, une prise en compte, même symbolique, de l'avis des intéressées les aurait haussées au statut d'interlocutrices, partie prenante de la fondation de la République... sociale. Les femmes n'étaient que ponctuellement consultées. C'est pourquoi, contre toute attente (la Terreur est pour elle le pire moment du passé), Eugénie Niboyet se permet de parler ou de laisser dire le « 93 des femmes » :

> « ... Les ouvrières, répète-t-on de toutes parts, sont à l'état de révolte, elles ne veulent rien entendre, c'est un parti pris pour elles que la violence [140]. Et pourquoi ces femmes ordinairement si paisibles, font-elles leur 93, pourquoi elles se révoltent? parce que les ateliers de femmes

sont dirigés par des hommes, parce que la faveur est à plus haut prix que le mérite (...). Ce que l'ouvrière veut, ce n'est plus l'aumône organisée, c'est le travail justement rétribué. Ne lui demandez pas de sacrifier sa dignité; femme, elle prétend être honorée; citoyenne, elle doit être libre (...). Les ouvrières, nous en répondons, ne veulent pas compliquer les difficultés pour le Gouvernement, mais elles veulent être consultées en ce qui les concerne, et nous en connaissons un très grand nombre d'assez avancées pour éclairer la question du travail dans tout ce qu'elle a de pratique [141]... »

Là est l'irrecevable. Rendre la femme maîtresse de ses droits est impensable pour des républicains qui, depuis plus de dix ans, préparent la république fraternelle. Les femmes, à leurs côtés, ne peuvent s'insurger contre ceux qui les protègent; elles sont leurs mères, l'âme du foyer; ils les aiment parce qu'elles sont à la fois fragiles et fortes : elles savent s'oublier elles-mêmes. Quand elles veulent être leurs sœurs, ils les préfèrent épouses et filles.

DES VOIX DÉCALÉES

Le langage des « femmes de 1848 », identique à celui de leurs frères républicains, est, dans le discours, en constant décalage. Comme la plupart d'entre eux, elles sont religieuses, mais, chez elles, la foi n'est pas une simple référence – ajout nécessaire à la moralité du citoyen –, elle est engagement. Elle les crée. Nouveaux apôtres, elles sont les missionnaires de l'égalité et de la paix. Le déisme de Jeanne Deroin, par exemple, enraciné dans son engagement socialiste et républicain, à la fois outrepasse et prolonge cet engagement : elle ambitionne de fonder le royaume de Dieu sur terre. Rares sont ceux qui, comme Gustave Le Français, admirent la sincérité de cette femme malgré la présence vivante d'un Dieu qui le gêne [142]. Plus généralement, elles sont fidèles au Dieu créateur de l'être social – homme et femme. Elles se préoccupent davantage de la sincérité des hommes que des « systèmes » dont ils se réclament [143].

L'esprit partisan n'est pas le moteur de leurs actes, malgré leurs prises de position en faveur des socialistes-républicains. Si elles s'en prennent aux « réactionnaires », « semeurs de bruits et fauteurs de troubles [144] », ennemis de la fraternité, elles gardent leur distance à l'égard des partis. Elles souhaitent simplement rassembler les femmes, toutes les femmes riches ou pauvres. Tandis qu'on se bouscule pour écouter Rachel chanter *La Marseillaise,* elles pensent l'hymne dépassé à cause de ses accents guerriers, désormais sans objet :

note

> « Nous ne voyons de tous côtés que des hommes paisibles, et pourquoi ces bons citoyens courraient-ils aux armes, pourquoi prendraient-ils en main leurs épées, quand il y a ni sang impur à verser ni sillons à abreuver? Nous devons faire mieux que nos pères; *la Marseillaise* avait pour eux le mérite de la vérité, pour nous elle n'est que le souvenir d'une glorieuse résolution [145]... »

La tradition révolutionnaire, semée d'« antagonismes » et de terreur, ne leur appartient pas; elle les éloigne des partis de leurs pères : ni girondines ni montagnardes, elles ne reconnaissent la Révolution que par sa filiation féminine. Mme Roland a la faveur d'Eugénie Niboyet, Olympe de Gouges celle de Jeanne Deroin :

> « Et le généreux courage avec lequel elles montaient à l'échafaud ont prouvé qu'elles peuvent aspirer à tous les genres de gloire. Aussi la célèbre Olympe de Gouges, qui la première proclama les droits de la femme, disait : " La femme a le droit de monter à l'échafaud, elle doit avoir également celui de monter à la tribune [146]. " »

Les femmes des clubs sont une référence pour toutes celles qui manifestent leur volonté d'être libre. Là s'arrête leur rattachement au passé, passé d'autant plus douloureux que les femmes révolutionnaires, quels que soient leurs choix politiques, ont été guillotinées ou interdites de parole. Les femmes de 1848 aspirent à un autre monde, illisible dans le passé de leurs frères en révolution; ce passé-là leur est étranger parce que hostile. Ainsi, tandis que *La République* publie un feuilleton à la gloire de Robespierre [147], la réhabilitation du héros, célébré dans quelque banquet, est considérée comme inacceptable par les rédactrices de *La Voix* [148]. Et, tandis que *La Liberté* fustige les communistes, celles-ci déplorent « les lenteurs calculées par l'ambition de quelques-uns » qui s'en prennent à des « communistes » imaginaires [149]. Jamais elles ne sont à l'unisson des partis : pendant que *La Démocratie pacifique* encense l'initiative de Mme de Lamartine, Eugénie Niboyet fustige la charité. On comprend, dans ces conditions, le succès de la « conspiration du silence ». Leur République se conjugue au pluriel; celle des républicains affiche un neutre singulièrement masculin. L'État républicain, dont elles attendent une reconnaissance complète, leur doit réparation. La Révolution a démuni leurs mères, elles demandent justice.

Malgré les barrières dressées, le courage ne les abandonne pas. Les élections passées [150], elles s'adressent directement à l'Assemblée constituante : toujours elles dénoncent « l'ilotisme » et « l'impuissance du sexe fort à réaliser seul les progrès en civilisation ». Elles en appellent au bons sens et à l'équité « qui seule aura puissance de donner une signification à la devise républicaine ».

« Supplient le gouvernement provisoire de la République de rendre immédiatement un décret qui consacre, en principe, la reconnaissance absolue des droits civiques de la femme, et admette les majeures veuves et non mariées à jouir de l'exercice du droit électoral, sur la simple présentation d'actes authentiques constatant leur majorité ou leur émancipation légale [151]. »

L'accouchement de cette adresse fut difficile : âprement discutée, la phrase est hésitante, masquée par l'énoncé haché qui fait croire à la fermeté de la résolution. Les caractères de l'écriture, pleine de réminiscences saint-simoniennes, accentuent symboliquement les idées fortes. Il reste la modestie de la demande : elles n'exigent, sous forme de supplique, que l'inscription du principe. Elles n'ont besoin que d'une brèche, la même que celle entrouverte par la Déclaration des Droits de l'homme; elles croient à son ouverture. Le chef de famille est maintenu dans ses prérogatives. Là encore aucune utopie, un simple constat réaliste sur la force des préjugés.

LE SILENCE DE LA VOIX...

L'étau se resserre sur le journal d'Eugénie Niboyet qui apparaît de plus en plus isolée. Elle n'a pas su convaincre : la voix des femmes ne se fera pas entendre à la tribune de l'Assemblée. Elle se retranche alors derrière les principes républicains : à défaut d'inscrire l'égalité dans les faits, il lui suffira de « prendre date face à l'histoire [152] », en comptant sur la sincérité des représentants du peuple, soucieux de mettre en œuvre la devise d'autant plus sacrée que tous s'en sont parés pour être élus à la Chambre des députés. Mais la politique des femmes n'intéresse pas la presse qui préfère les manifestations spectaculaires – réelles ou supposées – des Vésuviennes toujours plus ou moins travesties [153]; quelques rédacteurs aiment à s'enivrer d'un certain parfum d'exotisme. Si *La Liberté* est fascinée par « la singulière soldatesque ardente à chanter *La Marseillaise* [154] », c'est le « mystère » entourant les Vésuviennes qui intrigue *La Démocratie pacifique*. Le journal « se perd en conjectures [155] » : 50 Vésuviennes sont embarquées, comme des matelots, sur la caravelle en partance pour la Martinique, munies du décret de l'abolition de l'esclavage [156]!

Eugénie Niboyet s'est dépensée sans compter pour faire valoir la moralité de ses intentions, en se désolidarisant, si nécessaire, de celles dont les aspirations risquent de dénaturer les propos des femmes, plus sages, inspirées par leurs devoirs de mère. Elle craignait de voir travestir une cause toute morale qui l'obligea à rompre avec ses protectrices, dames patronnesses reconnues, « mères naturelles du peuple » – Mme Émilie Mallet, Mme de Lamartine [157] –, dont l'âme charitable était saluée par l'organe sociétaire. Elle multiplie les professions de foi en faveur de l'ordre républicain. Elle veut pacifier, organiser et, en conséquence, semonce les impatientes qui provoquent la division des femmes si dommageable à leur cause [158].

En avril, la Société des Droits de la femme poursuit ses travaux, indépendamment de l'organisation mise en place par Eugénie Niboyet. De même, la Société de l'Émancipation des femmes, placée sous la protection du docteur Malatier [159], se manifeste comme groupe autonome. Malgré des collaboratrices communes – Jeanne-Marie par exemple –, Eugénie Niboyet n'est pas parvenue à coordonner les initiatives des différentes associations. Son dépit se lit dans les colonnes de *La Voix* où les rivalités sont à peine masquées [160] : la directrice reste discrète sur les activités de ses concurrentes [161]. L'esprit organisateur d'Eugénie Niboyet ne supporte pas que soit mis en défaut son « pouvoir sur les masses [162] ». Cette pluralité d'associations féminines, si elle témoigne d'un manque d'unité, n'en démontre pas moins la richesse du mouvement en faveur des droits des femmes. Malgré l'énergie déployée par sa directrice, le journal a de plus en plus de difficultés : l'aide extérieure se fait attendre et la feuille subit, comme les autres, les assauts des « réactionnaires [163] ». De plus, des dissensions sont intervenues au sein du comité central de *La Voix* et, le 29 avril 1848, Eugénie Niboyet cesse la parution de son journal : elle s'en explique dans une lettre ouverte au rédacteur de *La Démocratie pacifique* qui, cette fois, publie son texte [164].

Mais, bien vite, sa ténacité l'emporte. Le 29 mai 1848, après un mois d'interruption, le journal reparaît avec une rédaction épurée, comme l'annonce sa directrice. Les signatures de Désirée Gay, de Jeanne Deroin n'apparaissent plus, aucune trace non plus de Jeanne-Marie, membre de l'association pour l'Émancipation des femmes. Ont-elles quitté la Société de la Voix des femmes? Quoi qu'il en soit, elles sont toujours sur la scène publique et continuent de harceler les citoyens représentants, aux côtés de Mme Bourgeois Allix, toujours présidente du Comité des droits de la femme :

> « Toutes les institutions qui ont été fondées, toutes les lois qui ont été formulées sont empreintes d'égoïsme, oppressives et imprévoyantes. La femme, l'enfant, le travailleur sont lâchement exploités au profit du plus fort et des privilégiés de la naissance et de la fortune. Nous demandons que les femmes soient appelées à nommer des déléguées, pour participer, ne fût-ce qu'à titre de renseignements, aux travaux de la commission de constitution. Un projet de décret sur le divorce a été présenté, des

hommes ne peuvent décider seuls arbitrairement (...). La révision du code civil ne peut être faite qu'avec le concours des deux sexes [165]... »

On retrouve ici tous les thèmes chers à Jeanne Deroin. La demande est mesurée au regard de l'évidence de l'argumentation. Elles n'exigent pas de légiférer mais sollicitent le droit d'être consultées sur des questions qui déterminent la vie des femmes. De cette pétition, aucune trace dans l'organe « des intérêts de toutes » – sous-titre de *La Voix des femmes.* Eugénie Niboyet veut donner des gages de conformité à l'ordre social et semble s'éloigner de ces proclamations politiques si mal perçues par les femmes respectables et respectées. Elle met en garde ses lecteurs contre les pièges de la provocation engendrés par la malveillance, en même temps qu'elle relance un appel à l'unité des femmes :

« Dévouement à la patrie, respect à la famille, affections à tous, voilà ce que nous voulons, ce que nous demandons (...). Soyons apôtres de la paix, apôtres d'ordre, restons femmes, et l'avenir sera pour nous [166]. »

L'appel unitaire est entendu. Sans doute, d'âpres négociations furent-elles nécessaires pour organiser le club des femmes dont la présidence est offerte à Eugénie Niboyet. De fait, le club va rassembler les activités publiques des différents comités, comme celui de l'Émancipation des femmes [167], resté discret jusqu'alors. Les journaux annoncent quelques-unes de ses réunions publiques [168], sans commentaires désobligeants, à l'exception de quelques notes perfides de *La Liberté.* En somme, ces réunions ressemblaient aux séances publiques organisées par la Société de la Voix des femmes, rue de Taranne. Dès le 28 mars, les organisatrices souhaitaient n'ouvrir leurs réunions qu'aux femmes afin qu'elles puissent « parler sans crainte [169] ».

Ensemble, elles souhaitent tout simplement se préparer aux débats publics en s'organisant entre femmes inexpérimentées mais sûres de leur bon droit. Tout comme les ouvrières réunies par Désirée Gay, elles font l'apprentissage d'une démocratie à laquelle elles aspirent. Peu de choses sortent de ces réunions : *La Voix* ne fait guère de publicité au club de l'Émancipation des femmes, et ses propres réunions ne sont sans doute pas jugées suffisamment dignes d'intérêt pour les lecteurs! Il est question des Ateliers nationaux, de diverses manifestations, charitables ou politiques. Dialoguent ensemble des femmes de condition modeste, des bourgeoises, des artistes ou de simples ménagères [170]. Réunions et enseignements publics se déroulent ainsi, presque sans histoire, jusqu'à la mi-mai 1848. On dénombre alors peu de manifestations hostiles : si George Sand déplore publiquement la trop grande place que prennent les femmes dans la vie politique, quelques hommes hésitent (par exemple Cabet) et la plupart d'entre eux se taisent. L'hostilité se déclare quand Eugénie Niboyet prend la direction du Club des Femmes.

LE CLUB : UNE VOIX DISSONANTE

Au moment de la nouvelle parution de *La Voix,* Eugénie Niboyet est bien décidée à ne pas se laisser déborder par « les impatientes ». Les temps ont changé et la vigilance s'impose : la fraternité républicaine recule; le peuple n'est plus « ce peuple grand, sublime, généreux, réuni au cœur de la France [171] », tel que le décrivait George Sand; désormais, il fait peur aux possédants. Les journaux parlent de banqueroute; les manifestations du 16 avril avaient été « une alerte » pour tous ceux qui craignaient pour leur propriété; le 15 mai, le danger devient réalité : l'envahissement de l'Assemblée fait craindre le pire. Maxime Du Camp se souvient qu'un cri dominait tous les autres : « Vive la république démocratique et sociale », ou, pour être plus exact : « Vive la sociale [172]. » Eugénie Niboyet ne souhaite pas être identifiée aux fauteurs de troubles et, pour mieux justifier son message en faveur du peuple et des femmes, elle réitère fréquemment sa profession de foi pacifiste et préconise l'alliance utile « du capital, du travail et du talent [173] ». Telles ont été ses conditions politiques pour accepter de présider le Club des Femmes à la demande de celles qui, lasses de ne rien obtenir d'une Assemblée composée de républicains modérés, pensaient qu'ensemble elles pourraient fléchir ce vieil égoïsme masculin. Ce n'est pas sans hésitation qu'Eugénie Niboyet accepte cette nouvelle expérience, mais cette forme de reconnaissance lui plaît. Elle cède donc aux pressions.

Peu de traces des débats. La presse s'est déchaînée contre le Club. Il ne reste que les travestissements et les caricatures des propos de ces femmes soucieuses de ne pas rendre publics leurs hésitations, leurs conflits ou leurs craintes.

Les articles provocateurs se multiplient; la plupart dénoncent les femmes qui osent parler politique hors du foyer. L'indignation se lit, par exemple, dans l'article de Charles Hugo que publie *La Liberté* [174]. A cause de cette agitation de plus en plus menaçante, la « mission régénératrice, conciliatrice et pacifique [175] » des femmes est plus que jamais nécessaire. Le désordre social ne peut qu'engendrer un surcroît de misère dont elles sont toujours les premières victimes. « Ni martyres, ni héroïnes [176] », en mères, conscientes des « tendres servitudes [177] », elles désirent participer au progrès social, en aidant les hommes à formuler la loi [178] : tel est le programme qu'a formulé la Société de la Voix des Femmes, présidée par Eugénie Niboyet. Le Club se réunit trois fois par semaine à partir de la fin du mois de mai; le 28 mai, *La Voix* annonce la sixième séance « dans la salle des concerts-spectacles [Bd Bonne-Nouvelle] »; le prix d'entrée est fixé à 1 fr. pour les hommes et 25 centimes pour les femmes. Les sommes récoltées devaient permettre de venir en aide aux ouvrières sans travail [179]. Quelque jours plus tard, le journal se plaint des sarcasmes dont le Club est victime :

> « ... Le Club des femmes, le nôtre donc est la nouveauté du jour (...). Nous avons osé sortir de notre obscurité de femmes pour faire entendre à tous des paroles de justice, et celles-là mêmes qui nous inspiraient ce courage nous ont méconnues [180] (...). La France souffre, le commerce se meurt et, quand nous venons prendre la défense du travail, on nous oppose l'impudence et l'ironie! Que voulons-nous donc, sinon faire pour les femmes ce que veulent pour l'humanité la justice et le bon droit? Ce que nous demandons pour elles c'est le droit de vivre en travaillant (...). La République veut l'égalité, mais cette égalité, vous l'entendez pour vous seuls, hommes injustes! Vous niez à vos mères, à vos femmes, à vos sœurs, le droit d'être libres (...). Vous demandez la guerre, nous voulons la paix qui conserve à la mère tous ses enfants (...). Vous nous renvoyez à la famille, c'est pour accroître son bien-être que nous parlons à tous [181]... »

« Succès » inattendu dont la presse, la plus hostile au Club, se fait l'écho. Les hommes se pressent au Club, et, dès le début du mois de juin, les « humoristes » s'en emparent. Le 4 juin, au théâtre du Vaudeville, les clubistes sont mises en scène par MM. Clairville et Jules Cordier sous le titre évocateur : *Le Club des maris et le Club des femmes.* Les personnages y sont campés sous des sobriquets familiers des Parisiens « quarante-huitards » : Mme Bonnivet (allusion détournée à Eugénie Niboyet), Mme Trinquart, Mme Chapotin, et l'inévitable Mme Lampion. Le ton se veut badin.

Ces petits morceaux de bravoure sont appréciés du public; bientôt, d'autres auteurs amuseront le peuple au détriment des femmes socialistes; MM. Varin et Roger de Beauvoir s'y essaieront; le grand Labiche lui-même aurait semé quelques embûches à ces femmes courageuses mais combien ridicules. *Le Charivari* exulte : des femmes au club quelle aubaine! La présidente du Club suscite les passions les plus déchaînées [182]. Sa figure est offerte à la vindicte populaire. Le 24 mai, le journal satirique annonce : « Attentat contre le club des femmes »; le 28, c'est l'humour grinçant qui triomphe :

« Au club des femmes, tout le monde parle, tout le monde crie; là on comprend le fameux chœur des tragédies antiques [183]. »

Pourquoi une telle curiosité? Pourquoi une telle hilarité? Est-ce un moyen de détourner l'attention d'un peuple de plus en plus inquiet? Le désœuvrement, la misère d'un grand nombre d'ouvriers à l'affût de sensations fortes, à la recherche d'un prétexte pour provoquer le désordre et crier leur colère, ont, sans doute, amplifié les manifestations d'hostilité; mais pourquoi les femmes, et particulièrement celles-ci? Au-delà de la griserie provoquée par l'inacceptable plus que par l'inattendu, ces manifestations masqueraient-elles un enjeu politique bien réel?

De jour en jour, le nombre des chômeurs augmente, des petits groupes se forment autour de la porte Saint-Martin, de la porte Saint-Denis... Des cris hostiles sont lancés à l'encontre du gouvernement, slogans à peine couverts par les « Vive Poléon » soigneusement entretenus par le parti bonapartiste : grondements sourds de plus en plus écoutés sur les boulevards. Le 23 mai, la dissolution des clubs Raspail et Blanqui est annoncée au grand dam de leurs partisans; le pain manque pour un certain nombre de familles. La situation est grave et l'hostilité de plus en plus prononcée contre les « représentants du peuple », dominés par « les républicains du lendemain » : les ouvriers des Ateliers nationaux sont nombreux à soupçonner les projets « liquidateurs » du gouvernement. Les élections du 4 juin se préparent à Paris, *La Voix des femmes* soutient les candidats démocrates et socialistes, présentés par les délégués des Ateliers unis à ceux du Luxembourg et s'en prend aux « violences bourgeoises ».

« Ce n'est pas le peuple qui murmure, ce sont les déshérités du régime des privilèges, les mécontents du droit pour tous. Les honneurs, les places leur échappent? Ils se raccrochent aux branches, ils intriguent par calcul, l'anarchie est leur moyen, la guerre civile leur but [184] (...). »

Les femmes du Club étaient conscientes, comme tous « les républicains sincères », des difficultés éprouvées par la masse des sans-travail et de la gravité de la situation. Engagées dans le combat politique, elles multipliaient les discours en faveur de la justice et de la paix sociale. Elles ne se seraient pas attendues à servir de « gai » dérivatif aux désœuvrés et aux provocateurs, au milieu du « sérieux des événements [185] », si une peur sourde, entretenue par des rumeurs, n'avait provoqué cet hallali. Les journaux les plus engagés dans le combat républicain se montrent d'ailleurs discrets sur les déboires du Club.

La question du divorce, tout particulièrement, excite les esprits :

mise à l'ordre du jour d'une des séances, au grand regret de sa présidente, elle est annoncée à grand renfort de publicité; des affiches sont placardées, invitant les femmes à manifester [186]. Plusieurs journaux s'empressent de reproduire cette affiche, insistant sur sa couleur, rouge, hautement symbolique. Au-delà de « l'humour », par-delà la hargne que le projet suscite, la loi de rétablissement du divorce, préparée par le citoyen Crémieux, est attendue par des hommes et des femmes sincèrement attachés à « la moralité du mariage ». Les pétitions individuelles et collectives adressées au gouvernement provisoire, puis à l'Assemblée constituante, sont éloquentes à cet égard. L'étude du docteur Eugène Villemin, très bien documentée, parfaitement convaincante, révèle l'urgence d'un problème trop longtemps occulté : en dénonçant les misères physiques des femmes victimes des contraintes d'un mariage non désiré, il ose dire ce que bon nombre de femmes subissent le plus souvent en silence.

> « Si d'un mariage formé sous de funestes auspices ne surgissaient que des contrariétés, des angoisses morales, tout en déplorant un pareil état de choses, j'absoudrais nos législateurs d'offrir en holocauste, au bien-être général, une aussi large part du bonheur individuel (...). Mais ici, je pourrais vous découvrir, et vous en frémiriez d'horreur, des organes méconnaissables, déformés par des tumeurs morbides et dilacérés par des cancers rongeurs (...). D'où je conclus, la main sur la conscience, qu'une union répulsive, quelle qu'en soit la cause, est un véritable assassinat [187]... »

Comme le docteur Villemin, bon nombre de citoyens sont convaincus de la nécessité de cette loi, tant son abrogation a engendré de misères et rendu des situations personnelles inextricables à force d'absurdités. Quelques-unes, propriétaires, employées, professeurs de mathématiques, le rappellent aux « citoyens représentants », dans une adresse d'une rare éloquence [188]. Rien de moins subversif que ces propos de femmes dotées, entourées de la considération des leurs, qui veulent permettre aux femmes d'élever leurs enfants laissés à la charge de l'épouse par un mari « qui n'a su que dissiper la dot qui lui avait été confiée ». Elles souhaitent seulement mettre un terme à l'anarchie des familles créée par « l'immoralisme de maris volages et inconséquents ». Ce sont leurs enfants qu'elles défendent et il s'agit davantage de protéger l'honneur familial que de satisfaire un désir ou une liberté personnels.

Quelle que soit la réalité mise au jour, le 3 juin, la foule hostile se rue à la sortie des clubistes : « une foule de trois mille personnes au moins se trouvait pressée aux abords de la salle des Concerts-Spectacles, lieu de la réunion [189] ». *La Liberté* relate longuement l'événement « drolatique », où « cris et huées accueillent l'apparition de chaque clubiste »; cependant l'événement est jugé « regrettable par un temps de liberté pour tous ». Deux jours plus tard, la scène se renouvelle, et, cette fois, Eugénie Niboyet ne peut rétablir le calme sans l'intervention des « gardiens de Paris » assistés de la garde mobile qui font évacuer la salle [190]. Avec ses compagnes ou ses sœurs d'infortune, Eugénie Niboyet décide de changer de lieu. Les réunions se dérouleront désormais Chaussée-d'Antin, mais « le charivari » ne cessera qu'après la fermeture du Club.

On s'étonne qu'un tel tumulte soit provoqué par des dames d'un « âge respectable », si l'on en croit *La Liberté :* le rédacteur prend un malin plaisir à décrire les mésaventures de dames plus très jeunes et « donc » peu séduisantes qui méritent une leçon dont fait preuve sa note satirique. Si l'on en juge d'après la composition de la Société de la Voix des femmes, la plupart des « vices-présidentes » ont sans doute dépassé la quarantaine. Toutes sont des dames connues de longue date par Eugénie Niboyet; certaines d'entre elles ont collaboré au *Conseiller,* elles sont femmes de lettres comme Eugénie Foa et Gabrielle Soumet. Mme Foa vit de sa plume depuis 1830 et tente d'apporter quelques « bienfaits » aux femmes déshéritées : elle a créé une « œuvre de bon secours » en faveur des ouvrières en 1848, en étroite relation avec la Société de la Morale chrétienne [191]. Si ce n'est le milieu social, rien ne la sépare des dames patronnesses dont le rôle charitable est vanté par les républicains. Quant à Gabrielle Soumet, qui signait de ses initiales dans *La Voix,* elle a publié quelques ouvrages qui l'ont fait connaître et apprécier [192].

De même, les anciennes saint-simoniennes ont également dépassé la quarantaine et sont devenues des femmes respectées pour leur savoir-faire professionnel, au point de bénéficier d'une autorité appréciée de leurs compagnes : Suzanne Voilquin, en sage-femme expérimentée, représente sa corporation dans les délégations et les pétitions adressées aux représentants du peuple. Et que dire d'Élisa Lemonnier, du même âge que Jeanne Deroin, épouse du directeur du contentieux de la Compagnie des Chemins de fer du Nord, si attentive au sort des ouvrières [193]. En d'autres termes, toutes ces femmes bénéficient de l'estime de leurs contemporains. Mais la liberté qu'elles prennent pour faire valoir leurs droits gêne : liberté souvent attribuée à leur éducation protestante [194] ou saint-simonienne, mais liberté souvent forgée dans l'adversité pour la plupart. Rien de commun avec ces exaltées supposées au vu des réactions suscitées.

En apparence, les réactions irrationnelles manifestées par les hommes miséreux, prolétaires ou bourgeois restent incompréhensibles dans ce moment de crise sociale profonde où la République semble menacée, quand la guerre civile gronde en ce début du mois de juin. Eugénie Niboyet prend ces manifestations d'hostilité très au sérieux : elle fait une déclaration solennelle, suppliant qu'on ne la confonde pas avec celles qui troublent l'ordre public en manifestant en faveur du divorce [195]. Protestation vaine : Eugénie Niboyet doit endosser la responsabilité des désordres et, le 9 juin, la présidente du Club fait, encore une fois, la une du *Charivari*.

Jamais les journaux n'ont autant parlé des femmes. Il semble tout à coup urgent de définir leur fonction sociale dont les contours sont restés flous jusqu'alors. Comme si la République était passée à côté d'une question clé. Comme si une menace se profilait et qu'il était nécessaire d'en juguler les effets avant même d'en saisir la réalité. La menace est d'autant plus sourde qu'on la devine, qu'on l'appelle sans en connaître l'origine; le flou est volontairement entretenu par les faux prophètes dont le pouvoir économique et social est en jeu; ils aiment à raviver les vieilles peurs afin de provoquer les rejets que commande l'ordre auquel ils aspirent. Une polémique publique sur la place des femmes s'engage alors entre *Le National* et *La Démocratie pacifique* qui semble s'éveiller d'une longue léthargie. L'un défend la femme au foyer, tandis que les héritiers de Fourier se souviennent des écrits du « libérateur » : en fonction des « dispositions » des femmes, ils souhaiteraient que soient précisées « les fonctions industrielles auxquelles la femme est propre [196]... ». La défense des sociétaires est bien tardive et leurs propositions bien modestes, en tout cas bien en deçà de ce qu'ont souhaité « les femmes de 1848 ».

LA PLACE DES FEMMES : UN ENJEU?

Le silence est brisé; les journaux commencent à s'intéresser non plus au sort des femmes mais à leur place dans la société. Des mères de famille ont osé transgresser les règles d'un ordre social implicite et le péril est annoncé. De quelle menace sont-elles porteuses pour bénéficier d'une publicité si inattendue? Les actes de malveillance qu'elles provoquent frisent en effet la démesure. « Les principes sacrés », valeurs abstraites, ne masqueraient-ils pas des privilèges concrets auxquels les républicains seraient particulièrement attachés? S'en défaire risquerait-il de bouleverser un ordre ancien mis au service de leurs intérêts propres? Or, les femmes, non seulement bousculent les habitudes de penser de cette fragile République, mais déstabilisent les hiérarchies traditionnelles.

Dès les manifestations du mois d'avril, des bruits avaient couru déjà; certains journaux s'étonnèrent, ils se voulaient rassurants contre ces « absurdes préventions » : « La propriété, la famille ne sont point en péril [197] », affirment-ils. En mai, la rumeur atteint la province, amplifiée par de fertiles imaginations. Les arbres de la liberté ont été plantés, on a chanté la liberté, l'égalité, on a loué la fraternité, mais on craint pour la propriété et la famille. George Sand, de retour dans le Berry, fait part de son indignation au directeur de *La Vraie République :* elle rapporte les paroles prononcées par les paysans contre le communisme, « tout est fantasme et folie », écrit-elle, le gouvernement provisoire est tout entier assimilé au communisme : « A Paris on est factieux dès qu'on est socialiste, en province on est communiste dès qu'on est républicain [198]. » Le divorce mis à l'ordre du jour permet aux libéraux « réactionnaires [199] » de ranimer très vite un foyer de peur dont les braises ont été entretenues par le silence voire l'hostilité républicaine à l'égard des « femmes de 1848 ». Attisée par la crainte des possédants, la vindicte populaire se tourne alors naturellement vers le seul lieu public où les femmes disent, hors du foyer domestique, une parole modérée mais libre. Rien d'étonnant à cet embrasement : depuis février, les partis s'évertuent à défendre les valeurs conservatrices – *la famille et la propriété* – et expriment le désir de se les approprier.

Depuis longtemps déjà, des femmes dénonçaient la dépendance domestique. George Sand, l'une des premières à s'être insurgée contre le despotisme marital, renouvelle le propos : elle « trouve étrange que les conservateurs de l'ordre ancien, accolent toujours avec affectation dans leur devise menteuse ces mots de famille et de propriété [200]... ».

La dénonciation de l'inégalité civile fut, on le sait, au centre des manifestes de mars en faveur de la liberté. Mais, en dépit des engagements de Sand, l'association propriété-famille est colportée par ses amis républicains-socialistes. Désormais, elle appartient au vocabulaire de l'ordre nouveau, elle en est le pilier. Chacun souhaite s'en emparer pour légitimer une république chancelante, sociale ou modérée. Propriété-famille, deux mots en cours de sacralisation, semblent être la clé de la représentation républicaine. Les posséder, c'est accéder à la gestion de la *res publica.* Leurs promoteurs se recrutent dans toutes les « familles » politiques : eux seuls sont les vrais détenteurs de l'ordre à venir. Comme l'écrivent les rédactrices de *La Voix,* tout est une question de mots. *La Vraie République,* journal dirigé par Théophile Thoré (qui ne peut être soupçonné de compromission avec l'ordre ancien [201] et avec qui George Sand signe un contrat d'exclusivité [202] après l'échec de *La Cause du peuple*), revendique cette association. Son directeur s'en explique en août 1848, après s'en être pris, dès mai, aux utopistes, saint-simoniens, fouriéristes qui ont « attaqué des sentiments d'ordre naturel et indestructible comme la famille » :

« L'éducation, la famille, le travail, la propriété, voilà donc les éléments qui doivent relier tous les fils de la commune patrie. Aujourd'hui, il faut bien le reconnaître, l'éducation, la famille, la patrie, le travail, la propriété ne sont véritablement constitués que pour une minorité restreinte. On répète chaque jour contre les socialistes l'accusation banale d'attaque contre la famille. Nous ne savons pas quelle secte insensée a jamais pu nier les rapports naturels nécessaires et sacrés du père, de la mère ou de l'enfant (...), et pourquoi la famille est-elle mutilée dans le peuple? parce que la société elle-même n'assure pas au peuple les moyens de vivre dans l'ordre et la régularité. Parce qu'il manque d'éducation, de travail et de propriété. Car tout se tient (...). La propriété, la vraie propriété, comme dit Pierre Leroux, mais ce sont les socialistes seuls qui la réclament (...). Le principe de propriété pour tout le monde est inséparable de la formule républicaine : Liberté, Égalité, Fraternité. Sans propriété point de liberté (...). Les socialistes demandent donc que le travail assure à tous les citoyens une propriété mobile suffisante à leur besoin. Travail, propriété, famille, éducation, le socialisme peut et doit perfectionner tous ces éléments du bon ordre dans une République [203]. »

Les partisans de la république sociale sont devenus « réalistes », mais toujours *La Vraie république* est restée étrangère à l'idée d'égalité des droits entre les sexes : elle a, comme les autres, participé à « la conspiration du silence » dénoncée par Henriette, et les clubistes conspuées laissent ses rédacteurs, au mieux, indifférents. Ce point de vue sur la famille, développé en août, n'est guère différent de celui défendu, dès avril, par le gouvernement provisoire dans une proclamation solennelle dont le journal se fait l'écho :

« L'ordre est garanti. La sécurité et l'indépendance de la représentation nationale sont assurées. La famille et la propriété sont sacrées [204]... »

Déjà, au début de ce mois, avant même que « les bruits sinistres » n'aient couru – avant les manifestations du 16 avril –, le journal dans lequel s'exprime George Sand donnait à lire à ses lecteurs la déclaration suivante : « On est citoyen parce qu'on est homme. La cité, la patrie sont aussi essentielles à l'homme que la famille et les affections les plus intimes [205]. » Est-ce très éloigné de la déclaration du *Siècle*, reproduite par le même journal : « La propriété est l'enveloppe extérieure de la famille [206] »? Il est clair que le citoyen ne peut être qu'un homme dont l'identité civique se définit et se mesure à l'aune de sa propriété et de sa famille, famille dont la réalité symbolique, constitutive des rapports sociaux, prend une dimension politique inattendue. La représentation de l'homme-citoyen, propriétaire, représentant naturel de la famille, s'étend en réseau dans tous les milieux [207]. L'existence de la famille, dont il est l'émanation, autorise l'homme à se dire libre. Depuis février, *La Démocratie pacifique* développe un discours sur ces deux valeurs essentielles à l'homme; elle envisage même l'union des socialistes sur le thème suivant : « L'organisation du travail ne détruit ni la propriété, ni la famille [208] », et se fixe pour objectif de « rallier à l'ordre, au gouvernement, à la propriété, à la famille tous les socialistes sans distinction [209] ». Le nouvel ordre social devra respecter les valeurs traditionnelles.

A partir de juin, le débat prend un caractère d'urgence, les sociétaires, qui disposent d'un outil théorique solide sur le sujet, se veulent didactiques et font une large place à l'étude de Paul de Jouvenel consacrée à la *famille civile et politique,* étude qui tranche en apparence avec le ton conformiste de la plupart des journaux de l'époque. Mais l'objectif se limite à mettre un frein à l'autorité magistrale du chef de famille : « Le pouvoir du père n'est légitime qu'autant qu'il est juste [210]. » Il s'agit de rendre l'institution familiale compatible avec un État démocratique, composé d'hommes responsables et garants de l'apprentissage de la liberté du fils. Si, et seulement si, l'indignité du père se révèle par un comportement despotique, l'épouse peut reprendre sa liberté.

La Liberté, moins encombrée de théories utopiques, a moins de scrupules. Le journal, qui s'est rallié à la République, n'a jamais caché ses sentiments à l'égard de la puissance paternelle, fondée sur une « infériorité naturelle » des femmes; peu embarrassé de considérations égalitaires, il peut se passer du masque réformateur. D'ailleurs les rédacteurs expriment leurs craintes sans détour et leur opinion se transforme souvent en propagande quand on sait que le journal tire à plus de 40 000 exemplaires [211] et qu'il est l'une des rares publications parisiennes dont l'audience s'étend à certaines villes de province. A partir du 30 juin, le journal ne « lâche » plus le Club des femmes : chaque jour ou presque, un article lui est consacré. Au début, il s'agit de faire rire les lecteurs au détriment des malheureuses clubistes, mais, peu à peu, le ton change, il devient sérieux, voire solennel. Le 12 juin, un grand article est consacré au Club en même temps qu'une admonestation est adressée aux femmes : « Trop heureux si nos vertes critiques peuvent faire monter le rouge au front de certaines mères de famille. »

« Ô femmes qui plus que jamais devriez conserver à l'homme une religion, un respect de quelque chose et la possibilité de répandre une larme, n'abdiquez pas ainsi dans les ruisseaux du forum votre solide et souverain pouvoir. Restez ce que vous êtes à peine de ne plus rien être (...). Les femmes au club, grand Dieu! nos mères de famille, nos vierges, nos sœurs, courbant la tête sous le quolibet des passants et s'en allant écouter des discours dont chaque mot, grossièrement travesti, vient les frapper en plein visage!... C'est absurde, c'est monstrueux, c'est inouï [212]. »

Comme par hasard, le même jour, le journal rend compte des arrestations opérées porte Saint-Martin et porte Saint-Denis : parmi les manifestants arrêtés, on découvre « plusieurs femmes déguisées en homme ». La menace est devenue réalité pour le lecteur acritique : dans les rassemblements séditieux, il n'y a plus ni hommes ni femmes, mais un emmêlement d'êtres hybrides : « du bétail humain ». Dans cet article, dont le sens est donné par la métaphore utilisée pour rendre compte des bouleversements à venir – « le cœur à droite » –, le rédacteur signifie l'excès, l'inconcevable effet des demandes de femmes : si désormais « le cœur » est « à droite », les risques encourus par la société sont considérables. Si la République se décide à intégrer, même partiellement, les théories saint-simoniennes et communistes, tous les rapports sociaux seront transformés et la « nature » entièrement bouleversée. Le journal ne se trompe pas de cible, il s'en prend aux communistes et aux saint-simoniens, et à eux seuls – communistes authentiques, saints-simoniens fidèles à leur passé, tous ceux qui ont osé transgresser les règles du système, dans la famille comme dans l'État [213]. La menace, la vraie, est ressentie à l'annonce du projet de décret en faveur du divorce [214]. L'existence du Club des femmes objective cette transgression : sa réalité donne au mot liberté un sens d'indépendance et de responsabilité que les républicains ne veulent pas partager. Pénétrant dans la sphère réservée aux hommes, les mères font disparaître la femme pudique et mystérieuse. Les Vésuviennes se sont éloignées, le mystère n'est plus, ce sont des femmes réelles, des femmes ordinaires qui prennent la parole, sans autorisation, pour recouvrer leur droit. Là, le divorce est consommé. Là est le danger. Comme des républicains, sensibles aux inégalités visibles qui infirment les principes, semblent hésiter entre « la vérité des mots » et l'utilité des principes, il apparaît alors nécessaire d'alerter l'opinion publique afin de verrouiller cette porte familiale qui, une fois ouverte, risque de ne plus se refermer. Les conservateurs de l'ordre veulent avant tout préserver cette famille au sein de laquelle le père doit garder l'autorité supérieure, sous peine de perdre son identité d'homme d'abord, de citoyen ensuite. Eugénie Niboyet, très vite, perçoit la force des résistances. Elle ne demande aucun bouleversement, elle sollicite simplement le statut d'individu libre au sein de la famille, sans renoncer à ses devoirs de mère (l'indépendance serait acquise par le travail). Paradoxalement, c'est la modération des mères clubistes qui les rend dangereuses : plus près des réalités, elles tendent à représenter les femmes dans leur ensemble, toutes les femmes que les républicains sont décidés à protéger. Eugénie Niboyet avait bien compris l'enjeu et, conformément à son expérience, croyait qu'un ton modéré pouvait convaincre [215]. Mais, en affirmant que « l'homme malgré la loi, ne peut plus être notre maître », elle quitte la place qui lui est assignée et invalide son propos. Son langage, bien que conforme au modèle proposé, est cependant excessif, il rend sa démarche subversive, car il bouleverse la norme par l'égalité énoncée entre les sexes, dans la famille. Les conservateurs ont brandi la menace du désordre social appelé, pour des raisons de propagande, bouleversement de la nature. Ils l'ont emporté grâce à l'incrédulité silencieuse des républicains-socialistes, incapables de comprendre l'enchaînement des valeurs auxquelles ils se ralliaient, par peur de perdre un privilège. La liberté qui triomphe est une liberté restrictive, pensée par les Constituants de 1789 [216], amendée par les libéraux des années 1830, redéfinie par les républicains dans le respect des hiérarchies sociales au profit des « capacités » des possédants, des hommes de savoir, des hommes de pouvoir, en d'autres termes, des porte-parole du peuple.

En bonnes républicaines, les femmes revendiquent la liberté complète, politique et civile. Parce que l'émancipation ne peut venir d'un autre, elles énoncent le principe que « l'homme seul ne peut élaborer la loi ». Ainsi, se posent-elles en marge des règles du système républicain et s'isolent-elles, y compris des socialistes qui idéalisent les liens familiaux au nom de l'amour et de la justice paternels [217] : ceux-ci maintiennent la tutelle du père citoyen. C'est dire que l'enjeu véritable n'est pas la famille [218], mais la place des femmes au sein de cette famille qui détermine le degré de reconnaissance sociale dont elles bénéficient.

Du point de vue des républicains-socialistes, la mère, unique identité sociale assignée aux femmes, n'est pas à libérer mais à protéger, elle est partie intégrante du citoyen propriétaire. D'elle, il tire sa liberté. Unité sociale fondamentale, la famille est la seule richesse véritable concédée aux hommes déshérités par les plus nantis qui disent, au nom de tous, les conditions d'élargissement du souverain. Fonder la citoyenneté sur la propriété, c'est imposer à tous ceux qui n'ont rien un rapport possessif, plus que hiérarchique, dans la famille. En l'absence de travail, la famille est devenue l'unique propriété des prolétaires. Un modèle de représentation politique est ainsi institué : la mère, devenue le pendant indispensable du citoyen, ne peut accéder ni à la liberté ni à l'égalité. Parce que différente socialement, elle est son complément nécessaire; égale à l'homme, elle détruirait toute la cohérence du système fondé sur l'exercice de la souveraineté par des individus semblables entre eux. Les projections imaginées par les théoriciens de la République de 1835 semblent en voie de réalisation.

> « Tout Français en âge viril est citoyen politique. Tout est égal et absolu pour tous. Il n'y a pas un citoyen qui puisse dire à l'autre " tu es plus souverain que moi! ". Contemplez votre puissance, préparez-vous à l'exercer et soyez dignes d'entrer en possession de votre règne, le règne du peuple s'appelle République [219]. »

Telles sont les règles du jeu politique fixées par le gouvernement provisoire. Au fur et à mesure des semaines d'agitation révolutionnaire que traversent les hommes de 1848, chacun investit le discours républicain, l'idéalise, s'en empare, se l'approprie. Et peu à peu, la République, dominée par des représentants modérés, conservateurs de l'ordre ancien, impose sa loi. Et d'abord par le silence qui entoure les femmes-mères dérangeantes qui désignent explicitement les privilégiés de la liberté et révèlent la distance séparant les discours politiques de la réalité sociale. Le 6 juin, le Club du boulevard Bonne-Nouvelle est fermé. Les citoyens représentants peuvent exprimer « librement » leurs vœux et adopter, dans le préambule à la Constitution, l'article IV, socle fondateur de la République française :

> *« La République a pour principe la Liberté, l'Égalité et la Fraternité. Elle a pour base la Famille, le Travail, la Propriété, l'Ordre public. »*

Les émeutes de juin ont mis un terme aux espoirs. Tout naturellement, Ledru-Rollin, en 1849, définit la République « vraie » en ces termes :

> « Voulez-vous maintenant que je vous dise ce que je comprends et ce que le pays comprend par la République vraie? Le voici : ce n'est pas le mot, ce n'est même pas le suffrage universel seulement : c'est le respect pour la famille, le respect pour la propriété [220]. (...) »

De par l'autorité de l'État, la famille est entrée en république, les femmes ne seront pas partie prenante de la chose publique, elles seront la condition de son existence.

DES VOIX SUBVERSIVES?

Le travail sur les mots exercé par les femmes de 1848 apparaît aujourd'hui d'une modernité étonnante. Elles n'imitent pas le langage politique, elles se l'approprient. La réflexion critique toujours en éveil, elles disent connaître le poids des mots qui les ont écartées; c'est pourquoi elles tentent de les définir, de leur donner un sens conforme à la justice. Démarche nécessaire, dans ce vide créé par l'usage du langage abstrait qui ne dit pas ce qu'est l'être humain réel et véritable : « Les mots sont des conventions; l'idée qu'ils représentent est tout », écrivent-elles. Pour rendre compte de leur expérience, pour dire ce qu'elles sont, elles s'identifient aux « parias et aux ilotes [221] » : deux mots à l'aide desquels elles signifient leur assujettissement, incompatible avec une république. Ses représentants se sont engagés à abolir tous les privilèges : justice doit être rendue aux femmes!

> « ... Liberté, Égalité, Fraternité!
> Et ces mots seront vrais, n'est-ce pas? Ils ne seront pas un vain symbole gravé sur les pierres (...).
> Ah! prenez garde ici citoyens représentants, qui que vous soyez, c'est de vous maintenant que va dépendre la réalisation de cette formule sacrée! Et si au lieu d'être le code de l'avenir, elle n'était plus qu'un mot dépourvu de sens, vous auriez à en répondre... devant Dieu, devant la meute des parias ensuite [222]... »

Toujours, la crainte de leur extériorité les rend attentives aux discours : elles sont à l'écoute du moindre « contre-sens ». Trop habituées à être les oubliées du langage libérateur, elles tentent de le capter à leur profit. La tâche est rude, car les proclamations sur l'abolition des privilèges fleurissent et tendent à faire croire au triomphe de la vérité des principes sur une réalité mouvante, encore insaisissable. L'idée d'égalité se répand, conquiert le cœur des masses par les chansons; on est sûr désormais que la « République a tout nivelé », pour reprendre une expression du gouvernement provisoire.

> *« ... La République militante,*
> *Lasse de voir le sang couler,*
> *De sa robe a fait une tente*
> *Où tous peuvent se rassembler*
> *Plus de paria, plus d'ilote,*
> *Chacun a son droit de cité,*
> *Et sur son bulletin de vote*
> *peut écrire sa volonté [223]... »*

Poésie chantée par tous ceux qui pensent avoir conquis la victoire. Or, dès le mois d'avril, le journal des femmes pressentait la défaite; trop peu nombreuses à prendre la parole, elles sont mises hors des catégories susceptibles de penser la République; malgré leurs tentatives, toujours renouvelées, d'éclairer le sens des mots du langage républicain, celui-ci leur échappe. Les républicains pensent tous saisir la réalité sociale dans le langage politique des paroles de Pierre Dupont. L'affirmation suffit : « plus de paria, plus d'ilotes », tel est le sens commun donné à l'idée républicaine. Cette représentation libératrice de la République s'impose au point d'écarter tout propos critique dissonant; du même coup la critique se radicalise.

> « Y aura-t-il toujours des esclaves parmi vous? La femme l'est triplement. Esclave dans la famille, où trop souvent on dispose même de sa personne, de son cœur, de son avenir, sans même la consulter. Esclave des préjugés dont, par ignorance, elle augmente elle-même le poids. Esclave dans le mariage, où la loi qui la protège est tellement illusoire (...). Oui la femme veut désormais connaître la loi et c'est justice puisque la loi l'atteint [224]... »

Dès avril, les femmes ont perdu la bataille de l'interprétation. La République acquiert sa signification objective dans les normes énoncées du langage abstrait qui dissimule la vérité de l'inégalité sous le masque de l'égalité des principes. Paradoxalement, cette perception singulière des mots, largement partagée, rend lucides les femmes de 48. Cette lucidité ne les quittera plus. Au fur et à mesure de leur isolement, elles prennent des distances avec les principes libérateurs, elles en analysent les effets à la lumière des actes accomplis par les hommes au nom des « maîtres-mots », d'origine révolutionnaire, qui sont mis au service des privilégiés. Le sens premier, énoncé par les libéraux, est investi par les républicains de 1848 qui, en le renouvelant, s'en emparent à leur profit. Contre cette idée, d'obédience libérale, *les femmes de 1848* s'insurgent car, désormais, les principes libérateurs sont dominés par elle : l'universelle liberté masque de singuliers privilèges. L'idée républicaine reste inaccomplie, parce que inachevée. C'est pourquoi elles répètent inlassablement, sous des formes différentes, la nécessité de « consacrer les principes d'égalité et de liberté [225] » mis au service de tous, condition du bonheur de chacun.

> « Définir les mots :
> On nous demande si par ces mots : droits de la femme; nous entendons que chacune de nous, prenant un fusil, monte sa garde et fasse la patrouille? – En vérité, il ne s'agit pas de cela, mais de ce que la raison et la justice peuvent accorder aux femmes comme aux hommes (...).

Nous ne venons pas pour détruire la loi, mais pour l'accomplir. Nous ne comprenons pas qu'on tienne tant à nier nos droits [226]. (...) »

De plus en plus, ces voix de femmes émettent un son étrange. Après les chahuts, organisés ou spontanés, après la fermeture du Club, les femmes savent désormais que le langage républicain les exclut. En observatrices extérieures, elles perçoivent les mensonges de l'usage des valeurs républicaines; elles deviennent ainsi les sujets critiques de la démocratie à l'œuvre. En avril, avec leurs « frères d'infortune », elles désignent la classe bourgeoise comme responsable, principale utilisatrice d'une république mise au service de ses intérêts propres.

« ... C'est la résistance du passé contre l'avenir, c'est la guerre de l'intérêt matériel, c'est la lutte passionnée, vivace, de la classe bourgeoise accoutumée depuis cinquante ans à faire toute chose à son honneur et à son profit, à élaborer les lois par elle-même et pour elle-même; nous femmes, peu familières jusqu'alors des débats tortueux et raffinés de la politique, nous ne viserons qu'à posséder une qualité, si nous n'en avons pas d'autres, ce sera la franchise [227]... »

En juin, l'exclusion est définitivement accomplie. Elles se détachent des principes eux-mêmes qu'elles désacralisent. Ils ne représentent plus « cette teneur utopique concrète d'une promesse [228] », encore possible pour le peuple qui, sous leur bannière, s'engage dans une nouvelle révolution. Pour les femmes c'est la fin des illusions, et c'est au peuple qu'elles s'adressent :

« Et toi, peuple crédule, tu te lèves aussi contre nous! tu te fais l'instrument de la persécution quand ta cause est aussi la nôtre? – Est-ce la justice pour tous qui a régné sur la terre ou l'oppression de quelques-uns? – Est-ce l'égalité ou le privilège? – La fraternité ou l'exploitation? – Regarde donc en toi, peuple; compte tes misères et sois pour l'équité si tu veux être régénéré [229]... »

Il est vrai qu'aucun élan de solidarité n'est venu de ce « peuple crédule », malgré les tentatives désespérées des rédactrices de *La Voix* d'identifier leur cause à celle du peuple. Pourtant, le langage de ses représentants est proche de celui des femmes, chacun cherche à établir la « vraie république », mais leur pensée diffère : ils ne projettent pas la même république car ils n'inscrivent pas la démocratie dans la même histoire. Les efforts de *La Voix des femmes* pour distinguer les faux républicains des vrais sont restés vains. Classés en trois catégories [230], les républicains sont jugés en fonction du degré de leur engagement : les derniers sont juste « capables de rétrograder », de peur « d'aller trop vite » :

« Chanter la Marseillaise, planter des arbres de la liberté, voter dans les scrutins, discuter dans les clubs ou à l'Assemblée constituante, et laisser les femmes s'ennuyer au logis, voilà leur république [231]... »

A l'inverse, la cause du peuple est entendue : Blanqui, cet ennemi juré de la bourgeoisie, échappe à leurs critiques, malgré les charges des publicistes à propos de la « mauvaise affaire Taschereau ». Blanqui fut immortalisé par Tocqueville, qui en trace un portrait glacé, après l'envahissement de l'Assemblée : portrait « d'un fou » resté dans les mémoires. L'avis de *La Voix* est tout autre : « l'amour du peuple et la pensée du sacrifice » l'emportent chez ce républicain fougueux. Nous sommes encore en avril, quand choisir son camp est un signe de promesse. En juin, les distinctions sont superflues, et les présupposés bienveillants, inutiles; la pratique des hommes est passée au crible : « Vous commencez à nous craindre, écrivent-elles. Sous vos huées, le despotisme se montre. Après la fermeture du club " de par l'autorité [232] " », il n'est plus question de choisir entre le bon grain et l'ivraie. « Les lois, les systèmes, les utopies [233] » sont revisités à la lumière de l'exclusion des femmes, exclusion renouvelée après celle dont furent victimes les femmes de la Révolution.

« Ce que Mme Roland écrivait il y a cinquante-cinq ans, serait-il vrai de nos jours encore? – Le despotisme étoufferait-il la liberté? – Où devrait être l'égalité, trouverons-nous l'oppression? – Nous n'avons fait que le répéter et cependant c'est une prophétie : Hommes, vous ne serez vraiment libres que du jour où libre aussi la femme marchera, votre égale dans la famille et dans l'État [234]... »

Tout naturellement, les mécanismes du pouvoir sont mis au jour avec une étonnante clairvoyance. Comme si les rédactrices de *La Voix,* désormais sans illusions, découvraient la réalité du monde politique à la porte duquel elles ont vainement frappé. Tout l'édifice social s'effondre : l'ambition, l'égoïsme triomphent à leurs yeux, le patriotisme est dévoyé et la démocratie n'est plus que l'ombre d'elle-même. Le peuple a été trompé, « on n'a changé qu'un nom, le tyran s'appelle démocratie ». La femme, « dernière affranchie du progrès », a été tenue sous le joug. Or, sans elle, rien de stable et de complet ne peut être accompli. Tel est le raisonnement que les rédactrices développent dans le dernier numéro de *La Voix des femmes* en cette fin du mois de juin 1848.

« ... cet art problématique qu'on appelle la politique. Là on pose un principe que l'impartialité est une sorte de duperie dont il faut sérieusement se préserver. Il semble qu'en politique, le but ne soit pas nécessairement le triomphe de l'idée supérieure, mais tout simplement de l'opinion qu'on a intérêt à faire prévaloir. Dès lors la politique n'est plus que l'ensemble des moyens propres à préparer, puis à maintenir cette prépondérance, c'est une stratégie dans laquelle la conscience n'est pour rien. Cette manière de concevoir ce que nous appellerons, nous, la *science du pouvoir,* est à nos yeux un grand malheur [235]. »

A la veille des événements de Juin, la pensée critique des femmes de 1848 est à son apogée. Écartées de la cité, elles perçoivent les enjeux dont celle-ci est l'objet. Le système est mis à nu et les mécanismes du pouvoir apparaissent dans leur forme instrumentale. Mais elles introduisent une façon de penser la politique inconnue de ceux qui la pratiquent. C'est pourquoi la rupture est consommée, l'exclusion définitive. Les républicains pouvaient imaginer des femmes en lutte, épousant leur cause, mais ne pouvaient admettre ce discours qui les mettait en cause.

Il reste à l'historien(ne) le texte, la réflexion sur le système politique du pouvoir, dénoncé d'un point de vue de classe mais ignoré du point de vue des « représentantes du sexe opprimé » qui révèlent, avant même l'explosion de juin 1848, les limites de la liberté : « l'illégalité de l'égalité », écrit Eugénie Niboyet. Premières à penser les principes en correspondance avec la réalité, les femmes de *La Voix,* développent des idées dont la modernité étonne, tant la raison critique l'emporte sur l'esprit de parti qui préside à l'action des républicains. Lorsqu'elles écrivent : « Nous demandons constamment, au nom de l'Égalité, l'abolition complète de tous les privilèges de sexe, de race, de naissance, de caste et de fortune [236] », ne pensent-elles pas, elles aussi, une forme de démocratie? Et si elles avaient raison, par-delà les préjugés qu'elles dénoncent? Donner à lire cette raison critique à l'œuvre, c'est aussi relire cet apprentissage de la démocratie qui triomphe sous le Second Empire, aux dires de François Furet. Bizarre démocratie, ont pensé ces femmes, quand la moitié de l'humanité n'est pas comprise dans l'universelle liberté. Démocratie dont nous sommes les héritiers. Restituer cette partie de son histoire m'a semblé nécessaire à la lecture de ces textes trop longtemps ignorés par l'histoire politique : textes qui pourtant développent des idées conformes à la liberté critique, héritée des Lumières.

LA CAUSE DU PEUPLE EN QUESTION

Le 23 juin, l'insurrection ouvrière balaie les sarcasmes en tous genres, le drame s'impose sur le devant de la scène, il s'empare des esprits. La crainte irrépressible des possédants, mêlée à la colère ouvrière, envahit la ville, exacerbe les conflits, emprisonne l'imagination des campagnes. Bientôt la violence scellera ce moment d'histoire. Aucun des témoins ne l'oubliera. La question ouvrière domine Paris. Toute la question ouvrière, hommes et femmes confondus. Le temps de la solidarité est, semble-t-il, venu. L'inégalité visible laisse entrevoir une possible union des non-privilégiés qui rassemblerait les laissés-pour-compte de la République. Le jour même des premières barricades, *Le Tocsin des travailleurs* salue, avec un grand respect, le courage des ouvrières, ces « femmes qui travaillent tout le temps ». La misère féminine est longuement décrite et, du coup, un lien est établi entre la misère des unes et l'oppression des autres :

> « ... Croyez-nous, travailleurs, tant que la délivrance des femmes ne sera pas inscrite sur notre drapeau, nous ne réussirons point à nous émanciper nous-mêmes (...). Il n'y a plus aujourd'hui que les gants jaunes de la bourgeoisie qui insultent et méprisent les femmes [237]. »

Discours peu commun, discours détonnant. Oubliée la foule conspuant les femmes du Club, oubliées les hésitations polies de Cabet, les sarcasmes du Club de l'Émancipation du peuple. Le silence de la plupart des « représentants » ouvriers-socialistes s'est évanoui; il fait place à la reconnaissance des « sœurs d'infortunes ». Il est vrai que cette « voix » du peuple, éphémère, est une voix amie. Émile Barrault, dont il s'agit, n'a pas oublié ses antécédents saint-simoniens : il est resté le « compagnon de la femme » tandis que, dès le mois de juin, Désirée Gay s'exprime, en femme du peuple, dans son journal [238]. Chacun impute à la bourgeoisie la responsabilité de l'exclusion. Les options sont claires. Désirée Gay et Jeanne Deroin ont choisi le camp des travailleurs. Elles s'apprêtent à convaincre leurs représentants socialistes de la nécessité d'une liberté partagée.

La fermeture des Ateliers nationaux a jeté dans la misère un très grand nombre d'ouvriers et une masse impressionnante d'ouvrières. Celles-ci, en s'organisant, ont franchi les premiers pas de l'autonomie et elles ne peuvent plus se satisfaire de la charité publique. Un temps respectées, elles ont acquis un sentiment de dignité, devenu d'autant plus précieux qu'elles le sentent fragile. Plus de 200 d'entre elles s'adressent au président de l'Assemblée nationale pour rejeter l'aumône du gouvernement : « C'est assez pour nous humilier et ce n'est pas assez pour vivre », écrivent-elles. Totalement démunies, elles ont besoin d'ouvrage et non de charité [239].

Symptôme du malaise social, cette pétition, rédigée par des ouvrières de l'atelier de la rue de Turgot [240], dit le drame vécu par beaucoup de femmes prolétaires. Les journaux font état du départ de quelques travailleuses de l'aiguille; les modistes sont invitées à se rendre en Angleterre où l'ouvrage ne manque pas. La réouverture des ateliers de femmes est réclamée avec force arguments : *La Démocratie pacifique* s'en fait l'écho, en rejetant l'aumône, « ce nom qui devrait être à jamais rayé du vocabulaire des Républiques [241] ». Jetées hors des ateliers, des femmes ont spontanément participé aux journées de Juin [242]. Ouvrières, comme leurs frères d'infortune, elles ont été traitées en parias de la République. Elles aident aux barricades, telle la femme Soyer qui « allait (...) chercher les insurgés pour faire abîmer la maison 21 rue Saint-Paul », tandis que la « mère du sieur Noblet engageait les émeutiers à enfoncer la porte de la maison [243] ». Certaines sont blessées ou détenues à Saint-Lazare [244].

Radicalement opposée à la violence – pratique des hommes –, Jeanne Deroin a tenté en vain de s'interposer entre les émeutiers. La guerre civile est le fruit de la barbarie dans laquelle « ils » se sont installés. Elle s'adresse à Lamennais, représentant du peuple, afin « que cette lutte fratricide ne soit pas terminée par de sanglantes exécutions militaires ». Guidé par Dieu – seule pensée qu'elle respecte – toujours Lamennais a soutenu la cause des opprimés : « Silence aux pauvres », s'est-il écrié après les décrets des 9 et 11 août imposant un cautionnement aux journaux politiques. Elle espère de « ce généreux citoyen » une médiation efficace auprès du pouvoir nouveau [245].

Depuis mai, Jeanne Deroin est peu intervenue publiquement. Ensemble, avec Désirée Gay, elles fondent l'Association mutuelle des femmes. Presque en concurrence avec *La Voix des femmes* [246], elles éditent *La Politique des femmes* dont Désirée Gay prend la direction. Elles n'ont plus guère de contact avec Eugénie Niboyet, comme si une divergence politique les séparait. Séparation d'ordre social? En tout cas, le nouveau journal brandit fièrement l'étendard socialiste sous lequel « hommes et femmes peuvent marcher de front [247] ».

Toujours volontaire pour rassembler toutes les femmes, Désirée Gay, en représentante des « ouvrières pauvres », souhaite donner à celles-ci le premier rôle; les donneuses de conseils, les faiseuses de systèmes devront désormais écouter parler l'expérience de l'exploitation et de l'humiliation. Ces « dames », celles du Club y compris, devront entendre les femmes des ateliers qui, au cours de cette révolution, ont beaucoup appris et veulent « vivre à leur manière [248] ». La solidarité sociale l'emporte désormais sur la solidarité féminine, comme si l'affront subi par Désirée Gay dans les Ateliers nationaux lui avait forgé une conscience de classe. A compter de ce jour, les adeptes de l'émancipation féminine prendront conseil auprès des ouvrières de Paris qui « ont le sentiment de leur valeur et ont pris part au mouvement d'organisation du travail », et ont participé à l'apprentissage de la démocratie, lors des élections des déléguées organisées par la mairie de Paris :

> « Elles ont été électeurs par *monsieur le maire,* et chez les femmes toute idée juste et grande porte ses fruits [249]. »

Désirée Gay secoue la tutelle des « femmes de plume » comme elle avait secoué celle des saints-simoniens. La distance prise à l'égard « des maîtresses à penser » est identique à celle observée vis-à-vis des maîtres à penser, socialistes ou non. Toute domination lui pèse [250]. Mais, forte de l'appui de militants comme Barrault, avec Jeanne Deroin, elle veut consolider les solidarités entre opprimés afin de constituer l'assise sociale qui manque encore au socialisme. Le faible nombre de « nouveaux apôtres » ne les effraie pas : la minorité est d'autant plus solide que le défi lancé par « la bourgeoisie » – visant les deux sexes – sera relevé par une morale régénératrice, propagée par des hommes et des femmes unis par la pensée du « Protée moderne », « le socialisme ».

> « C'est l'hydre aux têtes innombrables. – Vous courrez sus aux communistes! – Le socialisme se relève derrière vous sous une autre forme. – Le socialisme, c'est le creuset où viennent tomber fatalement tous ceux que la misère atteint! – Le socialisme, c'était, il y a quelques années, la réunion de plusieurs systèmes, c'est aujourd'hui une armée militante, pacifique dans son esprit, mais marchant avec la force aveugle des légions providentielles, qui de tout temps ont entraîné des peuples vers leurs destinées nouvelles [251]! »

Pensée neuve, entraînante, saisissable par des femmes de progrès déçues par les républicains. Le mépris affiché « des bourgeois » à l'égard des femmes, la critique libérale, tout converge vers le renforcement de l'unité. La liberté passera désormais par le socialisme où elle ne sera pas [252]. Ainsi raisonnent ces femmes « missionnaires de l'égalité ».

Tandis que les modérés de *La République* [253], les frileux de *La Démocratie pacifique* [254] voient des femmes partout en pleurs après les événements de Juin, et que les campagnes grouillent des bruits les plus extravagants [255], Désirée Gay et Jeanne Deroin se sentent portées par les nécessités du moment. Leur mission est plus que jamais nécessaire à l'humanité divisée. L'égalité, sans exclusive, est désormais le mot-clé de la régénération à accomplir. L'association publiera journaux, brochures – comme le *Cours de Droit social* de Jeanne Deroin –, et favorisera les réunions de femmes, soit dans le but de former des « associations industrielles », soit dans le but de s'entraider, de s'instruire, de secourir les plus défavorisées. Ainsi, Jeanne Deroin projette-t-elle d'ouvrir « un cours d'histoire générale[256] ». Cette ouverture est attendue car tout débat public vient d'être interdit aux femmes par décret du 26 juillet 1848. Avec leurs amies, elles refusent de céder à cette nouvelle offensive des républicains qui vise à « enfermer les femmes ». *La Politique des femmes* cesse sa parution après les événements de Juin, *L'Opinion des femmes* lui succède et, par elle, le socialisme authentique se fera connaître. L'interdiction faite aux femmes est ressentie comme une insulte à leurs capacités politiques. Or, à la Chambre, seule la voix de Flocon, pourtant bien timide, s'est fait entendre, contre « l'article 3 » : « Les femmes et les mineurs ne pourront être membres d'un club ni y assister[257]. »

L'amertume est d'autant plus grande que l'initiative en revient au pasteur Coquerel, rapporteur de la commission du projet, traité en ami par les femmes de *La Voix,* un proche d'Anna Knight, la quakeresse : les journaux se gaussent de cette méprise. Jeanne Deroin lui adresse une lettre ouverte. En théologienne, elle met en cause son interprétation de la « loi de Dieu » et dénie aux autorités le droit de limiter l'intervention des femmes, au nom d'une absurde séparation entre sphère publique et sphère privée dont les femmes ne comprennent pas le sens, tant elle est étrangère à leur expérience :

> « Jusqu'à présent la femme n'est pas intervenue, l'homme seul a réglé les destinées du monde, et l'état convulsif des sociétés atteste une souffrance profonde, et témoigne que l'homme seul ne peut organiser.
> Vous dites, monsieur le Pasteur, que la vie privée convient seule aux femmes; mais en entendant les protestations de l'émeute et le bruit de la fusillade qui réprime la faim, elles tremblent pour tous ceux qui leur sont chers, et descendent sur la place publique pour reconnaître les morts et panser les blessés que l'imprévoyance sociale et les haines politiques jettent sanglants sur le pavé de nos rues. Ce sont leurs pères, leurs frères, leurs maris et leurs fils, qui se sont entr'égorgés, et vous dites qu'elles ne doivent point intervenir!
> Vous dites que la femme n'est point faite pour la vie publique. Pourquoi, Monsieur le Pasteur? Est-ce parce que le désordre et la violence règnent dans les assemblées tumultueuses où les hommes sont seuls admis, mais la présence des femmes y ferait régner le respect des convenances, et leur intervention conciliatrice calmerait les esprits irrités[258]... »

Les protestations se multiplient; Louise Dauriat, à nouveau, se manifeste par une pétition[259]. Elle demande l'annulation du décret et déplore les « calomnies outrageantes » que son adoption a suscitées parmi les journalistes, tel Alphonse Karr qui n'hésite pas à travestir grossièrement les actes publics des femmes :

« Dans les temps de guerre civile, elles sont des torches dans les conseils et des poignards dans les rues. Elles incendient au lieu d'éclairer, elles tuent tout ce qu'elles rencontrent [260]... »

La haine ne s'exprime pas uniquement dans les journaux, des médailles sont frappées à l'encontre du club des femmes et, une nouvelle fois, Eugénie Niboyet est la cible des « humoristes » : deux médailles, entre autres, la caricaturent. Sur le droit de l'une, une phrase tronquée de l'un de ses discours est reproduite – « C'est nous qui faisons l'homme, pourquoi n'aurions-nous pas voix délibératrices dans ses conseils », ridiculisant les prétentions des femmes. Sur le revers de l'autre, on peut lire : « Les pauvres femmes n'ont donc ni âme ni capacités politiques, notre jeune république leur interdit les clubs. » Sur chacune des deux, le nom d'Eugénie Niboyet figure au centre, précédé du titre de mademoiselle dont le sens est clairement péjoratif [261].

Portée par le mouvement, Eugénie Niboyet a pu faire face dignement à l'adversité jusqu'en Juin, où la colère ouvrière l'emporta sur la solidarité des femmes. Victime de l'opinion publique, sous l'influence de la propagande des républicains modérés et des libéraux réactionnaires, l'ex-présidente du Club des Femmes subit également les représailles du pouvoir : son indemnité littéraire est supprimée, sans raison officielle. Elle se retrouve seule et bien démunie, sans l'aide de ses amies, dispersées par l'interdiction signifiée aux femmes. Entre juillet et août 1848, elle se plaint au ministre de l'Instruction publique à qui elle réclame son dû, puis renouvelle sa réclamation auprès du général Cavaignac. On la sent désorientée. En juillet, elle tente de donner des gages de moralité en proposant à Hippolyte Carnot le « plan d'un catéchisme moral destiné aux femmes de la classe ouvrière », insistant sur leurs devoirs dans la famille sans pour autant omettre leurs « droits de citoyennes ». Démarche vaine : aucune réponse ne lui est adressée. Le 1er août elle s'inquiète :

« Je n'ai reçu ni réponse, ni audience et j'ai lieu de penser que dans ses nombreuses préoccupations, le Ministre n'a pas même lu mes lettres. *On * a calomnié mes intentions, dénaturé mes actes, le temps fera justice de cette malveillance.* Déjà l'opinion publique s'amende (...). C'est par les femmes éclairées et dévouées qu'il faut faire éduquer les femmes. Elles seules sont apôtres **, elles seules ramèneront dans la famille la paix et l'ordre. Le Ministre qui comprendra cela, aura compris l'humanité, il sera grand et honoré ; j'attends mes droits de votre justice [262]... »

* En marge on peut lire également : « Qui *on ?* »

** En marge, figure un point d'interrogation.

Son courrier reste sans réponse. Eugénie Niboyet quitte alors Paris pour s'occuper d'une association de femmes ouvrières lyonnaises. Jamais elle ne récupérera son indemnité. « Punie » pour ses activités jugées subversives, voire infamantes, au vu des notes biffant ses lettres, elle doit « expier » sa vie durant. Elle fut un temps présidente d'un club de femmes. Pour les représentants des gouvernements républicains ou bonapartistes, elle est et restera, jusqu'à sa mort, « présidente du Club des femmes de 1848 ».

CONVAINCRE LES SOCIALISTES

Jeanne Deroin et Désirée Gay veulent propager l'idée d'émancipation du peuple et des femmes dans le cadre choisi par les partisans de la « vraie République », la seule possible, « la sociale ». Dans leur journal, elles publient les protestations contre le décret sur les clubs et les pétitions en faveur de l'amnistie des insurgés sont mises à l'honneur. Organe des associations ouvrières de femmes, la feuille se veut l'écho des « déshéritées [263]. » Dépourvues de toute responsabilité, fortes d'une expérience collective pleine d'enseignements, les femmes ouvrières, « sans position », seraient mieux placées « que leurs frères en esclavage » pour dénoncer les roueries du pouvoir et les privilégiés de la république. Désirée Gay valorise le rôle des sociétés de femmes ouvrières auprès des socialistes tandis que Jeanne Deroin s'adresse directement à leurs représentants. Elles veulent convaincre. Parce que la femme a été réduite à « rien », la barbarie a triomphé. Les vrais principes républicains doivent se penser sans exclusive. Tel est le défi que doivent relever les socialistes, ce qui suppose que soit donnée une identité sociale aux femmes. Tâche qui incombe aux républicains sincères, soucieux du bonheur humain, en un mot aux socialistes.

« De la femme

D. Qu'est-ce que la femme?

R. On l'ignore. Quelques-uns disent que c'est une chose qui vient de Dieu et qui retourne à Dieu; d'autres le nient.

D. A quoi s'emploie-t-elle?

R. A tout et à rien.

D. Quelle est sa position?

R. Elle n'en a pas.

D. Mais, enfin, dans quelle famille de l'ordre de la nature la classe-t-on?

R. Les lois de la nature humaine n'étant pas suffisamment reconnues, le classement exact de la femme éprouve quelques difficultés.

D. Et dans les lois sociales?

R. La loi sociale laisse plus de doutes encore. La science est tout à fait embarrassée pour la véritable place qu'elle doit lui accorder. (...)
D. Appartient-elle à l'humanité?
R. Nos lois ne l'admettent ni comme être propre, ni comme être raisonnable. Le projet de constitution présenté à l'honorable Chambre des députés de 1848, Chambre si avancée dans le progrès! ne les compte pas dans la population, et leur nie le droit de voter qu'elle concède à leurs valets. (...)
Ne voulant émanciper la femme ni comme être humain, ni comme chat, chien, tigre, lion, serpent (animaux malfaisants ou domestiques), il en a fait une chose qui tient à la fois de *l'humanité* pour ceux qui l'adorent, du règne *animal* pour ceux qui la font servile, du règne *végétal* pour celui qui la croit sans âme, du règne *minéral* pour celui qui la brise.
D. La femme est donc devenue une propriété accordée aux bourgeois de tous les étages, pour s'en servir et la gouverner à leur guise?
R. Oui! et tous ont à son égard des exigences particulières qui expliquent l'étonnante diversité de son développement. Celui-ci la châtre moralement et physiquement dès l'enfance : *c'est le noble*. Celui-là en fait une poupée brillante; il la pare et la montre : *c'est le financier*. *Le bourgeois* l'utilise à tout et lui refuse tout; *le républicain* en fait un être qu'il garde pour lui seul, et qui, comme le potage d'Alain (Molière), doit être sa possession exclusive. Forcé par la logique de ses principes libéraux, de renoncer à la propriété territoriale, *le républicain croit encore positivement à la propriété de la femme,* tant il est vrai que les erreurs ne s'en vont pas de ce monde, mais changent seulement de place et de but (...). Représentants unanimes de l'intelligence en France, nos députés ont entrevu cette grande question, et tout laisse présager qu'au lieu de la résoudre, ils tenteront d'abâtardir de plus en plus la femme, préférant logiquement tout au risque si grand de la voir s'élever et marcher de pair avec l'homme, dont nos honorables représentants sont déjà si fortement embarrassés [264]. (...) »

Ce dialogue simulé montre à quel point le rêve d'une autre république n'est plus. Possession de l'homme, la femme, ce « rien », n'a gardé que sa lucidité, son humour, parfois décapant. Ici, les responsables de l'assujettissement renouvelé des femmes sont clairement désignés : les bourgeois, leurs alliés et les élus de la nation dont le progressisme est mis en doute. Reste l'espoir d'une transformation sociale radicale.

Jeanne Deroin entreprend alors d'éclairer ses amis. Non seulement de les convaincre, mais de les rendre plus vigilants à l'égard des modèles bourgeois dont ils doivent se garder, sous peine de perdre leur identité socialiste. Elle cherche toutes les ouvertures. Un dialogue s'engage avec Jean Macé, ami des femmes, qui a accepté de collaborer à son journal [265]. Selon l'interlocuteur privilégié des femmes, il resterait deux « anomalies » dans cette société en proie à la misère et à l'égoïsme : « le peuple souffrant et la femme opprimée [266] ». Aussi incite-t-il les socialistes à tout faire pour mettre un terme à l'exploitation de l'un et à l'oppression de l'autre. A l'en croire, cependant, le plus grand ennemi de la liberté des femmes est les femmes elles-mêmes, dont la plupart n'ont pas compris l'enjeu de Février. Conservatrices bien qu'opprimées, elles veulent assurer la perpétuation d'un système qui les protège des excès du dehors; plus grave, elles usent de leur influence pour faire basculer la République dans un sens conservateur. En quelque sorte, ces femmes bien différentes de Jeanne Deroin, seraient porteuses d'une dégénérescence sociale!, attitude d'autant plus dommageable qu'elles préfèrent majoritairement « tenir » leur « tuteur en lisière », plutôt que se libérer de leurs fers, parce qu'elles ont perdu « le sentiment » de « leur valeur personnelle », elles ne savent qu'utiliser la ruse et « les crocs-en-jambe » pour arriver à leurs fins. Et de conclure, entre ces deux anomalies : « Il y en a une qui me paraît plus pressée que l'autre. » Tout compte fait, si la cause est la même, entre « des souverains qui obéissent et des sujets qui règnent », le choix est aisé, la libération de l'un l'emporte sur l'émancipation de l'autre.

> « C'est aussi à cause de cela qu'il faut que la femme aide le travailleur à s'affranchir. L'affranchissement du travailleur préparera le sien, à elle. Le privilège du sexe, qui sera le dernier sur la terre, restera bien faible quand il n'y en aura plus d'autre pour l'appuyer [267]... »

Un profond malentendu s'installe entre le plus chaud partisan de la cause des femmes et les rédactrices de *L'Opinion des femmes*. Aux yeux de Jean Macé, à bien considérer les relations entre les sexes, la résistance masculine à l'émancipation des femmes apparaît très secondaire au regard d'une résignation féminine, largement partagée, qui est entretenue par la jouissance d'une tutelle habilement contournée par « la ruse [268] ». En d'autres termes, la liberté des femmes ne dépendrait que d'elles. Le vocabulaire employé par Jean Macé révèle son parti pris : « souverains qui obéissez et sujettes qui régnez », écrit-il, on ne peut mieux nier le propos libérateur par le langage qui en dément l'utilité. Ainsi l'incompréhension s'installe entre l'homme socialiste, attentif, solidaire, critique à l'égard des compagnons qui sont sourds à la détresse féminine, et Jeanne Deroin. Leurs démarches s'inversent : l'une ne conçoit de socialisme que dans la liberté associée des deux sexes, tandis que l'autre introduit une priorité dans l'émancipation.

Pourtant les rédactrices de *L'Opinion* ne manquent pas d'éloquence, les arguments avancés cherchent à entraîner l'adhésion par un recours à l'histoire de plus en plus marqué :

> « Et lorsque la révolution de 1848 éclata faisant entendre partout son mot de ralliement, *Socialisme,* la femme était prête à l'accepter; car elle avait déjà compris que ce mot était celui de l'avenir.
> Ainsi donc, s'il est une vérité incontestable et pourtant toujours contestée, c'est que l'homme n'erre depuis tant de siècles dans les arcanes du labyrinthe social que parce qu'il veut y marcher seul, repoussant sans cesse l'Ariane qui veut en vain l'aider à retrouver sa route [269]... »

Les discours se font face sans pour autant se contredire. Les rédactrices ne veulent garder que la bonne part de l'engagement de l'ami. Elles préfèrent s'en prendre aux socialistes timides de *La Démocratie pacifique* qui craignent l'intervention des femmes, « intervention » qui risquerait « de bouleverser la société jusque dans ses fondements [270] ». Elles ne cherchent pas l'affrontement, bien au contraire, elles veulent être entendues et participer à toutes les manifestations socialistes où il manque trop souvent « la parole des femmes [271] ». Cette attitude conciliante leur permet de faire admettre trois femmes au banquet socialiste du 4 mars. Souplesse et conviction commandent la réflexion de Jeanne Deroin. Non point polémiquer, mais persuader ses interlocuteurs. C'est dans cet état d'esprit qu'elle s'adresse à Pierre Joseph Proudhon dont elle respecte les idées, au vu de l'autorité politique et morale dont il dispose auprès des prolétaires. Ce n'est pas à « l'ennemi du sexe » qu'elle écrit, mais au père fondateur du vrai socialisme, à l'ami de la liberté du peuple, qui ne peut, sans déroger à ses principes, admettre un privilège injuste. Elle lui demande expressément de « détruire le plus funeste des préjugés qui entrave la marche de l'humanité dans la marche du progrès », au nom du droit des femmes qui « renferme en lui l'abolition de toutes les inégalités sociales, de tous les privilèges oppressifs » :

> « ... Socialiste chrétienne, je dirai comme vous, Monsieur, plutôt ménagères que courtisanes * si je n'avais la certitude qu'un grand nombre de femmes ne deviennent courtisanes que pour échapper à la nécessité d'être ménagères (...). La prostitution est le résultat de l'esclavage des femmes, de l'ignorance et de la misère (...). Vous voulez resserrer les liens de la famille, et vous la divisez : l'homme au forum ou à l'atelier, la femme au foyer domestique. Séparées de leurs époux et de leurs fils, de leurs pères et de leurs frères, les femmes, comme dans le passé, se consoleront de leur isolement et de leur servitude en rêvant à la patrie céleste, où elles auront le droit de cité, où il n'y aura plus d'inégalités ni de privilèges injustes. Abandonnées par vous à l'influence du confessionnal,

* Elle écrit à deux reprises courtisannes avec deux *n*. Faute de typo?

elles vous enlaceront d'une chaîne mystérieuse, et tous vos efforts vers le progrès seront vains; vous combattrez sans succès pour la liberté comme ces barons polonais qui refusaient d'affranchir leurs serfs. Vous essayerez inutilement d'établir l'égalité entre les citoyens; la société est fondée sur la famille : si la famille reste fondée sur l'inégalité, la société reprendra toujours son vieux pli, et rentrera, comme vous le dites, dans l'ordre naturel des choses. Depuis l'origine du monde il y a des esclaves et des maîtres, des opprimés et des tyrans, des privilèges de sexe, de race, de naissance, de caste, et de fortune, et il y en aura toujours tant que vous refuserez de pratiquer la fraternité envers celles que Dieu vous a données pour sœurs et pour compagnes. Vous demandez quelle sera la mission de la femme en dehors de la famille? Elle viendra vous aider à rétablir l'ordre dans ce grand ménage, mal administré, que l'on nomme l'État (...). Je désire vivement, Monsieur, vous voir partager ma conviction profonde, que nulle réforme sérieuse ne peut s'accomplir d'une manière durable sans l'application de ce grand principe du droit des femmes à l'égalité civile et politique, qui est la base de notre rédemption sociale [272]. »

Toute la pensée critique de Jeanne Deroin est exposée dans ce texte. Consciente des bouleversements qu'engendrerait la mise en œuvre d'une liberté complète, elle n'en estime pas moins que là est la condition nécessaire, la seule, pour mettre un terme aux misères humaines. Dans cette perspective, toute survivance hiérarchique apparaît incompatible avec l'idée d'émancipation des femmes car la domination se substitue alors au pouvoir. Or, selon Jeanne Deroin, cette domination d'un sexe sur l'autre est l'expression d'un système de contrainte plus global, d'une pratique d'exploitation plus générale; elle en exclut donc le principe. Elle connaît ses classiques : Sieyès, Guizot, Tocqueville qui tous légitiment la hiérarchie sociale par l'exemplarité de l'ordre familial, au sein duquel le père jouit d'une autorité supérieure, incontestée parce que incontestable. C'est bien pourquoi elle privilégie la transformation des rapports dans la famille. Refuser de changer les rapports en son sein, c'est vouloir conserver l'ordre social actuel fondé sur l'inégalité réelle. Les leçons de l'histoire sont un argument clé pour sa démonstration. La Société d'Éducation mutuelle enseignera tout particulièrement l'histoire des hommes qui, toujours, refusèrent d'associer leurs compagnes au gouvernement des États. Une histoire des échecs humains.

La polémique avec Proudhon relance le débat parmi les socialistes : *La République* et *La Démocratie pacifique,* en désaccord avec le père de la *Banque du peuple* qui est contesté au sein de l'union des démocrates-socialistes, ouvrent leurs colonnes aux femmes, heureuses de souligner les contradictions manifestes de ce socialiste singulier :

« Depuis que j'observe votre vie publique, je vous ai vu commettre bien des actions fatales au socialisme; mais je l'avoue, je ne vous croyais pas capable d'aller jusque-là. Vous n'avez vu dans le socialisme qu'un problème d'économie politique, vous vous y êtes attaché exclusivement, et pour le résoudre, vous niez toutes les autres branches de la science sociale au nom même du socialisme dont au fond vous êtes le plus dangereux ennemi (...). Vous ne voyez dans la femme qu'une esclave docile : vous la voulez attentive à prévenir tous vos besoins, vous cherchez en elle un instrument de plaisir ou une domestique sans gages (...). Si au lieu de discuter avec un économiste, je parlais à un socialiste, j'invoquerais les principes élémentaires de la science sociale, et je lui dirais que, dans une société bien organisée, toutes les forces, toutes les facultés créées par Dieu, doivent concourir au but commun (...). Vous les repoussez [les femmes] comme incapables et indignes, absolument comme les aristocrates repoussent le peuple de toute participation à l'administration de ses propres affaires, sous le prétexte que ces choses ne le regardent pas et qu'il n'a pas le temps ni l'instruction nécessaire pour s'en occuper [273]... »

Les opinions de Proudhon, plus que celles de Jean Macé, l'ont emporté dans le mouvement ouvrier français. Malgré les différences de point de vue, chacun manifeste les mêmes préventions, les mêmes peurs à l'égard des femmes : « la femme », rusée, sans sentiment d'honneur, risque de faire basculer l'humanité dans la dégénérescence ou le chaos [274]. Tandis que Jean Macé souhaite restituer à la femme sa « vraie valeur » pervertie par la bourgeoisie, Proudhon préfère « l'enfermer » dans la sphère qui lui est naturellement destinée. Une même crainte irrationnelle des femmes subsume les divergences, clairement exposées en cette année 1849, à propos du rôle social des femmes : Jean Macé confierait aux femmes de multiples fonctions hors du foyer, dans la mesure où, dit-il, « la femme n'est pas nourrice toute sa vie », tandis que Proudhon ne les accepte que ménagères. Mais chacun d'eux les perçoit hors de l'espace réservé aux hommes.

Des hommes désignent les femmes comme porteuses de dégénérescence sociale tandis que des femmes espèrent régénérer ce monde grâce aux qualités spécifiques dont elles disposent. Qualités méconnues jusqu'alors, puisque aucune d'entre elles n'a été appelée aux responsabilités sociales. Là est le malentendu fondamental. C'est pourquoi « l'opinion » des femmes, pas plus que leur « voix », ne sera entendue, malgré leurs propres convictions.

Après la République, le socialisme est mis en question. Jeanne Deroin et ses amies ne peuvent admettre qu'on leur dénie la qualité de socialiste – individu capable de transformer les rapports sociaux dans l'égalité de tous. Marie considère Proudhon comme un ennemi du socialisme. Henriette (Hortense Wild), dont l'humour caustique ne rate pas une occasion de se manifester – elle avait imaginé d'envoyer à chaque représentant de l'Assemblée nationale une médaille sur le revers de laquelle on aurait pu lire : « Les progrès sociaux sont subordonnés à l'extension des droits de la femme [275] » –, ne craint pas de rire des certitudes du *représentant du peuple* désigné comme l'allié des plus réactionnaires, lui qui voue aux gémonies la propriété tout en considérant la femme propriété de l'homme!

> « Mauvais chrétien, socialiste haineux, vous poursuivez le monopole sous sa forme matérielle et particulièrement saisissable, ce qui est bien : mais quand on veut l'attaquer sous sa forme affective, vous vous mettez à la traverse et criez au scandale! Vous voulez de la dignité et de l'égalité des hommes, et vous repoussez la dignité et l'égalité des sexes? La femme, dites-vous, n'a rien à prétendre de plus, et son devoir est de rester dans la retraite pour laquelle la nature l'a créée.
> Pitié de vos sophismes, honte à vos idées de résignation quand même! Dans ce temps révolutionnaire (...)
> Notre mysticisme vous déplaît, ô saint Proudhon! Eh bien, encore un peu de temps et il naîtra, j'en suis sûre, une sainte Proudhonne (...). Sainte Proudhonne découvrira sans peine cette autre propriété qui a échappé à la courte vue de son patron (...). Sainte Proudhonne verra bien que l'amour, réglé par vous et devenu le droit du plus fort, constitue la plus inique des propriétés, et, sous l'empire de ses convictions, s'emparant de votre plus audacieuse formule, sainte Proudhonne démontrera clairement au monde que *la propriété c'est le viol* [276]... »

Malgré la bonne volonté de quelques représentants du peuple, malgré les convictions personnelles d'un Jean Macé, l'alliance préconisée par Jeanne Deroin est bien fragile. Les prises de position de Proudhon font craindre le pire pour le socialisme à venir. Les partis, dans leur ensemble, se sont ralliés à la « République des privilégiés », au détriment des idées libératrices énoncées par quelques individus isolés. Le socialisme, dernier recours des femmes, fait cause commune avec les républicains modérés. Peu de socialistes en effet sont prêts à abandonner leurs prérogatives au sein de la famille, partie d'eux-mêmes, seule propriété pleine et entière qu'ils croient posséder. Aucun ne pourra accepter ce slogan détourné par Henriette. Même si la plupart d'entre eux aspirent à un mieux-être pour les femmes, ils ne peuvent se défaire de la symbolique du pouvoir. Ils rejetteront cette idée subversive que les femmes socialistes portent en elle : *la famille propriété de l'homme, c'est le viol.* Par le rejet de l'égalité dans ce centre social vital qu'est la famille, ils s'engagent sur les pas des libéraux. En s'identifiant, de fait, aux autorités supérieures dans le cadre d'un système hiérarchique dont l'origine naturelle est réaffirmée par Proudhon, ils cautionnent la hiérarchie sociale, imitée du modèle familial. Ainsi, invalident-ils l'idée même de socialisme. Telle est la conviction profonde de Jeanne Deroin. C'est pourquoi elle place sa mission au-delà des partis.

UNE FEMME EN MISSION

A lire Jeanne Deroin, tout sur terre reste inachevé; les théories sont fausses, les « lois incomplètes, oppressives et imprévoyantes », tout a été élaboré dans l'irrespect de la loi de Dieu dont la vérité reste méconnue de l'esprit de l'homme, incapable de comprendre à lui seul cette loi. La guerre civile, le désordre, l'oppression, l'anarchie morale : telle est l'œuvre des antagonismes qui toujours resurgissent entre les hommes. Malgré son engagement socialiste, elle ne peut accepter de se fondre dans la mouvance de ses partisans, si hésitants à l'égard de la liberté des femmes. Elle incite ses compagnes à « s'élever au-dessus de ces haines de partis et de sectes qui divisent les hommes », et les invite à « enseigner à tous la pratique de la fraternité [277] », dont les implications sont insaisissables par les hommes qui restent à mi-chemin de son application.

> « La politique a été jusqu'à présent, non pas l'art de gouverner les peuples, mais de les opprimer; c'est pour cette raison que les gouvernements ne peuvent se maintenir que par la force des baïonnettes. Gouverner, c'est comprimer, plus ou moins habilement, plus ou moins brutalement, suivant les temps et les circonstances; voilà pourquoi les femmes sont déclarées incapables, et voilà pourquoi elles doivent réclamer le droit d'intervenir pour aider les hommes de cœur et d'intelligence à transformer cette politique de violence et de compression qui ne produit que des haines profondes et des luttes incessantes et qui est la source de toutes les souffrances et de toutes les misères sociales (...). Et cette sécurité que n'a jamais pu, que ne pourrait jamais leur donner notre vieille société basée sur le droit du plus fort, sur le privilège, sur l'exploitation de l'homme par l'homme, naîtra d'une société nouvelle, basée sur les principes de fraternité et de solidarité universelle [278]... »

Dans l'esprit de Jeanne Deroin, la négation des droits des femmes donne à celles-ci le privilège de juger ceux qui en abusent. Leur spécificité maternelle, considérée comme une contrainte qui leur interdit de participer aux charges publiques – handicap du point de vue du citoyen –, devient, par la grâce de Dieu, plus qu'une dignité sociale, une supériorité morale. La femme-mère, appelée par le Christ-Dieu, par lui réhabilitée, se sent capable non seulement de « sauver » ses compagnes, mais d'apprendre aux hommes la solidarité universelle [279]. Jeanne Deroin développe ici une opinion qui sort des normes de la réflexion politique traditionnelle. Exclue du système politique des hommes, elle – une femme – n'est pas moins incluse dans ce monde dont le devenir la préoccupe : « les progrès » accomplis jusqu'alors par les hommes seuls n'ont abouti ni à la paix, ni à l'harmonie recherchée. Elle se place hors du champ d'intervention des hommes mais s'insère dans leur politique et s'impose sur une scène publique par la loi des hommes.

Convaincre de la nécessité de prolonger son apostolat, malgré ses occupations [280], elle décide de se porter candidate aux élections législatives de 1849. Non pas en candidat classique, mais en exclue de la République. Elle demande aux démocrates-socialistes de l'intégrer au comité, afin de dénoncer, par ce geste, l'inégalité du suffrage universel ou, pour le moins, de prendre en compte sa candidature. Elle se réfère à l'acte symbolique de Pauline Roland à la mairie de Boussac. Toute la rédaction du journal est engagée dans cette campagne : « *L'Opinion des femmes* adhère au programme de la presse démocratique et sociale, en y ajoutant le droit des femmes " oublié " par le susdit programme. »

> « Aux démocrates-socialistes.
> Il ne suffit pas d'énoncer un grand principe et de proclamer bien haut que l'on en accepte toutes les conséquences; il faut se dévouer à la réalisation de ce principe et témoigner par tous ses actes que l'on a le courage de son opinion (...). En 1849, une femme vient encore frapper à la porte de la cité, réclamer pour les femmes le droit de participer aux travaux de l'Assemblée législative. Ce n'est pas au vieux monde qu'elle s'adresse; on ne parle pas au morts, mais aux vivants : c'est à ses frères, aux démocrates-socialistes, à ceux qui ont accepté toutes les conséquences des principes de liberté, d'égalité et de fraternité. Elle vient leur demander de protester contre une injuste exclusion, et de proclamer par leur vote qu'ils veulent sincèrement l'abolition de tous les privilèges de sexe, de race, de naissance, de fortune [281]... »

Fidèle à sa profession de foi saint-simonienne, en « apôtre », au-dessus des partis, elle échappe aux railleries dont Eugénie Niboyet a beaucoup souffert. Elle s'autorise même à donner des leçons de morale politique à ses frères socialistes. Par sa parole, elle se veut la continuatrice de toutes celles qui se sont sacrifiées à la cause des femmes. Hommage est rendu à Olympe de Gouges. La filiation révolutionnaire des femmes vient en avant de la référence socialiste dont le projet est encore incomplet. L'argument qu'elle développe auprès des électeurs de la Seine est éloquent à cet égard :

« Une Assemblée législative entièrement composée d'hommes est aussi incompétente pour faire les lois qui régissent une société composée d'hommes et de femmes, que le serait une assemblée entièrement composée de privilégiés pour discuter les intérêts des travailleurs, ou une assemblée de capitalistes pour soutenir l'honneur du pays [282]. »

Soutenue par Eugène Stourm [283] et Jean Macé, qui ne manque pas de lui signaler que sa candidature, justifiée sur le plan des principes, reste « inconstitutionnelle [284] », Jeanne Deroin s'apprête à affronter les électeurs dans les réunions publiques. C'était sans compter sur l'interdit lancé par Pierre Joseph Proudhon qui use de son autorité pour empêcher la candidate de s'exprimer. Le ton est solennel, comme si la candidature de Jeanne Deroin mettait en péril le socialisme même. A l'instar de *La Liberté,* il ne mentionne pas le nom de la candidate, espérant ainsi, sans doute, effacer les traces d'une démarche dont la prétention le scandalise.

« *Un fait très grave* et sur lequel il nous est impossible de garder le silence, s'est passé à un récent banquet socialiste. Une femme a sérieusement posé sa candidature à l'Assemblée Nationale. Nous ne pouvons laisser passer, sans protester énergiquement, au nom de la morale publique et de la justice elle-même, de semblables prétentions et de pareils principes. Il importe que le socialisme n'en accepte pas la solidarité. L'Égalité politique des deux sexes, c'est-à-dire l'assimilation de la femme à l'homme dans les fonctions publiques est un des sophismes que repousse non point seulement la logique mais encore la conscience humaine et la nature des choses (...).

La famille est la seule personnalité que le droit politique reconnaisse (...). Le ménage et la famille, voilà le sanctuaire de la femme [285]... »

Ce fait très grave, dont parle Proudhon, lui permet en réalité de s'adresser à l'ensemble de la communauté socialiste. Son objectif est clair : donner au socialisme ses lettres de noblesse politiques, en le gardant d'une mixité qui risquerait de lui interdire les chemins de la solidarité masculine, condition d'accès à la gestion de la chose publique. L'enjeu est important : il s'agit de forger la théorie socialiste sans l'égalité des sexes. Les prémisses de ces idées avaient été élaborées dans son *Premier mémoire sur la propriété* publié en 1841, et dans *Les Contradictions économiques* éditées en 1846 [286]. Depuis, des événements nouveaux sont intervenus : les femmes de 1848, entrées en politique, ont quelque peu bousculé son schéma ordinal de la famille, « sanctuaire » féminin et fondement de l'ordre social. Après l'offensive des conservateurs républicains, Proudhon croit nécessaire de prémunir le socialisme, trop marqué à son goût par les théories « excentriques » de Fourier ou d'Enfantin, contre une émancipation préjudiciable à l'homme. Il réaffirme les déterminations naturelles des dispositions de chaque sexe, en fonction d'un « ordre positif des choses ». Il veut rendre leur dignité aux femmes, leurs capacités propres à aimer. Cette idée, présente aussi chez Leroux, permet de construire aux femmes une identité sociale fondée sur l'amour. Ainsi le ménage socialiste se distingue-t-il du ménage bourgeois. Ce modèle de référence est mis au service d'un peuple qui y puise sa force de combattre en découvrant sa propre identité : toujours la femme est indissociablement unie à l'homme qui la représente dans la cité. La critique sociale, tout entière axée sur le système économique, fait de la femme une victime de la bourgeoisie possédante. Son époux, en l'aimant, la retire de cette scène publique qu'est l'atelier pour la garder dans la famille. En même temps, il lui interdit le travail, apanage de l'homme, on s'en souvient, du point de vue des républicains de 1835. Sur « la place des femmes dans la société », le débat est serré entre socialistes en cette année 1849. *La République* du 13 avril y consacre toute sa première page. Les démocrates-socialistes se sont regroupés au sein du Comité central démocratique de la Seine et s'apprêtent à affronter le parti de l'ordre déterminé à défendre « la propriété », « la famille » et « la religion ». Parmi ceux que l'on qualifie de « rouges », quelques-uns tiennent à faire entendre la vérité des principes qui les animent : penser une égalité sans exclusive, dans l'harmonie des familles, leur apparaît un des thèmes à propager pour rendre crédible la république sociale dont ils rêvent [287]. *La Démocratie pacifique* publie la réponse de Jeanne Deroin à Proudhon sans ajouter le moindre commentaire. *La République* prend acte de la candidature de Jeanne Deroin, tout en la qualifiant de « démarche excentrique ». Néanmoins, l'égalité reprend droit de cité, hors de la confusion identité-égalité introduite par Proudhon :

> « Ouvriers, prolétaires, avez-vous vu jamais les maîtres réclamer contre votre journée insuffisante et n'avez-vous pas compris que pour que vos intérêts fussent défendus il fallait que vous les discutassiez vous-mêmes? serez-vous étonnés que les femmes qui, elles aussi, sont des producteurs, veuillent discuter leurs droits et ne s'en rapportent point à leurs maîtres, pas plus que vous ne vous en êtes rapportés aux vôtres [288]... »

L'Opinion des femmes remercie *La République* de cette prise de position courageuse, mais cette intervention reste indirecte et sans effet immédiat.

Objet de controverse, la place des femmes est donc au cœur du débat d'idées, au moment où s'élabore la doctrine socialiste autour de laquelle ses porte-parole tentent de se regrouper face au conservatisme. La polémique est cependant sans conséquence : Jeanne Deroin défend une opinion « trop neuve » qui fait naître « des répulsions ».

Que les électeurs se rassurent! il ne s'agit que de « principes » – des références abstraites –, utiles pour combattre les « despotes barbus » mais trop avancés pour que l'on songe à les mettre en œuvre. La polémique vise avant tout « l'ami Proudhon » dont l'audience s'élargit : il doit apprendre que « les femmes seront les inspirateurs d'une société nouvelle où la force sera subordonnée à l'intelligence, où les machines ayant soumis toutes les résistances vives, exécuteront tous les travaux pénibles et répugnants ». Ceci dans un temps futur, encore fort éloigné. Pour l'heure, il y a d'autres priorités car « les dangers de la République rétrécissent l'horizon des désirs et le cercle du combat ». L'unité entre socialistes ne doit pas souffrir de « l'opinion des femmes » qui sont dépossédées d'un débat qu'elles avaient elles-mêmes engagé. D'ailleurs « l'ami Proudhon » garde ses certitudes :

> « Ce dont la femme cherche à être émancipée, ce n'est pas de l'homme, il reste à cet égard peu de progrès à faire dans nos sociétés modernes [289], c'est comme le prolétaire, du despotisme capitaliste qui tyrannise son cœur et la jette au milieu de l'atelier où meurent lentement et sa moralité et son corps [290] (...). »

Le capitalisme, seul ennemi désigné, gardera longtemps cette prérogative dans le mouvement ouvrier. Malgré les tentatives d'Eugène Stourm d'ouvrir une brèche dans « l'intelligence audacieuse » du penseur respecté qui fait preuve d'un conservatisme des plus « vulgaires », malgré le défi relevé par *L'Opinion* [291], l'idée proudhonienne s'impose dans « l'esprit essentiel du socialisme [292] » :

> « ... Pardon monsieur, la femme cherche à être émancipée de l'homme, ne vous y trompez pas; c'est tout simple, puisque l'homme représente, dans presque tous ses rapports avec la femme, le sacrifice du droit à la force, la loi de contrainte et de nécessité (...), puisque le prolétaire c'est elle-même, puisque l'homme ne perd pas moins que la femme, dans l'atelier immoral et insalubre, sa moralité et son corps. Il ne s'agit donc pas tant de sortir la femme de l'atelier que de transformer l'atelier lui-même, et d'ennoblir pour elle comme pour le prolétaire, cette source d'activité et d'indépendance (...). Les femmes sont une partie du Souverain, et nous espérons bien que l'histoire n'aura point à enregistrer, avec l'ère républicaine, la période des reines fainéantes, la France eût-elle à sa tête les maires du Palais les plus capables [293]. (...) »

L'éloquence de la démonstration ne suffit pas à fléchir le comité central des démocrates-socialistes [294]. Malgré les évidences énoncées sur l'incompatibilité du socialisme avec la survivance d'une domination, malgré la mise au jour des contradictions d'une pensée mutilée, l'autorité politique d'un Proudhon l'emporte sur la raison critique des femmes. Le comité des démocrates-socialistes refuse d'inscrire le nom de Jeanne Deroin sur sa liste. Encore une fois, le sujet politique et qui se pose comme tel échappe à celle qui l'énonce. Il n'empêche que sa candidate ne veut pas renoncer à sa mission. Pendant quelques jours, elle lutte avec « un courage digne d'un meilleur sort contre les quolibets des blancs, les effrois des rouges, les hostilités inintelligentes des demi-socialistes », tandis que « le monde politique s'ébaudissait du monstre de sa candidature [295] ».

Le 10 avril 1849, elle intervient dans une réunion électorale du IVe arrondissement : l'accueil est bienveillant. Le 16, le président lui objecte l'inconstitutionnalité de sa candidature. Elle fait appel alors « à la conscience et à la justice des citoyens », manifeste « son étonnement » devant ces hommes d'avenir, « démocrates socialistes » qui « repoussent les conséquences logiques et l'application des principes » de base du socialisme, « qui reculent devant la pratique et qui n'ont pas le courage de leur opinion, qui demandent l'abolition des privilèges et qui veulent conserver celui qu'ils partagent avec les privilégiés, celui qui est la source de tous les autres privilèges, de toutes les inégalités sociales, la domination de l'homme sur la femme ». Un citoyen monte à la tribune pour nier l'égalité des deux sexes, un autre en défend la nécessité, mais pour l'avenir. Le vendredi 13, elle est dans le Ier arrondissement : inscrite pour le mardi 17, le principe de sa candidature est rejeté mais il lui est permis d'aborder les questions générales et de répondre à un contradicteur trop pressé de réduire l'activité des femmes aux tâches domestiques. Le samedi 14, à la salle de la Fraternité, on lui refuse la parole. Nouveau refus le mercredi 18. Le 19, elle peut enfin accomplir sa tâche, mais toujours lui est objectée l'inconstitutionnalité de sa candidature. Le 20, à la salle Montesquieu, la tribune lui est refusée; elle se rend alors à la salle des Acacias, rue Saint-Antoine [296]. Là, l'accueil est chaleureux, grâce, en partie, à « l'appui du citoyen Delbrouck » tout acquis à la cause des femmes : un vote de sympathie est obtenu en sa faveur.

> « C'est au peuple souverain qu'il appartenait de juger si notre demande était inopportune ou inconstitutionnelle (...). Nous affirmons que le temps des élections générales où le peuple reprend l'exercice de sa souveraineté, est le moment opportun pour réclamer les droits d'une moitié de l'humanité injustement opprimée et méconnue par l'autre moitié [297]. »

Jeanne Deroin a accompli sa mission, mission impossible, mais démonstration nécessaire. Le peuple ignore encore la signification réelle des principes républicains, il faut l'en instruire : sa situation d'exploité, qui se perpétue malgré sa victoire de Février, lui permet de mieux comprendre « l'égalité vraie » sans exclusive; la cause des femmes, indissociablement liée à celle des prolétaires, reste incomprise par les « représentants du peuple », autorités politiques reconnues, hommes de pouvoir, qui tentent inconsidérément de séparer les opprimés. C'est pourquoi Jeanne Deroin tient à s'adresser directement au peuple, par-delà ses représentants. A un moment où l'affrontement électoral oppose très clairement le camp des possédants à celui des pauvres, après l'échec d'une insurrection qu'elle réprouve dans son principe, elle pense qu'une candidature de femme serait la bienvenue pour faire valoir, au sein du socialisme, cette unité des exploités et des opprimées. Jamais elle n'a douté de la justesse de la cause. Elle défend l'honneur d'un socialisme vrai, contre le déshonneur d'un Proudhon, restaurateur d'une forme de despotisme. En tant qu'apôtre du socialisme, il lui paraît impossible de taire l'opinion des femmes qui, depuis Février, tentent vainement d'associer l'idée de liberté à celle d'égalité, à l'exclusion de toute oppression. Mais l'idée est difficile à entendre dans le « charivari » qu'elle engendre.

Les journaux satiriques s'emparent bien vite des femmes « saucialistes ». Elles font la une du *Charivari,* le 10 avril, le 25, le 7 mai, le 11, le 17, le 23, le 25 mai et le 4 juin, par des caricatures pleine page de Daumier dont le crayon acéré suffit à ridiculiser la démarche politique de Jeanne Deroin. Après Eugénie Niboyet, elle devient la cible privilégiée du caricaturiste qui la campe en leader du camp féminin, bien décidé à se défaire des « maîtres maris [298] ». Moment choisi par MM. Varin et Roger de Beauvoir pour représenter, pour la première fois, au théâtre de la Montpensier : « les femmes saucialistes », pièce dans laquelle Mme « Giboyet » se retrouve présidente du club des femmes et fervente partisane de Robespierre.

Impossible de sortir indemne d'une telle mascarade. Sans soutien « du parti », critiquées par « leurs frères », les femmes socialistes apparaissent comme des femmes à part du monde politique, réduites à être des héroïnes de carnaval. Le ridicule l'emporte et se surimpose aux discours critiques les plus sensés. Les contemporains ne se représentent plus Jeanne Deroin que sous les traits immortalisés par Daumier. La force de représentation est telle qu'Henriette, l'artiste, l'humoriste du groupe, se souvient de celle qui fit sa campagne pour l'égalité, un peu gênée : « Elle faisait tout par principe, ne reculant pas à donner des exemples prématurés jusqu'à en être grotesque. » Pourtant, si la dérision s'est emparée des femmes socialistes comme elle l'avait fait des femmes clubistes, si les journaux socialistes ont cru nécessaire de se pencher sur la « position des femmes », c'est qu'une autre idée du socialisme était pensée possible. Les « utopies des années 1830 », encore présentes à l'esprit de quelques-uns [299], ravivaient les répulsions de l'ordre conservateur, attaché à la propriété et à la famille et qui n'admettait pas cette réactualisation détonnante. Le détournement par « la mise en scène » des femmes socialistes permettait de ridiculiser largement les opinions de ces novatrices, habilement associées, pour les déconsidérer, au « socialisme vrai » dont elles étaient l'une des composantes. En même temps, les vieilles craintes resurgissaient au sein même du socialisme. Les questions posées par les femmes engageaient la société à venir : l'égalité de tous pouvait comprendre des individus différents, hommes et femmes. Certains se disaient sensibles à ce sens des mots : égalité ne signifiait pas identité. Cependant, les plus nombreux adhéraient à l'opinion de Proudhon : la différence visible des femmes était incompatible avec l'idée d'égalité assimilée, pour les besoins de la cause masculine, à identification. Cependant, l'idée d'un socialisme authentique, en rupture avec la conception politique traditionnelle, était envisagée : ce socialisme-là intégrait tous les individus sans distinction de sexes. Le socialisme proudhonien ne lui a pas permis de sortir du silence et c'est à peine s'il est reconnaissable dans ce passé occulté par les tenants d'un socialisme exclusif, fondé sur un interdit politique qui, longtemps, a perduré.

LE TEMPS DE L'ASSOCIATION

Malgré les échecs répétés et les obstacles dressés par les hommes de pouvoir, Jeanne Deroin et Désirée Gay ne considèrent pas la révolution comme close. Il reste beaucoup à faire, tout particulièrement dans les associations ouvrières, dernier espoir des exclus de la République. En 1849, travailler aux associations, c'est tout simplement être socialiste actif, en participant à la fondation de la république sociale chère aux quarante-huitards de Juin : « L'idée de créer des associations de producteurs était omniprésente dans le mouvement ouvrier en 1848 [300] »; « sous le drapeau de la République démocratique et sociale, c'est l'association encore et toujours qui est célébrée [301] ». Leur démarche est conforme à leurs principes : elles se doivent d'être actives, malgré l'interdit politique signifié par Proudhon et ses compagnons.

Elles profitent des possibilités offertes par le Conseil d'Encouragement pour les Associations ouvrières [302]. Le 20 juillet 1849, le Conseil examine la demande d'allocation présentée par Désirée Gay et Jeanne Deroin-Desroches [303] en faveur d'une association d'ouvrières lingères : le rapporteur soutient le bien-fondé de cette demande tant

« ces personnes sont pénétrées du principe d'association [304] ». L'éloquence du rapporteur a porté ses fruits : le 3 août, une somme de 12 000 fr. est accordée à l'association, sous réserve de justifications à présenter. Les justifications tardant à venir, l'allocation est ajournée. Le 16 août, Désirée Gay adresse une lettre à la commission, par laquelle elle renonce à percevoir la somme allouée, n'étant pas en « position d'en profiter [305] ». Tandis que Désirée Gay se retire de la scène publique en cette fin d'année 1849, Jeanne Deroin se consacre tout entière aux associations fraternelles, trop heureuse de constater qu'après « la saignée de juin », « l'action révolutionnaire [306] » avait pris cette forme nouvelle, pacifique.

Eugénie Niboyet, de retour à Lyon, a choisi, elle aussi, « l'Association fraternelle, celle des Femmes ouvrières lyonnaises [307] » dont elle est présidente « unie par la solidarité de travaux à l'association fraternelle des hommes, organisée par Vindry, phalanstérien d'inspiration [308] ». Fondatrice, présidente omniprésente, elle s'éloigne très vite des « monstruosités » du communisme que décrivent les provinciaux. Elle retrouve une place influente et peut à nouveau exercer son autorité « sur les masses ouvrières ». L'association d'Eugénie Niboyet prône la solidarité, défend la famille et respecte la hiérarchie dans l'atelier; sa présidente donne des gages de bienséance sociale à ses commanditaires éventuels, ainsi qu'aux autorités républicaines dont elle espère un fléchissement afin d'être réintégrée dans ses droits. Toute idée subversive est bannie de l'association.

> « Le principe d'Association fraternelle étant essentiellement religieux, tend à resserrer les affections de famille, et à faire mieux apprécier à chaque femme l'importance de ses devoirs comme fille, sœur, épouse, et mère d'un citoyen de la République française [309]. »

L'essentiel des statuts porte sur l'organisation; rien ou presque n'est laissé à l'initiative des sociétaires : les ouvrières seront solidement encadrées par une directrice et des « chefs de séries »; les conflits du travail réglés par un jury nommé à cet effet; un règlement d'ordre général devra être affiché dans chaque salle; l'émulation sera entretenue par des prix de goût dont bénéficieront les meilleures ouvrières. Le rôle de la présidente est clairement défini [310]. L'association doit être à l'image de l'harmonie sociale souhaitée par sa fondatrice : « Les admissions ont lieu depuis l'âge de quinze ans jusqu'à l'invalidité; les filles mineures devront être autorisées par leurs parents; les femmes en puissance de mari devront être autorisées par leurs maris [311]. » Le changement d'orientation est spectaculaire : Eugénie Niboyet peut renoncer plus facilement à la liberté des femmes que taire son besoin d'organiser les autres. En un mot, elle ne peut refréner son désir de pouvoir. Rien ne doit heurter les familles; la femme libérée de la tutelle maritale, indépendante économiquement, n'est plus de mise; l'heure est à la conciliation pour que règne la paix sociale grâce à une sérénité recouvrée des foyers [312].

Toute garantie est donnée, semble-t-il, au nouvel ordre social. Dans sa correspondance, Eugénie Niboyet insiste sur la tranquillité de la ville industrielle « qui s'est montrée calme dans la force, patiente dans l'adversité », ville digne du dévouement des mères, si longtemps recommandé par Eugénie Niboyet. Si l'ordre hiérarchique l'emporte dans l'énoncé des statuts, la nécessité du développement intellectuel, moral et physique des ouvrières est affirmée :

> « Tous les matins, de 7 à 8 heures, ou le soir de 8 à 9 heures, il y aura un cours d'instruction élémentaire, d'après la méthode mutuelle pour la lecture, d'après la méthode simultanée pour l'écriture, l'orthographe, le calcul.
> Indépendamment du cours élémentaire, il y aura un cours supérieur d'instruction morale, afin que les plus intelligentes deviennent les plus capables et les meilleures [313]. »

L'instruction des filles reste la condition de leur affranchissement, même si le mot n'est plus employé. C'est à une véritable communauté que songe Eugénie Niboyet et l'espace privé, comme en 1848, n'est pas délié de l'espace public : les loisirs communs sont envisagés dans les ateliers, hors du temps de travail, « soit pour faire de la musique ensemble, soit pour converser amicalement ». Dans un même centre, il est prévu de réunir « dès que cela sera possible, la crèche, l'asile, l'école, l'atelier ». On retrouve ici les plans de maisons communes, publiés par *La Voix des femmes* et pris en compte, un temps, par Louis Blanc. Lors de la parution des statuts de l'association, 180 sociétaires avaient donné leur accord; dans cette entreprise, Eugénie Niboyet bénéficiait du soutien de ses deux beaux-frères; leurs épouses, ses sœurs Elisa Morellet et Aline Juif étaient respectivement présidente et vice-présidente de la commission du travail pour les femmes. Combien de temps l'association a-t-elle vécu? La demande d'allocation, rejetée par le Conseil d'Encouragement pour les Associations ouvrières en février 1849, laisse supposer que l'Association fraternelle des ouvrières lyonnaises n'a pas obtenu le soutien et le succès escomptés.

Peu à peu, le silence s'installe autour d'Eugénie Niboyet, soutenue par sa famille mais isolée du monde; elle déplore tout particulièrement l'éloignement de son fils, nommé chancelier au consulat de la République d'Honolulu en mai 1848. Les difficultés financières s'accumulent et, malgré ses interventions auprès des autorités publiques, elle n'obtient aucun des emplois demandés dans « l'enseignement ou comme inspectrice », en compensation de son indemnité littéraire; en décembre 1848, elle avait même sollicité un bureau de poste dans une banlieue de Paris [314]. Cela ne l'empêche pas de soutenir des victimes de la répression. En août 1849 – elle est alors de retour à Paris qu'elle ne semble n'avoir quitté qu'un bref moment –, elle s'adresse au ministère de l'Intérieur pour le convaincre de réparer l'erreur judiciaire qu'il est en train de commettre à l'encontre du « sieur Vindry arrêté à Paris le 13 juin à 4 heures du matin, sous prévention de vouloir attenter aux jours du président de la République [315] » :

> « ... Vindry, tout ce que j'ai entendu de lui me porte à le croire, est un homme essentiellement pacifique. Il n'a d'autres désirs que d'être utile à ses frères de travail et s'il se fût trouvé à Lyon le 13 juin, il eût très probablement empêché les ouvriers de faire des barricades [316]... »

Démarche qui témoigne de la fidélité d'Eugénie Niboyet envers ses amis; malgré les difficultés à surmonter, en dépit des échecs et du découragement qui s'ensuit, elle reste solidaire et ne craint pas d'entretenir la suspicion à son encontre – prévention dont elle se passerait, tant elle espère rentrer dans ses droits de femme de lettres, attachée au titre par nécessité d'en pratiquer la fonction. Néanmoins l'obscurité publique commence à entourer Eugénie Niboyet : comme Désirée Gay, elle se replie dans le silence du privé, extrêmement préoccupée par la survie quotidienne après « avoir tout sacrifié à la cause humanitaire [317] ».

Pendant ce temps, Jeanne Deroin s'active. Malgré son « air souffreteux », elle « est douée d'une grande énergie [318] » qu'elle met au service des associations. Là s'exprime concrètement son engagement socialiste-religieux. Sa foi, on le sait, guide son projet politique [319]. Ses prises de position en faveur de « l'égalité vraie » ne lui ont pas valu que des ennemis. Beaucoup de socialistes admirent son courage et sa ténacité. Sa force de persuasion fait des miracles : rationaliste, Gustave Le Français éprouve quelque désagrément à figurer dans une association où les « déistes » sont majoritaires. La sincérité des participants et surtout des femmes comme Pauline Roland et Jeanne Deroin, décide le sceptique à rester dans l'association des instituteurs et institutrices auprès de celle qui « jouit, à juste titre, d'une grande estime dans son entourage [320] ».

Avant d'entrer dans cette association, Jeanne Deroin a fondé l'Association fraternelle des démocrates-socialistes des deux sexes pour l'Affranchissement politique et social des femmes. Dès la déclaration de principes, « au nom de Dieu », l'égalité de l'homme et de la femme est hautement proclamée :

> « ... Nous affirmons que la réforme sociale ne peut s'accomplir sans le concours de la femme, de la moitié de l'humanité. Et de même que l'affranchissement politique du prolétaire est le premier pas vers son affranchissement physique, intellectuel et moral, de même, l'affranchissement politique de la femme est le premier pas vers l'affranchissement complet de tous les opprimés [321]... »

Elle est l'âme de l'association qui, pour la première fois, regroupe des hommes et des femmes bien décidés, semble-t-il, à propager l'idée d'égalité dans les « arrondissements de Paris et dans tous les départements ». La dimension apostolique du projet est mise en valeur auprès des futurs sociétaires, car rien ne peut séparer « la loi de Dieu, les droits du peuple et de la femme », sous peine de perpétuer l'antagonisme des hommes et briser « l'harmonie universelle [322] ». Les mêmes principes sont rappelés par l'Association des instituteurs et institutrices dont le succès dépasse les espérances : des départements sont touchés par la propagande socialiste; l'institutrice de Saint-Pol-de-Léon qui, déjà, s'était manifestée par une pétition, « offre même de créer – en pleine Bretagne – une succursale de l'association, de façon à en faire un centre régional », nous dit Gustave Le Français [323]. Le programme d'éducation, extrêmement audacieux – « prenant l'enfant dès la naissance, il le condui[sai]t jusqu'à l'âge révolu de dix-huit ans [324] » –, redonne espoir aux déçus de la République qui longtemps attendirent les mesures nécessaires à l'éducation des masses. Les novateurs sociaux n'ont cessé de le répéter : tout progrès dépend du degré d'instruction du peuple.

Aussi active soit-elle dans l'association, animée pour l'essentiel par Pauline Roland, Jeanne Deroin pense avant tout, en 1849, à réunir, dans une même Union, toutes les associations. L'idée n'est pas nouvelle. Déjà en 1833, Ephraem, ouvrier cordonnier, avait pensé à « rassembler toutes les forces », pour vaincre l'isolement et rompre l'éparpillement des prolétaires « divisés » et « morcelés ».

> « Si nous ne nous entendons pas entre nous, écrivait-il, nous serons obligés de nous rendre à la discrétion de nos bourgeois. Il faut donc un lien qui nous unisse, une intelligence qui nous gouverne, il faut une association. (...) Prêtons-nous réciproquement aide et appui; prêtons-nous de mutuels secours et une fraternelle assistance. Établissons entre nous des rapports d'amitiés, de bienveillance et de fraternité [325]. »

L'Union ouvrière de Flora Tristan est également connue. La coordination des associations est donc au cœur des préoccupations ouvrières d'alors. Chaque école a élaboré son système et pensé son organisation :

l'Organisation du travail de Louis Blanc, les projets sociétaires [326], les écrits de Cabet, ceux de Proudhon, les propositions d'organisation du travail des ouvrières de 1848, tous ces plans sont intégrés par les rédacteurs de l'Union. Établir « la République dans l'atelier [327] » suppose une coordination d'ensemble des associations de production et de consommation. Ainsi la république sociale devient réalité pour les socialistes de 1849. Jeanne Deroin prépare, avec ses amis, un projet dont l'objectif est de surmonter l'absence de solidarité sociale, origine des maux dont sont victimes les plus démunis. Il s'agit de mettre en place une solidarité complète envers les malhabiles, les malades, les vieillards, les familles chargées d'enfants : en bref, les sociétaires devront se charger de l'assistance collective. « La seule propriété légitime est la propriété des produits du travail mais cette propriété même ne peut être acquise que par l'exploitation du fonds commun », écrivent-ils. Pas d'égalité des salaires au sens strict dans ce projet, mais une répartition équitable des produits du travail de tous, par le système de l'échange généralisé. La réussite de l'association dépend avant tout du dévouement, de la fraternité, de l'amour des sociétaires : plutôt convaincre que vaincre par la force, telle est la leçon tirée des événements de Juin :

> « Lassé de souffrir et d'être victime des révolutions et des réactions, et le jouet de l'ambition de ceux qui aspirent au pouvoir, il est temps que le peuple songe à faire ses affaires lui-même, afin de réaliser la République, le gouvernement de tous par tous et pour tous; il est temps que les travailleurs s'unissent pour vaincre l'ennemi commun. Or, l'ennemi, ce n'est pas seulement la réaction ni les réactionnaires, il est aussi parmi nous et en nous, c'est l'égoïsme, et le capital est son plus puissant auxiliaire; nous sommes encore sous le joug de l'ignorance et des préjugés du passé [328]. »

Le dévouement des individus hommes et femmes doit se substituer à la soif d'appropriation et au désir de domination. La survie de la communauté fraternelle en dépend. Le pouvoir des uns ne doit pas l'emporter sur la faiblesse des autres et la voix de la minorité sera toujours « prise au sérieux » par l'association. Il s'agit donc moins de mettre en œuvre les directives d'un collectif que de prendre en charge l'organisation du travail en fonction des capacités et des besoins de chacun. La responsabilité de tous est engagée. Les décisions sont prises en assemblée générale et tous les postes sont électifs. Un comité de production, un comité de consommation, un comité de répartition composeront la commission centrale qui aura pour « mission permanente de se procurer les instruments de travail et les matières premières nécessaires à la production, de les répartir entre toutes les associations selon les besoins de chaque profession et le nombre des travailleurs ». La vie entière des associés est prise en compte par les rédacteurs du projet : il ne s'agit pas de séparer la production de la consommation, mais au contraire d'en harmoniser la répartition sans contrainte ni atteinte à la vie privée des individus.

L'espace du quartier est le cadre idéal pour faire valoir l'association : les gens s'y connaissent, peuvent travailler ensemble et sa dimension réduite permet d'associer les tâches domestiques aux activités professionnelles. On retrouve là les propositions des « femmes de 1848 », attentives aux besoins des mères : enceintes, elles jouiront des soins affectueux de la collectivité; elles auront la responsabilité des enfants éduqués collectivement. Pour permettre une « vie complète, morale, intellectuelle et matérielle des sociétaires et de leurs enfants » et afin de satisfaire aux besoins d'instruction de tous, la journée de travail ne devra pas excéder 10 heures. L'horaire sera proportionnel à la pénibilité des travaux. La santé et l'hygiène des sociétaires ne sont pas oubliées : des bains publics seront « à la discrétion de tous les membres de l'association », des vêtements appropriés, commodes et chauds, leur seront fabriqués; « des logements spéciaux seront disposés dans chaque quartier, où seront réunis plusieurs groupes de travailleurs, pour les malades, où ils seront l'objet des soins les plus attentifs et les plus affectueux ». L'enseignement est l'objet d'une réflexion et d'une attention toute particulière de la part des fondateurs de l'association des instituteurs et institutrices [329].

De ce projet, novateur à bien des égards, utopique dirait-on, Jeanne Deroin l'initiatrice, l'inspiratrice, doit rendre compte devant ses juges au cours du procès qui suit l'arrestation des membres de la commission centrale de l'Association. A la demande de ses coaccusés, elle nie en être l'inspiratrice, mais revendique la responsabilité de ses actes, « en socialiste convaincue [330] ».

Dans les *Souvenirs* qu'a publiés Adrien Ranvier, elle dit être l'auteur du projet mais elle avait été priée de ne pas l'avouer au procès, afin de ne pas froisser les susceptibilités masculines des responsables des associations. Même sans cet aveu, il eût été difficile de ne pas reconnaître les idées de Jeanne Deroin, car toute sa conception du socialisme s'y trouve consignée, de l'égalité des sexes à la loi de Dieu.

Malgré les préjugés qui subsistent dans les rangs des socialistes, le projet est bien accueilli par les associations et les militants, si l'on en croit les papiers saisis par la police, lors de la perquisition survenue le 29 mai 1850, au 37, rue Michel-Lecomte, dans un local loué par Jeanne Deroin. Toutes les compétences furent utilisées : les talents d'orateurs de Delbrouck sont mis au service de la propagande; Deschenaux, médecin qui « offrait ses soins en échange de marchandises, contre des produits, casquettes, souliers, etc. », s'était chargé de « donner à l'union des apparences d'un contrat commercial afin de la placer ainsi sous les auspices de l'exception légale »; c'est pourquoi l'Union des associations se dote d'un comité des finances, d'un service du contentieux et d'un comité d'éducation, comités non prévus dans le projet initial; Auguste Billot, activiste politique, condamné dans l'affaire des bombes incendiaires en 1847, est envoyé à Londres pour traiter avec « monsieur Ledru-Rollin de l'acquisition de l'école de commerce »; Blaizon, membre de l'association des cuisiniers de la barrière des Amandiers, « bon démocrate, bonne moralité », est en contact avec le « sieur Proudhon » à propos de l'association; Joffroy, pharmacien, Girard, instituteur, sont chargés des liaisons écrites et des souscriptions; Leroy, ancien délégué du Luxembourg, met son expérience au service de l'association. Les initiateurs entrent en contact avec Louis Blanc en novembre 1849 [331].

C'est dire l'influence acquise par Jeanne Deroin, au cours de ces derniers mois : ses idées ont été répandues dans les clubs où elle prenait la parole aussi souvent qu'elle le pouvait, mais c'est surtout au cours de sa campagne électorale qu'elle acquit l'estime des socialistes authentiques, aurait dit Jean Macé. Là, son courage fut salué. Les femmes tout particulièrement l'apprécièrent : elle est devenue l'amie de Pauline Roland et son ascendant s'est étendu sur toutes ses coaccusées. « La plupart des femmes paraissent subir à un haut degré l'influence de la dame Jeanne Deroin », déclarent ses juges : la demoiselle Lavanture, sage-femme, la femme Nicaud, gérante de l'association des blanchisseuses, la fille Vray se contentent de répondre aux accusations qui leur sont formulées : « comme Jeanne Deroin ». On s'étonne de ne pas rencontrer Désirée Gay dans l'association, tant le projet correspondrait à ses vœux.

L'activité de chaque sociétaire a porté ses fruits : « Le 23 août 1849, les délégués des associations se réunissaient pour délibérer sur un projet d'Union; le soin de la rédaction était confié à une commission de cinq membres. » Une première fois, les délégués munis de mandats repoussent le projet qui est adopté, « le 5 octobre 1849, par les *104 associations* représentées au moyen de leurs délégués; une commission de 15 membres fut élue sous la dénomination de commission centrale des associations ». Pour des raisons de sécurité, la commission centrale « adopte la forme du contrat commercial, la rédaction en est confiée à Jeanne Deroin ». Le contrat d'union définitif est signé le 22 novembre 1849 [332]. Malgré les subtilités des rédacteurs pour voiler le but politique de l'association, les juges n'ont pas de difficulté à prouver le caractère socialiste de l'Union et, du même coup, l'aspect subversif du projet. Lors de l'intervention policière de mai 1850, au cours de laquelle le moindre morceau de tissu rouge retrouvé sur les prévenus ou à leur domicile devenait suspect, 47 personnes, dont 9 femmes, étaient réunies autour d'Auguste Billot, Auguste Joffroy et Jeanne Deroin. Les fondateurs et chefs desdites réunions sont très vite reconnus : « Billot, femme Desroches, Joffroy, Blaizon, Leroy, Delbrouck, Girard, Deschenaux et fille Roland ». Pendant le procès qui dura trois jours, l'expert sollicité par la cour démonte facilement le pseudo-caractère industriel de l'association.

Tous les prévenus affichent leur engagement [333], Jeanne Deroin proclame bien haut sa profession de foi socialiste, Pauline Roland est qualifiée de communiste-socialiste : le but des accusés était davantage de montrer le caractère antisocial du tribunal que de masquer les sentiments fraternels et solidaires qui les unissaient et les avaient amenés à penser cette association. Pour les 29 prévenus (27 présents, deux contumaces), les jurés prononcent plusieurs condamnations à des peines de prison, associées à des amendes; quatre accusés seulement sont acquittés :

> « Billot, attendu son état de récidive, à quatre ans de prison et 1.000 francs d'amende; Delbrouck, à quinze mois de prison et 500 francs d'amende; Geoffroy, Girard et Blairzon à un an de prison et 300 francs d'amende; Les dames Jeanne Deroin et Rolland [334] à six mois de prison, ainsi que tous les autres prévenus à l'exception de Descheneaux, Leroy et Léger, au profit desquels des circonstances atténuantes ont été reconnues, et qui ne sont condamnés qu'à trois mois [335]. »

Jeanne Deroin ne quitte la prison qu'au début du mois de juillet 1851. Pendant près d'un an, aux côtés de Louise Nicaud et de Pauline Roland, elle mène la vie « réglée, monastique de la prison » où les trois femmes s'entraident et étudient ensemble [336]; c'est ainsi qu'elles lisent Schiller... Mais la vie monastique de la prison n'empêche pas les condamnées d'être informées de ce qui se passe à l'extérieur [337], les associations ne meurent pas sous les coups du procès. Jeanne Deroin occupe son temps à réfléchir sur la viabilité de leur projet collectif. Elle adresse une *Lettre aux Associations sur l'organisation du crédit,* afin de valoriser l'échange des marchandises au détriment du numéraire, seul moyen, pense-t-elle, qui, en s'étendant, permettrait aux ouvriers de s'approprier les moyens de production sans recourir au rapport de forces. Du procès, elle tire des enseignements encourageants pour l'avenir :

« L'accusation, en s'appuyant sur des contraventions légales et sur les antécédents politiques et socialistes des accusés, et en leur attribuant un but politique, a prouvé qu'elle ne pouvait incriminer, en lui-même, le fait de la solidarisation des associations [338]. »

Cette conviction doit suffire à persuader les associés de garder intacte leur confiance, malgré les obstacles de la loi : réunions illégales, presse surveillée. Puisque la coopération n'est pas illicite, la pratique associative doit s'étendre et perdurer. Elle démontrera « l'œuvre de conciliation [339] » pour laquelle elle a été fondée. L'essentiel des difficultés rencontrées est d'ordre financier et le crédit pratiqué est souvent cause de la ruine des jeunes associations. Jeanne Deroin propose de le remplacer par des bons d'échange libellés en numéraire mais remboursables en travaux ou produits des associations, au sein desquelles la concurrence, responsable du chômage, n'aurait plus cours [340]. Propositions inspirées de Morelly, aux dires de son biographe Adrien Ranvier.

Jeanne Deroin a lu, beaucoup lu, mais elle a cherché surtout à rendre crédible un socialisme décrié par ses adversaires. Substituer l'association exemplaire fondée sur la solidarité, à l'exploitation capitaliste, est pour elle le meilleur argument dont disposent les socialistes, toutes nuances confondues, pour fléchir les réticents et démobiliser les adversaires. Consciente des obstacles dont elle est, elle-même, victime, elle n'en demeure pas moins attachée à « la vérité du socialisme » par l'exemplarité de la pratique, « seule capable de rectifier les erreurs de la théorie ». Les théories ne sont rien, pense-t-elle, sans cette pratique indispensable au bonheur du peuple dont le seul ennemi est la misère responsable des révolutions :

« Il importe donc aux travailleurs, lassés de souffrir et d'attendre, d'entrer dans la voie pratique par un moyen simple et facile (...). Que demandent les socialistes de toutes les écoles? Quel est le but de ce que nos adversaires nomment les utopies socialistes? C'est d'assurer à tous la vraie liberté, c'est-à-dire le complet développement et le libre exercice de toutes les facultés humaines par l'organisation du travail, c'est-à-dire par une équitable répartition du travail, des instruments et des produits du travail [341]. »

Le bouleversement des rapports sociaux ne peut être que l'œuvre de tous et de toutes. Contre la violence irraisonnée des révolutions, elle préfère la pratique révolutionnaire responsable : défaire les mécanismes du capitalisme, jusqu'à rendre caduc le système d'exploitation, plutôt que de le détruire brusquement. Toute prise de pouvoir, toute domination sont suspectes à ses yeux. La responsabilité individuelle et la prise en charge collective sont les deux piliers du socialisme bien compris, sous peine de nullité. C'est dire qu'elle engage la totalité des travailleurs, au sens large du terme, dans son projet et non pas une minorité de théoriciens avertis ou d'activistes décidés : sa conception du socialisme est entièrement fondée sur le consentement de tous et s'oppose à l'idée même de révolution.

> « Les révolutions ne peuvent produire le bien-être vers lequel aspirent les classes souffrantes, elles servent presque toujours de marche-pied à quelques ambitieux pour arriver au pouvoir. Et, lorsqu'ils y sont parvenus, ils continuent les habitudes du passé. Ils ne trouvent d'autres moyens pour combattre la misère, lorsque les souffrants se lassent et s'irritent, que la compression qui provoque la résistance et prépare des luttes nouvelles [342]. »

Elle pense « aux ambitieux » qui siègent à l'Assemblée législative, qui se sont efforcés de faire taire les cris des classes souffrantes par les moyens de leurs adversaires d'hier et qui, après avoir interdit les clubs aux femmes, s'apprêtent à leur ôter le droit de pétitionner : autant d'interdits que les républicains authentiques ne peuvent cautionner sans mettre en péril les principes. De sa prison, elle adresse une lettre de protestation à ceux dont elle vient de dénoncer l'égoïsme politique :

> « Je considère comme un devoir de protester contre une proposition qui est encore une atteinte à la constitution et aux principes de Liberté, d'Égalité et de Fraternité. Tous les membres de la société française ont un droit égal aux libertés que la constitution garantit à tous, les aliénés, les repris de justice et les mineurs sont seuls exceptés. Nul texte de la constitution ne range les femmes parmi les incapables et s'il fallait ajouter une preuve de plus à la capacité politique des femmes, un certain nombre d'entre elles subissent l'emprisonnement pour délit politique [343]. »

Malgré le soutien du citoyen Schoelcher qui avait proposé un amendement pour maintenir le droit de pétition pour les femmes, proposition chaleureusement appuyée par le citoyen Crémieux, l'amendement Chapot fut adopté à l'unanimité au milieu de « l'hilarité générale [344] ».

A la veille du coup d'État de Louis Napoléon Bonaparte, les femmes ne disposent plus d'aucun droit d'intervention publique. La révolution est achevée et elles sont devenues de véritables « parias sociales [345] ».

Épilogue

Les « illusions », dont les historiens ont mis au jour les impasses, ont non seulement porté les espoirs d'un peuple, mais ont ravivé la mémoire des femmes qui, avec Désirée Gay, Jeanne Deroin et Eugénie Niboyet, ont cru à l'égalité proclamée comme à l'intégration sociale si longtemps attendue. L'illusion n'était pas uniquement le fait des individus déshérités qui voulaient croire au bonheur républicain; elle était entretenue par le gouvernement provisoire. L'égalité énoncée, mais aussi accompagnée de mesures sociales en faveur des travailleurs, permettait de croire et de faire croire à sa réalité. En grand nombre, des femmes de toutes conditions ont réclamé, pour elles-mêmes, cette égalité. Ce n'est qu'après cette mobilisation, importante sinon massive, qu'Eugénie Niboyet publia *La Voix des femmes;* ce n'est qu'après avoir réuni les ouvrières, après les avoir entendues, que Désirée Gay accepta de les représenter; et enfin, ce n'est qu'assurée de l'engagement socialiste de nombreuses femmes, que Jeanne Deroin proposa sa candidature pour offrir, à ses frères socialistes, la possibilité de se distinguer des autres républicains en affirmant une conviction démocratique sans la moindre exclusive.

En d'autres termes, ces trois femmes ont tout simplement accompagné un mouvement suffisamment large pour que le gouvernement provisoire envisage des mesures en sa faveur, et suffisamment déstabilisateur – de ce fait, perçu comme un danger – pour que les députés, républicains ou élus comme tels, légifèrent contre la liberté politique des femmes. Tel est le raisonnement d'Eugène Stourm qui n'a cessé de défendre les revendications d'un sexe trop longtemps opprimé :

« Est-ce que vous ne vous apercevez pas que la nécessité même de créer des entraves de cette nature est une preuve et une constatation du progrès qui s'est accompli depuis quelque temps dans cette partie du genre humain, à qui vous n'oseriez plus refuser une âme, mais à qui vous êtes encore fortement tentés de refuser la raison? On a remarqué que les voleurs avaient précédé les lois contre le vol, de même les femmes qui ont souci des intérêts généraux de la société, ou qui, du moins, veulent défendre les intérêts de leur sexe, que le nôtre, légiférant selon son égoïsme, n'a pas toujours la conscience de sauvegarder ni même l'intelligence de bien comprendre, n'ont-elles pas aussi précédé votre demande d'interdiction? Quand M. Anasthase Coquerel propose l'exclusion des femmes dans les réunions publiques, c'est que des femmes assistaient aux clubs, et en avaient même fondé, si bien que la pensée de réprimer un droit ne vient qu'à des législateurs obscurantistes et rétrogrades qu'à mesure que le besoin moral d'exercer ce droit se fait plus impérieusement sentir. Cercle vicieux, absurde, dans lequel s'enferme la tyrannie [1]. »

Le conservatisme des hommes l'a donc emporté sur l'audace des esprits novateurs dont la majorité était passée par l'école saint-simonienne ou fouriériste : Laurent de l'Ardèche, Olinde Rodrigues, Émile Barrault, Eugène Stourm sont les figures les plus représentatives de ce courant marginal dont le soutien est si précieux aux femmes; figures respectées mais dont la voix sonne comme une note dissonante dans les assemblées où le peuple est censé être représenté. De plus, ces autres soutiens des femmes que sont les Delbrouck, Macé, Schoelcher et autre Crémieux sont des individus assez fortunés pour être considérés en marge du courant populaire. Bref, il s'agit avant tout d'individus très singuliers dont l'engagement personnel passe par la vérité de ce qu'ils croient lire dans les mots prononcés.

Si les républicains ont été contraints de prendre des mesures en faveur ou contre les femmes, c'est qu'elles ont surgi sur une scène où des hommes, aspirant au pouvoir, ne les attendaient pas. Par leurs interventions, elles ont mis à nu un ordre social au sein duquel elles n'étaient pas prévues. Mais en même temps, elles ont ravivé des peurs profondes que les autorités ont traduites en termes politiques, en termes d'interdit. Les rires, les manifestations d'hostilité, que Jeanne Deroin et Eugénie Niboyet ont particulièrement suscités, ont révélé les craintes des hommes, incapables d'intégrer ces autres pour qui démocratie et domination étaient antinomiques. Profondément marquées par leur apprentissage de la liberté au cours des années 1830, elles ne pouvaient s'identifier aux valeurs républicaines pensées au masculin. C'est pourquoi elles ont d'abord privilégié la liberté des femmes, liberté qu'elles associaient à celle du peuple sans en être dépendantes : forme de compréhension des principes universels qui obligeait à considérer les femmes comme des sujets sociaux. L'ordre républicain naissant ne pouvait l'accepter sans risquer de mettre en péril une communauté politique, une communauté de semblables, conçue dès la Révolution de 1789 dont les républicains étaient les héritiers. Processus répétitif en quelque sorte, mais inscrit dans l'histoire à un moment où se dessine un nouvel ordre social et où tous les individus ne sont pas déterminés par les mêmes fantasmes, n'éprouvent pas les mêmes besoins, ne craignent pas les mêmes désordres.

En s'interposant entre l'héritage du passé et l'ordre républicain, des femmes ont montré qu'une autre démocratie était possible, qui n'intégrait pas l'inégalité, ni n'englobait la domination. Elles ont révélé les impasses d'un socialisme qui risquait de se nier lui-même si le progrès social, dont il était porteur, écartait les acteurs sociaux de sexe féminin.

Rêves émancipateurs? Utopie? Sans doute, mais propos et actes qui permettent d'interroger la formation des sociétés, de questionner la culture républicaine, d'analyser les structures de domination sans cesse sur le chantier de l'histoire. De soumettre à la question cette démocratie représentative trop souvent considérée comme une donnée.

QUEL REFUGE POUR CES « PARIAS »?

Désormais, les femmes qui osent encore songer au devenir de l'humanité n'ont plus guère d'espoir dans le présent politique et l'avenir leur a été, en quelque sorte, confisqué. Pourtant, Jeanne Deroin ne peut se réfugier une nouvelle fois dans le silence, elle veut croire encore à un sursaut des hommes qui accepteraient de participer à la solidarité sociale – fondement du socialisme à venir – contre l'égoïsme des ambitieux. Ce socialisme, auquel elle est attachée, ne peut être que l'expression de la loi divine mésinterprétée jusqu'alors, toujours méconnue si l'on en juge par les réalités sociales où l'exploitation des plus faibles l'emporte sur les rêves égalitaires. Cette inégalité visible, reproduite par la République, invalide ses proclamations sur l'abolition de tous les privilèges – proclamations solennelles, reconnues de tous, maintes fois répétées depuis la Révolution de 1789, mais jamais traduites dans les rapports sociaux. Jeanne Deroin ne peut expliquer cette perpétuation des antagonismes que par « la peur qui naît de l'égoïsme ». Or, comme elle croit au libre arbitre, donc à la libre interprétation de la loi de Dieu par les hommes, elle pense que l'expiation est la juste conséquence de cette liberté mal comprise. Expiation et solidarité sont pour elle étroitement liées :

« Le dogme de l'expiation est la conséquence logique et nécessaire du dogme de la chute, comme le dogme de la chute est la conséquence logique et nécessaire du dogme de la liberté [2]. »

Seule la solidarité peut permettre la régénération du genre humain, victime de son propre égoïsme. Expier par la solidarité est l'unique moyen de concilier les droits et les devoirs des individus dans un monde où la domination des uns est devenue le modèle du gouvernement de tous. Rompre avec cette logique lui apparaît la seule voie possible du socialisme « vrai » :

« Car ceux qui n'ont pas compris que nul ne doit être heureux, tant qu'il existe un être souffrant, et qui ont usurpé d'injustes privilèges, ne peuvent espérer d'en jouir avec sécurité. La peur qui naît de l'égoïsme les condamne à une lutte incessante pour comprimer par la force ou par la ruse la résistance active ou inerte des opprimés. Les excès des uns et les privations des autres amènent inévitablement au sein de la société la corruption, l'ignorance et la misère, d'où naissent tous les maux qui dégradent et affligent l'humanité [3]. »

« L'homme fut créé sans tache et sans souillure mais Adam se rendit coupable, et toute sa postérité a besoin d'être guérie (...), car ce vice de la part d'Adam fut le résultat du dérèglement de son libre arbitre [4]. » La théorie de Jeanne Deroin sur l'expiation ne diffère guère de celle de saint Augustin. Théologie et politique sont organiquement liées à condition d'être capables de mettre en œuvre la vérité des mots qui est vérité du Livre. Dans l'état présent, les références sacrées restent hors de portée des hommes, au vu de leurs échecs. La distance que prend Jeanne Deroin à l'égard des enjeux politiques du moment l'éloigne encore plus des doctrines de ses contemporains. « S'élever au-dessus des haines des partis et des sectes [5] » et ne plus faire confiance qu'en la loi de Dieu, tel est désormais son credo politique. Proclamer la religion socialiste, c'est échapper à cette loi des hommes qui restaurent les systèmes contre lesquels ils s'insurgent. Dieu n'est plus seulement l'ultime recours, il est l'annonciateur de l'égalité : « Lorsque j'ai créé l'homme au commencement, je l'ai créé mâle et femelle [6]. » Jeanne Deroin développe cette pensée depuis plusieurs années, mais le nombre d'articles qu'elle consacre à l'apostolat des femmes, à leur mission, au nom de la loi de Dieu, montre que cette dimension religieuse devient désormais le centre de sa réflexion théorique et de sa pratique sociale. Dans ses écrits, en effet, ce thème prend de l'ampleur à partir du moment où les possibilités d'expression publique s'amenuisent. N'ayant obtenu aucune reconnaissance des hommes, des femmes se réfugient dans la légitimité divine dont la loi devient le socle fondateur de leur pensée sociale. Dieu les appelle à rompre avec cette logique du rapport de force, il leur enjoint de transformer ce monde par leur dévouement, celui des mères qui, dès l'enfantement, connaissent les douleurs de la vie.

Déiste, profondément humaniste et toujours anticléricale, Jeanne Deroin croit pouvoir faire face à l'adversité en publiant *L'Almanach des femmes,* en 1851 (dans l'impossibilité de payer le cautionnement réclamé, elle a été contrainte de mettre fin à la parution de *L'Opinion*). Faire valoir « le droit des femmes à la liberté et à l'égalité sociale la plus complète », penser « l'organisation du travail » et œuvrer pour « l'abolition de la peine de mort », telles sont ses priorités.

> « Toutes les autres questions se rattachent directement ou indirectement à ces trois principales, et plus particulièrement encore à la question du droit des femmes qui les résume toutes. Au point de vue religieux, reconnaître le droit de la femme, c'est entrer dans la voie de la solidarité qui est la loi providentielle de l'humanité, par laquelle tous les membres de la famille humaine sont appelés à s'associer et à unir leurs efforts afin qu'il n'y ait plus un seul être déshérité, opprimé et souffrant sur la terre. C'est accomplir la volonté de Dieu. Au point de vue politique, c'est extirper radicalement les privilèges de domination et d'exploitation [7]. »

Décembre 1851, 7 millions et demi d'hommes plébiscitent [8] Louis Napoléon Bonaparte. Un an plus tard, « ce sont presque 8 millions d'hommes " semblables et égaux " qui couronnent, plébiscitairement encore, leur second empereur [9] ». Le monde change. Une autre civilisation est en train de se construire : « la nôtre », disait Jean Bouvier [10]. D'autres liens sociaux se tissent, les références au passé s'atténuent, quelque chose est irrémédiablement brisé : non par les « illusions » que les républicains modérés se sont efforcés d'éteindre, mais l'utopie sociale que l'on croyait possible. L'esprit de solidarité, qui animait les fondateurs de l'Union des Associations, n'est plus capable de réveiller les enthousiasmes qui, pendant ces longs mois d'espoirs, de rage et de déceptions, galvanisèrent hommes et femmes, convaincus d'être les acteurs uniques et indispensables des transformations à venir. Le monde ne pouvait changer sans leur pensée active, sans leurs interventions collectives. Or, le coup d'État de « Bonaparte », comme le nomme Jeanne Deroin, étouffe leurs pensées, écrase leurs associations; cet acte, non prévu par les républicains, met un terme à la participation de tous. Un monde vient d'être bouleversé : il change, mais sans eux. Sans elles surtout : les républicains « trahis » leur avaient ôté le droit d'intervenir en politique.

Elles sont lasses de cette politique dont elles dénoncent une nouvelle fois « l'insolidarité ». Le droit du plus fort, encore une fois, l'a emporté par la « barbarie » victorieuse. Jeanne Deroin ne s'étonne plus. Les hommes, restés sourds à la voix des femmes, reproduisent et plébiscitent ce contre quoi ils s'étaient élevés : Bonaparte. Amère envers les républicains inconséquents, plus qu'hostile à cet individu qu'elle juge plus repoussant que Robert Macaire [11], Jeanne Deroin veut s'éloigner de cette France « oppressive » où triomphent « l'immoralité » et la « corruption ». Désirée Gay, elle, reste encore : aidée par ses amis saint-simoniens, elle a « replié ses ailes » et s'est réfugiée dans « sa famille », la grande, celle qui l'a révélée à elle-même. Eugénie Niboyet a besoin d'écrire pour vivre mais, avant d'obtenir une nouvelle reconnaissance, elle devra expier « sa faute » publique de 1848.

Toutes trois ont encore de longs jours devant elles, mais leurs espoirs, sans être dépassés, sont passés. Chacune suivra son chemin. Elles ne se rencontreront plus. Cependant, nées à la liberté à partir du même socle utopique, elles ne pourront lui échapper bien qu'elles y trouvent des inspirations différentes. Quoi qu'elles fassent et même si elles s'adaptent à l'ordre nouveau, comme Eugénie Niboyet, elles ne communiqueront avec leurs contemporains qu'à travers cette liberté ancienne qui n'a cessé de les animer. Le temps du Second Empire n'est pas le leur, bien que chacune le traverse à sa manière car elles appartiennent au temps ancien de la « liberté des femmes », au temps des utopies possibles. Jeanne Deroin ne reviendra jamais en France. Désirée Gay suivra Jules Gay, en fuite à l'étranger, pour retrouver, au seuil de la mort, son vieil ami Considerant. Eugénie Niboyet restera en France, satisfaite du nouveau régime qui lui rappelle le service et la gloire de ses frères auprès du premier empereur. A nouveau, l'éducation publique des masses la tentera; elle publiera son dernier journal entre 1864 et 1867, profitant de l'aide d'amis – quelques saint-simoniens et quelques autres plus ou moins liés à l'opposition républicaine.

Dans ce monde qu'aucune d'elles n'a souhaité, chacune doit vivre et d'abord faire face à la solitude. Douloureuse expérience que Désirée Gay ne connaîtra qu'à la fin de ses jours. Jeanne Deroin continue son activité; pendant ces quatre mois de dictature, elle reste solidaire des proscrits, d'autant plus que son amie Pauline Roland, à peine sortie de prison, est à nouveau arrêtée le 6 février 1852, victime de son esprit évangélique, comme disent ses amis. Pendant ce temps, Jeanne Deroin « brava tous les dangers, nous dit son biographe, afin de procurer des passeports aux prisonniers (...). Elle s'attacha surtout à trouver des secours pour les familles des proscrits [12] ».

L'étau se resserre autour d'elle, elle doit fuir. En août 1852, elle arrive seule à Londres, accueillie par des amis politiques. Ses enfants la rejoignent quelques mois plus tard. Son mari, resté dans l'ombre, meurt peu après son exil, l'esprit dérangé, dit-on. Elle reste seule pour subvenir aux besoins de son fils infirme, heureusement entourée de ses filles dont l'aînée ne la quittera plus. Son métier d'institutrice lui est d'un grand secours, mais les enfants pauvres qu'elle éduque ne peuvent pas toujours honorer leurs dettes; la misère sera très souvent une compagne encombrante dont elle se plaindra à Léon Richer. Vie parallèle d'Eugénie Niboyet qui doit absolument gagner sa vie. On l'a dit, elle vivait séparée de son mari; celui-ci meurt en 1855. Son fils lui est tout dévoué mais, au grand désespoir de sa mère, ses fonctions consulaires, si elles l'honorent, l'éloignent de celle dont il est toute la joie.

FEMMES!

A l'aide de ses amis, Jeanne Deroin poursuit la publication de *L'Almanach,* en français d'abord, puis en édition bilingue. L'esprit de liberté souffle parmi les rédactrices de *L'Almanach;* elles sont devenues plus critiques, plus caustiques encore : « L'homme agit auprès de la femme comme le font tous les tyrans auprès de leurs esclaves [13]. » Un thème nouveau est introduit, le célibat, thème marginal, symptôme d'un rejet de ce nouvel ordre masculin. La virginité est valorisée. Conséquence directe de l'exclusion des femmes, la question intéresse tout particulièrement Jeanne Deroin qui a publié sous son nom une brochure où son amie Ève défend l'idée du célibat [14]. L'idée de virginité sociale permet d'échapper au système de contraintes, de se libérer d'une domination, d'une possession dont la femme est l'objet lorsqu'elle devient épouse. Là encore, la barrière des préjugés est franchie. En 1851, la raison des vainqueurs a triomphé. L'heure est donc à la critique. Les rédactrices ne s'embarrassent plus de formules susceptibles de convaincre; désormais elles affichent leurs convictions. Le « code civil » est comparé au « code du Christ » : l'opposition apparaît nettement « au sujet des rapports sociaux entre l'homme et la femme ».

> « Dans le mariage, il est vrai, l'Évangile, par la bouche de saint Paul, consacre la soumission de la femme, mais dans tous les rapports sociaux, il la fait l'égale de l'homme. Fraternité, égalité des êtres, justice pour tous, sans distinction de sexe, tels sont les devoirs sociaux, les devoirs de chacun [15]. »

Forte de cette interprétation des écrits du Père de l'Église, qui devient alors une référence libératrice, la rédactrice argumente en faveur de « l'égalité, dans l'État, pour la fille », convaincue que « l'affranchissement de la femme » passera désormais par cette « fille » non encore unie à l'homme, mais qui lui fait face, en égale. La vierge devient donc objet de considération pour elle-même : n'étant pas sexuée – au sens où les hommes sexualisent les femmes en réduisant leur identité à leur fonction de reproduction –, elle n'est pas souillée et n'appartient pas aux hommes qui, sous prétexte d'union, organisent la désunion. « L'homme et la femme unis constituent l'humanité. L'humanité n'existe que par leur union », avait écrit Eugène Pelletan. Ève lui répond :

> « Très bien. Mais qu'est-ce que c'est que cette union? Pourquoi ne la voit-on pas apparaître dans ses rapports les plus élevés, et comment se fait-il que, dans les rapports sociaux, la femme n'existe point encore? La femme n'existerait-elle que par le sexe? Et les rapports d'intelligence, de raison, de dévouement entre l'homme et la femme, seraient-ils subordonnés au sexe [16]? »

Puisque le sexe fait la différence – argument sur lequel des hommes s'appuient pour « consacrer les exclusions du passé » –, elle tient à l'effacer afin de lui ôter les caractères spécifiques qui sont inscrits dans la loi des hommes, hors de toute réalité. Tout comme les Américains utilisent la différence de couleur, « ce sexe externe de l'humanité », les Européens attribuent à la « Providence » la création des différences qu'ils utilisent ensuite pour justifier l'infériorité qui entraîne l'exclusion. Au contraire de celles qui revendiquent cette différence, Ève en révèle l'utilisation : elle ne nie pas l'évidence biologique de la différence des sexes, mais rejette l'inégalité sociale qui est ordonnée en son nom :

> « L'exclusion équivalant pour nous à l'exploitation, loin donc d'accepter la différence des sexes, comme une loi qui n'autorise aucune exclusion, nous affirmons que cette différence n'est qu'une des inégalités existantes, la plus considérable, il est vrai, mais cette différence, quelque profonde qu'elle paraisse, ne doit pas plus exister devant l'esprit de justice qu'elle n'existe devant la place de Dieu [17]... »

Aussi est-elle persuadée que la fille vierge sera l'instrument de libération de la mère, parce que le génie des femmes pourra apparaître sans la médiation du sexe qui les empêche de faire valoir cette dimension de leur humanité. La femme peut être l'intermédiaire entre l'homme et la vierge, mais, trop soumise, elle ne peut être l'égale de l'homme au même titre que la fille, « l'élément avec lequel il faut compter désormais » pour faire pièce aux arguments relatifs à la diversité des sexes impliquant « des attributions dissemblables ». Cette logique aboutit tout bonnement à « la loi du suffrage restreint et à la société organisée par des hommes » : Proudhon a développé le point de vue le plus extrême de cette exclusivité masculine; c'est pourquoi Ève tient à conclure son article sur l'alternative qu'elle espère voir balayée bientôt par le droit commun auquel les mères, à la suite de leurs filles, sauront se référer. Plagiant la conclusion d'Eugène Pelletan, elle somme « le socialisme » de prendre en compte les deux sexes dans son organisation sous peine de n'être pas :

> « Si le socialisme n'a pas une bonne nouvelle à porter dans le monde pour la fille, s'il ne l'élève pas en dignité, en vérité, s'il n'efface pas de son front la flétrissure du code social, s'il ne lui accorde pas l'égalité des droits dans l'État, en n'ayant égard à l'inégalité des aptitudes que relativement à la capacité spéciale pour chaque fonction, sans se préoccuper du sexe, je le déclare pour mon compte, ce socialisme marital et despotique pourrait bien n'être qu'une impossibilité [18]. »

Jeanne Deroin comprend cette démarche qu'elle qualifie d'« élan sublime vers le ciel pour échapper à l'esclavage ». Parce qu'elle connaît, pour en avoir été victime, le poids des arguments avancés par ceux qui ne peuvent concevoir un pouvoir partagé, elle entend ce que dit Ève. « C'est au nom de ses fonctions d'épouse et de mère, écrit-elle, que l'on se croit en droit de renfermer la femme dans le cercle du foyer domestique, de comprimer son cœur et son intelligence, et de l'exclure de toute participation aux affaires publiques »; elle ajoute :

> « S'il faut, en effet, que ce titre d'épouse et de mère soit un motif d'exclusion et un stigmate d'indignité civile et politique, l'on ne peut trouver étrange que la femme se réfugie dans le sentiment chrétien et que, voyant la dignité humaine outragée en elle, elle veuille dépouiller la nature humaine et se revêtir de la nature angélique, pour s'affranchir de la brutale domination de l'homme et d'une humiliante servitude [19]... »

Cette compréhension est d'autant plus fondée que Jeanne Deroin croit pouvoir établir un parallèle entre les philosophes de l'Antiquité incapables de concevoir une société sans esclaves, et les républicains, tournés vers le passé, qui ne peuvent penser une société nouvelle sans renouveler les formes de domination. Dans cet amer constat, elle déplore tout particulièrement la prise de position d'un socialiste célèbre qui veut sortir les « femmes du champ du travail [20] », leur ôtant tout moyen de réclamer leurs droits publics. Néanmoins, elle veut croire aux « sciences sociales » qui dissiperont ces erreurs en éclairant l'humanité sur la valeur positive du titre de mère qui doit rendre à la femme ses droits d'individu, à condition de ne pas se servir de la maternité pour empêcher la femme d'être un agent actif de la cité.

« Il ne faut donc pas l'exclure du travail ni de la participation à l'administration des intérêts du travail, car la femme, comme l'homme, ne peut s'affranchir avec dignité que par le travail ; et, je l'espère bientôt, il n'y aura plus d'autre gouvernement que le gouvernement des travailleurs, d'autre politique que celle des intérêts du travail. Et l'on effacera du front de la femme tout stigmate d'indignité civile et politique, afin que la femme, la mère des citoyens libres, ne cache plus son front humilié dans le giron de l'Église, et qu'elle se relève libre et citoyenne [21]. »

Elle reprend ici les arguments qu'elle avait opposés à Proudhon, tant elle craint l'autorité des représentants de l'Église dont les aspirations au pouvoir sont identiques à ceux des représentants de la société civile : on se souvient de ses critiques féroces adressées à ces prêtres des années 1830 dont le mensonge égalait l'hypocrisie. Sa foi personnelle est trop forte pour douter d'elle-même, mais elle craint que le refuge évangélique de ses sœurs, actuellement hors de portée des sectes religieuses comme elle aime à les nommer, ne les conduise immanquablement dans le giron de l'Église – conduite qui les séparerait pour longtemps du monde politique et, du même coup, leur ôterait tout accès à l'égalité.

A partir de 1852, plus de dialogue avec les hommes, mais une véritable distinction des femmes : *L'Almanach* s'attarde désormais sur les qualités et sur les exploits féminins.

« Homme, qu'y a-t-il de commun entre vous et moi? Suivez les pentes qui vous mènent à l'abîme : je ne vous y suivrai ni comme complice, ni comme victime, je suis affranchie de vos pièges. Je suis libre. Vous me retirez votre amour? et qu'importe, l'amour divin remplit mon âme. Vous me condamnez à la solitude? qu'importe encore, cette solitude est habitée par l'Esprit saint. Vous me fermez les voies du monde, vous me déclarez subalterne et mineure; mais il me reste dans ma conscience un sanctuaire où s'arrête la force de votre bras comme le despotisme de votre esprit. Là nul signe d'infériorité ne flétrit mon existence, nul asservissement n'enchaîne ma volonté et ne l'empêche de se tourner vers la sagesse. Je ne suis plus l'esclave de vos passions ni des miennes; je n'obéis qu'aux impulsions de la charité, de la vérité et de la justice. La tête du serpent est brisée. Je suis libre, encore une fois; retirez-vous jusqu'à ce qu'il vous soit donné de me suivre dans les routes lumineuses où Dieu me conduit [22].

MARIE »

Jeanne Deroin, en exil, n'a plus rien de commun avec les hommes complices de ce régime qui a osé « transporter des femmes en Afrique », qui sème la souffrance, qui manifeste le même degré de corruption que « l'ancien régime ». Encore une fois, il est clair que ces « événements témoignent de l'immoralité de ces institutions, *basées* sur l'insolidarité, sur le privilège, et sur le droit du plus fort; ils prouvent que la vieille société ne peut se maintenir que par des moyens iniques ». L'armée, la magistrature, le clergé sont « les serviles instruments du pouvoir », qualifié de parjure et de tyrannique. Les hommes en sont responsables : « l'homme », celui qui a asservi « la femme », qui n'a pas su écouter son message, qui n'a pas cru à sa foi. Pour rien au monde elle ne veut être semblable à lui.

> « Laisser les oppresseurs accomplir les œuvres d'iniquité, c'est se rendre leur complice : les imiter dans leurs fureurs, c'est descendre au même degré de perversité (...). C'est pour la Femme un droit et un devoir de prendre part à l'œuvre de régénération et de conciliation. Nous faisons appel à toutes les femmes de cœur et d'intelligence. Nous les engageons à s'unir pour travailler à préserver leurs enfants de la tyrannie, de l'ignorance et de la misère [23]... »

Les doctrines des hommes, trop compromis dans l'approbation massive du coup d'État, sont passées au crible. Aucune école sociale n'échappe à la critique, pas même les saint-simoniens.

> « ... L'homme saint-simonien fut l'homme encore, il exploita cette idée de liberté (...). L'offre d'affranchissement était peu sincère. On ne voulait libérer la Femme qu'en exceptant celle qu'on souhaitait retenir [24]. (...) »

L'avenir désormais dépend de « la Femme » et d'elle seule, selon les rédactrices de *L'Almanach,* qui n'écrivent plus le mot que précédé d'une majuscule. *La Femme* régénérera ce monde « tombé dans la nuit des époques de Barbarie [25] ». Pour ce faire, elle ne doit pas « changer de nature pour imiter l'homme », car sa supériorité est incontestée. Sa prééminence, acquise dans la souffrance, est marquée par la pureté de son projet de régénération sociale, projet incompris par les hommes, incapables de mettre leurs pas dans la voie de l'apostolat. Elle seule est solidaire des enfants et des déshérités : tel est le constat des amies de Jeanne Deroin qui s'expriment dans *L'Almanach,* un constat plus que critique à l'égard des « réformateurs de tout poil » :

> « ... Ainsi la Femme ne commence à être comptée dans tous leurs plans de société, qu'au moment où elle cesse réellement d'être indépendante, au moment où elle devient femme et mère. Mais jusqu'ici, ils ont tenu si peu compte de la Vierge, que la Femme doit avoir perdu sa virginité pour qu'ils consentent à reconnaître son existence. Donnez-leur la mère, la femme galante, même la prostituée (ils s'en soucient peu), ils la reconnaîtront, pourvu seulement qu'elle soit marquée du sceau de la sujétion à leur sexe [26]... »

Tous les thèmes relatifs à la virginité sociale sont donc repris en cette année 1852, et, puisque les hommes ne savent pas reconnaître la *Femme* autrement qu'en leur possession, le journal se charge de cette reconnaissance. La publication s'intéresse exclusivement aux activités des individus femmes et aux réalisations de leurs associations. Profondément internationaliste, anti-esclavagiste, opposé au racisme dont sont victimes les peuples colonisés et les populations « israélites », *L'Almanach* s'efforce de rendre compte des performances artistiques, scientifiques, religieuses, pacifistes des femmes du monde entier : Miss Hunt de Boston, Miss Elisabeth Blackwell de New York, toutes deux « dames médecins » sont mises à l'honneur; Theodore Parker est chaleureusement remercié pour avoir permis à la demoiselle Antoinette Brown, de New York, « brillante théologienne », de prêcher, malgré les interdits qui lui étaient opposés – interdits prononcés par ceux qui « mésinterprètent les Évangiles »; le talent de Mme Dexter, discourant sur Shakespeare dans un institut littéraire de Londres, est salué; l'éloquence d'une avocate, plaidant une cause civile, au tribunal de première instance de la Seine, est remarquée et soulignée; les musiciennes, en particulier, suscitent l'enthousiasme des rédactrices : elles admirent « l'alliance de la grâce et du génie » chez Thérésa Milanolo à Lyon, les deux sœurs Ferni à Marseille, la jeune Camille Urso à Boston; la moindre nouvelle relative au succès remporté par une femme est fièrement publiée, quelle que soit son activité : Miss Betsy Miller, succédant à son père, aurait ainsi déployé, au commandement de son navire le *Cleotus,* une vaillance exceptionnelle [27]. Plus surprenant, mais l'objectif est didactique, les exploits guerriers des Amazones du Dahomey sont valorisés [28].

Toutes les artistes qui savent restituer la fraîcheur, la pureté de la nature, sont particulièrement appréciées : « *La Mare au diable* et ses fraîches peintures de la vie des paysans » est rappelée au bon souvenir des lecteurs; les rédactrices se plaignent du conformisme des peintres incapables de couper les liens qui les attachent « au vieux monde » : « Ingres se tait et se laisse traîner aux lugubres fêtes de l'Empire. » Mais Rosa Bonheur les réjouit : ses « bœufs robustes, [son] laboureur, rêveur et fort » permettent d'échapper aux malheurs du temps.

> « Au milieu de tant de ruines, l'artiste se sent glacé. Pour pouvoir encore chanter et peindre, il lui faudrait sortir de ce monde agonisant, s'élever au-dessus de ce désert humain, planer dans l'inaltérable azur, et libre comme l'hirondelle amie des douces saisons, montrer à ceux qui cherchent

encore la lumière et la vie le point du ciel où se lèvera le nouveau soleil [29]... »

Après les individus – preuve vivante de l'intelligence et des capacités de la Femme –, les associations, qui savent privilégier la solidarité et mettre à l'honneur les vertus pacificatrices des hommes et des femmes bénéficient d'une publicité dont l'ampleur a quelque peu froissé le socialisme d'Adrien Ranvier : les sociétés de tempérance, celles favorables à l'abolition de l'esclavage, les quakers, les sociétés végétariennes, les ligues protectrices des animaux, etc., toutes ces associations animées par des « hommes et des femmes de cœur » sont bien plus favorisées par *L'Almanach* que ne le sont les écoles socialistes ou les sociétés républicaines, bien que l'ouvrage, publié à Londres, puisse échapper aux lois répressives réservées à la presse française [30]. C'est que, à ce moment-là, Jeanne Deroin est tout occupée à son projet d'écrire un *Évangile social* des Femmes. Seule *La Femme* l'intéresse, et seules ces sociétés pacifistes, qui prennent en compte le rôle actif des femmes, préfigurent ce que pourrait être la société future qui unirait tous les êtres dans une même famille sociale régie par un amour pur :

> « Mais le temps de l'avènement de la Femme est proche, et l'humanité sortira des voies fatales du Progrès par la Douleur, du Progrès par la lutte et la misère, pour entrer dans les voies providentielles du Progrès pacifique et harmonieux, par l'intervention de la mère de l'Humanité, de la Femme régénérée par la Liberté [31]. »

Si le socialisme reste sa référence indiscutable, il ne s'agit pas du socialisme politique utilitaire, d'un socialisme marchepied pour accéder au pouvoir, mais d'une morale socialiste; morale selon laquelle

> « chaque être humain, sans distinction de sexe ni de race, a le même droit et le même devoir de prendre part à l'œuvre sociale, en raison de ses aptitudes réelles et de sa vocation, pour augmenter la richesse en proportion des besoins physiques, intellectuels et moraux de tous les membres de la famille sociale, afin qu'il n'y ait plus un seul être souffrant et opprimé [32] ».

Ce socialisme-là ne peut être que l'apanage des êtres à qui la liberté a été refusée, de celles « qui ne sont même pas libres de ne pas être mères [33] », des femmes déclarées éternellement mineures. Seules ces « déshéritées » du progrès sont à même de comprendre les autres déshérités. C'est pourquoi Jeanne Deroin se prononce à nouveau pour « l'abolition de l'héritage individuel, et l'adoption des enfants par la famille sociale [34] », de ces enfants illégitimes qui n'ont pas demandé à naître mais dont il importe d'assurer la protection et l'éducation. Elle n'est même plus sûre que les droits politiques soient une priorité tant ils ont permis de leurrer un peuple naïf; mais, parce qu'ils restent l'unique moyen d'acquérir le droit social pour tous, elle continuera de réclamer ces droits pour les femmes [35].

Cette solidarité sociale anime toute la pensée politique de Jeanne Deroin qui en ressent plus fortement la nécessité : aujourd'hui exilée, hier incomprise, elle s'identifie aux plus démunis. Cette double marginalité lui fait baisser les yeux vers la misère des autres, de ceux qui n'ont pas les moyens de dire leurs malheurs. Démarche similaire à celle de Victor Hugo qui, seul, à Jersey, prend conscience de la négligence des républicains à l'égard des femmes. Sur la tombe de Louise Julien, proscrite, morte à Jersey, devenue, depuis peu, amie de Jeanne Deroin, il s'adresse aux citoyens libres pour qui est morte la femme infirme qui s'est dévouée à la République :

> « Disons-le bien haut, citoyens, tant que la prospérité a duré, tant que la République a été debout, les femmes ont été oubliées par nous, se sont oubliées elles-mêmes (...). Ô mes frères! et les voilà qui nous suivent dans le combat, qui nous accompagnent dans la proscription, et qui nous devancent dans le tombeau [36]. (...) »

Ouvrière, Louise Julien était connue du petit peuple de Paris par ses chansons patriotiques. A aucun moment elle n'a su ménager ses forces, soignant sa mère malade pendant plus de dix ans, puis fabricant de la charpie pendant « les jours de luttes civiles » – discret euphémisme de Victor Hugo qui n'ose parler de son rôle actif pendant la révolution de Juin. Infirme, estropiée, elle est cependant arrêtée le 21 janvier 1853. Elle sort du cachot « avec les germes de la phtisie » : le voyage difficile, l'expulsion de Belgique ne font qu'accroître son épuisement et Louise Julien, la proscrite, meurt à son arrivée à Jersey. Joseph Dejacque exprime lui aussi son indignation sur la tombe de cette héroïne, devenue l'ombre du Christ tant son destin s'apparente à celui qui serait mort sur la croix pour sauver l'humanité [37].

Tant qu'il leur a été possible de croire à leur intégration sociale, les femmes de 1848 ont insisté sur leur appartenance au genre humain, sur leur ressemblance avec les hommes citoyens, sur leurs capacités sociales. Le fait d'être mère était mis en avant pour mieux fonder cette capacité, mais aucune spécificité, liée à leur nature, ne leur interdisait les droits et les devoirs accordés et accomplis par les hommes.

Au fur et à mesure des interdits prononcés, des exclusions réalisées, des rires suscités, la différence est apparue comme indépassable, insurmontable, et, du même coup, cette différence est devenue l'objet d'une attention particulière à laquelle elles ont attribué des vertus singulières. Des femmes ont mis l'accent sur la pureté du sexe féminin non souillé par les compromissions sociales. Dans ce chaos de guerres et de misère, la régénération du monde leur incombait. L'apostolat des femmes, en filigrane au début de la révolution de 1848, est devenu le mode d'être des victimes de l'exclusion, comme si la conscience d'être autres les obligeait à intervenir d'au-delà de ce monde. Cette position est fortement marquée chez Jeanne Deroin : analysée en soi, elle l'érige en femme d'exception, hors de l'histoire de ses contemporains; réactualisée dans le passé, cette position donne à lire l'engagement d'une individu aux côtés d'une collectivité d'individus dominés : celle des femmes et du peuple.

Le thème de la régénération du monde par des femmes qui, par ailleurs, ont été perçues comme des agents du désordre social, est ici effet d'une exclusion. Celle-ci les amène à se réfugier dans une féminité différente. Féminité recherchée, hors des valeurs imposées, à l'écart des pratiques politiques, à l'encontre des doctrines masculines. Féminité qu'elles reconstruisent. Féminité qui échappe à la connaissance des hommes et qui, de ce fait, est seule capable de sauver une humanité perdue par l'inconséquence des hommes. Cette idée est renouvelée au XXe siècle par des écrivains comme Luce Irigaray; il est extrêmement troublant de lire ce texte écrit en 1989 et d'y retrouver les certitudes des femmes de 1848 :

> « Le peuple des hommes fait la guerre partout, tout le temps, avec une parfaite bonne conscience (...). Les hommes vont chercher ce qu'ils imaginent leur nécessaire sans s'interroger sur qui ils sont et le rapport de ce qu'ils font à leur identité. Pour remédier à cette méconnaissance, je pense qu'il faut au peuple des hommes des personnes à part entière qui leur permettent de se comprendre et de trouver leurs limites. Seules les femmes peuvent jouer ce rôle. Les femmes n'appartiennent pas à la communauté patriarcale comme sujets responsables [38]... »

L'analyse de l'écrivain serait-elle, elle aussi, le produit d'un nouvel ordre qui aurait triomphé après les doutes et les troubles des sociétés des années 1970? Là n'est pas notre propos, mais le rapprochement était trop tentant pour ne pas y faire référence [39].

Si la différence est revendiquée par Eugénie Niboyet, magnifiée par Jeanne Deroin, elle apparaît aussi, dès 1851, comme une construction des hommes, un argument pour justifier l'exclusion des femmes dont l'identité sociale est réduite au sexe. C'est dire l'extrême sensibilité des femmes de 1848 aux rapports sociaux, en ces années d'apprentissage de la démocratie où les femmes découvrent à leurs dépens les mécanismes des discours d'exclusion. La place des femmes, peu à peu, est tracée, au fil des semaines révolutionnaires, au moment où les enjeux se précisent. Pour rendre compatibles universalité des principes et disparité des fonctions, il importe de différencier et de construire un genre inconciliable avec la gestion de la cité – logique politique qui peut alors s'appliquer à d'autres qu'aux femmes. Le repli sur une identité féminine conduit certaines à privilégier la virginité; d'autres sont amenés à identifier leur sort aux plus démunis, en développant une conception de la démocratie inconciliable avec l'idée de capacité chère à Guizot. Ces idées sont inintégrables à l'idée de représentation par une communauté de semblables, à laquelle se sont identifiés républicains et socialistes. L'irréductibilité de la différence sur laquelle se greffe les présupposés sociaux ne permet pas aux femmes d'accéder à cette communauté. Aussi, apostolat et virginité ne sont-ils que moyens d'échapper à une soumission dont la majorité des femmes s'accommodent.

SOLITUDES

« La mort est un vain mot, l'âme est toujours éclose,
Puisque l'humanité jamais ne se repose.
Au revoir à toujours, ma sœur! »

Le dernier poème de Louise Julien, dédié à Jeanne Deroin, clôt la parution de *L'Almanach,* en 1854. Il ne paraîtra plus. Comme si la mort s'était emparée de la dernière publication de Jeanne Deroin qui consacre son dernier article à la dédicace d'un monument dressé à la mémoire de Newton : importante réminiscence, quand on sait la place donnée par Saint-Simon à cette intelligence, à ce « père de la science sociale ». Après la mort de Pauline Roland [40], celle de Louise Julien, c'est encore de mort dont il s'agit avec Newton. Une mort passée mais une mort qui « a semé la vérité et la justice », une mort renaissante en quelque sorte. Désormais, Jeanne Deroin vivra avec ces renaissances possibles, avec ces morts sereines, pleines de promesses, des morts fondatrices de la solidarité universelle qui ne manquera pas de bouleverser bientôt l'humanité nouvelle. Celle-ci renaîtra de ses cendres, toujours vivantes en l'Humanité.

Les difficultés de la vie quotidienne l'emportent sur le besoin de dire son message : « C'est qu'attachée à la glèbe par la dure loi de la nécessité que nous impose l'organisation du vieux monde », elle n'a pas le temps de participer aux débats sur la « lumière nouvelle [41] ». Jeanne Deroin n'interviendra plus en politique ni dans le champ social français que par correspondants interposés.

En 1858, elle renoue les liens avec sa famille idéologique, celle qui n'a cessé de proclamer l'égalité, famille restreinte – non compromise avec le dictateur –, qui perpétue la solidarité ancienne : Olinde Rodrigues est mort en 1851 mais Pierre Leroux est vivant. Il est celui qui, dans les colonnes de *La République,* en 1850, défendait Saint-Simon contre Proudhon [42], celui que Pauline Roland appelait « maître » dans *Le Peuple* en 1848-1849 [43], celui qui ravive la mémoire de la défunte par la publication de sa défense du *travail des femmes* dans *L'Espérance.*

Il manque à ce siècle une « synthèse religieuse conciliatrice » qui puisse organiser la solidarité et la justice sous « la bannière du socialisme [44] ». Jeanne Deroin s'efforce de raviver la mémoire du passé, de se projeter dans des « existences successives [45] » par la réincarnation de l'âme afin de croire possible la réalisation de ce socialisme vrai. Foi ultime pour surmonter un échec impossible à vivre.

A Londres, Jeanne Deroin vit dans la gêne. Proscrite, elle refuse de revenir en France après les lois d'amnistie d'août 1859. Elle est en contact avec l'Association internationale des Travailleurs [46] et correspond avec les nouveaux défenseurs du *droit des femmes :* Léon Richer [47] et Hubertine Auclert dont elle salue la prestation au Congrès de Marseille. Et, toujours, elle dénonce « l'orgueil des hommes, la duplicité des prêtres » pour vanter la « supériorité morale des femmes ». A 81 ans, elle lance un appel à toutes pour bâtir « une société réellement fraternelle » :

> « La République, basée sur la légende liberté, égalité, fraternité a été posée à faux, comme le prouve la série de réactions et de révolutions qui se succèdent depuis près d'un siècle. »

Née sous le « despotisme impérial [48] », elle a fui le despotisme du Second Empire; meurtrie par les révolutions, incomprise des partis, elle n'aspire qu'à la paix dans une vraie république fraternelle unissant les hommes et les femmes enfin égaux : tel est son dernier message. Elle meurt le 2 avril 1894. En 1889, Hortense Wild [49] lui rend hommage. Sur sa tombe, William Morris [50] honore sa mémoire.

Eugénie Niboyet survit mal à son passé; elle ne cesse de réclamer justice auprès du ministère de l'Instruction publique. Ses professions de foi, tour à tour bonapartistes, protestantes, républicaines, ne feront pas fléchir les autorités [51]. Elle restera celle qui fut la présidente du Club des femmes et son indemnité littéraire ne lui sera jamais restituée. Elle multiplie les démarches, les gages de bonne conduite, les recommandations, donne des garanties, rappelle maintes fois sa filiation honorable, mais toujours, ce « moment d'affolement », ces « excentricités », « ce boulet de 1848 », relu, revu, resurgit jusqu'au jour où elle se décide à écrire *Le Vrai Livre des femmes* [52], afin de faire entendre sa version des faits sur cette époque qui fut « la plus douloureuse de sa vie ». En ces années 1860, l'horizon des femmes s'est refermé sur le mariage. Le passé est repensé. Le mot émancipation apparaît comme une incongruité. On s'étonne des rêves des années folles, de ces utopies d'un temps devenu autre :

> « Ce siècle, dans ses jours de folies et d'erreur, a imaginé de changer la condition des femmes; il a cherché à nous inspirer des idées d'indépendance, d'insurrection contre la situation qui nous était imposée : on a voulu faire de nous des guerrières, des politiques, des lutteuses et ces tentatives n'ont abouti qu'à river notre chaîne par le sceau du ridicule [53]. »

Le travail des femmes est à nouveau débattu au sein du mouvement ouvrier : Jenny d'Héricourt vient d'écrire son pamphlet en réponse à Michelet, Proudhon, Émile de Girardin, Auguste Comte et autres novateurs modernes [54]; avec Julie Daubié, première bachelière, une nouvelle génération est née [55]. Eugénie Niboyet veut rester la Sociétaire de la Morale chrétienne, elle préfère se tourner vers son passé et, en se souvenant, tenter de se re-créer [56], d'effacer cette tache, de déposer enfin « sa croix ».

Eugénie Niboyet vide sa mémoire des noms de celles qui l'ont accompagnée, s'en désolidarise, efface leurs traces [57]. Elle évoque son parcours, en rappelant ses sympathies premières à l'égard de la duchesse d'Orléans dont elle prévoyait l'échec. Elle se souvient avoir traversé un Paris inattendu : comme Tocqueville, elle est épouvantée par la présence active des femmes au sein d'une « foule armée de fusils, de fourches, de bâtons [58] ». Elle craignait plus que tout le réveil des « anciennes tricoteuses ». C'est alors que son instinct d'éducatrice se manifesta. A nouveau, pensa-t-elle, elle se devait d'éduquer cette masse en proie à des excès de violence. « Un cœur droit, un vrai courage pourrait faire cela » :

> « J'avais le cœur droit, j'eus le courage; ce fut mon malheur, la tâche était au-dessus de mes forces. Ce même jour, mon imprimeur revint, me pressa, me sollicita, je fis un numéro spécimen de *La Voix des Femmes*. Il le prit, le publia, et le succès dépassant toutes nos prévisions, avant la fin du jour mon salon fut érigé en tribune, mon appartement en salle de conférence. Je fus effrayée de la grandeur de mon œuvre, et je demandai à toutes ces femmes de me seconder, ne disant plus mon journal, mais notre journal [59]... »

Entraînée, poussée par une masse de femmes impatientes où « chacune se croyait des droits égaux », Eugénie Niboyet était portée par cette vague déferlante composée de filles irréfléchies, déraisonnables et... anonymes. A peine connues en 1848, déjà si peu nommées, désignées le plus souvent par un prénom au sein du journal, elles sont à nouveau réduites au silence dans un passé recomposé par celle qui fut leur présidente.

En 1864, elle a été lue et sans doute écoutée, elle peut à nouveau éditer, cette fois le *Journal pour toutes*. Émile Ollivier, Mme Jules Simon, bien d'autres encore lui prêtent leur concours. C'est une véritable renaissance pour cette femme de plus de 64 ans qui ne craint pas de se lancer dans l'aventure journalistique pour « instruire sans pédanterie, moraliser sans rudesse, amuser sans frivolité [60] ». Ensuite, toujours préoccupée d'éducation, en décembre 1865, elle crée la Société mutuelle de Protection pour les femmes, et rêve d'une *cité des dames* où la vie exemplaire des femmes, coupées du monde des hommes, engendrerait la morale salvatrice indispensable au bonheur de l'humanité [61].

Eugénie Niboyet meurt le 5 janvier 1882; comme Jeanne Deroin, elle est honorée par ses contemporains : Nelly Lieuter, collaboratrice du *Journal pour toutes,* publie une brochure rassemblant les articles parus dans la presse au lendemain de la mort de « cette grande figure » qui consacra sa vie « aux causes humanitaires ». Son engagement saint-simonien est évoqué, mais les rédacteurs ne veulent retenir que les qualités de cœur de celle dont ils rappellent l'active présence au sein de la Société de la Morale chrétienne. Quelques journalistes, pourtant, osent mentionner son rôle en 1848, mais c'est pour mieux soustraire la défunte au nombre des émancipatrices de ce temps dépassé, afin de ne retenir que son dévouement longuement salué.

Désirée Véret fut aimée de son époux, qui rêva de « l'homme associé, frère, amant » et qui, plus jamais, ne serait « maître de la femme [62] ». Jusqu'en 1860, aidée par la famille saint-simonienne, elle s'active : magasin de modes, Exposition universelle... Les échecs de 1848 semblent sinon oubliés, du moins dépassés. Elle a replié ses ailes et profite de l'aide du groupe du « Palais-Royal », conseiller du Prince. En 1855, elle est « très occupée et beaucoup moins libre » que lorsqu'elle était chez les autres. Elle possède son propre magasin de nouveauté et ne s'en plaint pas [63].

Bien que le communisme soit son idéal, il n'est pas sa raison d'être. Depuis les années 1830, l'amour est sa raison de vivre : amour de l'humanité, amour des hommes, amour des enfants libres. Sa volonté d'être active, autonome, aimante l'emporte sur une raison politique qu'aucune autorité politique n'a encore entendue.

Dans les années 1860, les Gay sont contraints d'émigrer – Bruxelles, Genève, l'Italie – à cause des difficultés de Jules Gay à propos de publications « contraires à la morale et aux bonnes mœurs [64] ». Ils restent en contact avec le mouvement ouvrier et rejoignent les rangs de l'Alliance internationale de la Démocratie socialiste. Désirée Gay y est « temporairement présidente de la section des femmes [65] ».

En 1890, Désirée Gay, âgée de 80 ans, éprouve le besoin de dire « ce qu'elle a refoulé depuis cinquante ans [66] »! Elle aime à nouveau : amour « des choses sociales », amour d'un homme, amour du passé. Pour vivre encore, elle a besoin de croire. La correspondance qu'elle échange avec Victor Considerant, au soir de sa vie [67], nous rend celle qu'on avait perdue depuis près de quarante ans. Elle est toujours la même : follement passionnée, animée d'un désir irrépressible, elle avoue ses sentiments au vieil ami qui lui rappelle le bonheur passé, et ces aveux sont entremêlés de pensées critiques à propos du socialisme. A la fois lucide et rêveuse, elle écarte « les doctrinaires », en songeant à l'utopie que Fourier lui avait laissé entrevoir. Pendant ces quarante années, elle a beaucoup voyagé, beaucoup vu, beaucoup jugé. Elle a pris ses distances avec « Bakounine et autres Marx » qui ne peuvent rivaliser avec les utopies qui l'ont enchantée. De cette Belgique dont elle aime le mouvement social animé par une jeunesse active, elle écrit à son vieil ami, tant elle a besoin de rattacher « ses vieux souvenirs à une réalité vivante [68] ». Entre un avenir plein de promesses et un passé engorgé de passions, elle veut rétablir le lien [69]. Aujourd'hui, dans « sa solitude volontaire [70] » – son dernier fils est mort, il avait 46 ans [71] » –, elle a pris le temps de scruter sa vie affective, « la seule » qui lui ait procuré du « bonheur ». Toujours à l'écoute des manifestations populaires, elle se prend d'amour pour ce peuple belge, ses idées, ses manifestations, son leader, Cesar de Paepe « qui jouit d'un grand prestige [72] ». Elle imagine « en tableaux poétiques » le bonheur futur d'une jeunesse à laquelle elle rêve en écrivant à son ami-amant. Pour vivre cet amour social, elle fait renaître l'autre, l'amour de l'homme, quelques mois avant de mourir.

Conclusion

A la fois semblables et différentes, ces trois femmes ont vécu dans un monde ordinaire. Un monde qu'elles aimaient mais qu'elles auraient voulu transformer. Un monde qu'elles ont cherché à séduire. Un monde qu'elles auraient voulu conquérir. Un monde qui les a ignorées. Elles sont comme passées à côté, car elles ont été laissées de côté par les idées qui ont triomphé. Dans le cadre du système politique, des doctrines débattues, des pratiques sociales, des croyances religieuses de leur temps, leurs idées, à peine émises, se sont estompées et leurs paroles, à peine prononcées, sont tombées dans le silence.

Pourtant, dans le temps fort des désordres sociaux, elles ont détourné les mots de leur sens commun : elles ont mis au jour les présupposés, dénoncé les préjugés, rappelé l'autonomie du mot liberté, signifié l'universalité des droits des individus. Ni femmes du peuple ni bourgeoises, républicaines critiques, socialistes déistes, communistes non dogmatiques, protestantes changeantes, œcuméniques, utopistes. Ni ouvrières ni femmes de salon, elles n'ont pu s'identifier à aucune catégorie sociale reconnue et, en même temps, elles n'ont été reconnues par aucun de ces groupes : toujours entre deux mondes, malgré leurs professions de foi, leurs adhésions, leur fidélité et leurs reniements car toujours leurs critiques et leurs attitudes les ont placées à l'écart des groupes constitués, des catégories acceptées. Chacune d'elles échappe à la conformité des modèles tout autant qu'à l'identité qui leur est assignée : à la fois trop déiste chez les socialistes, trop libre chez les utopistes, trop autonome, trop attachée au pouvoir chez les philanthropes. C'est pourquoi leur singularité, toujours en avant de la communauté, se détache des mentalités collectives.

En fait, elles ressemblent à beaucoup d'autres femmes dont la vie s'écoule entre la volonté d'être soi et la nécessité d'être socialement intégrée. Si ce n'est qu'aucune d'elles, ni Jeanne Deroin, ni Désirée Gay, pas même Eugénie Niboyet n'ont emprunté les chemins balisés pour obtenir cette reconnaissance. Dans le langage politique de tous, au nom des valeurs communes, elles se sont opposées aux idées communément admises : elles n'ont cessé de les inquiéter. Toujours elles ont dévié de la voie du progrès pensé dans l'extension des libertés des hommes : elles ne se reconnaissent pas dans l'histoire des révolutions; elles rejettent la glorification d'un passé qui les a écartées de cette voie qu'elles aimeraient emprunter sans en approuver les dogmes. Elles n'acceptent pas la loi des hommes ni celle de leurs institutions, même provisoires. Elles s'insurgent contre l'idée de domination qu'elles assimilent aux privilèges bannis, en principe, des régimes républicains. Elles détournent les modèles d'épouses et de mères pour réclamer des droits politiques : c'est ainsi qu'elles investissent la maternité d'une fonction sociale encore à peine imaginée.

Mais ces critiques, ces détournements, ces déviations, ces insurrections n'interviennent que dans les temps d'exception. Dans le temps long de l'histoire des hommes, la solidarité leur manque. A peine rétabli, l'ordre social efface toute idée déviante, toute attitude anormale. Renvoyées à leur solitude, elles sont alors soumises aux contraintes sociales. Échappant aux groupes sociaux dûment répertoriés, elles n'appartiennent plus qu'à une multiplicité d'individus dispersées dans des milieux les plus divers, qui acceptent diversement le sort qui leur est réservé : *Les* femmes dont certaines d'entre elles ont cherché l'histoire singulière dans l'histoire mais dont la plupart ne connaissent que l'histoire de tous, celle des hommes, l'histoire continue, celle qui se vit et se joue dans le monde politique présent. Les lettres d'Augustin Thierry sur l'histoire de France seront diffusées tandis que l'article d'Henriette sera oublié. Aucun groupe constitué ne se sentira visé par ce passé irrémédiablement tombé dans l'oubli. Impossible de revendiquer une action d'éclat à partir de ce passé sans continuité et sans écho. On comprend la tension vécue alors par Eugénie Niboyet qui, pour être reconnue dans un présent social et culturel différent de celui de 1848, ne pouvait que renier ses actions passées. Jeanne Deroin se réfugie dans l'exil et tente de revivifier le passé par la réincarnation de l'âme. Désirée Véret replie ses ailes, s'évade dans le rêve et s'échappe dans l'amour.

Elles sont si peu représentatives des catégories communément représentées dans l'histoire qu'elles ne peuvent être identifiées à aucun groupe, à aucun type, à aucun genre. Et pourtant, plus que d'autres, elles ont épousé leur temps, elles ont agi, aimé, vécu dans ce monde, souvent en marge de ses modes de penser mais toujours dans le cadre des contraintes sociales. Non représentées dans le monde politique qu'elles ont voulu investir, elles en réprouvent la représentation et du même coup en dévoilent les mécanismes : elles révèlent ainsi les enjeux de pouvoirs que masque l'universalité des principes proclamés.

Tandis que les structures des partis politiques se dessinent en ces années d'apprentissage de la démocratie, tandis que les hommes se rassemblent, que les classes s'affrontent, que naissent les porte-parole, des femmes, en marge de ces groupes d'hommes qui font l'histoire, à côté des femmes qui la subissent ou la contournent, sont les témoins évincés et, par là, privilégiés pour rendre compte de la formation d'un système de pouvoirs qui encadre les individus : famille et démocratie, l'une servant de modèle à l'autre. Ces clés de voûte de notre société sont souvent considérées comme le produit d'un mouvement de l'histoire, naturel, inéluctable, effet de la force des choses qu'inaugure la Révolution française. Famille et démocratie apparaissent alors comme des instruments de domination dont le fonctionnement nous est révélé par celles qui, à peine connues, sont écartées de la cité et qui ne conçoivent de genre humain que dans sa composante plurielle d'hommes et de femmes.

Notes

PRÉMICES

1. *La Voix des femmes* du 20 avril 1848, article signé Henriette.

Introduction

2. François Furet, *La Révolution 1770-1880, Histoire de France,* Paris, Hachette, 1988.

3. Claude Nicolet, *L'Idée républicaine en France, Essai d'histoire critique,* Paris, Gallimard, 1982.

4. Madame de Staël est incontournable!

5. Cf. les articles de Karen Offen, « L'Origine des mots féminisme et féministe », *Revue d'Histoire moderne et contemporaine,* printemps 1988 ; et « Defining Feminism : A Comparative Historical Approach », *Signs,* automne 1988.

6. Auguste Comte, *Discours sur l'ensemble du positivisme,* Paris, juillet 1848, p. 205.

7. Alain Boureau, « Discours, énonciations, mentalités », *Annales E.S.C.,* 44e année, Paris, nov.-déc. 1989, n° 6.

8. Michèle Riot-Sarcey, « De l'histoire politique et des pouvoirs, du positivisme à Michel Foucault », *Féminismes au présent,* supplément à *Futur antérieur,* Paris, L'Harmattan, 1993.

9. François Furet, *La Révolution..., op. cit.,* p. 310.

10. Expression empruntée à Michèle Le Dœuff, *L'Étude et le rouet,* Paris, Le Seuil, 1988.

11. François Furet, *op. cit.,* p. 129.

12. *Ibid.,* p. 311.

13. *Ibid.,* p. 451.

14. *Ibid.,* p. 238.

15. Alexis de Tocqueville, *De la Démocratie en Amérique,* Paris, Gallimard, vol. II, p. 247.

16. *Ibid.,* p. 293.

17. François Furet, *Penser la Révolution française,* Paris, Gallimard, 1978, pp. 230-231.

18. Alexis de Tocqueville, *Souvenirs,* 1re édition 1893, Paris, Gallimard, 1978, pp. 212-213.

19. François Furet, *Penser la Révolution, op. cit.,* p. 47.

20. Ernst Bloch : « La Liberté, l'Égalité, la Fraternité n'ont pas seulement une prédominance historique, mais une prédominance normative qui garde toute son efficacité chaque fois qu'une bastille est prise », *Droit naturel et dignité humaine,* Paris, Payot, 1976, p. 73.

21. « Il est temps, par exemple, qu'en prenant appui sur la Constitution de 1793 qui ouvrit largement aux étrangers l'accès à la citoyenneté française, la France de 1989 reconnaisse la citoyenneté de résidence à toutes les élections locales », dans Madeleine Rebérioux avec Michel Vovelle, Antoine de Baecque et Dominique Godineau, *Ils ont pensé les droits de l'homme,* Paris, E.D.I.-Ligue des Droits de l'Homme, 1989, p. 14.

22. Voir, pour l'ensemble de la critique, Denis Berger et Michèle Riot-Sarcey, « François Furet : l'histoire comme idéologie », *Le Gai Renoncement, l'affaiblissement de la pensée dans les années 80, Futur antérieur,* supplément, Paris, L'Harmattan, 1991.

23. Pierre Rosanvallon, *Le Sacre du citoyen, Histoire du suffrage universel en France,* Paris, Gallimard, 1992, p. 393.

24. *Ibid.*, p. 13.

25. *Ibid.*, p. 34.

26. *Ibid.*, p. 111.

27. *Ibid.*, p. 138.

28. *Ibid.*, p. 396.

29. *Ibid.*, p. 393.

30. *Ibid.*, p. 137.

31. *Ibid.*, p. 411.

32. Geoff Eley, « De l'histoire sociale au " tournant linguistique " dans l'historiographie anglo-américaine des années 1980 », *Genèses,* n° 7, mars 1992, p. 191. Le genre *(gender)* se définissant comme une catégorie sociale, imposée en fonction d'une hiérarchie masculine et constituant sur la base d'une interprétation figée et abusive des différences sexuelles, le mode d'assignation aux individus et aux groupes, d'une identité arbitraire qui donne forme à leur exclusion. Voir, à ce propos, Christine Delphy, « Penser le genre », *Sexe et genre, de la hiérarchie entre les sexes,* éd. Marie-Claude Hurtig, Michèle Kail, Hélène Rouch, Paris, C.N.R.S., 1991.

33. Voir Cécile Dauphin, Arlette Farge, Geneviève Fraisse, Christiane Klapisch-Zuber, Rose-Marie Lagrave, Michelle Perrot, Pierrette Pezerat, Yannick Ripa, Pauline Schmitt-Pantel, Danielle Voldman, « Culture et pouvoir des femmes. Essai d'historiographie », *Annales E.S.C.,* mars-avril 1986, n° 2, p. 281.

34. Joan Wallach Scott, *Gender and the Politics of History,* Columbia University Press, 1988, p. 141, article traduit dans « Le Genre de l'histoire », *Les Cahiers du G.R.I.F.,* nos 37-38, juin 1988.

35. Barbara Taylor, *Eve and the New Jerusalem,* Virago History, Londres, 1984. Parmi les études sur la question signalons, entre autres, Sally Alexander, « Women, Class and Sexual Differences in the 1830's and 1840's. Some Reflections on the Writing of Feminist History », *History Workshop Journal,* n° 14, 1984 ; L. Davidoff, C. Hall, *Family Fortunes,*

Men and Women of the English Middle Class 1780-1850, Chicago, 1987 ; Harvey J. Kaye and Keith Mc Clelland (sous la direction de), E. P. Thomson, *Critical Perspectives,* Polity Press, 1990 ; Jill Liddington, Jill Norris, *One Hand Tied Behind us. The Rise of Women's Suffrage Movement,* Londres, Virago, 1978 ; A. Phillips, B. Taylor, « Sex and Skill. Notes towards a Feminist Economics », *Feminist Review,* n° 6, 1980.

36. Voir à ce propos Mary Douglas, « Hiérarchie et voix de femmes (Angleterre-Afrique) », *Espace international, philosophie, Philosophie et anthropologie,* Paris, Centre Georges-Pompidou, 1992.

37. Joan W. Scott, *Gender..., op. cit.*, p. 4.

38. Eleni Varikas, « Genre, expérience et subjectivité, à propos du désaccord Tilly-Scott », *Passato Presente,* a x, 1991, n° 26, pp. 117-129.

39. Voir à ce propos Geneviève Fraisse, « Singularité féministe. Historiographie critique de l'histoire du féminisme en France », *Une histoire des femmes est-elle possible ?,* sous la direction de Michelle Perrot, Paris, Rivages, 1984.

40. Eleni Varikas, « Genre... », *art. cit.* Cette partie sur le genre a été écrite après discussion avec Eleni Varikas, historienne qui, l'une des premières en France, a utilisé le concept de genre comme catégorie d'analyse, notamment dans sa thèse, *La Révolte des dames : genèse d'une conscience féministe dans la Grèce du* XIX*e siècle, 1833-1908,* Paris VII, 1986.

41. Georges Duby, Michelle Perrot, *Histoire des femmes,* Paris, Plon, 1991, préface.

42. *Ibid.*, t. IV : *Le* XIX*e siècle,* sous la direction de Geneviève Fraisse et Michelle Perrot, p. 17. Voir, à ce propos, la critique de Christine Planté dans *Romantisme,* 3e trimestre, 1992.

43. Denise Riley, *« Am I that Name ? » Feminism and the Category Women in History,* University of Minnesota Press, Minneapolis, 1988, p. 2 ; voir également Caroll Smith-Rosenberg, « Writing History : Language, Class, and Gender », et Linda Gordon, « What's New in Women's History », *Feminist Studies, Critical Studies,* éd. Teresa de Lauretis, Indiana University Press, Bloomington & Indianapolis, 1986. Pour une réflexion anthropologique et sociologique de la question, voir Nicole-Claude Mathieu, *L'Anatomie politique, catégorisation et idéologie du Sexe,* Paris, Côté-Femmes, 1991 ; Colette Guillaumin, *Sexe, race et pratique du pouvoir, l'idée de nature,* Côté-Femmes, 1992.

44. Nicole Loraux, *Les Expériences de Tirésias, le féminin et l'homme grec,* Paris, Gallimard, 1989, p. 1.

45. Michelle Perrot, « Les Femmes, le pouvoir, l'histoire », *Une Histoire des femmes est-elle possible ?, op. cit.*, p. 213.

46. Christine Planté, *La Petite Sœur de Balzac,* Paris, Seuil, 1989, p. 276.

47. Roger Chartier, « Histoire intellectuelle et histoire des mentalités. Trajectoires en question », dans *Cahiers de synthèse,* « Histoire intellectuelle et culturelle du XXe siècle », textes choisis, Albin Michel, juillet 1988, p. 224. Notons ce qu'écrivait Jean Bouvier en 1972 : « Mais les mentalités elles-mêmes ne viennent pas du ciel. Elles ne sont ni *sui generis* ni éternelles. Elles sont elles-mêmes les produits de l'histoire, des structures, des milieux, des institutions. Elles peuvent se figer ; elles ne sont pas incapables d'évoluer. Il faut démythifier les mentalités, c'est-à-dire être conscient de leur relativité. La tendance – la mode actuelle – d'en faire le *Deus ex machina* de l'histoire sans prendre la précaution d'en voir la genèse et le conditionnement est aussi dangereuse et stérile que celle qui ne

considérerait que la face économique des choses », *Histoire de la France de 1852 à nos jours, Le mouvement d'une civilisation nouvelle,* Larousse, Paris, 1972, p. 52.

48. Georg Simmel, *Philosophie de la modernité,* 1923, préface et traduction de Jean-Louis Vieillard-Baron, Paris, Payot, 1989, p. 105.

49. Voir l'ouvrage de Michel de Certeau, *Histoire et psychanalyse entre science et fiction,* Paris, Gallimard, Folio, 1987, en particulier son article sur « Le Rire de Michel Foucault ».

50. Carlo Ginzburg, *Les Batailles nocturnes, sorcellerie et rituels agraires en Frioul XVIe-XVIIe siècle,* Paris, Verdier, 1980, préface, p. 7.

51. Stéphane Michaud, *Un fabuleux destin : Flora Tristan,* Actes du 1er colloque international, Dijon, 3 et 4 mai 1984, Dijon, E.U.D., 1985.

52. Walter Benjamin, *Annonce de la revue, Angelus Novus, Gesammelte Schriften,* Hrsg. von Rolf Tiedmann Schweppenhäuser, Francfort-sur-le-Main, Suhrkamp, 1972-1977, I, 3, pp. 1243, 1244, cité par Stéphane Mosès, *L'Ange de l'Histoire, Rosenzweig, Benjamin, Scholem,* Paris, Seuil, 1992, p. 157.

53. Recherches sur les femmes et recherches féministes, Action thématique, programme n° 6, présentation des travaux 1986-1989, Paris, C.N.R.S., 1990.

Dégoûtés du passé, fatigués du présent

54. Marguerite Thibert, *Le Féminisme dans le socialisme français de 1830 à 1850,* thèse principale pour le doctorat ès-lettres, Paris, Marcel Giard, 1926, introduction.

55. *Exposition de la Doctrine,* Doctrine de Saint-Simon, 1re année, 1829, BN 8° Ld 190 (1) p. 16. « Chacun de nous s'entoura promptement de quelques-uns de ces hommes, si nombreux aujourd'hui qui, las du vide intellectuel et moral des doctrines politiques professées dans les salons, dégoûtés du passé, fatigués du présent, appellent un avenir qu'ils ignorent, mais auquel ils demandent la solution des grands problèmes que présente la marche progressive de l'espèce humaine. »

56. *Ibid.*, pp. 68-69.

57. Jeanne Deroin, profession de foi; lettre autographe, Bibliothèque de l'Arsenal, Fonds Enfatin, 7608, *Lettres de dames au Globe,* publiées par Michèle Riot-Sarcey, *De la liberté des femmes,* Paris, Côté-Femmes, 1992.

58. Citons, entre autres, l'ouvrage de Paul Bénichou, *Le Temps des prophètes, Doctrines de l'âge romantique,* Gallimard, 1977, et le numéro spécial de la revue *Romantisme,* consacré à 1830, nos 28-29, 1980; les articles de Maurice Agulhon et de Jean-Claude Fizaine présentent la période dans « une dynamique de la Révolution, relativement indépendante de son point d'application social » : Maurice Agulhon, « 1830 dans l'histoire du XIXe siècle français », p. 21.

59. Voir à ce propos Paul Bénichou, *Le Temps des prophètes..., op. cit.*

60. Pierre Simon Ballanche, *Essai de palingénésie sociale,* Paris, 1827, pp. 197 et 269.

61. Charles Fourier, *Théorie des quatre mouvements et des destinées générales,* Paris, Éd. J.-J. Pauvert, 1967, p. 228.

62. Frère cadet d'Olinde Rodrigues, membre du « Collège » saint-simonien; son influence théorique est indéniable; sa mort prématurée (1830) l'empêche de poursuivre

une œuvre qui s'annonçait brillante; il fut le traducteur de l'*Essai sur l'éducation du genre humain* de Lessing.

63. Eugène Rodrigues, *Lettres sur la religion et sur la politique,* 1829, Paris, 1831, 3e lettre, p. 19.

64. L'orthographe du nom de l'abbé de Lamennais a évolué au fur et à mesure de la radicalité de ses écrits : du La Mennais ultramontain de l'*Essai sur l'indifférence* (1817-1823) au Lamennais du *Livre du peuple* (1838).

65. Elisabeth Germain, *Langages de la foi à travers l'histoire, approche d'une étude des mentalités,* Paris, Fayard-Mame, 1972, p. 167.

66. Voir Gérard Cholvy et Yves-Marie Hilaire, *Histoire religieuse de la France contemporaine, 1800-1880,* Toulouse, Privat, 1985.

67. Charles de Rémusat, *Mémoires de ma vie,* présenté par Charles Pouthas, Paris, Plon, 1958, vol. I, p. 80.

68. Louise Dauriat, lettre autographe aux saint-simoniens, Bibliothèque de l'Arsenal, Fonds Enfantin, *Lettres de dames,* 1831-1832, 7608, cf. *De la liberté des femmes, op. cit.*

69. Jean-Luc Steinmetz, *La France frénétique de 1830,* Phébus, 1978, introduction, cité par Jean-Claude Fizaine, *op. cit.*, p. 43.

70. Abbé Félicité de La Mennais, *De la religion, considérée dans ses rapports avec l'ordre politique et civil,* Paris, 1826, 3e édition, 1835, préface, p. 6.

71. *Ibid.*, p. 19.

72. François Guizot, *Des moyens de gouvernement et d'opposition dans l'état actuel de la France,* 1821, introduction Claude Lefort, Paris, Belin, 1988, p. 181.

73. Pierre Poux, introduction à *Comment les dogmes finissent* de Théodore Jouffroy, 1823, *Cahiers verts,* août 1924, p. XVII.

74. *Comment les dogmes finissent, op. cit.*, p. 66.

75. Abbé Félicité de La Mennais, *De la religion,... op. cit.,* p. 25.

76. *Exposition de la Doctrine. Doctrine saint-simonienne, op. cit.*, p. 335.

77. *La Tribune politique et littéraire* (4e année), 1er janvier 1832, éditorial.

78. Eugène Rodrigues, *Lettres sur la religion et la politique, op. cit.,* pp. 1 et 4.

79. *La Tribune politique et littéraire,* janvier 1832.

80. Louis Blanc, *Histoire de dix ans, 1830-1840,* Paris, 1848, 7e édition, t. I, pp. 128-129.

81. Cette expression est un mot typique de 1789.

82. Eugène Rodrigues, *Lettres..., op. cit.,* p. 1, 1re lettre.

83. Cf. celui de Mgr Dupanloup : Dès le début de son épiscopat, Mgr Dupanloup est renseigné (...) pour les 400 paroisses du diocèse : « 20 à 25 000 Pâques sur 300 000 h. Il y a des paroisses où il n'y a plus une Pâques. Il y en a où la fabrique, à la mort du curé, avait vendu la table de communion, (...) d'autres où deux femmes faisaient leur Pâques, mais se cachaient et se déguisaient pour la faire (...), d'autres où il était convenu que le curé ne parlerait plus de confession »; cité par Élisabeth Germain, *Langages de la foi..., op. cit.,* p. 161. Notons que cette enquête a été lancée en 1850 auprès de tous les curés du diocèse d'Orléans, à un moment où le renouveau religieux avait déjà porté ses fruits (le grand succès des prédications-conférences de Lacordaire date de 1835).

84. Voir *L'Histoire religieuse de la France* *XIXe-XXe siècle,* sous la direction de Jean-Marie Mayeur, Paris, Beauchesne, 1975, p. 29. « En l'absence de tout moyen de coercition matérielle, en dehors de la pression sociale, et de tout bras séculier, le catholicisme se

trouve réduit à sanctionner les manquements les plus graves en recourant aux seules armes spirituelles. »

85. Voir le témoignage de sœur Rosalie : « Bien des femmes semblent ne pas échapper à l'impiété régnante. » Toujours selon la sœur Rosalie, dans le faubourg Saint-Marceau – le plus pauvre des arrondissements parisiens – « Il n'eût pas été facile de trouver une femme qui se rappelât ses prières », cité par Gérard Cholvy et Yves-Marie Hilaire, *Histoire religieuse..., op. cit.*, p. 12.

86. Profession de foi saint-simonienne de Jeanne Deroin, *op. cit.*

87. V. Delact-Jacob, fabricante de meubles, dans *Lettres de dames, op. cit.*

88. *Lettres de dames, op. cit.*, veuve Langevin, Joséphine Prévost, femme Darrieux.

89. Maurice Agulhon, *La République au village*, Paris, Seuil, 1979, p. 172. Cette absence de cohésion est ressentie par tous, et c'est de l'avoir compris que le mouvement menaisien tire son succès, les conférences de Lacordaire en témoignent.

90. Louis Blanc, *Histoire de dix ans, op. cit.*, pp. 137-138.

91. *Histoire religieuse de la France contemporaine, op. cit.*, p. 60. On comprend mieux, dans ce contexte, le succès de la parole d'Enfantin sur la réhabilitation de la chair.

92. Voir à ce sujet le livre de Stéphane Michaud, *Muse et Madone. Visages de la femme de la Révolution française aux apparitions de Lourdes*, Seuil, 1985. C'est en 1830 que cette première apparition est constatée et reconnue. Mais il faudra attendre 1832, après l'épidémie de choléra, pour prouver « l'efficacité » des médailles, tirées en très grand nombre d'exemplaires, à l'effigie de la Vierge.

93. Collection des vies des saints et saintes, *La Vie de Notre-Seigneur Jésus-Christ* par le révérend père R.P. Ribadeneira, Paris, 1829, p. 23. Je remercie Marie-Élisabeth Boutroue de m'avoir communiqué cet ouvrage qui appartient à sa famille.

94. *Exposition de la Doctrine, op. cit.*, p. 60.

95. Charles de Rémusat, *Mémoires..., op. cit.*, vol. I, p. 57 et il ajoute pp. 25-26 : « Les mœurs du temps, les progrès de l'incrédulité, les abolitions et les proscriptions révolutionnaires avaient déshabitué d'une pratique exacte la plupart de ceux-là mêmes qui n'avaient pas renoncé à la foi. Les chrétiens aujourd'hui sont fort différents [il écrit en 1858]. Ils ne manqueront pas de trouver dans cette manière de procéder un fond d'incrédulité cachée. »

96. *L'Imitation de Jésus-Christ*, traduction par l'abbé Félicité de Lamennais, 12e édition, 1844, préface, pp. 1 et 2.

97. Reine Garde, poétesse couturière, préface à l'*Histoire d'une servante : Geneviève*, de Lamartine.

98. Joseph Benoit, *Confessions d'un prolétaire* (1871), Paris, Éd. Sociales, 1968, p. 41.

99. Suzanne Voilquin, *Souvenir d'une fille du peuple*, Paris, Maspero, 1978, p. 57.

100. *Ibid.*, p. 76.

101. *Ibid.*, p. 58.

102. Daniel Stern, *Mes Souvenirs*, 3e édition, Paris, 1880, pp. 89-90.

103. On sait que le curé d'Ars, « saint » entre tous, mit plus de 20 ans à faire accepter cette interdiction de danser dans sa région. Pour l'analyse du vicomte de Bonald, voir : « De la philosophie morale et politique du XVIIIe siècle » (6 octobre 1803), dans *Mélanges littéraires, politiques et philosophiques*, 3e édition, 1852.

104. Élisabeth Germain, *Langages de la foi..., op. cit.*, p. 112.

105. François Guizot, *Des moyens de gouvernement, op. cit.*, p. 144.

106. Voir François Guizot, *Histoire de la civilisation en Europe, op. cit.*, p. 98.

107. Vicomte Louis de Bonald, « De la philosophie... », *op. cit.*, p. 63.

108. Paul Bénichou, *Le Temps des prophètes, op. cit.*, p. 122.

109. Vicomte Louis de Bonald, *op. cit.*, p. 63.

110. Il est impossible de disjoindre les deux notions tant elles sont pensées complémentaires ; l'immoralisme appartient au passé, aux autres, aux gouvernements illégitimes ; un bon gouvernement se doit d'être moral.

111. François Guizot, *Des moyens de gouvernement..., op. cit.*, p. 181.

112. *Exposition..., op. cit.*, pp. 23 et 28.

113. Eugène Rodrigues, *Lettres..., op. cit.*, 2e lettre, p. 10.

114. *Exposition..., op. cit.*, p. 161.

115. Sainte-Beuve, *Causeries du lundi*, dans *Œuvres complètes*, t. VIII, p. 299. Cité par Pierre Poux, p. LII, introduction à Théodore Jouffroy, « Comment les dogmes finissent », *op. cit.*

116. Théodore Jouffroy, *op. cit.*, p. 75.

117. *Ibid.*, pp. 79-80.

118. Louis Blanc, *Histoire de dix ans, op. cit.*, p. 129.

119. Charles Teste, *Projet de Constitution*, Paris, 1833, p. 13.

120. *La Tribune politique et littéraire*, 1er janvier 1832.

121. Georg Simmel, *Sociologie et épistémologie*, trad., Paris, P.U.F., 1981, pp. 143-146.

122. Charles de Résumat, *Mémoires... op. cit.*, p. 69 ; sur la Société de la Morale chrétienne, voir la thèse de doctorat de Catherine Duprat, *Le Temps des philanthropes, La philanthropie parisienne, des Lumières à la monarchie de Juillet. Pensée et action*, Paris I, 1991.

123. Pierre Rosanvallon, *Le Moment Guizot*, Paris, Gallimard, 1985, p. 238.

124. Voir Louis Dumont, *Essais sur l'individualisme. Une perspective anthropologique sur l'idéologie moderne*, Paris, Seuil, 1983.

125. Vicomte Louis de Bonald, « De la philosophie... », *op. cit.*, p. 65.

126. Louis Blanc, *Histoire de dix ans, op. cit.*, p. 128.

127. *Exposition de la Doctrine, op. cit.*, p. 257.

128. *Ibid.*, pp. 41-42.

129. Pierre Simon Ballanche, *Essai de la palingénésie..., op. cit.*, préface, p. 10.

130. François Guizot, « Des passions publiques », dans *Des moyens de gouvernement..., op. cit.*, p. 157.

131. Lettre du 28 juillet, dans *Rapport au roi sur l'application de la loi de 1833*, Paris, 1834, pièce n° 68, pp. 235-237, citée par Pierre Rosanvallon dans *Le Moment Guizot, op. cit.*, p. 258.

132. *Revue républicaine*, journal des doctrines et des intérêts démocratiques publié par André Marchais, 1834, pp. 4-15.

133. *Ibid.*, p. 309. Il faudra attendre l'ordonnance n° 6425 du 23 juin 1836, pour qu'il soit fait mention explicitement des écoles de filles. L'article premier est ainsi libellé : « L'instruction primaire élémentaire comprend nécessairement l'instruction morale et religieuse, la lecture, l'écriture, les éléments de calcul, les éléments de la langue française. »

134. Ernest Renan, « Nouvelles lettres intimes », p. 205, et « Cours de droit social »,

Leçon sur le scepticisme actuel, dans Théodore Jouffroy, *Comment les dogmes finissent, op. cit.*, pp. LXXXVIII-LXXXIX.

135. Louis Dumont définit ainsi les concepts d'*universitas* et de *societas :* « La conception de *l'Universitas,* c'est-à-dire du corps social comme un tout dont les hommes vivants ne sont que les parties, appartient évidemment aux conceptions traditionnelles de la société (...). A partir de ce stade, l'évolution va consister dans un affaiblissement progressif de cette conception en faveur d'une autre, celle de *societas,* ou association pure et simple. » *Essai sur l'individualisme, op. cit.*, p. 71.

136. *De la Condition des femmes dans les républiques,* Paris, chez Laran libraire, an VII, pp. 50 et 59.

137. Charles de Rémusat, *Mémoires..., op. cit.*, vol. 3, p. 54. A propos de la nièce de Talleyrand, voici le portrait qu'en donne l'auteur : « Dorothée de Courlande, d'abord comtesse Edmond de Périgord, puis duchesse de Dino, puis duchesse de Talleyrand, et enfin morte duchesse de Sagan » qui était en proie à des « passions sincères » ou des « humilités soumises », « (...) c'étaient là des crises passagères dont elle s'était guérie jusqu'au parfait oubli qui s'étendait même à des enfants laissés çà et là sur son chemin ». L'auteur précise en note : « Elle en a eu trois légitimes, le duc de Valençais, le duc de Dino et Mme Henri de Castellane. Quant aux autres, je lui connais une fille Madame Auvity que Piscatory a élevée et dotée. Sa mère n'a rien voulu faire pour elle », vol. 2, pp. 575-576.

138. Jules Simon, *La Liberté,* Paris, 1859, livre II, pp. 300 à 302.

139. Cf. Michèle Riot-Sarcey, « Mémoire et oubli », dans *Pénélope,* n° 12, printemps 1985, et « Histoire et autobiographie, Le vrai Livre des femmes d'Eugénie Niboyet », dans *Romantisme,* 2e trimestre 1987.

140. Michelle Perrot, « Fonctions de la famille », dans *Histoire de la vie privée,* Paris, Seuil, 1987, t. 4, volume dirigé par M. Perrot, p. 105.

ANNÉES 1830, LE TEMPS DES POSSIBLES OU LE TEMPS DE LA LIBERTÉ

1. Honoré de Balzac, *La Peau de chagrin,* 1831, Paris, Livre de poche, 1972, p. 65.

2. Marceline Desbordes-Valmore, Lyon, le 4 avril 1834.

3. « 1830 dans l'histoire du XIXe siècle », *art. cit.*, p. 26.

4. Voir *Ma Loi d'avenir* de Claire Démar, dans *L'Affranchissement des femmes* publié par Valentin Pelosse, Paris, Payot, 1976.

5. Expression empruntée à Michel Vovelle qui l'emploie à propos du droit des femmes en révolution dans un article intitulé « La Révolution française et les droits de l'homme », *Les Droits de L'homme et la conquête des libertés, des Lumières aux révolutions de 1848,* Bicentenaire de la Révolution française en Dauphiné, Grenoble-Vizille, 1986, Presses universitaires de Grenoble, 1988, p. 64.

6. Miguel Abensour, article cité dans *Le Temps de la réflexion,* 1981, p. 70.

7. Auguste Blanqui, Déclaration politique du 22 janvier 1831, dans *Écrits sur la Révolution, Œuvres complètes,* t. I, textes politiques et lettres de prison, présentés et annotés par A. Münster, Paris, Galilée, 1977, p. 69.

8. *Réflexions d'un ouvrier tailleur sur la misère des ouvriers en général, la durée des*

journées de travail, le taux des salaires, les rapports actuellement établis entre les maîtres d'ateliers, la nécessité des associations d'ouvriers comme moyen d'améliorer leur condition, dans *La Parole ouvrière, 1830-1851,* textes rassemblés par Alain Faure et Jacques Rancière, Paris, U.G.E., 10/18, 1976, pp. 74-81.

9. « Le Cri du peuple », 1831, par Auguste Colin, ouvrier typographe, dans *La Parole ouvrière, op. cit.*, p. 49.

10. Philippe Vigier, *La Monarchie de Juillet,* Paris, P.U.F., coll. « Que sais-je? », 1962, p. 25. Nous sommes en 1832.

11. Joseph Benoit, *Confessions d'un prolétaire, op. cit.*, p. 51.

12. Article cité dans *La Tribune des femmes.*

13. Expression de Jeanne Deroin.

14. Voir, entre autres, *Essai sur la liberté considérée comme principe et fin de l'activité humaine,* Paris, 1847.

15. Daniel Stern, *Mes Souvenirs, op. cit.*, p. 347.

16. Michèle Riot-Sarcey, « Une vie publique privée d'histoire : Jeanne Deroin ou l'oubli de soi », *Cahiers du C.E.D.R.E.F.*, n° 1, Université Paris VII-Diderot, 1er trimestre 1989.

17. Christine Planté, *Les Saint-Simoniennes ou la quête d'une identité impossible à travers l'écriture à la première personne,* thèse de doctorat, Université Paris III, 1983, pp. 250-251.

18. Louis Blanc, *Histoire de dix ans, op. cit.*, t. III, p. 89.

19. Profession de foi de Désirée Véret, lettre autographe, *Lettres de dames au Globe, op. cit.* Lettre publiée intégralement dans *De la liberté des femmes, correspondances saint-simoniennes (1831-1832), op. cit.*

20. Jeanne Deroin, lettre autographe, dans *Lettres de dames, op. cit.*

21. Claire Bazard, dans *Lettres de dames, op. cit.*

22. Philippe Vigier, *La Monarchie de Juillet, op. cit.*, p. 17.

23. *L'Étincelle,* 1833, prospectus.

24. Charles de Rémusat, *Mémoires..., op. cit.*, livre XXIX, pp. 362 et 391.

25. *La Tribune,* 3 et 5 septembre 1831.

26. Louis Blanc, *Histoire de dix ans, op. cit.*, vol. III, p. 85. On remarquera, dans sa description de la société, que Louis Blanc fait silence sur le sort des ouvrières, sur la condition des femmes en général. Son bilan social semble exhaustif, excepté pour les femmes. Les hommes sont décrits dans leurs rapports sociaux. De femmes, il ne voit que les prostituées, la femme publique en quelque sorte.

27. Suzanne Voilquin, *Souvenir, op. cit.*, p. 110.

28. Élisabeth Celnart, *Lettres de dames, op. cit.* Voir *De la liberté des femmes, op. cit.*

29. *Ibid.*, veuve Langevin. Je respecte l'écriture de l'auteur de la lettre, sans corriger l'orthographe, afin de restituer au mieux le mode d'expression de celles qui disent à leur manière, dans les limites de l'instruction qu'elles reçoivent, leur volonté d'être partie prenante des grands bouleversements sociaux qu'elles perçoivent et qu'elles vivent.

30. Fanny Salzmalsigang, de Strasbourg.

31. Je reprends ici les expressions courantes de l'époque.

32. « 1831 et 1832, les deux années qui se rattachent immédiatement à la Révolution de Juillet, sont un des moments les plus particuliers et les plus frappants de l'histoire. Ces deux années au milieu de celles qui les précèdent et qui les suivent sont comme

deux montagnes. Elles ont la grandeur révolutionnaire. » Victor Hugo, *Les Misérables*, Paris, Gallimard, 1973, t. 2, p. 413.

33. « 1830 dans l'histoire du XIXe siècle français », *art. cit.*

34. Caroline Angebert, *La Mère de famille*, Paris, 1835, t. III, p. 10.

35. Professions de foi citées, *Lettres de dames..., op. cit.*

36. Pierre Simon Ballanche, « Formule générale de l'histoire de tous les peuples appliquée à l'histoire du peuple romain », *Revue de Paris*, mai 1829, p. 147; cf. *Prolégomènes, Œuvres*, t. IV, p. 24, cité par Paul Bénichou, *Le Temps des prophètes, op. cit.*, p. 96. « La véritable loi historique annoncée par Ballanche est donc une loi d'égalisation, qui assure l'accès des masses sans cesse plus larges à la vérité et au droit, et qui condamne à une suite de défaites les sacerdoces, les castes et les aristocraties », nous dit Paul Bénichou, p. 93. Jeanne Deroin et Désirée Véret ont adhéré à cette loi, adhésion totale qui les rend quelque peu étrangères à leurs contemporains, quand la majorité choisit la voie d'une certaine raison sociale qui privilégie l'ordre hiérarchique et perpétue les inégalités.

37. Cité par Pierre Rosanvallon, *Le Sacre du citoyen, histoire du suffrage universel en France, op. cit.*, p. 254.

38. Jeanne Désirée Véret, *Lettre au Roi, écrite sous l'impression des événements des 5 et 6 juin 1832* (il s'agit de l'insurrection parisienne à la « faveur » des funérailles du général Lamarque). *Remise au roi par son auteur, le 10, et imprimée par la libre volonté d'un grand nombre de personnes, de toute opinion qui ont souscrit pour son impression, Publications saint-simoniennes*, 1830-1836, publication des femmes, BN 8° Z 8134.

39. Voir mon article : « Par mes œuvres on saura mon nom, l'engagement pendant les " années folles " (1831-1835) », *Romantisme*, revue du XIXe siècle, Paris, 3e trimestre 1992.

40. Voir Eugénie Niboyet, à son « Père » et à sa « Mère », le 6 juillet 1831 : Propagation des IVe et V[e] arrondissements, Rapports d'Eugénie Niboyet et de Botiau du 6 juillet au 2 décembre 1831, Bibliothèque de l'Arsenal, Fonds Enfantin, 7815.

41. *Lettres de dames*, citées. En marge, les rédacteurs du *Globe* ont noté : « On doit aller voir cette dame. »

42. J. Bernard, 23 janvier 1832, *Lettres...*

43. Lettre de février 1832.

44. Michel Chevalier, Religion saint-simonienne, *Le Choléra Morbus*, s.d., B.N., Ld. 190 101[d]. Voir également Ange-Pierre Leca, *Et le choléra s'abattit sur Paris 1832*, Paris, Albin Michel, 1982.

45. *La Réforme industrielle* ou *Le Phalanstère* note dans le n° 20 du 17 mai 1833 : « Pour l'année 1832, il y eut, dans les 12 arrondissements de Paris, 45 675 décès, 26 304 naissances (...), la proportion si forte des décès est due au choléra. »

46. Lettre au Père Enfantin, avril 1832.

47. Parmi les principales études consacrées aux saint-simoniennes, citons : Léon Abensour, *Le Féminisme sous le règne de Louis-Philippe et en 1848*, Paris, 1913; Marguerite Thibert, *Le Féminisme dans le socialisme..., op. cit.*; Lydia Elhadad, « Femmes prénommées les prolétaires saint-simoniennes », *Révoltes logiques*, n°s 4 et 5, 1977; Laure Adler, *A l'aube du féminisme, les premières journalistes, 1830-1850*, Paris, Payot, 1979; Maria Thérésa Bulciolu, *L'École saint-simonienne et la femme*, Goliardica-Pisa, 1980; Christine Planté, *Les Saint-Simoniennes ou la quête d'une identité..., op. cit.*; Claire Goldberg Moses,

French Feminism in the 19th Century, State University of New York Press, Albany, 1984; Jane Rendall, *The Origins of Modern Feminism, Women in Britain, France and the United States, 1780-1860*, Londres, Macmillan Publishers, 1986; Christine Planté, « Les Féministes saint-simoniennes, possibilités et limites d'un mouvement féministe en France au lendemain de 1830 », *Regards sur le saint-simonisme et les saint-simoniens, op. cit.*; du même auteur, « Les Saint-Simoniennes », dans *Femmes et contre-pouvoirs*, Boréal, 1987; « Silence, émancipation, des femmes entre privé et public », *Cahiers du C.E.D.R.E.F.* n° 1, Paris VII; « Le Livre nouveau des saint-simoniens, théorie du langage ou religion de la parole », actes du colloque *Le Langage comme défi, Les Cahiers de Paris VIII*, Saint-Denis, 1992.

48. Profession de foi, *op. cit.*

49. *Ibid.*

50. *Ibid.*

51. *Ibid.* « Ce faisant, il nous faut prendre garde de ne pas sous-estimer l'influence des organisations sociales qui acculent [également] la femme à des situations passives (...). La répression de son agressivité, constitutionnellement prescrite et socialement imposée à la femme, favorise le développement de fortes notions masochistes. » Sigmund Freud, « La féminité » dans *Nouvelles Conférences d'introduction à la psychanalyse*, Paris, Gallimard, 1984, p. 155.

52. Suzanne Voilquin, *La Femme libre*, n° 1, août 1832, p. 5.

53. Correspondante régulière du *Globe*, pétitionnaire impénitente, elle a publié un *Cours d'histoire religieuse et universelle* en 1828.

54. *Lettres de dames* au *Globe*, Louise Dauriat, *op. cit.*

55. *Journal des femmes*, du 8 septembre 1832, article intitulé « Éducation » par Mme Rose de Liersvil.

56. Elle fait allusion aux femmes du peuple devenues courtisanes.

57. Jeanne Désirée, prolétaire, saint-simonienne. Mai 1832, *Publications...*

58. Voir Jacques Rancière, *La Nuit des prolétaires*, Archives du rêve ouvrier, Paris, Fayard, 1981, pp. 210 et 220.

59. « J'ai vu des femmes expirant sur une paillasse, sans drap, sans couverture, entourées d'enfants faméliques... », écrit Baudet-Dulary, député de Seine-et-Oise, le 12 juillet 1832 dans *Le Phalanstère*.

60. Tel elle le décrit dans une lettre d'octobre 1832.

61. Elle fait allusion au procès et à la condamnation des pères fondateurs du saint-simonisme. En août 1832, Michel Chevalier, Barrault, Duveyrier, Olinde Rodrigues et le Père Enfantin comparurent devant la cour d'assises; les contemporains accordèrent beaucoup d'importance à ce procès, où la morale publique était en cause. Enfantin, Duveyrier, Michel Chevalier furent condamnés à un an de prison : « La famille avait écouté l'arrêt avec le plus grand calme; elle reprit la route de Ménilmontant à travers une foule immense qui s'étendait du palais de justice à l'Hôtel de Ville. » Louis Blanc, *Histoire de dix ans, op. cit.*, t. 3, p. 339.

62. Le 31 août 1832, jour du verdict prononcé à l'encontre des condamnés pour immoralité, lettre autographe, *Lettres de dames...* Les lettres de Désirée Véret/Gay sont publiées intégralement dans l'ouvrage cité, *De la liberté des femmes...*

63. Voir en particulier l'analyse de Jacques Rancière, *La Nuit des prolétaires, op. cit.*

64. Palmire Bazard, *Aux femmes sur leur mission religieuse dans la crise actuelle.*

Publications de la religion saint-simonienne, *op. cit.*, 1831, p. 1; en note on peut lire : « Ce morceau, extrait du journal *L'Organisateur,* a été écrit par une jeune personne appartenant à la famille saint-simonienne. » Palmire est la sœur de Saint-Amand Bazard, deuxième père évincé par Enfantin lors de la crise de 1831.

65. Rapport d'Eugénie Niboyet, le 31 août 1831, Fonds Enfantin, Bibliothèque de l'Arsenal.

66. 27 août 1831.

67. Rapport de Botiau, 1er octobre 1831, Fonds Enfantin, Bibliothèque de l'Arsenal.

68. Voir l'article de Christine Planté, « Femmes enjeu de pouvoir dans la société saint-simonienne », à paraître dans les actes du colloque organisé par la Société de 1848 et des révolutions du XIXe siècle, *Les Femmes dans la cité au XIXe siècle,* novembre 1992, Paris, centre Malher.

69. Rapport d'Eugénie Niboyet, lettre autographe du 2 décembre 1831.

70. Voir le chapitre : « L'Enclume et le marteau », pp. 201-238 dans Jacques Rancière, *La Nuit des prolétaires, op. cit.*

71. Eugénie Niboyet, *Le Vrai Livre des femmes,* Paris, 1863, p. 277, ouvrage en partie autobiographique. L'indemnité accordée par le ministre de l'Instruction publique, Salvandy, en témoigne.

72. *Aux femmes, sur leur mission religieuse dans la crise actuelle, op. cit.*, p. 3.

73. Notons cependant que celle de 1793 place en tête l'Égalité.

74. G. W. F. Hegel, *Leçons de la philosophie de l'histoire,* Paris, Vrin, 1946, introduction, p. 30.

75. Voir Claude Nicolet, *L'idée républicaine en France..., op. cit.*

76. Paul Valéry, « Fluctuations sur la liberté », dans *La France veut la liberté,* Paris, Plon, 1938, cité par G. Antoine, *Liberté, Égalité, Fraternité,* Unesco, 1981, p. 16. Cf. Michèle Riot-Sarcey, *Universalité des droits, la liberté en question dans la France du XIXe siècle, L'Homme et la société,* 1988, nouvelle série, 85-86, L'Harmattan.

77. Voir Theodor W. Adorno, *Dialectique négative,* trad., Paris, Payot, 1978, p. 123.

78. *La Femme libre,* août 1832. Ce tout premier article a été cité maintes fois, il est donc bien connu maintenant; il est signé Jeanne Victoire, qu'on a dit être Jeanne Deroin; il ne semble pas pourtant que Jeanne Deroin ait participé à la rédaction de *La Femme libre,* il s'agirait plutôt de Mlle Jacob.

79. Jacques Rancière, « L'Émancipation et son dilemme », *Cahiers du C.E.D.R.E.F.*, Université Paris VII, n° 1, p. 43.

80. Article critique envers les saint-simoniens du 17 novembre 1832, intitulé : « De l'Anarchie morale et des sectes de 1832 », par Mme Alida de Savignac, dans *Le Journal des femmes,* dirigé par Fanny Richomme, journal libéral auquel collabore très régulièrement Blanqui aîné. Dans l'ensemble, les rédactrices appartiennent à la classe aisée, quoique Pauline Roland y signe quelques articles. Le journal consacre de nombreux articles à l'éducation des femmes.

81. Article signé par Jeanne Désirée dans le premier numéro de *La Femme libre,* août 1832. Cette publication qui s'est appelée successivement : *La Femme libre, L'Apostolat des femmes* puis, *La Tribune des femmes,* a été largement étudiée. Voir la bibliographie.

82. « Une Parole pour la duchesse de Berry », *Publications saint-simoniennes,* 1er juin 1833, p. 6.

83. Lettre autographe du 20 octobre 1832, dans *Lettres de dames* citées. Cette lettre

a été écrite à l'issue du deuxième procès intenté aux saint-simoniens, jugé le 19 octobre 1832, sous prévention d'escroquerie. « L'instruction avait relevé si peu de charges que l'accusation fut bénigne, et ne se produisit qu'à regret », Sébastien Charléty, *Histoire du saint-simonisme,* Paris, Gonthier-Médiations, 1931, p. 166. Enfantin est accueilli dans la liesse populaire selon Désirée Véret.

84. Profession de foi citée.

85. Jacques Rancière, « L'Émancipation et son dilemme », *art. cit.,* p. 44.

86. Jeanne Désirée, *L'Apostolat des femmes,* 1re année, pp. 36-37.

87. Marie-Reine Guindorf, dans *L'Apostolat des femmes,* vol. 1, pp. 114-115.

88. Le souvenir de 1792 n'est pas effacé. Rappelons que la loi des 20-25 septembre 1792 précise dans son article 2, qu'il « a lieu par le consentement mutuel des époux ». Les articles 3 et 4 prononcent l'égalité des époux devant la loi et la procédure. Cf. Élisabeth Guibert-Sledziewski, *Révolutions du sujet,* Paris, Méridiens-Klincksieck, 1989, p. 94 : la femme sujet civil et impossible sujet civique.

89. Jeanne Deroin, profession de foi citée.

90. Archives nationales, série C, 2413 (C2103). Remarquons son détachement à l'égard des règles de vie imposées par l'Église catholique.

Je remercie Mme J. Charon, qui est l'auteur du répertoire numérique des pétitions adressées à l'Assemblée nationale, de m'avoir signalé l'intérêt que représentaient ces documents pour ma recherche. Remerciements également à Odile Krakovitch, qui a bien voulu me guider dans les Archives.

Notons que les pétitions en faveur du divorce sont adressées en grand nombre jusqu'en 1835, puis elles se font plus rares. Cependant, la revendication subsiste; quelques personnes continuent à protester – jusqu'en 1840 environ. Signalons, entre autres, la pétition de Flora Tristan de 1837 en faveur du divorce; son contenu est connu. En cette fin des années 1830, l'évidence de la mesure paraît moins assurée, la demande est plus rare, les lettres sont plus politiques, plus argumentées par rapport au code civil. Telles sont les adresses de « La dame Poutret de Mauchamps ».

91. Jeanne Deroin, profession de foi citée.

92. A.N., pétition du 20 septembre 1831, C*. 2413 (C. 2111), année 1831.

93. *Grand Dictionnaire universel,* Larousse, 1870.

94. Marie-Reine Guindorf, *L'Apostolat des femmes, op. cit.*

95. Cet aspect de la question a été largement étudié; plusieurs recherches ont été faites sur le « schisme » saint-simonien : le départ de Bazard, de Leroux, puis celui de Rodrigues, pour ne citer que les noms les plus marquants, ceux de Lechevalier et de Transon, ont affaibli la famille, mais consolidé le pouvoir d'Enfantin qui fut suivi par la majorité des femmes prolétaires. Pour tous ces travaux sur le saint-simonisme, voir la bibliographie exhaustive établie par Philippe Régnier, « De l'état présent des études saint-simoniennes », dans *Regards sur le saint-simonisme et les saint-simoniens, op. cit.*

96. *Religion saint-simonienne,* réunion générale de la Famille, séance du 19 novembre, publiée par Olinde Rodrigues, cote B.H.V.P. 618 317, Paris, 1831.

97. Elle fait allusion au projet de loi sur le rétablissement du divorce. C'est dire combien la question est actuelle. Enfantin l'a bien compris.

98. J. Bernard, lettre autographe citée du 23 janvier 1832. En marge de la lettre, une note d'un saint-simonien : « difficulté de la réalisation, en général, et de tout rapport de la femme en particulier ». Ajoutons qu'elle émaille son propos de remarques anticléricales.

99. Duveyrier, article intitulé « De la Femme », *Le Globe,* 12 janvier 1832.

100. Lettre autographe du 27 février 1832. Voir *De la liberté des femmes, op. cit.*

101. Selon le Larousse du XIXe siècle, « Affranchissement : Action d'affranchir un esclave, un serf; état d'un esclave affranchi. » « Émancipation : Acte légal qui confère à un mineur le droit de faire des actes d'administration, état d'un mineur émancipé ou de toute personne affranchie de tutelle, l'émancipation d'un mineur. » Notons que l'affranchissement dépend du maître, et uniquement de lui. De ce point de vue, par assimilation, la femme est considérée comme une esclave.

102. Lettre du Père à Duveyrier, août 1829, dans *Lettres sur les femmes,* Bibliothèque de l'Arsenal, Fonds Enfantin, 7643.

103. Lettre du Père à Rodrigues, *ibid.,* 1829. Toutes ces lettres sont manuscrites, elles ont été recopiées. En marge, Enfantin note quelques commentaires sur les positions du correspondant ou sur sa propre appréciation du moment.

104. *Ibid.*

105. Lettre du Père Enfantin à Duveyrier, août 1829, dans *Lettres sur les femmes, op. cit.*

106. Marguerite Thibert remarque justement : « Fonder pour la femme le droit à l'égalité sur ce fait qu'elle aurait reçu du ciel le don d'intuition et que son règne établirait sur terre l'empire du sentiment sur la raison, c'était préparer les voies à la contre-thèse de Proudhon, et légitimer d'avance la subalternité où, au nom de la raison, l'auteur de *La Justice* entendait maintenir la femme », *Le Féminisme..., op. cit.,* p. 76.

107. L'énumération des sujets traités à la mission de Coutances en 1821 est intéressante à cet égard; aucune mention n'est faite de la Vierge Marie, mais on relève : « l'existence de l'enfer, le salut, le mépris du monde, la mort, le petit nombre des élus » – cf. Gérard Cholvy et Yves-Marie Hilaire, *Histoire religieuse..., op. cit.,* p. 55. Rappelons également que pendant le choléra, saint Roch est davantage invoqué que Marie.

108. Lettre du Père Enfantin à Duveyrier, citée.

109. *Ibid.*

110. Lettre d'Eugène (Rodrigues) à Charles (Duveyrier), du 16 août 1829.

111. Voir Stéphane Michaud, *Muse et Madone..., op. cit.*

112. Cf. Legouvé, *Le Mérite des femmes, Poème,* s.d. (sans doute édition de 1835), p. 14, paru en 1801. « La femme est dieu, puisqu'elle est adorée. » Ce culte dure encore; on voit encore les cieux *« S'ouvrir, se déployer, se voiler dans ses yeux. / Même au sein du sérail qui la tient enfermée, / Comme un vase recèle une essence embaumée, / Esclave souveraine, elle fait chaque jour / Porter à son tyran les chaînes de l'amour ».*

113. Réponse du Père à Buchez, août ou septembre 1829, dans *Lettres sur les femmes, op. cit.*

114. Christine Planté, « Le Livre nouveau des saint-simoniens : théorie du langage ou religion de la parole? », *art. cit.,* p. 168.

115. Premier enseignement, du 28 novembre 1831, *Œuvres de Saint-Simon et d'Enfantin,* publiées par les membres du Conseil institué par Enfantin, pour l'exécution de ses dernières volontés, Paris, 1868, t. XIV, p. 39.

116. *Art. cit.* dans *Le Globe,* 28 novembre 1831.

117. Lettre à Duveyrier citée. « Alors qu'il y a des milliers qui gémissent et qui attendent quelque chose de lui. »

118. *Le Livre nouveau des saint-simoniens,* éd. Philippe Régnier, Du Lérot, Tusson, Charente, p. 40.

119. *L'Apostolat des femmes,* p. 45, 1re année.

120. *La Tribune des départements* attend la scission saint-simonienne pour se prononcer sur la question de l'émancipation des femmes. Sa version ne diffère pas de celle des journaux plus conservateurs; elle dénonce « la promiscuité des femmes ». *Le Bon Sens* se tait, la Société des Droits de l'Homme ne dit mot sur la question.

121. *Le Journal des femmes,* 6 avril 1833, vol. IV, article intitulé « Des jeunes filles » par Clémence Robert. On lit ce type d'article dans les premières années du journal; ensuite, les thèmes abordés sont plus « sages », davantage consacrés à « l'éducation des mères de famille », à la mode, etc.

122. A. Marrast, rédacteur en chef de *La Tribune,* journal républicain, le 2 février 1832.

123. Georg Simmel, *Sociologie et épistémologie, op. cit.,* p. 144.

124. « C'était le temps où le saint-simonisme était florissant; je n'en faisais aucun cas, je le connaissais mal, mais je commençais à le craindre », écrit Charles de Rémusat, *op. cit.,* vol. 2, p. 539.

125. Louis Blanc, *Histoire de dix ans, op. cit.,* vol. III, p. 89.

126. *Ibid.,* p. 118.

127. *Ibid.*

128. Profession de foi de Jeanne Deroin, citée.

129. *Ibid.*

130. Programme de *La Tribune,* Doctrines républicaines, paru dans *La Tribune* du 31 janvier 1833.

131. Profession de foi citée. Le terme de régénération rappelle le vocabulaire de 1789.

132. Programme de la Société des Droits de L'Homme et du Citoyen, signé pour le Comité, par G. Cavaignac, président, Berrier-Fontaine, secrétaire, paru dans *La Tribune* du 23 octobre 1833.

133. Voir *La Tribune des femmes,* pp. 244-245.

134. Marie-Reine Guindorf, dans *La Tribune des femmes,* p. 182. Notons la caractérisation de classe pour désigner les femmes.

135. *Le Bon Sens,* journal populaire de l'opposition constitutionnelle, juillet 1832.

136. Dominique Godineau, *Citoyennes tricoteuses, les femmes du peuple à Paris pendant la Révolution française,* Aix-en-Provence, Alinéa, 1988, p. 225.

137. Mais l'exclusion a été amplement signifiée : à la demande manifeste des femmes, « les Conventionnels ont répondu par le silence d'abord, le mépris ensuite et la répression enfin », Olivier Le Cour Grandmaison, *Les Citoyennetés en révolution (1789-1794),* P.U.F., 1992, p. 274.

138. Jeanne Deroin, profession de foi citée.

139. Charles Nodier, *L'Europe littéraire,* 4 mars 1833.

140. Lors de son enquête, Villermé décrit sans aucune surprise ni réprobation le fort contingent de femmes dans les manufactures de textile.

141. *Le Populaire,* prospectus, 24 juin 1833.

142. Profession de foi citée.

143. Tel Condorcet.

144. Profession de foi de Jeanne Deroin citée.

145. Ainsi, on le constate, cette idée, chère à Proudhon, avait été pensée par les libéraux, bien avant lui.

146. Article signé Blanqui aîné, dans *Le Journal des femmes* du 26 mai 1832.

147. *La Tribune,* 13 août 1833.

148. Jeanne Désirée, *L'Apostolat des femmes, op. cit.*, pp. 38-39.

149. Charles Fourier, *Théories des quatre mouvements,* 1808, Paris, éd. J.-J. Pauvert, 1967, p. 147. Bien que très critique à l'égard des philosophes des Lumières, Fourier appartient à leur siècle et, d'un certain point de vue, c'est un homme des Lumières. Ici, l'influence de Montesquieu ne semble pas contestable, même si c'est d'un autre monde dont il s'agit. Quoi qu'il en soit, pour Désirée Véret et ses contemporains, Fourier, avant Saint-Simon, a pensé la liberté des femmes.

150. *La Tribune des départements* du 10 novembre 1832.

151. Rappelons que la duchesse de Berry a épousé en secret, en secondes noces, le comte Hector Lucchesi Palli, appartenant à la vieille noblesse italienne. Enceinte, elle est emprisonnée et accouche, en prison, dans des conditions douloureuses et humiliantes.

152. 15 février 1833, A.N., série C, année 1833, C* 2413-C 2128, suivent plus de 200 signatures de femmes.

153. *Publications saint-simoniennes, op. cit., Une parole pour la Duchesse de Berry* par Aglaé Saint-Hilaire le 1er juin 1833.

154. Il serait trop long d'énumérer tous les ouvrages récemment publiés sur la question. Citons Christine Fauré, *Les Déclarations des droits de l'homme de 1789,* Paris, Payot, 1988; Marcel Gauchet, *La Révolution des droits de l'homme,* Paris, Gallimard, 1989; Madeleine Rebérioux, Antoine de Baecque, Dominique Godineau, *Ils ont pensé les droits de l'homme, op. cit.*; Pierre Rosanvallon, *Le Sacre du citoyen..., op. cit.*; signalons l'intéressante étude d'Étienne Balibar, « " Droits de l'homme " et " droits du citoyen ", la dialectique moderne de l'égalité et de la liberté », *Les Frontières de la démocratie,* Paris, La Découverte, 1992.

155. Hortense Allard, lettre autographe, 1832, dans *Lettres de dames, op. cit.*

156. Dernier article de Jeanne Désirée du 4 novembre 1832 dans le journal des prolétaires saint-simoniennes, *L'Apostolat des femmes,* pp. 69-70. Désirée Véret vient de lire, sans aucun doute, l'ouvrage de James de Laurence (ou Lawrence), intitulé *Les Enfants de Dieu ou la religion de Jésus, réconciliation avec la philosophie,* paru en juin 1831, qui considère que la paternité est une chimère. Dans cette brochure, on peut lire en effet : « Les enfants de Dieu descendus d'une femme ne sont qu'une famille, *familia a foemina derivatur;* mais leur parenté entre eux se règle par le cordon ombilical, qui les a liés tous ensemble (...). La religion de Jésus est celle de la maternité », pp. 13 et 14.

157. A propos de « personnalité libre », voir *The Sociology of Georg Simmel (1917-1918),* éd. Kurt H. Wolff, The Free Press of Glencoe, Collier-Macmillan limited, Londres-New York, 1964, p. 84.

158. Pétition du 18 novembre 1832, signée par environ 1 200 ouvriers de Paris : boulangers, horlogers, corroyeurs, menuisiers, passementiers, fondeurs, selliers. Les ouvrières n'ont pas été sollicitées. A.N. C* 2413, C. 2121.

159. *Proclamation aux femmes* sur la nécessité de fonder une société des droits de la femme, par Madame Adèle de Saint-Amand, s.d., sans doute de 1834, d'après les

Publications saint-simoniennes dont ce texte est issu. Parmi les droits réclamés figure également le divorce.

160. Profession de foi de Jeanne Deroin, citée.

161. *L'Apostolat des femmes*, p. 87.

162. *La Tribune des Femmes* (suite à *L'Apostolat*), p. 135.

163. Voir *Ma loi d'avenir, op. cit.*, publié par Valentin Pelosse : « Plus de maternité, plus de loi de sang (...). Vous voulez affranchir la femme ! Eh bien, du sein de la mère de sang, portez le nouveau-né aux bras de la mère sociale, de la nourrice fonctionnaire », p. 94.

164. *L'Apostolat des femmes, art. cit.*, p. 69.

165. *La Femme est la famille* par Mme E.A.C. A. Casaubon, Paris, 1834, *Publications saint-simoniennes*, B.N. 8° Z 8135 (6).

166. Voir Christine Planté, *La Petite Sœur de Balzac, op. cit.*, et son article dans *Sources Travaux historiques*, n° 12, 1987 : « Un monstre du XIXe siècle, la femme auteur ».

167. *Histoire de ma vie*, dans *Œuvres autobiographiques*, Paris, Gallimard, Biblio de la Pléiade, 1971, t. II, IVe partie, chap. 14. Le choix d'un nom masculin prend sens dans cette société qui ne reconnaissait les femmes écrivains que du bout des lèvres. Ce choix, cependant, place « George » et « Daniel » à part du monde des femmes, hors de cette moitié de l'humanité qui est exclue de l'espace public ; c'est ainsi que les rédactrices de *La Voix des femmes* classent George Sand dans la catégorie des hommes en 1848, de même que Tocqueville lui rend hommage à l'époque en ces termes : « C'était, dit-il, un véritable homme politique. »

168. Lettre à Pierre Leroux de juin 1858, publiée dans la revue *Espérance*.

169. Voir à ce propos, Facettes de l'identité, Séminaire dirigé par Claude Lévi-Strauss, *L'Identité*, 1974-1975, Paris, P.U.F., 1977.

170. « L'Illusion biographique », dans *Actes de la Recherche en Sciences sociales*, juin 1986, n°s 62-63.

171. Profession de foi de Jeanne Deroin, *op. cit.*

172. Termes employés par J. Bernard, *Lettres de dames, op. cit.*

173. Cette amertume est, semble-t-il, fondée, si l'on en croit certains « défenseurs » de l'émancipation des femmes, tel Charles Nodier : « je plaide, dit-il, pour l'idéal des femmes qu'on leur propose de sacrifier à une sotte et grossière réalité (...). Et puis voyez ce que deviendrait le roman, cette fable délicieuse qui console les âmes tendres et passionnées de l'ignoble vérité de l'histoire ! que les hommes ne s'y trompent pas, leur histoire à elles c'est le roman », *Europe littéraire*, n° 2, 4 mars 1833. C'est dire le fossé qui sépare la plupart des hommes, dont la grande majorité partage le point de vue de Nodier, d'un certain nombre de femmes qui cherchent dans l'histoire les traces de leur réalité. Cf. le chapitre sur l'histoire.

174. Élisabeth Celnart, lettre autographe à Enfantin, du 5 février 1832, dans *Lettres de dames, op. cit.* Elle s'en prend à la barbarie, à la mobilité des passions. Elle réclame une place pour les femmes, en même temps qu'elle revendique l'amour pur, thème récurrent dans les textes de femmes à l'époque ; Jeanne Deroin l'élève comme un emblème. Elles recherchent la pureté dans l'amour, comme si elles étaient souillées par la découverte d'un fléau social, avilissement dont seules les femmes sont victimes, celui de la prostitution, fléau qu'elles regardent comme le symptôme de leur déchéance. Parent-Duchatelet, qui effectue au même moment son enquête sur le sujet, écrit : « On se demande en

voyant ces tristes résultats, si la société s'est assez occupée du sort des femmes, cette partie d'elle-même si digne de sa sollicitude et qui exerce une si grande influence sur tout ce qui regarde le mécanisme d'un État », *De la prostitution dans la ville de Paris,* 1857, 3ᵉ édition, p. 104. Pour une réflexion approfondie d'ordre anthropologique sur la question de la souillure, voir Mary Douglas, *De la souillure,* Paris, trad., F. Maspero, 1981.

175. Parent-Duchatelet, *op. cit.*, p. 104.

176. *L'Apostolat des femmes,* pp. 111-115. L'industrie est entendue au sens saint-simonien du terme, c'est-à-dire dans un sens très large. Situation confirmée par Villermé dans son *Tableau physique et moral des ouvriers des manufactures de laine, de coton et de soie,* Paris, 1840. A poste égal, les salaires sont identiques; exemple : « tisserands des deux sexes », 1 franc 50 à 1 franc 75 par jour ou « fileurs et fileuses proprement dites », 2 à 3 francs par jour. Mais bon nombre de femmes occupent des postes disqualifiés et, en conséquence, perçoivent un salaire moindre. Paris, E.D.I., 1989, pp. 107-108. Je dois cette information à Marie-Noëlle Thibault, analyse critique de l'ouvrage de Villermé, séminaire sur *La Politique du travail des femmes,* 1992-1993, Paris VIII, communication à paraître.

177. Marie-Reine Guindorf, *op. cit.*

178. Sophie Masure, lettre autographe, du 20 février 1832, dans *Lettres de dames, op. cit.*

179. Clé de voûte, avec l'affranchissement du peuple et des femmes, du dogme saint-simonien.

180. Le mot homme a ici le sens de genre humain : Jeanne Deroin y inclut les femmes. Notons que l'idée d'un gouvernement par des hommes capables, dont François Guizot est à l'origine, est une idée partagée par bon nombre d'individus, hommes et femmes.

181. Profession de foi de Jeanne Deroin citée.

182. *Exposition de la Doctrine, op. cit.*, 1ʳᵉ année, p. 218. Les mots sont soulignés dans le texte.

183. Profession de foi citée.

184. Au sens où l'on assiste à un véritable bouleversement de la représentation du passé : que ce soit du point de vue de François Guizot ou de celui d'Augustin Thierry, un nouveau savoir est en train de naître qui entraîne des découvertes et des étonnements dont les femmes savent tirer profit.

185. Profession de foi citée.

186. Anonyme, *Histoire des femmes,* s.d., écrit sans doute entre 1829 et 1830, imprimerie Everat, rue du Cadran, B.N. G 6994. Dans *Le Conseiller des femmes,* Eugénie Niboyet parle des « livraisons à venir » de cette publication à laquelle des hommes auraient participé. Elle donne à lire un extrait du prospectus : « Recueillir et faire revivre trois mille ans de souvenirs jusqu'ici disséminés, ignorés et confiés au hasard, et combler ainsi une inconcevable lacune dans l'histoire est la tâche que nous nous sommes donnée. Offrir à chaque classe, à chaque intelligence, des faits qui l'intéressent, une connaissance qui lui importe; réaliser un livre curieux et tout à fait neuf pour les hommes non moins que pour les femmes, voilà le résultat que nous espérons atteindre. » *Le Conseiller des femmes,* p. 496. La collection de cette *Histoire des femmes* est incomplète à la B.N.

Cette interprétation qui, en quelque sorte, rend compte d'un processus de prise de pouvoir, peut être mise en rapport avec les travaux de Jack Goody : bien que ne s'intéressant pas particulièrement au sort des femmes, celui-ci dévoile le moteur implicite des réformes ecclésiastiques, mettant au jour des mécanismes de pouvoir dont les femmes ont pu faire les frais dans la justification idéologique d'objectifs beaucoup plus matériels : « Pour survivre et prospérer, l'Église devait accumuler des biens et par voie de conséquence, acquérir une emprise sur leur mode de transfert d'une génération à l'autre. La répartition de la propriété entre les générations étant liée au modèle de mariage et à la légitimité des enfants, l'Église était appelée à prendre la haute main sur ces modèles afin de pouvoir agir sur les stratégies successorales », *L'Évolution de la famille et du mariage en Europe,* trad., Paris, Armand Colin, 1985, p. 221.

187. *Histoire des femmes, op. cit.*, pp. 17-18, 2e partie, chap. 1. Selon Gérard Rippe, spécialiste d'histoire médiévale italienne, les propos attribués à Pietro Damiani sont conformes aux discours du réformateur.

188. *Exposition de la Doctrine, op. cit.*, 2e année, 5e séance, pp. 62 et 65. L'influence de François Guizot est ici patente, cf. *Histoire de la civilisation en Europe, op. cit.*, p. 167.

189. Marcel Gauchet, introduction aux textes de P. de Barante, V. Cousin, F. Guizot, J. Michelet, F. Mignet, E. Quinet, A. Thierry, opuscule 3, *Philosophie des sciences historiques,* Lyon, P.U.L., 1988, p. 19.

190. *Lettres sur l'histoire de France,* 1re lettre, 1820, *op. cit.*, p. 54.

191. *Histoire de la civilisation en Europe, op. cit.*, 1re leçon du cours de 1828.

192. Voir *De l'Amour dans le mariage,* cité par *Le Citateur féminin,* 1835, pp. 113-114. « Quand nous interrogeons l'histoire, elle nous dit combien de femmes ont donné de preuves de talent, de vertu, de courage », p. 175.

Le livre d'Amable Tastu, intitulé *Le Livre des femmes,* est paru en 1823.

193. *Journal des femmes,* 5 mai 1832, article intitulé : « Des progrès de l'instruction » par Mme Aragon.

194. *Ibid.*, 14 juillet 1832, la correspondante signe : l'Hermaphrodite.

195. Eugénie Niboyet écrit ceci en 1834 (toujours à propos de *L'Histoire des femmes,* encore en chantier), dans *Le Conseiller,* pp. 524-525. Remarquons qu'Henriette, 14 ans plus tard, s'insurgera à nouveau contre les lacunes de l'histoire, et que le mouvement des femmes en... 1970 croira ouvrir le chantier de l'histoire des femmes pour la première fois !

196. *Le Bon Sens,* journal populaire de l'opposition constitutionnelle, dans la rubrique correspondance, du 28 octobre 1832. Il s'agit sans aucun doute de Suzanne Voilquin qui, en tant que directrice de *La Tribune des femmes,* est en correspondance avec *La Tribune* et *Le Bon Sens,* seuls journaux républicains auxquels font référence les rédactrices du journal. Notons qu'elle n'est pas présentée comme prolétaire elle-même, mais en tant que femme de prolétaire.

197. Cf. *Le Journal des femmes.*

198. « Les Cours publics », article signé par Mlle Clémence Robert, *Le Journal des femmes,* 13 juillet 1833. A propos de la Société des Méthodes d'Enseignement, voici ce qu'en dit Eugénie Niboyet : « La plupart de nos lectrices ignorent sans doute qu'une arène intellectuelle a été ouverte à Paris, sous le nom de Société des méthodes. Là, tour à tour, hommes et femmes viennent prendre la parole en faveur de telle ou telle opinion et vraiment il règne dans ce centre si peu d'harmonie, que nous croyons avoir fait justice en lui donnant le nom d'arène. En effet, il y a deux camps bien tranchés, dans ces

réunions ; c'est la lutte du passé et de l'avenir, c'est une polémique incessante, une guerre des pensées. Qui l'emportera?... », *Le Conseiller des femmes,* p. 232.

199. Proposée pour la première fois lors du débat organisé par la Société des Méthodes d'Enseignement, présidée par le baron Silvestre, société savante citée plus haut.

200. Clémence Robert, dans *Le Journal des femmes,* octobre 1833.

201. *Le Conseiller des femmes,* p. 310 ; le prospectus d'annonce paraît en novembre 1833.

202. Expression familière à Jeanne Deroin.

203. Adrien Ranvier, « Une féministe de 1848 », *Société d'histoire de la révolution de 1848,* t. XXIV. Adrien Ranvier, fils du communard Gabriel Ranvier, est mort en 1905, à l'âge de 38 ans ; il connut Jeanne Deroin à Londres. Il disposa de papiers personnels que lui remit sa fille pour rédiger une brève biographie de celle qui fut une pionnière du mouvement ouvrier français, « celle qui avait voué son existence à l'émancipation des femmes et à l'affranchissement des travailleurs ». Malheureusement, ces papiers n'ont pas été retrouvés. Or, Jeanne Deroin est d'une totale discrétion sur elle-même et sur sa vie privée. Elle ne veut être reconnue que pour ce qu'elle est devenue, par ses écrits et par ses actes, le reste est pur hasard de naissance et de condition sociale dont l'individu n'est pas responsable. Donc elle n'en dit rien.

204. « Titre V : Des écoles spéciales de filles. Selon les besoins et les ressources des communes, sur la demande des conseils municipaux, il pourra être établi, des écoles spéciales de filles. »

205. Marie-Reine Guindorf, dans *La Tribune des femmes,* 2e année, pp. 11 et 12.

206. *Ibid.,* pp. 8 et 9.

207. *La Tribune,* janvier 1833.

208. Pétitions adressées à la Chambre des députés, 1840, C*2421, C. 2179, 1846, C*2427, C. 2214. Il est vrai que les religieuses pouvaient enseigner sans brevet de capacité, les lettres d'obédience seules suffisaient. Sur l'éducation des filles, voir Françoise Mayeur, *L'Éducation des filles en France au XIXe siècle,* Paris, Hachette, 1979.

209. Pétitions adressées par Mlle Cordier au président de la Chambre des députés, A.N., 1840, C*2421, C. 2176, 1841, C*2422, C. 2182.

210. François Guizot, *Cours d'histoire moderne,* 1829-1832, 6 vol., t. III : *Civilisation en France,* p. 272, cité par Pierre Rosanvallon, *Le Moment Guizot, op. cit.,* p. 48. Voir à ce propos l'analyse de Pierre Rosanvallon.

211. François Guizot, *Mémoires pour servir à l'histoire de mon temps,* Paris, 1860, t. III, p. 14.

212. Voir Pierre Rosanvallon, « Guizot et la question du suffrage », *Colloque de la fondation Guizot Val-Richer, François Guizot et la culture politique de son temps,* textes rassemblés et présentés par Marina Valensise, Paris, Hautes Études, Gallimard-Seuil, 1991.

213. Voir Benjamin Constant, *De la force du gouvernement actuel et de la nécessité de s'y rallier,* 1796, éd. Philippe Raynaud, Paris, Flammarion, 1988.

214. Circulaire relative à la promulgation de la loi du 28 juin 1833 concernant l'instruction primaire, lettre aux instituteurs du 4 juillet 1833, *Circulaires et instructions officielles relatives à l'Instruction publique,* t. II : *1831-1839,* Paris, 1865, p. 125.

215. Par erreur, ou par excès de zèle, ceux-ci avaient comptabilisé les filles dans « les écoles communes aux deux sexes », nombreuses à l'époque ; Guizot en fait la remarque,

en déplorant l'inexactitude qui en résulte; négation éloquente quant à la mise à l'écart des filles de l'instruction publique. Cf. *Rapport au roi sur l'instruction primaire* du 28 juillet 1833, Paris, Imprimerie royale, 1834, p. 66.

216. Lettre aux instituteurs, nº 2, 18 juillet 1833, *Rapport au roi sur l'instruction primaire, op. cit.*

217. Société des Droits de l'Homme, *De l'Éducation nationale,* Paris, 1833, p. 14.

218. On se souvient de la brochure de Sylvain Maréchal, *L'Interdiction d'apprendre à lire aux femmes.* Voir à ce propos Geneviève Fraisse, *Muse de la raison,* Aix-en-Provence, Alinéa, 1989. Buonarroti, ami de Sylvain Maréchal, dispose d'une grande autorité dans le parti républicain d'alors. Cette brochure aurait-elle influencé la Société? Là n'est pas l'essentiel. Buonarroti ne partage pas totalement les opinions de Sylvain Maréchal à ce sujet (cf. *Conspiration pour l'égalité dite de Babeuf,* Paris, Éditions Sociales, 1957, vol. 1, p. 204) et, surtout, le mouvement en faveur de l'éducation des femmes ne peut être ignoré, n'ayant jamais été si fort. On peut, en effet, tout aussi bien raviver le souvenir de Babeuf dont le point de vue est contraire à celui de Sylvain Maréchal : « N'imposez pas silence à ce sexe qui ne mérite pas qu'on le méprise (...). Laissez vos femmes prendre part à l'intérêt de la patrie (...). Comptez, dans votre république pour rien les femmes, vous en ferez des petites maîtresses de la monarchie... » *Opinion d'un citoyen des tribunes du club ci-devant électoral sur la nécessité et les moyens d'organiser une société vraiment populaire,* 12 brumaire an III (2 novembre 1794).

219. *Ibid.,* p. 13.

220. *Revue républicaine, journal des doctrines et des intérêts démocratiques,* publié par André Marchais, 1834-1835, 5 tomes, vol. II, p. 321.

221. *Ibid.,* t. IV, p. 166.

222. *Revue républicaine,* article signé par V. Vandewynckel, t. III, p. 16.

223. *Le Conseiller des femmes, op. cit.,* p. 309.

224. *Ibid.,* p. 84.

225. Jacques Rancière, *La Nuit des prolétaires, op. cit.*

226. A.N., série C, C* 2413, C. 2121.

227. Reconnaissance et exposition raisonnée des droits de l'homme et du citoyen, projet lu au comité de la Constitution par M. l'abbé Sieyès, les 20 et 21 juillet 1789; cf. *Ils ont pensé les droits de l'homme, op. cit.,* pp. 36 et 40.

228. Benjamin Constant, *Des réactions politiques des effets de la terreur,* mars 1797, éd. Philippe Raynaud, Paris, Flammarion, 1988, p. 152.

229. François Furet, *La Révolution 1770-1880, op. cit.,* p. 152.

230. François Guizot, *Histoire de la civilisation en Europe, op. cit.,* pp. 213-214.

231. François Guizot, « Du droit de suffrage dans la famille » et « dans les petites sociétés », *Histoire de la civilisation en Europe, op. cit.,* pp. 381-384.

232. Alexis de Tocqueville, *De la démocratie en Amérique, op. cit.,* t. II, p. 293.

233. *Ibid.,* t. I, pp. 298-299.

234. Pierre Leroux, *Projet..., op. cit.,* vol. II, p. 377.

235. *Revue républicaine,* vol. IV, p. 78, vol. I, p. 21.

236. *Ibid.,* t. III, p. 18.

237. *Ibid.,* t. I, p. 122.

238. *Ibid.,* t. III, p. 19.

239. Voir l'analyse de la fraternité par Michèle Le Dœuff, *L'Étude et le rouet, op. cit.*, p. 111.

240. *Revue républicaine,* t. IV, p. 171.

241. Alexis de Tocqueville *De la Démocratie..., op. cit.*, p. 45.

242. *Revue républicaine,* t. I, p. 244. Notons l'importance de la création de l'esprit public, dans le but d'infléchir les volontés individuelles dans un sens positif pour le bien public. Ce bien-là est défini par ceux qui écrivent et qui, en général, aspirent à représenter leurs lecteurs. Voir à ce propos *L'Espace public* de Jürgen Habermas, *op. cit.*

243. *Revue républicaine,* t. I, p. 45.

244. Plan de Michel Lepeletier de Saint-Fargeau sur l'Éducation nationale, présenté à la Convention, le 13 juillet 1793, après sa mort, par Robespierre, dans *Robespierre, Écrits,* présentés par Claude Mazauric, Paris, Messidor, 1989, pp. 255-266.

245. Jean-Jacques Rousseau, « Sur le gouvernement de Pologne », « Éducation », *Œuvres politiques,* Paris, Classiques Garnier-Bordas, pp. 435-436.

246. *Revue républicaine,* t. IV, p. 81.

247. Claude Nicolet, *L'Idée républicaine en France..., op. cit.*, p. 381.

248. François Furet, Mona Ozouf, *Dictionnaire critique de la Révolution française,* Paris, Flammarion, 1988, article « Égalité », p. 710.

249. Étienne Balibar, « Droits de l'homme et droits du citoyen, la dialectique moderne de l'égalité et de la liberté », *Actuel Marx,* n° 8, 2ᵉ semestre 1988, p. 28, et *Les Frontières de la démocratie, op. cit.*

250. Élisabeth Guibert-Sledziewsky, « Révolution française, le tournant », *Histoire des femmes,* sous la direction de Geneviève Fraisse et Michelle Perrot, Paris, Plon, vol. IV, p. 43.

251. Voir Geneviève Fraisse, *Muse de la raison, la démocratie exclusive et la différence de sexes, op. cit.*

252. *Demande de révision du Code civil, adressée à messieurs les membres de la Chambre des députés,* par Mlle Louise Dauriat, Paris, chez l'auteur, 1837.

253. A. de Lamartine dans *Le Journal des femmes,* vol. 11, 15 juin 1835.

254. Voir Eleni Varikas, « Genre, expérience et subjectivité à propos du désaccord Tilly-Scott », *art. cit.* Pour l'analyse d'une « construction discursive » que privilégie Joan W. Scott, voir son article, « La Travailleuse », *Histoire des femmes, op. cit.*, pp. 419-444.

255. Voir Joan B. Landes, *Women and the Public Sphere in French Revolution,* New York, Ithaca, 1988.

Entre liberté et nécessité

256. Daniel Stern, *Essai sur la Liberté,* Paris, 1847, p. 49.

257. Selon le rapport présenté par M. A. Ranvier sur Jeanne Deroin au congrès des Associations ouvrières de 1900, il n'y eut aucun contrat signé, mais l'engagement pris par l'époux est sans doute réel car, en 1848, Jeanne Deroin le lui rappelle; pour être libre de ses actes, elle reprend alors son nom de jeune fille. A. Ranvier ajoute que le mariage civil de Jeanne Deroin fut une exception pour l'époque. Cette assertion me semble peu fondée, compte tenu des nombreuses « professions de foi » anticléricales que

nous avons signalées, protestations corroborées par les enquêtes effectuées par des membres de l'Église catholique.

258. Profession de foi citée.

259. *Ibid.*

260. L'expression est empruntée à Christine Fauré, *La Démocratie sans les femmes,* Essai sur la libération en France, Paris, P.U.F., 1985.

En janvier 1833, Émile Barrault fonde l'association Les Compagnons de la Femme. En quête de la Mère, femme messie, chère aux saint-simoniens, il part en Orient à sa recherche, avec quelques compagnons et compagnes. En Égypte, ils espèrent la trouver.

261. *Actes du congrès des Œuvres féminines,* 1889, publiés en 1890, pp. 473-474. Ce témoignage est extrêmement tardif, près de soixante ans se sont écoulés; on ne pense plus dans les mêmes termes en 1889; il n'empêche que les propos d'Hortense Wild correspondent au discours tenu par Jeanne Deroin en 1831-1832. Elle n'est pas un cas unique à son époque, surtout parmi les saint-simoniens : bon nombre se croyaient porteurs d'un destin exceptionnel en ces temps de désarroi moral. Ne pas respecter les « lois de la nature » était, somme toute, un comportement normal.

262. Lettre autographe de Jeanne Deroin à Hubertine Auclert, 10 janvier 1886 : elle y évoque son passé, son enfance et rappelle ses convictions premières, Fonds Bouglé, B.H.V.P.

263. Lettre autographe à Fourier, du 14 août 1833, Fonds Considerant, A.N. 10 AS 42.

264. Lettre de Charles Fourier, mai 1833, fonds privé. Je remercie Jean-Claude Dubos de m'en avoir communiqué la copie.

265. Lettre à Fourier, 29 octobre 1833, Fonds Considerant.

266. Lettre à Fourier, s.d., sans doute de 1833, Fonds Considerant.

267. On peut lire en effet, dans *Le Phalanstère* du 12 juillet 1832, un article signé de Fourier : « ... avant d'éblouir les femmes par des utopies de liberté, il eût fallu les dégager des chaînes du ménage familial (...) : c'est donc tromper les femmes que de leur parler de liberté avant d'avoir découvert l'art d'associer qui leur garantirait d'abord l'indépendance industrielle. » Notons que ces critiques adressées au saint-simonisme n'étaient pas partagées par Abel Transon et Jules Lechevalier qui se désolidarisèrent du maître. A cette époque, les sociétaires sont d'abord préoccupés de crédibilité : ils préparent la fondation de la première colonie sociétaire de Condé-sur-Vesgre, en Seine-et-Oise.

268. Lettre à Fourier, s.d., citée.

269. Georges Weil, *L'École saint-simonienne, son histoire, son influence jusqu'à nos jours,* Paris, 1896, pp. 145-147.

270. William Thompson, *APPEAL of one-half the human race, WOMEN against the pretensions of the other half, MEN, to retain them in political, and thence in civil and domestic, slavery,* Londres, 1825, éd. Virago, Londres, 1983, introduction Richard Pankhurst, p. 119; William Thompson a dit de cet Appel qu'il était une « propriété commune » qu'il partageait avec Anna Wheeler; une part en était le produit exclusif de la « pensée et de la plume » de celle-ci. Bien que lui-même ait beaucoup réfléchi sur les « inégalités des lois sexuelles », c'est elle qui en souffrait (4e de couverture).

271. Lettre autographe à Fourier, de Dieppe, le 18 août 1834, Fonds Considerant.

272. Dès juin 1832, Abel Transon et Jules Lechevalier rédigent le prospectus du *Phalanstère.*

273. Lettre autographe d'Eugénie Niboyet à Jules Lechevalier, du 16 juillet 1832, Fonds Considerant, A.N. 10 AS 41. Le premier numéro du *Phalanstère ou La Réforme industrielle* paraît en juin 1832; il est précédé d'un prospectus.

274. Lettre autographe de Jules Lechevalier à Fourier, semble-t-il du 3 février 1832, Fonds Considerant, A.N. 10 AS 28.

275. Il s'agit d'Arlès-Dufour, commissionnaire en soierie à Lyon.

276. Lettre d'Eugénie Niboyet citée.

277. Lettre de Victor Considerant à son cousin Gréa, du 20 août 1833, Fonds Considerant, 10 AS 28.

278. Lettre autographe du 23 juin 1834 à Clarisse Vigoureux, Fonds Considerant, 10 AS 39. L'association polytechnique qu'il fonde pour éduquer le peuple recevra des subsides de l'État.

279. Lettre d'Eugénie Niboyet, du 16 juillet, citée. Elle fait allusion à un article signé de Jules Lechevalier et de Victor Considerant. « Faire produire, distribuer et consommer par groupes et séries de groupes de tous âges et de tous sexes; exerçant en séances courtes et variées... », prospectus, juin 1832.

280. Lettre citée.

281. Lettre à Jules Lechevalier, le 20 février 1833, Fonds Considerant. Le ton est polémique, et l'humour transparaît, mais on mesure l'accueil reçu par les idées saint-simoniennes, surtout en province. Je pense en particulier aux habitants de Mâcon, petite ville au bord de la Saône, où les idées nouvelles ne circulent pas aussi vite que les marchandises sur le fleuve.

282. Jean Niboyet a été anobli en 1810 par Napoléon pour avoir participé à la défense de Pampelune. Le père et les trois frères d'Eugénie ont servi Napoléon Ier; Louis Mouchon, aide de camp du général Teste, est tué au cours de la bataille de la Moskova, Émile, fait prisonnier, est envoyé en Bohême. Le grand-père d'Eugénie est le physicien Lesage, son père a épousé la fille d'un pasteur.

283. Profession de foi citée. Voir l'analyse de Jacques Rancière, *La Nuit des prolétaires, op. cit.*

284. « Les hommes, égaux entre eux, sont nés pour Dieu seul, et quiconque dit une chose contraire dit un blasphème », écrit de même Félicité de La Mennais dans *Paroles d'un croyant, op. cit.*, p. 25.

285. Profession de foi, citée.

286. Mme de Staël, *L'Amour dans le mariage*, cité par *Le Citateur féminin*, janvier 1835.

287. Désirée Véret, novembre 1832, *L'Apostolat des femmes*, p. 70.

288. Lettre autographe d'Eugénie Niboyet à Jules Lechevalier, Fonds Considerant, A.N. 10 AS 41.

289. Voir *Essai sur l'éducation des femmes*, par Mme la comtesse de Rémusat, Paris, 1824, p. 98.

290. Voir, entre autres, vicomte de Bonald *« Du perfectionnement de l'homme »*, 9 juin 1810 dans *Mélanges littéraires, politiques et philosophiques*, 3e édition, Paris, 1852, pp. 439-440.

L'ASSOMPTION DE LA MORALE

1. Élisabeth Celnart, extrait du poème : *La Muse et le sommeil, Le Conseiller des femmes,* janvier 1834, p. 188.

2. Voir Mona Ozouf, *Dictionnaire critique de la Révolution française, op. cit.*

3. Félicité de Lamennais, *Du passé et de l'avenir du peuple,* Paris, 1841, p. 11.

4. Pour une réflexion critique sur l'écriture de l'histoire des mentalités, voir Jacques Rancière, *Les Mots de l'histoire. Essai de poétique du savoir,* Paris, Seuil, 1992, chap. intitulé « Lieu de parole ».

5. Anastasie Czynski, dans *Le Nouveau Monde,* 1er août 1841.

6. Alexis de Tocqueville, *De la Démocratie en Amérique, op. cit.,* vol. I, p. 300.

7. Clémence Robert, *Paris Silhouettes,* recueil de poésies, Paris, 1839.

8. Citons, parmi les ouvrages consacrés à la Révolution, par exemple le livre de Dominique Godineau *Citoyennes tricoteuses, op. cit.* L'auteur fait référence à plusieurs reprises aux « mentalités hostiles » pour expliquer le refus d'intégrer les femmes dans le corps civique : « Comme toujours lorsqu'il s'agit des femmes, mentalités et politique sont extrêmement liées », p. 166.

9. Robert Muchembled, *Mentalités, Cultures, Sociétés; Jalons pour un débat,* avant-propos du numéro consacré à *Affaires de sang,* Paris Imago, 1988.

10. Voir à ce propos les articles d'Alain Boureau, « Discours, énonciations, mentalités » et de Roger Chartier, « Redéfinition de l'histoire culturelle » : « Une double voie est ainsi ouverte, l'une pense la construction des identités sociales comme résultant toujours d'un rapport de force entre les représentations imposées par ceux qui ont pouvoir de classer et de nommer et la définition, soumise ou résistante, que chaque communauté produit d'elle-même; l'autre qui considère le découpage social objectivé comme la traduction du crédit accordé à la représentation que chaque groupe donne de lui-même, partant à sa capacité à faire reconnaître son existence à partir d'une exhibition d'unité », *Annales E.S.C.,* 44e année, no 6, novembre-décembre 1989, p. 1514. J'aurais plutôt tendance à m'inscrire dans la première voie, tracée par les travaux novateurs de Carlo Ginzburg.

11. Maurice Godelier, *La Production des grands hommes,* Paris, Fayard, 1982, p. 154.

12. Voir à ce propos Pierre Rosanvallon, *Le Sacre du citoyen..., op. cit.*

13. Voir à ce propos Louis Dumont, *Essais sur l'individualisme..., op. cit.*

14. *Du passé et de l'avenir du peuple, op. cit.,* pp. 169-170.

15. A.N., Fonds Julien (1), dossier 4, doc. 75, 39 AB4, lettre envoyée à Mme Stéphanie Locroy, née Julien, s.d., ni signature. Je remercie Pierre de Vargas, qui a bien voulu me communiquer ce document. D'après d'autres correspondances, nous pouvons dater cette lettre des années 1840.

16. Alphonse Esquiros, *L'Évangile du peuple,* Paris, 1840, p. 47.

17. *Ibid.,* pp. 129 et 130.

18. *Dieu manifesté par les œuvres de la création,* Paris, 1842, pp. 133-134.

19. E. Janway, « Who is Sylvia? On the Loss of Sexual paradigm », in *Feminist Studies,* 1980, vol. 5, no 4, p. 575, cité par Eleni Varikas dans *La Révolte des Dames : Genèse d'une conscience féministe dans la Grèce du XIXe siècle (1833-1908),* thèse de doctorat, sous la direction de Michelle Perrot, Paris VII Jussieu, février 1986, p. 225.

20. « La mode », à cette époque, héritée de l'aristocratie, est à la liberté dans le mariage. A propos de la famille de la future Mme Thiers – les Dosne –, Charles de Rémusat fait le commentaire suivant : « Dosne, probe et loyal, était sans prétention, sans esprit, de bonnes manières, tranquille, accommodant, silencieux. Il ne gênait personne, pas même sa femme ; je crois, que dans cette maison et tout son entourage une liberté conjugale à peu près absolue était regardée comme une des premières bienséances de la société, et l'on ne manquait pas aux bienséances », *Mémoires, op. cit.*, livre XXXVIII, vol. 3, p. 54.

21. Blanqui aîné, *Journal des femmes*, juillet 1833, vol. 5, pp. 268-270.

22. Lieu de réunions où se tiennent les séances de discussions organisées par la Société des Méthodes d'Enseignement.

23. Louise Dauriat, *La Tribune des femmes*, pp. 60-61.

24. Edward P. Thomson, *La Formation de la classe ouvrière anglaise*, Victor Gollancz, Londres, 1963, trad. fr., Hautes Études, Paris, Gallimard, Seuil, 1988, p. 722, signalé par Miguel Abensour dans sa préface, p. VI.

25. Eugénie Niboyet, directrice du *Conseiller des femmes*, prospectus, novembre 1833.

26. Jürgen Habermas, *L'Espace public*, 1962, trad. Payot, 1986, p. 193.

27. Émile de Girardin crée le premier organe de presse à un prix modique, la publicité se fait alors propagande, exactement dans les termes énoncés par Alexis de Tocqueville dans *De la Démocratie en Amérique* : « Il n'y a qu'un journal qui puisse voir déposer au même moment dans mille esprits la même pensée », *op. cit.*, vol. II, p. 161.

28. *Le Conseiller*, p. 4. A propos du nombre de femmes dans les ateliers et les fabriques, cette affirmation confirme ce qu'écrit Villermé. Il est cependant difficile de chiffrer précisément le nombre des ouvrières. Dans sa thèse, Yves Lequin ne distingue pas toujours les ouvrières des ouvriers : « ... à travers les comptages qu'ils permettent, on peut estimer à 20 000 environ les personnes actives de la soierie vers la fin de la monarchie de Juillet, ce qui représente près de deux fois les effectifs de la fin du XVIIIe siècle. Bien sûr, il faut y joindre la Croix-Rousse, ses pentes hautes et son plateau, avec ses 14 987 salariés du textile en 1851 et les 5 961 de la Guillotière, Vaise n'ayant guère que 400 personnes dans des ateliers épars. Au total, donc 40 000 ouvriers et ouvrières : c'est un nombre considérable, mais il est inférieur à l'opinion du temps, grevée d'une lourde tradition d'exagération », dans *La Formation de la classe ouvrière régionale*, P.U.L., 1977, t. I, pp. 27-28.

29. Sur les femmes écrivains, voir la thèse d'Évelyne Resnick-Lejeune, *Les Femmes écrivains sous la monarchie de Juillet*, Paris IV, sous la direction de Madeleine Ambrière ; Christine Planté, *La Petite Sœur de Balzac, op. cit.*, et Luce Czyba, « L'Œuvre lyonnaise d'une ancienne saint-simonienne : *Le Conseiller des femmes* (1833-1834) d'Eugénie Niboyet », dans *Regards sur le saint-simonisme..., op. cit.* Notons enfin la communication de Fernand Rude consacrée à Eugénie Niboyet au 1er colloque international, Flora Tristan de mai 1984, publié par Stéphane Michaud, *Un fabuleux destin, Flora Tristan*, Dijon, P.U.D., 1985.

30. Louise Maignaud, *Le Conseiller...*, novembre 1833, n° 3. La pensée de Mme de Staël imprègne fortement l'esprit critique des rédactrices : comment ne pas évoquer, à la lecture de cet article, l'illustre phrase de la fille de Necker : « La gloire elle-même ne saurait être pour une femme qu'un deuil éclatant de bonheur. »

31. Mme Émilie Marcel, *Le Conseiller...*, 22 mars 1834, n° 21. Nous sommes à

Albin Michel

M. Riot Sarcey

La Démocratie à l'épreuve des femmes

quelques jours des massacres de Vaise qui semblent avoir tout emporté, la foi en les hommes comme les idées libératrices.

32. *Ibid.*, novembre 1833, pp. 5 et 6.

33. Eugénie Niboyet, *Le Conseiller...*, 7 juin 1834. Ce témoignage montre combien le refuge au couvent n'était pas toujours synonyme de soumission. Odile Arnold l'a bien montré dans son livre : *Le Corps et l'âme*, Paris, Seuil, 1984 : « Nous sommes loin, ici, d'entrées au couvent bien sages, par pression sociale et peur d'affronter le monde. Du reste, même lorsque les parents sont d'accord et qu'il semble n'y avoir nul obstacle, c'est souvent aussi parce que ce sont des filles de caractère qu'elles quittent tout pour le couvent », p. 33.

34. Parmi les nombreux témoignages que Louis Blanc retient, relevons celui-ci : « Nous soussignés tous habitants de la commune de Vaise, attestons pour rendre hommage à la vérité que le nommé Claude Sève vieillard de 70 ans demeurant chez sa fille nommée Marie Sève blanchisseuse route du Bourbonnois et rue projetée maison Sourdillon au 2e, a été le 12 avril 1834 fusillé et percé de coups de baïonnette dans son lit et jeté ensuite par la fenêtre par les soldats du 28e régiment de ligne. Ajoutons de plus qu'ils ont cassé, brisé et jeté par la fenêtre tout le linge et ménage de sa fille qui se trouvait absente dans ce moment. En foi de quoi... », *Histoire de dix ans, op. cit.*, vol. IV, pp. 267-268.

35. *Le Conseiller...*, avril 1834.

36. *Ibid.*, novembre 1833.

37. Mlle Ulliac S. Dudrezène, *Le Conseiller...*, novembre 1833.

38. Prospectus, p. 3.

39. Eugénie Niboyet, *Le Conseiller...*, juin 1834, n° 33.

40. François Furet, *La Révolution, 1770-1880, op. cit.*, p. 238. Bien que l'auteur souligne l'inégalité des sexes sanctionnée par le code civil qui réaffirme la primauté du père de famille et soumet les femmes à la tutelle masculine, il n'en lit pas moins le code civil en termes d'égalité des individus. Les femmes seraient-elles autre chose que des individus ?

41. *Le Conseiller...*, 1er décembre 1833, n° 7.

42. *Ibid.*, janvier 1834, p. 173.

43. *Ibid.*, février 1834, p. 233.

44. Voir Max Weber, *Essays in Sociology*, New York, Oxford University Press, A Galaxy Book, 1958. Pour une analyse du point de vue des femmes, voir l'article d'Eleni Varikas, dans *Révolte et société*, actes du 4e colloque d'*Histoire au présent*, t. I : *Les Dernières seront les premières, potentiel subversif et aporie d'une révolte paria dans la morale.*

45. Voir à ce sujet l'article de Geneviève Fraisse, « Droit naturel et question de l'origine dans la pensée féministe au XIXe siècle », *Stratégie des femmes*, Paris, Tierce, 1984 ; du même auteur, *La Raison des femmes*, Paris, Plon, 1992.

46. Ulliac Dudrezène, dans *Le Conseiller...*, janvier 1834, pp. 168-169.

47. *Le Conseiller...*, décembre 1833, n° 6, pp. 85-86.

48. Luce Irigaray, *Sexes et parentés, le genre féminin*, Paris, éd. de Minuit, 1987, pp. 121 et 126.

49. Eugénie Niboyet, *Le Conseiller...*, mars 1834, p. 289.

50. *Ibid.*, mai 1834, n° 27, pp. 418-426.

51. Jules Michelet, « Madame Roland », *Les Femmes de la Révolution,* 1853, éd. présentée par Françoise Giroud, Paris, Carrère, 1988, p. 173.

52. Prospectus, p. 3.

53. « Pour nous, nourries des leçons de Mesdames Necker, de Staël, Roland, Guizot, de Rémusat, Hamilton, etc., et éclairées par l'expérience que le temps nous a apportée, nous regardons comme un devoir de vulgariser les idées qui nous préoccupent... » E. N., prospectus du *Conseiller,* novembre 1833.

54. *Essai sur l'éducation des femmes,* par Mme la comtesse de Rémusat, Paris, 1824, pp. 85 et 87.

55. Voir à ce propos le livre de Dominique Godineau, *Citoyennes tricoteuses, op. cit.* : « Deux conceptions se font toutefois jour : la première, largement majoritaire et que soutient Amar, leur concède le droit de suivre, en spectatrices, les débats des assemblées car " il est nécessaire qu'elles s'instruisent elles-mêmes dans les principes de la liberté pour la faire chérir à leurs enfants " », p. 265.

56. *Le Conseiller, op. cit.*, pp. 90 et 99.

57. Au total 11 éditions en 40 années, il est vrai années clés pour le statut des femmes. Trois jusqu'en 1840, deux éditions entre 1840 et 1847, une en 1857, deux entre 1857 et 1862, une en 1866, une autre en 1873, la dernière en 1883.

58. *Le Journal des femmes,* 15 mars 1834.

59. *Op. cit.*, 20 août 1834.

60. L. Aimé-Martin, *De l'Éducation des mères de famille ou de la civilisation du genre humain par les femmes,* Paris, 1834, pp. 186-187.

61. Félicité de Lamennais, *Paroles d'un croyant, op. cit.*, pp. 80, 97, 98, 104.

62. *Le Conseiller...*, 24 mai 1834, pp. 450-451.

63. *Le Journal des femmes,* 15 avril 1835, article intitulé : « La Tunique de Jésus-Christ ».

64. Paul Bénichou, *Le Temps des prophètes,* Paris, Gallimard, 1977, p. 424.

65. Gérard Cholvy, Yves-Marie Hilaire, *Histoire religieuse... op. cit.*, p. 180.

66. Épîtres aux Galates, 3, 26. Nouveau Testament, trad. œcuménique La Bible, Paris, Le Livre de Poche, 1979, pp. 302-303.

67. Voir Jean-Baptiste Duroselle, *Les Débuts du catholicisme social (1822-1870),* Paris, P.U.F., 1951. A propos d'Ozanam, l'auteur remarque que « son action a sans cesse été inspirée par sa foi profonde », p. 165.

Dans la préface aux *Lettres de Frédéric Ozanam* (premières années à la Sorbonne, 1841-1844), édition critique de Jeanne Caron, C.N.R.S. – Celse, 1971, Jean-Baptiste Duroselle écrit : « Ozanam n'a jamais pensé un seul instant qu'il y avait un conflit entre le monde moderne et l'Église. Parfaitement conscient des insuffisantes adaptations et des réflexes qui reléguaient la majorité des catholiques dans un ghetto de conservation apeurée et par là même hargneuse, il est lui-même rentré de plain-pied, tout simplement, dans la société moderne, persuadé qu'avec beaucoup d'amour et une tranquille lucidité, on élimine la crainte et l'arrogance (...). Il était présent, actif et ne se prenait pas pour un père de l'Église. Non. Il s'était tout bonnement " consacré à la propagation de la vérité ", de cette vérité qu'il avait admise une fois pour toutes. »

68. Louis Blanc, *Histoire de dix ans, op. cit.*, vol. IV, p. 238.

69. Expression empruntée à Mgr Dupanloup. Voir également Françoise Mayeur, *L'Éducation des filles..., op. cit.*, le chapitre intitulé précisément, « Sur les genoux de

l'Église ». Toutes les filles n'y sont pas, loin s'en faut, la plupart le seront. Restituer l'historicité de ce parcours permet, par exemple, de comprendre les diatribes de Michelet contre les prêtres sans négliger le point de vue des femmes et des hommes qui, un temps, se sont affrontés sur la question de l'instruction.

70. Georges Weill, *Histoire du catholicisme libéral en France, 1828-1908,* introduction René Rémond, Genève, Slatkine Reprints, 1979, coll. « Ressources », p. 66.

71. Pierre Simon Ballanche, *Essais de palingénésie sociale, op. cit.*

72. Expression de Gérard Cholvy et d'Yves-Marie Hilaire, *Histoire religieuse... op. cit.*

73. Françoise Mayeur, *L'Éducation des filles, op. cit.*, p. 76.

74. Voir Jacques Rancière, *Le Maître ignorant, cinq leçons sur l'émancipation intellectuelle,* Paris, Fayard, 1987. Denis Burckel, *Histoire de la méthode Jacotot. Émancipation intellectuelle. Enseignement universel et Philosophie panécastique, 1818-1876,* mémoire de maîtrise, Paris VIII, 1992.

75. *Revue républicaine,* vol. I, p. 203.

76. *Ibid.*, vol. IV, pp. 163-167.

77. *Ibid.*, vol. I, p. 5.

78. *Ibid.*, vol. V, p. 17.

79. *Ibid.*, vol. III, p. 297.

80. *Ibid.*, vol. V, p. 66. Voir tout l'article de Martin Bernard, pp. 52-68.

81. *Ibid.*, vol. II, p. 33.

82. *Ibid.*, vol. I, p. 18.

83. *Ibid.*, vol. II, p. 33.

84. *Ibid.*, vol. I, p. 181.

85. *Ibid.*, vol. II, p. 48.

86. *Ibid.*, vol. I, p. 171. Voir à ce propos *La Révolte de Lyon en 1834 ou la fille du prolétaire.*

87. *Ibid.*, p. 178.

88. *Ibid.*, vol. II, p. 52.

89. A propos des fabriques de coton : toutes ces opérations s'exécutent indifféremment par des ouvriers des deux sexes, ou, à Tarare, « 20 000 hommes et femmes tissant les mousselines », Louis Villermé, *Tableau de l'état... op. cit.*, pp. 4 et 185. Sur la question du travail des femmes et de la division sexuelle des rôles, voir notamment Joan Wallach Scott, *Gender and the Politics of History,* tout particulièrement l'article intitulé, en français dans le texte, « L'ouvrière! Mot impie, sordide... », *Women workers in the Discourse of French Political Economy, 1840-1860,* Columbia University Press, New York, 1988.

90. Pétition adressée à la Chambre des députés en 1845; parmi les 397 signatures on relève 120 signatures de femmes (épouses, filles ou veuves), A.N., C* 2426, C. 2210. De même en 1847, la pétition contre le principe du livret obligatoire recueille 5 050 signatures, parmi lesquelles de nombreux paraphes de femmes : « La femme Gardet coloriste, la femme Vuillaume couturière, la femme Leclerc, la femme Guérin... », C* 2428, C* 2222.

91. *De la condition des femmes dans les républiques,* par le citoyen Thérémin, à Paris, chez Laran, an VII, p. 79.

92. Telle est la définition de l'écrivain donnée par la *Revue républicaine,* vol. V, article intitulé « De la littérature sociale ».

93. Jules Michelet, *Le Prêtre, la femme et la famille,* Paris, 1845, 7e édition, Paris, 1861, p. 9.

94. *Ibid.,* p. 280.

95. *Ibid.,* p. 305.

96. *Ibid.,* p. 313.

97. Daniel Stern, *Essai sur la liberté considérée comme principe et fin de l'activité humaine,* Paris, 1846, p. 95.

98. Pétition signée Buisson, fabricant d'étoffe, du 25 mai 1837, C* 2417, C. 2154. Notons que la même année l'amie de Désirée Véret, Marie-Reine Guindorf se suicide; Flora Tristan intente un procès à Chazal son époux, l'accusant de violence envers sa fille; l'année suivante, en mai 1838, il tentera d'assassiner sa femme; c'est également l'arrestation de Marie-Madeleine Poutret de Mauchamps, l'indomptable ennemie du code civil, pour immoralisme. Le procès Lafarge va bientôt déchaîner l'opinion publique, comme si les passions s'exaspéraient, au regard d'une subordination des femmes que certains ne peuvent supporter tandis que d'autres craignent de voir disparaître le privilège de « nature » auquel ils ne peuvent renoncer; les pétitions en faveur du divorce se font plus nombreuses en 1836 et 1838; derniers sursauts de révolte de la part de femmes qui bientôt seront contraintes de se soumettre à l'ordre renaissant.

99. Henry Terrasse, 10 avril 1842, A.N., C* 2423, C 2191.

100. Pierre Macherey, « Aux sources des rapports sociaux », *Genèses, Conservatisme, libéralisme, socialisme,* octobre 1992, n° 9.

101. *L'Atelier,* juillet 1841, n° 11.

102. *Ibid.,* janvier 1841, n° 5.

103. Pour une analyse précise et exhaustive de la pensée socialiste sur le sujet, voir Louis Devance, *La Question de la famille. Origines, évolution, devenir dans la pensée socialiste en France de Fourier à Proudhon. Essai de contribution à l'histoire des idées morales et de l'anthropologie dans les deux premiers tiers du XIXe siècle,* thèse de doctorat, Université de Dijon, 1973. Cette thèse m'a beaucoup appris; il est dommage qu'elle ne soit toujours pas publiée.

104. Étienne Cabet, *La Femme,* Paris, 1841, édition 1852, pp. 20 et 23. Lui aussi s'apitoie sur le travail des femmes, inadapté à leur nature : « Quel spectacle de voir, à Boulogne, des femmes de tout âge, faire le métier de porte-faix, tandis que les hommes sont occupés à la pêche et porter des lourdes malles des voyageurs sur des hottes attachées derrière leur dos avec de rudes courroies qui leur tiraillent la poitrine!

« Je ne vous parle pas du fléau du libertinage, auquel le mélange des deux sexes dans les grandes manufactures livre la fille enfant, ni du fléau de la prostitution (...) », p. 7. Tout en accusant « l'aristocratie », « ou le privilège », « ou l'inégalité de fortune », rendue responsable de cette exploitation, il se prononce pour l'égalité de l'homme et de la femme, à condition de penser cette égalité féminine au sein du mariage et de la famille. L'indépendance des femmes n'est plus de mise.

105. Pierre Leroux, Jean Reynaud, dans *L'Encyclopédie nouvelle,* 1836-1843, vol. V, 1839, p. 232 *** de l'article « Femme ».

106. Édith Thomas, *Pauline Roland, Socialisme et féminisme au XIXe siècle,* Paris, Librairie Marcel Rivière, 1956, p. 98.

107. Miguel Abensour, « L'Utopie socialiste : une nouvelle alliance de la politique et de la religion », *Le Temps de la réflexion,* 1981, Paris, Gallimard, pp. 95 et 100.

108. *Ibid.*, p. 100.

109. Pierre Leroux, *De l'Égalité,* nouvelle édition Boussac, 1848, p. 39, 1re édition, 1838.

110. *Ibid.*, p. 45.

111. Voir Armelle Lebras-Chopard, *De l'égalité dans la différence, le socialisme de Pierre Leroux,* Paris, Presses de la Fondation nationale des Sciences politiques, 1986, p. 282.

112. *Revue...*, vol. II, p. 33.

113. Louis Blanc, *Histoire de dix ans, op. cit.*, vol. IV, p. 451.

114. Pétition adressée au président de la Chambre des députés, A.N., série C* 2417, 1837, C. 2151. C'est dans le même esprit que Marie-Madeleine Poutret de Mauchamps, codirectrice de la *Gazette des femmes,* adresse de nombreuses pétitions à la Chambre contre le « code de l'infamie ». Léon Abensour, puis Laure Adler *(op. cit.)* ont rendu compte du « combat » mené par celle qui envoyait systématiquement un exemplaire de la *Gazette des femmes* à la « noble assemblée », en réclamant, outre la suppression des articles du code légalisant l'infériorité des femmes, « le rétablissement du divorce, l'abolition des peines contre l'adultère », « la suppression des articles 336 à 339 du code pénal », la stricte application de la Charte en accordant par exemple « le droit de vote aux femmes veuves ou séparées, et aux filles de 25 ans payant 200 f. d'impôts », etc., cf. A.N., C*2417, 1837, C* 2418, 1838, C* 2419, 1839. C'est aussi en 1838 que Flora Tristan adresse sa pétition en faveur du divorce : l'analyse de cette pétition a déjà été faite; citons, entre autres, Flora Tristan, *Lettres,* réunies, présentées et annotées par Stéphane Michaud, Paris, Seuil, 1980. Notons cependant la responsabilité de la loi, qu'elle souligne elle aussi : « Forcée quoique sans fortune de me séparer d'avec mon mari (...). Il est rare qu'un tel fardeau n'excède pas les forces des femmes. Il en est peu qui reçoivent une éducation appropriée à une profession, et lorsque sans fortune, elles sont délaissées par leurs maris (...), c'est à la loi qu'il faut attribuer les unions illicites... », A.N., C*2156 (C. 2418).

115. Thomas Hobbes, *Le Léviathan,* chap. 26, édition Molesworth, cité par Paul Hoffman dans *La Femme dans la pensée des Lumières,* Paris, 1977, p. 267.

116. Louise Dauriat, pétition citée.

117. *Ibid.*

118. Voir, à ce propos, *La Dialectique de la raison* de Max Horkheimer et Theodor W. Adorno, Paris, Gallimard, 1974.

119. « La masculinité », dirait Michèle Le Dœuff, *op. cit.*

120. *La Mosaïque lyonnaise,* journal littéraire. Arts, Sciences, Nouvelles, Théâtres, Modes, octobre 1834-janvier 1835.

121. Eugénie Niboyet, « De l'exagération en ce qui concerne les femmes et leur émancipation », *Le Citateur féminin,* 1835, pp. 276-282.

122. Lettre autographe de juillet 1891 (extrait) adressée à Victor Considerant par Désirée Gay-Véret vivant alors à Bruxelles, ville qu'elle a tardivement mais définitivement adoptée. Veuve de Jules Gay, qui « l'a beaucoup aimée », elle signe à nouveau de son nom, du nom qu'elle portait lorsque Victor Considerant l'aima vers 1836; A.N., Fonds Considerant, 10 A.S. 42.

123. Lettre autographe citée du 9 octobre 1890. Fourier meurt précisément cette année-là, en 1837.

124. En 1837, il traduit *De la communauté des biens, Exposition fondamentale du système social,* opuscule dans laquelle on peut lire : « Les deux sexes recevront une éducation égale ; ils jouiront de la liberté personnelle et des droits égaux ; leur union naîtra de la sympathie naturelle, n'étant plus influencée par des distinctions ou des inégalités artificielles », p. 13.

125. Marie-Reine Guindorf se suicide en juin 1837.

126. *Trois discours prononcés à l'hôtel de ville,* par MM. Dain, Considerant et d'Izalguier, Paris, 1836, publication de l'École sociétaire, p. 98.

127. Pétition signée Atte Polier née Thomas, institutrice de Saint-Martin-des-Touches, commune de Toulouse, Haute-Garonne, datée du 11 mars 1840, A.N., C* 2421, C 2179.

Voir également la pétition adressée à la Chambre des députés, le 29 janvier 1846, par l'institutrice Zénobie Lartigues (A.N., C* 2427, C 2214). La plaignante fait état des démarches qu'elle effectue depuis 1835, contre l'établissement religieux de l'Immaculée-Conception qui l'empêche d'exercer son métier. « Qu'au mépris de l'avis unanime du Conseil Municipal (...), le Recteur de l'Académie de Bordeaux accorda en février ou en mars 1843 une autorisation à la congrégation de l'Immaculée Conception de former un établissement religieux à Blanquefort et composé d'une supérieure et de deux sœurs toujours et quelquefois plus. » L'institutrice communale se voit de fait interdite d'enseigner dans sa propre commune, subissant la concurrence des religieuses autorisées par le recteur.

128. Biographie de Jules Gay, dans *Dictionnaire biographique du mouvement ouvrier français,* publié sous la direction de Jean Maitron, Paris, Éditions Ouvrières, t. VI, 1969.

129. Voir l'article très élogieux sur « l'Institut de Châtillon », n° 30 du 4 mai 1840 du *Nouveau Monde,* texte extrait du n° 31 du 11 mai 1840.

130. Désirée Gay, « Fausse association », *Le Nouveau Monde,* juillet 1841.

131. Rapport confidentiel du 24 juillet 1837, signé du chef du premier bureau Constant Berrier, adressé au ministre de l'Instruction publique, A.N., série F 17 3195, *Lettres de Mme Eugénie Niboyet au ministère public de l'Instruction.* Eugénie Niboyet aurait vécu à cette époque aux dépens d'une certaine Mme Barbier.

132. Voir, en particulier, les révélations de Francis Ambrière sur la fortune de Flora Tristan (cf. « Qui était Flora Tristan ? », *Bulletin de la Société d'Histoire de la révolution de 1848 et des révolutions du XIXe siècle,* 1988, n° 4). Peut-être, les méthodes de Flora Tristan sont-elles « désinvoltes » eu égard à la situation de Mlle Crombach alors emprisonnée à Saint-Lazare, et « les compromissions » de Flora Tristan avec des personnes appartenant à l'aristocratie peuvent la rendre antipathique : il n'empêche qu'à cette époque la solitude d'une femme est souvent insurmontable, et, de fait, les moyens pour la dépasser ne sont pas toujours conformes au moralisme du temps. Situation d'autant plus difficile à vivre lorsque l'individu femme fait entendre sa volonté d'appartenir au monde social qui l'entoure et ambitionne, en sujet conscient des réalités sociales, de le transformer.

133. Flora Tristan à Eugénie Niboyet, Paris, 1er mars 1836, coll. Lucien Scheler, lettre publiée par Stéphane Michaud, dans *Flora Tristan. Lettres,* Seuil, 1980, p. 58.

134. *De la Nécessité d'abolir la peine de mort,* dédicace et préface, Paris, 1836.

135. En 1836, elle a traduit Anna Létitia Barbauld, *Leçon pour les petits enfants,* également une série de petits contes de Miss Edgeworth, *Laurent le paresseux, La Marchande de paniers, Le Mime, La Révolte au pensionnat* (s.d.).

136. *Des Aveugles et de leur éducation,* Paris, 1837.

137. Charles de Rémusat, *Mémoires, op. cit.*, livre XVI, t. II, p. 69.

138. Voir lettre autographe, A.N., F 17 3195. Voir Evelyne Lejeune-Resnick, *Les Femmes-écrivains sous la monarchie de Juillet*, Paris IV, 1986, thèse de 3e cycle.

139. *De la Réforme du système pénitentiaire*, Paris, 1838, p. 7.

140. Evelyne Lejeune-Resnick, *Les Femmes-écrivains..., op. cit.*, pp. 139-140.

141. Lettre autographe adressée au ministre le 9 mars 1838, A.N., F 17 3195.

142. Grande dame charitable, appartenant au milieu financier du monde protestant, elle vient très souvent en aide à Eugénie Niboyet qui lui rend hommage en 1862.

143. A.N., F 17 3195, lettres autographes de Mme Émilie Mallet et d'Eugénie Niboyet du 30 juin 1840, du 14 novembre 1840, du 25 décembre 1840, du 25 mai 1841, du 17 juin 1841.

144. Extrait lettre autographe du 22 avril 1840. A cette époque, elle a besoin de vivre au plein sens du terme; elle écrit plusieurs ouvrages : contes édifiants pour la jeunesse comme *Souvenirs d'enfance* (Paris, 1841), ouvrages destinés à l'éducation tel *Dieu manifesté par ses œuvres.*

145. Lettre autographe du 27 février 1843, adressée à M. le marquis de La Rochefoucauld-Liancourt, B.H.V.P., Fonds Bouglé 4248.

146. Lettre du 6 février 1846, destinataire non mentionné, Fonds Bouglé.

147. *La Paix des deux mondes*, février 1844, n° 1, le dernier numéro est daté du 13 février 1845.

148. Membre du Comité des orphelins, du Comité de la paix, elle devient active dans le Comité des prisons de la Société de la Morale chrétienne : « Chargée de porter des secours et des consolations aux femmes détenues dans les prisons de Paris (...), je cherchai, dit-elle, à les protéger sans distinction d'âge ou de culte, m'en prenant au sentiment de famille, qui vibre toujours au cœur d'une femme », *Le Vrai Livre des femmes*, Paris, 1862, pp. 228-229.

149. Signé la Directrice : Eugénie Niboyet, *op. cit.*, octobre 1844.

150. Voir Annelise Maugue, *L'Identité masculine en crise au tournant du siècle*, Paris, Rivages/Histoire, 1987.

151. Note au ministère de la Justice du 9 mai 1845, A.N., F 18 318.

152. Signé du commissaire de police A. Truez, note du 25 juin 1845, A.N., F 18 318.

153. Jules Gay, époux de Désirée Véret, qui ne comprend l'utilité de la famille qu'ils ont fondée tous deux que du seul point de vue de l'éducation des enfants, éducation négligée par l'État présent : « Question du mariage et de la famille individuelle », *L'Almanach de la communauté*, par divers écrivains communistes dont Théodore Dézamy, Paris, 1843.

154. Louis Devance, *La Question de la famille..., op. cit.*, p. 104.

155. Extrait d'une lettre autographe adressée au Père Enfantin, le 1er janvier 1848, Bibl. de l'Arsenal, Fonds Enfantin, 7728.

156. Lettre autographe de novembre 1846, *ibid.*

157. Jules Gay à Charles Lambert le 1er juillet 1847, lettre autographe, Bibl. de l'Arsenal, Fonds Enfantin, 7728.

158. Idées qu'il fait siennes longtemps puisqu'il adhère à la Première Internationale.

159. Voir lettre autographe d'Eugénie Niboyet, Bibl. de l'Arsenal, 7762.

160. Daniel Stern, *Essai sur la liberté, considérée comme principe et fin de l'activité humaine*, Paris, 1846-1847, p. 235.

161. Flora Tristan, *Le Tour de France, Journal inédit,* 1843-1844, Archives et documents, 1973, préface de Michel Collinet, notes de Jules L. Puech, Éditions de la tête de feuille, 1973, pp. 71-72. A Chalon, accueillie par un public qu'elle juge hostile, parce que bourgeois pour la plupart, elle fait face à ses interlocuteurs en commentant ainsi « sa position critique » : « Quand on possède un talisman comme le mien [le non-libre arbitre], on est réellement invulnérable sur tous les points. – Comme je n'attache pas la moindre importance, mais pas la moindre à l'opinion publique, je ne peux jamais me laisser dominer par une position aussi périlleuse qu'elle soit... », p. 58.

162. Georges Weil, *Histoire du Parti républicain en France,* éd. 1928, p. 127.

163. Louis Dumont, *Essais sur l'individualisme..., op. cit.,* notamment le dernier chapitre : « La valeur chez les modernes et chez les autres ».

164. Tout un développement serait nécessaire pour analyser le pouvoir maternel qui « s'épanouit » dans la seconde moitié du siècle. Je ne peux le mettre en œuvre dans le cadre de cet ouvrage. Notons cependant qu'il est très souvent mis en avant pour légitimer l'autre pouvoir, public et masculin, alors qu'il est à la fois le produit d'une exclusion et l'expression d'une volonté de réaffirmer une puissance niée.

165. Daniel Stern, *Histoire de la révolution de 1848,* Paris, 1850-1853, réédition Dominique Desanti, Paris, Balland, 1985, p. 169.

166. *Charlie-Hebdo,* mars 1977; notons l'orthographe du nom de Jeanne Deroin. Toutes ces coupures de presse figurent dans le dossier Jeanne Deroin à la Bibliothèque Marguerite Durand.

167. Malgré les nombreux travaux qui leur ont été consacrés. Parmi toutes les études citons entre autres : Jules Tixerant, *Le Féminisme à l'époque de 1848,* thèse pour le doctorat, Université de Paris, Faculté de droit, 1908. Léon Abensour, *Le Féminisme sous le règne de Louis-Philippe et en 1848,* Paris, 1913. Marguerite Thibert, *Le Féminisme dans le socialisme français de 1830 à 1850, op. cit.* Édith Thomas, *Les Femmes de 1848,* P.U.F., 1948. Évelyne Sullerot, « Journaux féminins et luttes ouvrières 1848-1849 », *La Presse ouvrière 1819-1850,* études présentées par Jacques Godechot, *Bibliothèque de la Révolution de 1848,* t. XXIII, 1966, Société d'Histoire de la révolution de 1848. Laure Adler, *A l'aube du féminisme, les premières journalistes (1830-1850),* Payot, 1979. Geneviève Fraisse, « Les Femmes libres de 1848, moralisme et féminisme », *Révoltes logiques,* nº 1, hiver 1975. Claire Goldberg Moses, *French Feminism in the 19th Century,* State University of New York Press, Albany, 1984. Jane Rendall, *The Origins of Modern Feminism : Women in Britain, France and the United States, 1780-1860,* Macmillan Publishers, Londres, 1985. Michèle Riot-Sarcey, *Parcours de femmes dans l'apprentissage de la démocratie, Désirée Gay, Jeanne Deroin, Eugénie Niboyet, 1830-1870,* thèse de doctorat, Paris I.

168. Voir *Histoire des Français,* XIXᵉ-XXᵉ *siècle,* sous la direction d'Yves Lequin (A.C. 1984), vol. III, consacré aux *« Citoyens et la démocratie »,* et *Le Sacre du citoyen* de Pierre Rosanvallon, *op. cit.* Malgré l'intervention visible des femmes dans l'apprentissage de la république, la question du suffrage des femmes est traitée en chapitre à part, hors de l'histoire politique du temps.

169. Voir à ce propos l'article de Christine Di Stefano, « Masculinity as Ideology in Political Theory », *Women's Studies :* « Ce point de vue permet d'identifier la masculinité comme une structure idéologique aux tendances cognitives et perceptuelles spécifiques, celles-ci reflétant et reproduisant les intérêts spéciaux des hommes pris en tant qu'hommes.

Je suggérerais que cette forme idéologique peut être utilement conçue comme une structure profonde », p. 634.

170. Expression empruntée à Michel Vovelle, *La Mentalité révolutionnaire, société et mentalités sous la Révolution française,* Paris, Messidor, Éditions Sociales, 1985, p. 215.

171. Firmin Maillard, *La Légende de la femme émancipée, Histoire des femmes pour servir à l'histoire contemporaine,* s.d. (après 1871), p. 100. Ouvrage que Marguerite Thibert qualifie de « persiflage sans aucune valeur ». Il n'en demeure pas moins que cette « légende » s'est perpétuée.

172. *Souvenirs d'Alexis de Tocqueville,* introduction de Luc Monnier, Paris, Gallimard, 1942, p. 83.

173. Daniel Stern, *Histoire de la révolution de 1848, op. cit.,* préface. Dans la réédition des éditions Balland, la préface ne figure pas.

174. Il s'agit de Pauline Roland.

175. Ici c'est de Jeanne Deroin dont il est question.

176. Les Vésuviennes.

177. *Histoire de la révolution de 1848, op. cit.,* vol. II, pp. 35-36.

178. *Ibid.*

179. Note de l'auteur : « Je parle seulement ici des femmes de la classe cultivée. »

180. Daniel Stern, *Esquisses morales et politiques,* Paris, 1849, pp. 390-391.

181. Jules Tixerant par exemple.

182. *Histoire de la révolution de 1848, op. cit.,* p. 37.

183. Philippe Vigier, *La Monarchie de Juillet, op. cit.,* p. 123.

184. Jules Michelet, *Le Peuple,* 1846, Paris, Flammarion, 1974, p. 214.

185. *Ibid.,* pp. 107 et 200.

186. *Ibid.,* p. 107.

187. « Le progrès continu est un concept d'épistémologie conservatrice. Celui qui annonce le progrès fait d'aujourd'hui demain. Or, c'est demain seulement qu'on pourra parler de la veille » : Georges Canguilhem, « La Décadence de l'idée de progrès », *Revue de métaphysique et de morale,* n° 4, octobre-décembre 1987. Je remercie Jean-Patrice Courtois de m'avoir communiqué cet article.

188. Garnier-Pagès, *Histoire de la révolution de 1848;* député, ex-membre du gouvernement provisoire, édition illustrée, s.d., p. 277.

189. *Ibid.,* pp. 125-126.

190. Une autre feuille qui porte précisément ce même nom, *Le Journal pour rire,* s'en est donné à cœur joie à cette époque.

191. Maurice Agulhon, *Marianne au combat,* Flammarion, 1979, p. 90.

192. Cf. Elisabeth Janeway, *Man's World, Woman Place : A Study in Social Mythology* (New York, William Morrow & Co, 1971), p. 217, cité par Jean Bethke Elshain, « Feminist Discourse and Its Discontents : Language, Power, and Meaning », *Signs, Journal of Women in Culture and Society,* printemps 1982.

193. Maurice Agulhon, *Les Quarante-Huitards,* Paris, Gallimard, Julliard, 1975, coll. « Archives », p. 84.

QUAND LA MÉMOIRE RENAIT A L'ESPOIR 1848, OU LE TEMPS DE L'ÉGALITÉ

1. *Bulletin de la République,* 15 mars 1848, n° 2.

2. Citons quelques noms de celles qui se sont nommées « les femmes de 1848 » : Jeanne Deroin, Désirée Gay, Suzanne Voilquin, Eugénie Niboyet, Louise Dauriat, Élisa Lemonnier, Mme Allix Bourgeois, Jenny d'Héricourt, Anna Knight, A. François, J. Deland, bien d'autres encore auxquelles s'ajoutent de très nombreux prénoms, Jeanne-Marie, Henriette...

3. *La Voix des femmes,* n° 2.

4. L'adresse est signée : « Jeanne Deroin, Anna Knight, Désirée Gay, de Longueville, A. François, J. Deland, pour le comité des droits de la femme, Bourgeois Allix présidente », A.N., série C* 2430, C 2231, pièce n° 1723.

5. Lettre autographe du 8 février 1848, A.N. 10 AS 41.

6. *La Démocratie pacifique,* 8 avril 1847.

7. « Les femmes qui ont défendu la Duchesse de Berry ont paru inconséquentes, et ne l'étaient pas. C'est un exemple contre le préjugé et cette maternité en haut lieu est la plus profitable. Il ne s'agit pas ici d'Henri V; loin de là, sa mère a secoué un des préjugés sur lesquels il s'appuie. Voilà le reproche de son parti : c'est pourquoi ce n'est pas le nôtre », Hortense Allard, *La Femme et la démocratie de nos temps,* Paris, 1836, p. 84. On se souvient que la Duchesse de Berry, qui s'était remariée clandestinement, avait accouché en prison, au grand dam du parti légitimiste.

8. Eugénie Niboyet, *Le Vrai Livre des femmes,* Paris, 1863, p. 233.

9. *Catherine II..., op. cit.,* p. IV.

10. Philippe Vigier, *La Seconde République,* Paris, P.U.F., coll. « Que sais-je? » 1967-1987, p. 12.

11. Lettre autographe du 1er janvier 1848, Bibliothèque de l'Arsenal, Fonds Enfantin, 7728.

12. Lettre du 8 février 1848.

13. Lettre du 25 février.

14. Lettre du 26 février.

15. Marcel Emerit, « Les Saint-Simoniens sous la Seconde République, 1848 », *Les Utopismes sociaux,* préface de Maurice Agulhon, Paris, C.D.U.-S.E.D.E.S., 1981, p. 114.

16. Lettre autographe du 7 mars 1848 : Désirée Gay rend compte scrupuleusement de toutes ses démarches à Enfantin.

17. Dupont de l'Eure président, Arago à la Marine, Lamartine aux Affaires étrangères, Marie aux Travaux publics, Ledru-Rollin à l'Intérieur, Garnier-Pagès aux Finances, Flocon, Marrast, Louis Blanc, Albert, secrétaires du gouvernement provisoire.

18. Expression empruntée à Philippe Vigier, *La Seconde République, op. cit.,* p. 12. Cf. également *L'Espoir* d'André Malraux.

19. *La Démocratie pacifique, La République* se font l'écho de la pétition, sans citer le nom de l'auteur. Ils veulent attirer l'attention du public sur la situation misérable de nombreuses ouvrières.

20. Pétition adressée par Désirée Gay à Louis Blanc le 2 mars, reproduite par *La*

Voix des femmes, n° 2, du 22 mars 1848. Aux Archives nationales, les pétitions conservées par les bureaux du gouvernement provisoire : cote Bb 30/300-01 et suite.

21. A.N., Bb 30 302-303, comptes rendus des journaux *La Liberté, La République, La Démocratie pacifique; La Vraie République* est plus discrète sur le sort des ouvrières.

22. *La Liberté,* lundi 6 mars 1848, n° 6.

23. *La République,* le 14 mars 1848, n° 18. D'autres journaux se font l'écho de cette proposition.

24. Société pour l'Émancipation des femmes, manifeste imprimé du 16 mars 1848, A.N., Pétitions adressées au gouvernement provisoire, Bb 30/307, 6802. Le mot émancipation est défini en note : « On abuse si souvent encore du mot émancipation que cette note explicative nous a paru nécessaire. »

La Société est provisoirement domiciliée chez un docteur Malatier, au 61, rue de Provence.

25. *Ibid.*

26. Lettre autographe qui accompagne le manifeste du 16 mars 1848, pétition citée.

27. Elle se prononce pour le divorce, « faible réparation des maux soufferts dans une union mal assortie ».

28. On retrouve ici les thèmes saint-simoniens.

29. Manifeste cité.

30. Manifeste cité, p. 2.

31. Jacques André, conférence prononcée au Collège des Hautes Études psychanalytiques, « L'Assemblée des frères », décembre 1987, repris dans *Psychanalyse à l'Université,* Paris, 1988, p. 539.

32. Manifeste cité, p. 3.

33. Décret du gouvernement provisoire du 2 mars 1848; cf. compte rendu, extrait du *Moniteur, La Démocratie pacifique* du 1er mars 1848.

34. *Op. cit.*

35. Ernest Legouvé, *Histoire morale des femmes,* 4e édition, 1864, pp. 12 et 13 : dans cet ouvrage, l'auteur reprend le contenu de ses cours du Collège de France.

36. Lettre autographe du 16 mars 1848, A.N. Bb 30 307, 171. En exergue, on peut lire une citation de saint Paul : « As-tu été appelée étant esclave ne t'en fais point de peine; mais si tu peux être mise en liberté, profites-en. » L'employé qui réceptionne la lettre marque son hésitation, il a biffé la première page de la mention « classer? ».

37. *Ibid.,* le pluriel majuscule figure dans la lettre manuscrite.

38. Nous l'avons vu précédemment, la différence de « nature » est totalement intégrée dans la pensée des femmes de cette époque. Elles privilégient l'égalité dans la différence, y compris l'ordre social; elles ne veulent pas confondre identité et égalité; c'est pourquoi, dans leur esprit, le peuple souverain est composé de deux moitiés distinctes.

39. *Ibid.*

40. La délégation est composée de quatre femmes dont Mme Allix Bourgeois, présidente du Comité.

41. *Femmes électeurs et éligibles,* B.N., feuille publiée par l'une des pétitionnaires, peut-être Henriette (Hortense Wild), qui devint l'amie de Jeanne Deroin.

42. *Bulletin de la République,* nos 4 et 6.

43. *Les Femmes électeurs et éligibles, op. cit.,* p. 8.

44. *Bulletin de la République,* n° 4 : déclaration du gouvernement provisoire du 19 mars 1848.

45. *Femmes électeurs et éligibles, op. cit.*, p. 5.

46. *Ibid.*, p. 6.

47. Jeanne Deroin, texte reproduit par *La Voix des femmes,* n° 7.

48. *Ibid.*

49. Bien qu'une des rédactrices, répondant au *Charivari,* écrive que des membres de la Société pour l'Émancipation des femmes s'expriment aussi dans *La Voix.* Il est certain que les comités se recomposent au gré des différends qui ne manquent pas de surgir entre les associées et en fonction de l'audience du groupe.

50. A.N. Bb 30/302, 4287, 4203.

51. Elle-même vient tout juste de prendre fait et cause pour les républicains.

52. La formule est classique, consacrée par tous les journaux.

53. Profession de foi, *La Voix des femmes,* 20 mars 1848, n° 1.

54. Voir sur ce thème l'article cité de Geneviève Fraisse, l'ouvrage de Claire Goldberg Moses, également le livre de Jane Rendall, *The Origins of Modern Feminism : Women in Britain, France and the United States..., op. cit.*, et Michèle Riot-Sarcey, communication au Colloque Flora Tristan, Dijon, 1984, Actes du colloque publiés dans *Un fabuleux Destin : Flora Tristan, op. cit.*

55. *La Voix des femmes,* 30 mars, n° 10.

56. Rachel vient d'obtenir un succès sans précédent pour son interprétation de *La Marseillaise !*

57. *La Voix des femmes,* n° 1, profession de foi d'Eugénie Niboyet citée.

58. Déclaration du ministre des Affaires étrangères du 2 mars 1848. Cf. *La Liberté,* n° 6, du 6 mars 1848.

59. *La Voix des femmes,* n° 20, du 11 avril 1848.

60. Désirée Gay, dans *La Voix des femmes,* 30 mars 1848, n° 10.

61. *Ibid.*

62. Jeanne Deroin, *ibid.*, 28 mars 1848, n° 8.

63. *Ibid.*, 10 avril, n° 19.

64. *Ibid*

65. *Ibid.*

66. *Ibid.*, 28 mars 1848, n° 8.

67. *Ibid.*, n° 19.

68. *Ibid.*, 23 mars 1848, n° 4.

69. *Ibid.*, 29 mars 1848, n° 9.

70. *Ibid.*, 19 avril 1848, n° 27.

71. Joséphine Bachellery, *ibid.*, 24-25 avril 1848. J. Bachellery, maîtresse de pension, sollicite l'ouverture d'une école normale d'institutrices, comme l'avait fait en son temps Sophie Masure, mais les fonctions d'Hippolyte Carnot ont été trop courtes : l'école normale ne verra pas le jour.

72. Elle suppose, cependant, en filigrane, une spécificité féminine, des qualités intrinsèques qu'elle laisse entendre sans plus de précisions. En supposant que l'égalité réclamée est un mot d'ordre trompeur conduisant les femmes à imiter le comportement des hommes, elle valorise, de fait, la différence, sans répondre à cette éternelle question :

qu'est-ce que la femme? mais en acceptant les postulats sociaux qui entourent tout son être. Cf. mon chapitre sur la valorisation de la différence.

73. Voir rapport de police sur Eugénie Niboyet, *op. cit.*

74. Selon Adrien Ranvier, Desroches aurait accepté la disponibilité de sa femme sans mot dire. Aucun témoignage de l'intéressé n'est là pour confirmer cette information; voir à ce sujet *La Gazette des tribunaux,* 13 et 14 novembre 1850.

75. La plus représentative de ce courant étant Suzanne Voilquin.

76. Jeanne Deroin, dans *La Voix des femmes,* 10 avril 1848, n° 19.

77. Adolphe Blanqui, *Petits traités publiés par l'Académie des Sciences morales et politiques : Des Classes ouvrières en France pendant l'année 1848,* Paris, 1849.

78. Désirée Gay, dans *La Voix des femmes,* 2 avril 1848, n° 13.

79. Adresse envoyée aux membres de la commission du gouvernement pour l'organisation des travailleurs, signée par : E. Lemonnier, C. Laporte, Suzanne Voilquin, publiée par *La Voix des femmes* du 4 avril 1848, n° 15, précédée d'une note ainsi libellée : « On nous communique l'adresse suivante, nous la reproduisons sans y rien changer; tout ce qui peut éclairer ou simplifier la question du travail, doit s'encadrer naturellement dans notre journal. Qu'on ne nous reproche pas de manquer d'unité, on la retrouve partout dans la diversité d'une œuvre progressive. »

Les initiatrices informent de leur projet le président du Club des Républicains Socialistes. La lettre qui l'accompagne porte les signatures suivantes : Jeanne-Marie Monniot, H. Jacquemard (orthographe incertaine), Angélique Arnaud, E. Lemonnier, Suzanne Voilquin, Célestine Laporte, Jeanne Deroin Desroches; Fonds Considerant, 10 AS 39.

80. Katherine Blunden, *Le Travail et la vertu, femmes au foyer, une mystification de la révolution industrielle,* Paris, Payot, 1982, p. 117.

81. Adresse qu'il intitule : « To the Men and Women of France », A.N. Bb 30/229.

82. Celle d'O. Rodrigues, également ex-saint-simonien, et le plan de Louis Blanc déjà cité.

83. *La Voix des femmes,* n° 7.

84. *Ibid.,* 20 mars 1848, n° 1.

85. Adresse envoyée à Ledru-Rollin, *La Voix des femmes* du 11 avril 1848, n° 20.

86. *Ibid.*

87. Résolution prise lors de la première réunion du comité organisateur de *La Voix des femmes,* le 26 mars 1848, compte rendu dans le n° 7 du 27 mars.

88. Des recherches sont en cours pour l'identifier, il s'agit peut-être de Jenny d'Héricourt. Voir à ce propos l'article de Karen Offen, « Qui est Jenny P. d'Héricourt? Une identité retrouvée », *Bulletin de la Société d'Histoire de la révolution de 1848 et des révolutions du XIXe siècle,* 1987; il peut également s'agir de Jeanne-Marie Monniot? Elles sont nombreuses, pour ne pas compromettre leur famille, à ne signer que d'un prénom, d'autant que seul ce prénom leur appartient, du point de vue clairement exprimé par Jeanne Deroin.

89. Intervention faite au Club de l'Émancipation des peuples, cf. *La Voix des femmes* du 20 avril 1848, n° 28.

90. Article intitulé « L'Union fait la force », *ibid.,* le 24 mars, n° 4.

91. *La Voix des femmes* du 27 mars 1848, n° 7.

92. Jeanne Deroin, *Cours de Droit social pour les femmes,* opuscule imprimé, Paris, 1848, B.N. *E 5523.

93. Lettre autographe de Désirée Gay du 4 avril 1848, Bibliothèque de l'Arsenal, Fonds Enfantin, 7728.

94. *La Voix des femmes,* 25 mars 1848, n° 5.

95. *La Voix des femmes* du 7 avril 1848, n° 17, article intitulé : « Opinion de Victor Hugo sur la condition des femmes. »

96. Époux d'Adèle Esquiros, collaborateur de Lamennais à *La Tribune nationale,* auteur de plusieurs ouvrages dont *L'Évangile du peuple,* qui lui valut 8 mois de prison en janvier 1841 ; il publie en 1849, *Un vieux bas-bleu.*

97. *La Voix des femmes,* 16 avril 1848, n° 25.

98. *Ibid.,* 12 avril 1848, n° 21.

99. Olinde Rodrigues, *Projet de Constitution populaire pour la République française,* Paris, 1848.

100. *La Voix,* 20 avril 1848, n° 28.

101. *Ibid.,* 10 avril 1848, n° 19.

102. *Ibid.,* 31 mars 1848, n° 11.

103. Société fraternelle centrale, *6e discours du citoyen Cabet sur les élections,* séance du 29 mars 1848, Paris, 1848.

104. Lettre autographe du 18 mars 1848, A.N. Bb 30/300.

105. Voir à son propos Barbara Taylor, *Eve and New Jerusalem. Socialism and Feminism in the Nineteenth Century,* Virago Press, 1983.

106. Anna Knight dans *La Voix des femmes,* 15 avril 1848, n° 24. Lettre adressée au pasteur Coquerel.

107. *Ibid.,* 15 avril, n° 24.

108. Hortense Wild, qui signait ainsi ses articles.

109. *La Voix des femmes,* 6 avril 1848, n° 16.

110. *Bulletin de la République* du 6 avril 1848, n° 12.

111. Bien que le sens de la réponse de George Sand soit explicite, il me semble nécessaire d'en rappeler la lettre : « Un journal publié par des dames a proclamé ma candidature à l'Assemblée Nationale. Si cette plaisanterie ne blessait pas mon amour-propre, en m'attribuant une prétention ridicule, je la laisserais passer comme toutes celles dont chacun de nous peut devenir l'objet. Mais mon silence pourrait faire croire que j'adhère aux principes dont ce journal voudrait se faire l'organe. Je vous prie donc de recevoir et de vouloir bien faire connaître la déclaration suivante :

1 – J'espère bien qu'aucun électeur ne voudra perdre son vote en prenant fantaisie d'écrire mon nom sur son billet.

2 – Je n'ai pas l'honneur de connaître une seule des dames qui forment des clubs et rédigent des journaux.

3 – Les articles qui pourraient être signés de mon nom ou de mes initiales ne sont pas de moi [*La Voix des femmes* n'a jamais emprunté le nom de George Sand, les articles signés de G. S. sont de Gabrielle Soumet, auteur relativement connue en 1848 !].

Je demande pardon à ces dames qui, certes, m'ont traitée avec beaucoup de bienveillance, de prendre des précautions contre leur zèle.

Je ne prétends pas protester d'avance contre les idées que ces dames, ou toutes autres dames, voudraient discuter entre elles ; la liberté d'opinion est égale pour les deux sexes ;

mais je ne puis permettre que, sans mon aveu, on me prenne pour l'enseigne d'un cénacle féminin avec lequel je n'ai jamais eu la moindre relation agréable ou fâcheuse. » Réponse de George Sand intégralement reproduite par *La Voix des femmes,* 10 avril 1848.

112. Expression employée par *La Liberté.*

113. Lettre publiée par *La Démocratie pacifique* le 14 mars 1848, signée L., à l'époque où il ne s'agissait encore que d'une pétition de principe, proposition jugée alors recevable par *La Démocratie pacifique* qui ne donne que très parcimonieusement la parole aux femmes. La lettre a peut-être été écrite par Mme de Longuevilly, présidente de la Société pour l'Émancipation des femmes; en tout cas, elle apporte la preuve que *La Voix des femmes* n'a pas pris l'initiative de cette candidature. Un peu partout, le nom de George Sand était cité, parce que l'écrivain apparaissait comme la meilleure candidate du peuple et des femmes!

114. *La Vraie République,* 7 mai 1848, n° 42.

115. Voir sa correspondance, lettre du 23 mars 1848 à son fils : « Mon Bouli, me voilà déjà occupée comme un homme d'État. J'ai fait déjà deux circulaires gouvernementales aujourd'hui, une pour le ministère de l'instruction, une pour le ministère de l'intérieur. Ce qui m'amuse, c'est que tout cela s'adresse aux maires, et que tu vas recevoir par la voie officielle les instructions de ta mère... », *Correspondance,* édition George Lubin, Garnier Frères, 1971, vol. VIII, p. 359.

116. Voir *La République,* 21 mars 1848, seul journal qui fasse allusion à la pétition de Mme André de Saint-Gieles en omettant de dire sa provenance. Le point de vue de *La République* est très important pour les femmes, journal issu de la Révolution, il est dirigé par Eugène Bareste, et les ex-saint-simoniens, encore actifs, s'y retrouvent : Laurent de l'Ardèche, Guérault, Pierre Leroux...

117. C'est ainsi qu'Eugénie devient Neboyet, dans *La Démocratie pacifique,* 30 avril 1848, faute de typo peut-être, mais impardonnable pour ces rédacteurs sociétaires qui connaissaient très bien la collaboratrice de l'École des années 1832.

118. *La Liberté,* 16 avril 1848, n° 47. Cette omission volontaire du grand journal populaire – vendu un sou –, qu'est devenu *La Liberté* dirigé par Le Poitevin Saint-Alme, qui se glorifie de la collaboration d'Alexandre Dumas, contribue largement à minimiser l'impact de Jeanne Deroin sur une opinion publique prête, à ce moment-là, à entendre les propositions novatrices.

119. Jeanne Deroin, dans *La Voix des femmes,* du 19 avril 1848, n° 27.

120. *Ibid.,* 13 avril 1848, n° 22.

121. C'est ainsi que *La République,* proche des saint-simoniens, dont par ailleurs elle regrette le manque de dynamisme en ces temps de révolution, publie les prises de position d'Olinde Rodrigues, resté fidèle à ses engagements passés : « On a affiché aujourd'hui sur les murs de la capitale un placard relatif à l'organisation du travail et sur lequel nous attirons l'attention de nos lecteurs : (...) Association du travail et du capital. Désormais, dans toute entreprise industrielle, tous les travailleurs des deux sexes, journaliers, ouvriers, contremaîtres, ingénieurs, directeurs ou gérants seront associés... », 10 mars 1848, n° 14.

122. Appellation que *La Voix des femmes* se donne en juin.

123. *La Démocratie pacifique,* 4 mars 1848, n° 57.

124. *Ibid.,* 11 mai 1848.

125. Le 27 février 1848. La délégation est conduite par Mme de Lamartine. Eugénie Niboyet désapprouve cette initiative, malgré la présence de Mme Émilie Mallet, estimant que l'heure n'est plus à la charité.

126. *La Démocratie pacifique,* 5 mars 1848, nº 58.

127. Ernest Legouvé, *Histoire morale des femmes, op. cit.*, p. 178.

128. Mots de l'époque qui distinguent les républicains authentiques des ralliés, pas toujours sincères.

129. *La République,* 31 mars 1848, nº 35.

130. *Ibid.*, 21 avril 1848, nº 56.

131. *Ibid.*, 4 avril 1848, nº 39; la même manifestation, dont on ne connaît pas l'objet, est relatée par *La Démocratie pacifique.* Plus de 100 femmes se seraient réunies... S'agit-il des Vésuviennes dont la « jeunesse et le grand cœur » sont salués par cette même presse?

132. *La République,* 8 avril 1848.

133. *La Vraie République,* 13 avril 1848, nº 19.

134. *La Voix des femmes,* 29 avril 1848, nº 36.

135. Se pencher sur le sort des malheureuses, c'est se mettre en position de protecteur et donc poursuivre le cours de l'ordre social.

136. Désirée Gay, dans *La Voix des femmes,* 18 avril 1848, nº 26.

137. Voir *supra :* les blanchisseuses et les fangeuses...

138. Voir adresses au gouvernement provisoire, A.N., Bb 30 301 à 307.

139. Il s'agit de la commission élue permanente qui comprend : Philippe Pointard, boutonnier en corne; Louis Perrin, armurier; Joseph Davoine, éperonnier; Pierre Barre, peintre en voiture; Jean-Célestin Legros, menuisier; Gustave Bernard, forgeron; Charles Brémond, fabricant de châles; J. B. Médéric Habry, tonnelier; Xavier Chagniard, fondeur en fer.

140. Celle-ci s'est surtout exercée contre le travail des couvents, en province en particulier : on signale deux morts à Saint-Étienne le 12 avril 1848, où la Communauté des Reines fut mise à sac par près de 150 femmes en colère. Rappelons les « considérations » du gouvernement provisoire, précédant le décret de suspension du travail dans les prisons : « Considérant que la spéculation s'est emparée du travail des prisonniers, lesquels sont nourris et entretenus aux frais de l'État, et qu'elle fait ainsi une concurrence désastreuse au travail libre et honnête; considérant que les travaux d'aiguille ou de couture organisés dans les prisons ou dans les établissements dits de charité, ont tellement avili le prix de la main-d'œuvre que les mères, les femmes et les filles de travailleurs ne peuvent plus, malgré un labeur excessif et des privations sans nombre, faire face aux besoins de première nécessité... » Notons que les *ouvrières* n'ont pas droit à cette appellation, elles ne sont que... filles, femmes... de travailleurs.

141. Article intitulé « Économie de temps », *La Voix des femmes,* 14 avril 1848, nº 23.

142. Voir Gustave Le Français, *Souvenirs d'un révolutionnaire, Bibliothèque des temps nouveaux,* nº 27, Bruxelles, s.d., préface de L. Descaves, février 1902.

143. *La Voix des femmes,* 21 avril 1848, nº 29.

144. En particulier contre la manifestation du 16 avril, organisée par la Garde nationale.

145. *La Voix des femmes,* 23 mars 1848, nº 3.

146. Jeanne Deroin, *ibid.*, 19 avril 1848, n° 27.

147. Avril 1848, feuilleton signé par Marie Aycard. Bien que femme, l'auteur est entendue : elle est au service d'une cause reconnue.

148. *La Voix des femmes*, n° 44.

149. *Ibid.*, 20 avril 1848, n° 28, article intitulé : « Le Socialisme et l'anarchie ».

150. Les élections du 23 avril. Sur 800 élus, on compte seulement 285 républicains authentiques; 300 sont des conservateurs, monarchistes, camouflés en républicains du lendemain : « La France a voté conformément à la ligne de la majorité du gouvernement provisoire : République libérale sans révolution sociale, sans réaction monarchique », Maurice Agulhon, *1848 ou l'apprentissage de la république, 1848-1852, op. cit.*, p. 55.

151. *La Voix des femmes* du 26 avril 1848, n° 35; l'appel est signé du *Comité de rédaction de la Voix des femmes.*

152. *La Voix des femmes*, du 14 avril, n° 23.

153. Voir à ce propos les travaux de Laura S. Strumingher qui a bien voulu me communiquer la traduction d'un de ses articles consacré aux Vésuviennes : « Images de femmes guerrières en 1848 et leur signification pour l'histoire de France ». « La Vésuvienne, écrit-elle, est à la fois agréablement séduisante et scandaleusement rebelle » pour les journaux satiriques de l'époque. S'il est vrai que quelques femmes ont revendiqué cette appellation, je ne crois pas, comme l'affirme Laura S. Strumingher à la suite de S. Joan Moon, que Jeanne Deroin ait pu les inspirer. Elle est trop religieuse, trop politique, trop socialiste pour inspirer les rédactrices de *La Constitution politique des femmes.*

154. *La Liberté*, 22 avril 1848, n° 52.

155. N° 127 du 15 mai 1848.

156. Le décret Schoelcher du 27 avril 1848 abolit définitivement l'esclavage.

157. Dans un article du n° 25 (16 avril 1848), Eugénie Niboyet critique l'association montée par Mme de Lamartine, fondée sur la charité. Tout en croyant en la bonne foi de Mme de Lamartine, la rédactrice dit préférer le terme de fraternité au terme de charité qui signifie aumône.

158. *La Voix des femmes*, 26 mars 1848, n° 6, et 30 mars 1848, n° 10.

159. Le docteur Malatier est lié, semble-t-il, au mouvement fouriériste.

160. *La Voix des femmes*, du 16 avril 1848, n° 25. Elle ne cite aucun nom, ne relève aucune phrase du manifeste, ne serait-ce que pour confirmer ses dires!

161. *Ibid.*

162. Voir sa dernière lettre adressée aux Pères de la doctrine saint-simonienne, citée plus haut.

163. Le 18 avril, paraît un entrefilet ainsi libellé : « Avant-hier des citoyens ont voulu s'opposer à la vente de notre journal, sous prétexte de principes communistes. »

164. *La Démocratie pacifique*, 15 mai 1848, n° 127. Elle ne craint pas de masquer ses hésitations premières : n'oublions pas qu'elle est intervenue tardivement, près d'un mois après les premières barricades! elle ne l'a fait que sous la pression d'un mouvement favorable à l'amélioration du sort des femmes.

165. Lettre autographe adressée à l'Assemblée nationale, sans doute en mai 1848, compte tenu de l'allusion à « l'héroïque Pologne » à la fin de la lettre, A.N. C* 2430-C 2242. Pétition signée, outre Jeanne Deroin et Désirée Gay, par Anna Knight, de Longueville (on se souvient que son nom figurait au bas de la pétition adressée par la

Société pour l'Émancipation des femmes. Sur cette adresse, la signature de Longueville est nette, alors que j'avais cru lire, au bas de la pétition du 16 mars : Longuevilly, il s'agit sans aucun doute de la même personne. Serait-elle une descendante de Madame de Longueville, cf. *Portraits de femmes* de Sainte-Beuve, 1845?); A. François, J. Deland et Allix Bourgeois.

166. *La Voix des femmes,* 29 mai 1848, n° 37. Notons que son fils Paulin Niboyet collaborait au journal; il était l'auteur d'un feuilleton intitulé : « Le Droit des femmes ». *Le Charivari* n'a pas manqué de souligner sa collaboration, en le supposant l'époux de la directrice. Très attachée à son fils, il est possible qu'Eugénie Niboyet ait souhaité lui épargner ces quolibets. C'est à cette époque que Paulin Niboyet part pour Honolulu, comme consul du chancelier de la République.

167. Voir *Commission d'enquête sur les événements du 15 mai et du 23 juin 1848,* 2e volume, 3e dossier, A.N., C. 930.

168. Par exemple *La Démocratie Pacifique,* le 18 avril : « La Société pour l'Émancipation des femmes tiendra sa réunion générale le vendredi 21 avril. »

169. *La Voix des femmes,* n° 8.

170. *Ibid.,* 3 avril 1848, n° 14. A cette réunion, prennent la parole : Mme Sabatier, Mme Duparc, Mme Gay, Mme Sainties, artiste, Mme la présidente, Mme Eugénie Foa, Mme Lemonnier, Mme Villimet.

171. Lettre à Charles Poncy, 8 mars 1848, Correspondance citée, vol. VIII, p. 330.

172. *Souvenirs, op. cit.,* p. 179.

173. *La Voix des femmes,* 6 au 8 juin 1848, n° 41.

174. Par exemple, lettre de « Cécile », publiée dans le n° 41 de *La Voix des femmes,* en réponse à Charles Hugo de *La Liberté.*

175. Déclaration d'Eugénie Niboyet, Désirée Gay et Jeanne Deroin, *ibid.,* 31 mars 1848, n° 11.

176. *Ibid.,* 9 avril 1848, n° 18.

177. *Ibid.,* 11 avril 1848, n° 20.

178. *Ibid.,* 10 avril 1848, n° 19.

179. On peut consulter une affiche (s'agit-il d'un faux?) encore disponible à la B.N. (Lb 54 370) : « CLUB DES FEMMES, neuvième séance aujourd'hui mardi 6 juin 8 heures précises, SALLE DES CONCERTS, n° 49 bis rue de la Chaussée-d'Antin et rue Saint-Lazare, Manège de Fitte. Ordre du jour : Discussion sur la loi du divorce. Prix d'entrée : pour un homme 50 centimes pour une femme 25 centimes. Nota. Les travailleurs trouveront toujours des cartes à 25 centimes au bureau du Journal. Ces séances auront lieu régulièrement les mardi, jeudi et samedi de chaque semaine. Imp. de Mme Lacombe rue d'Enghien 12. »

180. L'allusion à George Sand est à peine masquée; l'amertume se lit dans les propos de la rédactrice; c'est dire le poids des mots de celle qui avait suscité tant d'espoir.

181. *La Voix des femmes,* 6 au 8 juin 1848, n° 41.

182. Dès le 14 mai, Eugénie Niboyet tient la vedette dans les colonnes du *Charivari;* les articles se succèdent; le 18, le 24, le 28 mai, jusqu'au 17 juin où le trait acide de Cham immortalise le Club.

183. *Le Charivari,* 28 mai 1848, extrait d'un article intitulé : « Club des femmes 3e représentation nocturne ».

184. *La Voix des femmes,* 3 au 6 juin 1848, n° 40.

185. Cf. Lettre de George Sand citée.

186. *La République,* 31 mai 1848, n° 95 : « Un placard rouge, affiché ce matin dans Paris, portait l'invitation aux femmes, sincèrement dévouées aux principes républicains, de se réunir mardi matin, à 10 heures, Place Vendôme, pour aller porter au citoyen Crémieux, l'expression de leur reconnaissance au sujet de l'initiative qu'il avait prise relativement au divorce. »

187. « Lettre d'un médecin à un représentant du peuple sur la question du divorce », publiée par *La Démocratie pacifique,* 15 juin 1848, n° 159.

188. Lettre autographe envoyée à l'Assemblée constituante en juin 1848, A.N. C* 2430, C. 2241.

189. *La Liberté,* 3 juin 1848, n° 95.

190. *Ibid.* Le 5 juin, plus discrètement *La République* note : « Hier soir, l'ordre a été troublé au Spectacle-Concert où se tiennent habituellement les séances du club des femmes. Il a fallu recourir à l'intervention des gardiens de Paris et de la garde mobile qui ont fait évacuer la salle. La séance suspendue forcément a été remise à mardi prochain » (n° 101). La note est discrète parce qu'il y a plus préoccupant pour *La République :* le même jour, le journal informe ses lecteurs de l'augmentation du nombre des ouvriers des Ateliers nationaux : 115 000 sont recensés, le chiffre est considérable pour une ville comme Paris ; le mécontentement gronde, l'explosion est proche.

191. Voir, à ce propos, la thèse citée d'Evelyne Lejeune-Resnick.

192. *La Voix des femmes,* 10 avril 1848, n° 19, « Gabrielle Soumet (d'Altenheym-Soumet) auteur du *Gladiateur,* de *Jane Grey* et de plusieurs ouvrages remarquables ».

193. Voir sa biographie dans le *Dictionnaire biographique du Mouvement ouvrier français, op. cit.* Cf. son plan d'aménagement des Ateliers, déjà cité.

194. Ainsi Elisa Lemonnier, Eugénie Niboyet.

195. *La Voix des femmes,* 1er-4 juin, n° 39.

196. *La Démocratie pacifique,* 6 juin 1848, n° 150.

197. *Ibid.,* 19 avril 1848, n° 102.

198. Lettre du 24 mai 1848, publiée par *La Vraie République,* 27 mai 1848, n° 62.

199. Ainsi nommés par les rédactrices de *La Voix des femmes.*

200. *Correspondance, op. cit.,* vol. VIII, p. 402.

201. Il est menacé d'arrestation après les événements du 15 mai car son nom avait circulé parmi les membres du gouvernement provisoire proposés par les émeutiers : la mairie de Paris aurait été envisagée pour lui. George Sand témoigne en sa faveur.

202. *La Vraie République,* 2 mai 1848, n° 37.

203. *Ibid.,* 19 août 1848, n° 102.

204. Proclamation du gouvernement provisoire au peuple, à la Garde nationale et à l'armée du 25 avril 1848, n° 20 du *Bulletin de la République,* n° 27 de *La Vraie République.*

205. *La Vraie République,* 2 avril 1848, n° 8.

206. *Ibid.,* n° 16.

207. Autant qu'il est à même d'en assurer la protection.

208. *La Démocratie pacifique,* 25 février 1848, n° 48.

209. *Ibid.,* 27 et 28 février, nos 51 et 52.

210. *La Démocratie pacifique,* 6 juin 1848, n° 150.

211. Tirage du numéro 52 : 40 225 exemplaires.

212. *La Liberté,* lundi 12 juin, n° 104.

213. Tel Jules Gay, par exemple.

214. Projet de loi sur le divorce, séance de la commission du pouvoir exécutif du 26 mai 1848 : « La commission du pouvoir exécutif autorise le ministre de la justice à proposer à l'Assemblée Nationale le projet de loi dont la teneur suit et le charge de soutenir la discussion : *projet de loi sur le rétablissement du divorce.*

Article 1er – La loi du 8 mai est abrogée. En conséquence, les dispositions du titre VI, livre 1er, du code civil reprennent leur force à dater de la promulgation de la présente loi.

Article 2 – L'article 310 du code civil est modifié comme il suit : tout jugement de séparation de corps, devenu définitif depuis trois ans au moins, sera converti, sur la demande d'un des deux époux, en jugement de divorce, sur requête et assignation à bref délai. Le jugement sera rendu en audience publique. L'époux qui aura été condamné pour adultère ne sera plus admis à réclamer le divorce. » Ce projet fut retiré, après qu'une commission eut été chargée de l'examiner. Comité national du centenaire de 1848, *Procès-verbaux du gouvernement provisoire et de la commission du pouvoir exécutif; 24 février 1848-22 juin 1848,* avant-propos de Charles Pouthas, Paris, 1950.

Parmi les partisans du divorce, notons la prise de position du *Tocsin des travailleurs* dirigé par Barrault, cet ex-saint-simonien : « Or, l'argument subtil des conservateurs en faveur du régime actuel de la propriété, c'est la famille (...), modifier la propriété, c'est saper la famille par la base (...). Nous n'avons pas aujourd'hui à déjouer cette ruse de guerre de l'égoïsme qui abrite son coffre-fort derrière le foyer domestique, afin de le sauver. (...) Eh bien! un projet de loi sur le divorce entraîne nécessairement une modification de l'état de la famille », 9 juin 1848, n° 9.

215. *La Voix des femmes,* n° 36.

216. A la lumière de ce repli républicain, on mesure l'importance de la loi du 25 septembre 1792 sur le divorce; importance soulignée par Elisabeh Guibert-Sledziewski dans la postface au livre d'Anetta Rosa, *Citoyennes, les femmes et la Révolution française,* Messidor, 1988.

217. Voir Joan Wallach Scott, *Men and Women in the Parisian Garment Trades : Discussions of Family and Work in the 1830s and 1840s,* Reprinted from Thane, Crossick & Floud (eds), *The Power of Past; Essays for Eric Hobsbawm,* Cambridge University Press, 1984.

218. Point de vue de Louis Devance dans sa thèse citée.

219. Déclaration du gouvernement provisoire, *Bulletin de la République,* 19 mars 1848, n° 4.

220. Cité par Maurice Agulhon, *Les Quarante-Huitards, op. cit.,* p. 231.

221. *La Voix des femmes,* 18 avril 1848, n° 26, article signé par Jeanne-Marie.

222. *Ibid.,* 26 avril 1848, n° 35.

223. Pierre Dupont, *Le Chant du vote,* 1849; cité par Maurice Agulhon, *Les Quarante-Huitards, op. cit.,* p. 75.

224. *La Voix des femmes,* 23 avril 1848, n° 31, extrait du 2e discours de Jeanne-Marie, au Club de l'Émancipation des Peuples.

225. *La Voix des femmes,* 27 avril 1848, n° 34.

226. Éditorial de *La Voix des femmes,* sans doute d'Eugénie Niboyet du 9 avril 1848, n° 18.

227. *Ibid.*, 27 avril 1848, n° 34.

228. Ernst Bloch, *Droit naturel et dignité humaine,* Francfort, 1961, Payot, 1976, p. 179.

229. *La Voix des femmes,* 10 au 13 juin 1848, n° 43.

230. Dans la première catégorie, l'auteur admet : Lamartine, Edgar Quinet, Michelet (elle pense que sa fameuse phrase : « Femme, qu'y a-t-il de commun entre vous et moi ? », n'a pas été comprise), Arago, Jean Reynaud, Lamennais, Legouvé, Schoelcher, Louis Blanc, Eugène Sue, George Sand « qui pour nous est plutôt un homme qu'une femme ». (Rappelons à cette occasion le fameux jugement de Tocqueville : « J'avais de grands préjugés contre Mme Sand, car je déteste les femmes qui écrivent, surtout celles qui déguisent les faiblesses de leur sexe en système, au lieu de nous intéresser en nous les faisant voir sous leurs véritables traits. » Mais « ... Mme Sand était alors une manière d'homme politique », *op. cit.*, p. 134), Carnot, Thoré, Guinard ; dans la seconde : Ledru-Rollin, Sobrier, Raspail, Barbès, Adolphe Blanqui ; dans la troisième : Trélat, Bastide, Thomas, Marrast, Béranger, Cormenin, Garnier-Pagès, Buchez et tout le cercle du *National,* chefs timides, peu clairvoyants...

231. *La Voix des femmes,* 29 avril 1848, n° 36, article signé J. B. ; il s'agit sans doute de Joséphine Bachellery, amie d'Eugénie Niboyet, qui sollicite, auprès de Carnot, « un plan d'éducation nationale pour les filles ».

232. « Paris le 7 juin 1848 : La liberté et la Légalité », *La Voix des femmes,* 8 au 10 juin, n° 42.

233. *Ibid.*, n° 42, article intitulé « Des droits et des devoirs de la femme dans la société », signé J. S., sans doute Jeanne Strallen.

234. *La Voix des femmes,* 10 au 13 juin 1848 ; l'éditorial n'est pas signé, mais il a été écrit sans aucun doute par Eugénie Niboyet.

235. Dernier numéro de *La Voix des femmes,* 10 au 20 juin 1848, n° 46. Dans certains articles publiés, j'ai eu l'occasion de citer quelques extraits de cet éditorial ; ici, j'ai voulu restituer l'esprit de cette pensée critique si singulière à la veille de l'explosion de Juin, en donnant à lire la presque totalité du texte, pensée qui prend un caractère prophétique ; semblables à Cassandre, les femmes de 1848, écartées du pouvoir, en découvrent les mécanismes en démasquant ceux qui l'utilisent à leur profit.

236. Idées reprises de *La Voix...* dans *L'Opinion des femmes* dirigée par Jeanne Deroin, 1849, n° 1.

237. *Le Tocsin des travailleurs,* 23 juin 1848, n° 23.

238. *Ibid.*, 10 juin 1848, n° 10.

239. Suivent 236 signatures. A.N. C* 2430, C 2247, pétition manuscrite adressée au président de l'Assemblée nationale.

240. A.N. Bb 30/315. Les dames Estève et Charrier, « deux agitatrices », exclues pour s'être insurgées contre l'organisation du travail qui leur était imposée, réclament leur réintégration dans l'atelier.

241. Article signé Louise P. dans *La Démocratie pacifique,* 20 juillet 1848.

242. Cf. les travaux de Rémi Gossez, en particulier sa communication au colloque organisé par *la Société d'Histoire de la révolution de 1848 et des révolutions du* XIX*e siècle* sur « Les Victimes des répressions politiques en France et en Europe au XIXe siècle », les 6, 7 et 8 mars 1986 : « Ouvrières prévenues d'insurrection » ; « le " personnel " féminin, objet de la répression, correspond donc très normalement à la composition de la population

ouvrière féminine à Paris, sauf cas particuliers (tranche d'âge 30-39 ans, marchandes des rues, filles publiques) », p. 12 bis du manuscrit que Rémi Gossez a bien voulu me confier.

243. A.N. Enquête sur les événements de mai-juin 1848, C 934 (12).

244. Selon l'« État Numérotif » des détenus existant dans les prisons : le 2 juillet, sur 406 insurgés à Saint-Lazare, 222 blessés, 184 femmes insurgées. A.N., même cote.

245. Lettre autographe du 3 juillet 1848, Fonds Bouglé, carton 42-47, B.H.V.P.

246. Le premier numéro de *La Politique des femmes* paraît la même semaine que le dernier numéro de *La Voix des femmes.*

247. *La Politique des femmes,* « journal paraissant tous les dimanches, publié pour les intérêts des femmes et par une Société d'Ouvrières », 18 au 24 juin, nº 1. Elles ne publieront que deux numéros seulement, *L'Opinion des femmes* dirigée par Jeanne Deroin prendra le relais.

248. *La Politique des femmes,* 18 au 24 juin 1848, nº 1.

249. *Ibid.*

250. Pétitions adressées au président de l'Assemblée nationale, le 7 juin 1848, par les déléguées des ouvrières couturières, publiées par *La Politique des femmes,* nº 1.

251. Désirée Gay, dans *L'Opinion des femmes,* 21 août 1848, nº 1.

252. Henriette, dans *La Démocratie pacifique,* 12 juillet 1848.

253. C'est ainsi que *La République* rend compte des événements du 23 juin : « ...D'autres ont succombé en demandant du travail ou la mort! Des familles entières sont plongées dans la tristesse; des mères pleurent leurs fils, des sœurs leurs frères, des femmes leurs époux! combien de pauvres enfants sont aujourd'hui orphelins », *La République,* 24 juin 1848, nº 119.

254. Si l'on constate une solidarité plus affirmée en faveur des femmes parmi les rédacteurs du journal qui, malgré eux, sont assimilés aux « partageurs », ils restent bien timides. Tout en donnant la parole à Henriette, ils renouvellent, en commentaire de son article, leurs faveurs à l'égard des dames patronnesses « fonctionnaires publiques pour le plus grand bien de l'enfance, des femmes admirables par leur dévouement intelligent et dont la presse politiquante n'a pas daigné reproduire les noms souvent répétés par nous : Mmes Émilie Mallet, Delessert, Marie Carpentier, de Varaignes, de Saint-Didier,... et tant d'autres », ils interprètent une nouvelle fois Fourier à la lumière d'un ordre moral qui lui était étranger.

255. Malatier aîné (frère du docteur Malatier?), rendant compte de son activité à ses amis sociétaires à Paris, raconte une anecdote révélatrice de l'état d'esprit des campagnes, déjà pris en compte par George Sand. « J'ai fait signer dans le temps la pétition en faveur de l'organisation du travail, qui a été parfaitement accueillie dans la campagne du canton de Fontenay [Vendée] et signée par les notaires, les médecins, les maires, les conseillers municipaux et l'immense majorité des habitants. A l'époque des élections, on a craint le même entraînement pour un candidat socialiste; on a persuadé aux paysans qu'ils avaient agi contrairement à leurs intérêts en signant cette pétition. Aux plus intelligents, on a dit qu'elle contenait des principes communistes, aux autres, on a fait croire qu'ils s'étaient engagés à mettre leurs femmes en commun, l'un d'eux m'a très sérieusement fait des reproches à cet égard, j'ai trouvé plaisant de l'entretenir un moment dans cette erreur; un autre signataire fit cependant observer que la chose était peu vraisemblable puisque le notaire, homme d'intelligence, père de famille et très riche

avait signé le premier – *pisque gna pas mu compris que nous* – telle fut la réponse de notre homme qui ne pouvait démordre de l'idée qu'on lui avait inculquée... » Lettre autographe adressée à Cantagrel, 6 mai 1848, Fonds Considerant, 10 AS 41.

256. Cf. *L'Opinion des femmes,* 21 août 1848, n° 1.

257. *Le Moniteur universel,* séance du 26 juillet : le projet est adopté.

258. Lettre d'une femme au pasteur Coquerel, texte imprimé, B.N. LB 54 925.

259. Pétition adressée, le 29 juillet 1848, aux Citoyens Représentants du peuple, A.N. C 2249

260. Alphonse Karr, dans *Le Journal,* 28 juillet 1848.

261. F. de Saulcy, *Souvenirs numismatiques de la révolution de 1848,* médailles, monnaie, jetons qui ont paru en France depuis le 22 février jusqu'au 2 décembre 1848, Hôtel des Monnaies : D 4° 390. Le commentaire de l'auteur est révélateur de l'opinion publique masculine du moment; médaille n° 1 frappée le 29 juillet 1848 : « Hélas! trois fois hélas! cette intéressante médaille a été coulée pour constater un délit de lèse-galanterie commis par l'Assemblée Nationale. Interdire les clubs aux femmes, c'était un peu risqué, et il était tout naturel que les pauvres déshéritées trouvassent des interprètes de leurs sentiments de deuil. L'auteur de la médaille qui nous occupe a compris que ce n'était pas trop d'un monument impérissable pour apprendre aux races futures que le club du *citoyen* Eugénie Niboyet avait été tyranniquement fermé par les hommes. Et pourtant ceux-ci ne s'étaient pas fait faute de fréquenter un club fort pittoresque, où la mélodie désormais nationale des *lampions* avait vu improviser ses couplets les plus drolatiques. Ce que c'est que l'instabilité des choses humaines, et voyez comme les institutions les plus sagement conçues sont parfois soumises à des déplorables revirements! » (commentaire de la planche V).

262. Lettre autographe du 1er août 1848 adressée au ministère de l'Instruction publique; A.N. F. 17 3195. En marge est noté : « C'est monsieur Carnot qui a supprimé la pension de la présidente du club des femmes. » Comme les précédentes la lettre est classée sans suite.

263. *La Politique des femmes,* août 1848, n° 2.

264. *L'Opinion des femmes,* 10 mars 1849, n° 2.

265. *Ibid.,* 21 août 1848, n° 1, Jean Macé écrit dans plusieurs numéros. Il choisit le rôle d'interlocuteur privilégié de Jeanne Deroin dont il admire le courage.

266. Thèmes chers à Victor Hugo.

267. *L'Opinion des femmes,* 28 janvier 1849, n° 1.

268. Jean Macé, *ibid.*

269. Article signé par Jeanne-Marie, dans *L'Opinion des femmes,* 28 janvier 1849, n° 1.

270. *Ibid.,* 10 mars 1849, n° 2; elles invitent cependant les lectrices à suivre les cours de celui qu'elles semoncent, le directeur du journal, Victor Hennequin.

271. *Ibid.*

272. *L'Opinion des femmes,* 28 janvier 1849.

273. Article signé Marie M. paru dans *La Démocratie pacifique* du 3 janvier 1849, et dans *La République* du 4 janvier 1849. Ces arguments pourraient s'appliquer à bien d'autres théories socialistes plus tardives!

274. Cf. W. Lederer, *La Peur des femmes ou Gynophobia,* Grune & Stratton, New York, 1968, trad. Payot, 1980. Cet aspect de la question ne peut être traité dans le cadre de ce travail, cependant notons la réflexion de Wladimir Granoff, psychanalyste :

« Quelle place les femmes ont-elles dans les problèmes d'homme, autre que d'être pour eux objets certes, mais constituantes aussi de l'amour, de l'horreur ou les deux à la fois? », « L'Empire du féminin sur la scène psychique freudienne », dans *La Pensée et le féminin,* éd. de Minuit, 1975, p. 303.

275. L'opération a bien failli réussir, si le correspondant d'Henriette, Eugène S. (Stourm?), n'avait craint les réactions de ses collègues, prétextant les frais énormes que la frappe de cette médaille entraînerait, alors que l'initiatrice avoue avoir trouvé pour son œuvre de « telles sympathies, qu'une femme voulait hypothéquer ses biens intacts, qu'une autre m'offrait une bague en diamant du plus haut prix, et que plus de 1 000 francs m'étaient sur l'heure assurés? »; et elle ajoute : « Je vous pendrai, Eugène, quand je me représente nos honorables recevant chacun leur médaillle, vrai monument d'histoire; nos journaux ébruitant le fait, le monde s'en emparant, chaque femme, chaque enfant du peuple méditant cette formule de l'avenir... », *L'Opinion des femmes*, 28 janvier 1849.

276. *La Démocratie pacifique,* 5 janvier 1849, nº 5 (souligné par moi).

277. Prospectus de *L'Opinion des femmes* et le numéro du 28 janvier 1849. Jeanne Deroin consacre plusieurs articles à « La mission de la femme dans le présent et dans l'avenir » : chacun d'eux rappelle la loi de l'égalité, promise par Dieu, incomprise par les hommes.

278. *L'Opinion des femmes*, 10 mars 1849.

279. Nous retrouvons ici les structures du messianisme des peuples parias analysés par Max Weber, pour qui la souffrance devient l'épreuve d'une valorisation dont la glorification vient servir la rédemption du monde; voir *Essay on Sociology,* Londres, 1967. Voir également Hannah Arendt, *The Jew as Pariah,* New York, 1978; Hannah Arendt découvre, chez les parias non parvenus, une clairvoyance exceptionnelle; Eleni Varikas, cf. n. 345.

280. Une lettre que lui adresse Désirée Gay en témoigne : « Nous sommes tellement occupées chère amie que nous n'avons pu examiner à tête reposée notre (ill.) d'association avant l'assemblée générale, elle n'aura donc pas lieu demain (?)... Je compte toujours sur vous pour nous présider (?)... » Lettre autographe du 10 février 1849, Fonds Bouglé, carton 4247.

281. *L'Opinion des femmes,* 10 avril 1849, nº 3.

282. *Ibid.*

283. Il collabore régulièrement à *L'Opinion des femmes.*

284. A ceux qui utilisent cet argument pour refuser sa candidature, Jeanne Deroin répond : « Je dois affirmer et démontrer au nom du principe que je représente, que la décision du Comité démocratique-socialiste ne peut être fondée sur le privilège de sexe, ni sur l'inconstitutionnalité, ni sur l'inopportunité de l'application de ce principe (...). Cette exclusion ne peut (...) s'appuyer sur le respect de la Constitution, parce que la Constitution est basée sur les principes de liberté, d'égalité et de fraternité. Elle ne peut donc être en contradiction avec ces principes, la loi salique a été anéantie avec le trône sur lequel elle s'appuyait. Enfin, cette exclusion ne peut être fondée sur l'inopportunité, parce que c'est au moment des élections qu'il importe de réclamer, pour les femmes, le droit de prendre part aux travaux de l'assemblée législative. » Lettre ouverte aux citoyens membres du Comité démocratique-socialiste, *Campagne électorale de la citoyenne Jeanne Deroin. Pétition des femmes au peuple.*

285. *Le Peuple,* 12 avril 1849, n° 144.

286. Voir à ce propos l'article de Marie-Françoise Lévy, « La conception proudhonienne de la femme et du mariage », dans *P.-J. Proudhon. Pouvoirs et libertés,* actes du colloque tenu à Paris et Besançon, les 22, 23 et 24 octobre 1987, publication de la Société P.-J. Proudhon, Paris, 1989.

287. Le Comité Central Démocratique de la Seine présente entre autres : Cabet, Ledru-Rollin, Leroux, Proudhon, Thoré...

288. *La République,* 13 avril 1849, n° 105.

289. Notons que l'analyse des rapports de sexe de Jean Macé n'est guère différente; le point de vue des deux hommes ne diffère que sur le devenir social des femmes; chacun estime que l'égalité est pratiquement réalisée dans les faits.

290. Cette réponse de Proudhon est publiée dès le lendemain de la parution de l'article sur « la position des femmes » dans *La République,* dans *Le Peuple,* 14 avril 1849, n° 146.

291. Dans un article signé H. Phalanstérienne. Jeanne Marie et H. ne seraient-elles qu'une seule et même personne, fondatrice de la Société pour l'Émancipation des femmes : Jenny d'Héricourt?

292. *L'Opinion des femmes,* mai 1849, n° 4.

293. *Ibid.*

294. Déjà le Club des républicains-socialistes, aux réunions duquel Jeanne Deroin assistait régulièrement, lui avait refusé de s'adjoindre à la commission créée pour « discuter des droits de l'homme et du citoyen ». Cf. lettre autographe de Jeanne Deroin au président du Club des républicains-socialistes, Fonds Considerant, A.N. 10 A.S. 37.

295. Jean Macé, dans *L'Opinion des femmes,* juin 1849, n° 5.

296. Ici, la situation des femmes ouvrières est particulièrement dramatique si l'on en croit un vicaire de Saint-Antoine, L. Roux qui, le 1er août 1848, adresse la lettre suivante à *La Démocratie pacifique :* « Je viens vous demander de vouloir bien ouvrir une souscription dans vos bureaux pour le travail de nos pauvres ouvrières du faubourg Saint-Antoine. La misère fait chaque jour au milieu de nous d'effroyables ravages. Plus de quatre mille femmes viennent chaque jour me demander du travail qu'elles cherchent partout et qu'elles ne trouvent nulle part. »

297. *Campagne électorale de la citoyenne Jeanne Deroin et Pétition des femmes au peuple,* supplément au n° 4 de *L'Opinion des femmes.*

298. La légende du dessin du 23 mai, par exemple, est ainsi libellée : « Ah! vous êtes mon mari, ah! vous êtes le maître... eh bien! moi, j'ai le droit de vous flanquer à la porte de chez vous... Jeanne Derouin (notons la déformation du nom) me l'a prouvé hier soir!... allez vous expliquer avec elle!... »

299. N'oublions pas le projet de constitution de Rodrigues, les prises de position de Barrault, cet ancien « compagnon de la femme ».

300. William H. Sewell, *Gens de métiers et révolutions : le langage du travail, de l'Ancien Régime à 1848,* Paris, Aubier-Montaigne, coll. « historique », 1983, p. 349. Il est dommage de constater que dans cet ouvrage récent, pourtant nourri des travaux de Rémi Gossez, pas une seule allusion n'est faite aux associations ouvrières de femmes, pas même à Jeanne Deroin dont l'initiative dans la constitution de l'Union des Associations est connue de tous, ne serait-ce que par les travaux de Henri Desroche, notamment *Solidarités ouvrières,* cf. *infra.*

301. Henri Desroche, *Solidarités ouvrières,* 1 : Sociétaires et compagnons dans les associations coopératives (1831-1900), Paris, Éditions Ouvrières, 1981, p. 40.

302. Création incontestablement liée aux événements de Juin pour compenser le vide social engendré par la fermeture des Ateliers nationaux; organisme jugé nécessaire eu égard à l'engagement pris par le gouvernement provisoire qui souhaitait « garantir le travail de tous les citoyens » et avait reconnu que « les ouvriers doivent s'associer entre eux pour jouir du bénéfice de leur travail ».

303. Les deux noms sont consignés dans le compte rendu du Conseil.

304. « Procès-Verbaux du Conseil d'Encouragement pour les Associations ouvrières, 11 juillet 1848-24 octobre 1849 », dans vol. V du *Ministère de l'Instruction publique et des Beaux-Arts, Comité des travaux historiques et scientifiques, Section d'histoire moderne et d'histoire contemporaine, Notices, Inventaires et Documents,* Les Associations ouvrières encouragées par la Seconde République, Documents publiés par Octave Festy (IV).

305. Compte rendu de la 62e séance du Comité précité.

306. Gustave Le Français, *Souvenirs d'un révolutionnaire,* Bruxelles, 1902, préface de Lucien Descaves.

307. Pour plus de précisions, voir Évelyne Lejeune-Resnick, *Femmes et associations (1830-1880),* Paris, Publisud, 1991.

308. Lettre autographe d'Eugénie Niboyet adressée à Victor Considerant le 6 octobre 1848, Fonds Considerant, A.N. 10 AS 41. Grande épistolière, Eugénie Niboyet adresse plusieurs lettres à Victor Considerant à cette époque : l'une pour lui faire part de ses travaux sur les prisons, l'autre sous forme de pétition des femmes lyonnaises qui remercient le représentant du peuple pour ses prises de positions courageuses en faveur de « l'abolition de la peine de mort ». Mais les allusions indirectes laissent entrevoir l'objet réel de la correspondance : elle espère obtenir de Victor Considerant une intervention en sa faveur, qui la rétablirait dans ses droits auprès du ministère de l'Instruction publique.

309. Statuts de l'*Association fraternelle de Femmes pour l'Exploitation de toutes industries ouvrières,* titre Premier : but de l'association fraternelle.

310. *Ibid.,* titre III.

311. *Ibid.,* titre V, Les sociétaires.

312. *Ibid.,* conclusion. Fait à Lyon le 17 septembre 1848, rue de la Quarantaine.

313. *Ibid.,* titre IV, art. 16.

314. Voir lettres autographes d'Eugénie Niboyet, B.H.V.P., Fonds Bouglé, carton 4248 et A.N. F 17 3195.

315. Le 13 juin 1849, des manifestations sont organisées sur les boulevards pour protester contre l'expédition de Rome, contraire à la Constitution; après l'intervention de Ledru-Rollin à la Chambre des députés, les montagnards espèrent une réaction populaire : à Paris les manifestants sont peu nombreux, certains sont arrêtés comme Vindry; Ledru-Rollin échappe à une arrestation en partant pour Londres. Des barricades sont dressées à Lyon, la répression est extrêmement sévère.

316. Lettre autographe du 26 août 1849, B.H.V.P., Fonds Bouglé, carton 4248.

317. Lettre autographe du 8 octobre, Fonds Bouglé.

318. Gustave Le Français, *Souvenirs..., op. cit.,* p. 81.

319. Gustave Le Français insiste sur cette dimension apostolique de Jeanne Deroin, mais il la qualifie de panthéiste et de phalanstérienne. Aucun de ces qualificatifs ne semble rendre compte de l'individualité et de l'engagement de Jeanne Deroin. Elle ne

se réfère à aucune école; sa croyance est tout entière inscrite dans ce qu'elle est. Plus que d'autres, elle se méfie des « dogmes » que les hommes ont mésinterprétés, et sa conception de Dieu est celle qu'elle s'est forgée.

320. *Ibid.*, p. 81. A ce moment précis, Jeanne Deroin est institutrice privée, rue de Miromesnil.

321. Déclaration signée par Jeanne Deroin, Henriette, artiste, Annette Lamy (était-ce l'épouse de Jean-Baptiste Lamy? Cf. *Dictionnaire..., op. cit.*, de Jean Maitron), Jean Macé, Delbrouck, Eugène Stourm, Paris, 1849, B.N.

322. Gustave Le Français, *Souvenirs..., op. cit.*, p. 4.

323. *Ibid.*, p. 109.

324. *Ibid.*, p. 102.

325. Ephraem, ouvrier cordonnier, « De L'Association des Ouvriers de tous les Corps de l'État », *La Parole ouvrière,* par Jacques Rancière et Alain Faure, U.G.E. 10/18, 1976, pp. 159-168. A propos des associations ouvrières, qui ont fait l'objet de nombreux travaux, voir en particulier : *La Mode et ses métiers : Frivolités et luttes de classes, 1830-1870,* par Henriette Vanier, Kiosque, A.C., 1960; *Les Ouvriers de Paris* par Rémi Gossez, publié par la Société d'Histoire de 1848, t. XXIV de la Bibliothèque de la Révolution de 1848, Paris, 1967; *Solidarités ouvrières* par Henri Desroche, *op. cit.; Gens de métier et révolutions, op. cit.*, par William H. Sewell; « Les Associations de production dans la pensée politique en France (1852-1870) » par Jeanne Gaillard, *Le Mouvement social,* juillet-septembre 1965, n° 52; *Genèse du mouvement ouvrier et coopératif : Les Associations ouvrières de production de 1848,* thèse de 3e cycle de sciences économiques (système et structure) par Claudine Boulifard, sous la direction de Michel Beaud, Université Paris VIII, février 1988.

326. Voir, en particulier, la pétition adressée à la Chambre des députés en janvier 1841 par plusieurs ouvriers proposant aux députés de mettre en place un système social « posé sur des bases d'une valeur réelle, positives telles que le principe économique et puissant de l'association intégrale sous le triple rapport de la production, de la distribution et de la consommation. Ainsi que sur l'irréfragable justice du principe de répartition accordant à chacun une participation équitable dans les produits et avantages sociaux, c'est-à-dire proportionnel à l'apport individuel en capital, travail et talent », A.N., C* 2422, C 2182. Notons également le projet d'Association des corporations réunies paru dans *Le Journal des travailleurs,* 22 juin 1848, n° 6, dans lequel on peut lire : « 2 – La société a pour but de produire et de consommer par la mutualité, de mettre un terme à l'exploitation de l'homme par l'homme en ne laissant escompter le salaire d'aucun de ses membres. 3 – Pour atteindre ce but, la société fera fonctionner d'abord l'une des industries dont les produits sont de première nécessité et d'une consommation générale. Elle mettra successivement en activité, selon les ressources et les débouchés qu'elle aura, les industries diverses reliées dès lors entre elles par la solidarité. »

327. Cité par Rémi Gossez, *Les Ouvriers de Paris, op. cit.*, p. 156.

328. Projet d'association, dans *L'Opinion des femmes,* août 1849.

329. La totalité du projet d'organisation pour l'association fraternelle et solidaire de toutes les associations a été publiée dans *L'Opinion des femmes* d'août 1849.

330. Sur le procès intenté aux initiateurs de l'Association fraternelle, accusés d'avoir organisé des réunions politiques illicites et d'être les organisateurs d'une société secrète, voir *La Gazette des tribunaux* des 13, 14 et 15 novembre 1850. Vingt-sept prévenus

sont présents au procès, les sept principaux accusés, dont Jeanne Deroin, ont déjà effectué cinq mois de prévention lorsque le procès commence. Extrait de l'audience du 12 novembre (*La Gazette* du 13). Si Jeanne Deroin accepte de répondre aux questions, elle nie la compétence du tribunal : les femmes n'ayant jamais été appelées à donner leur avis sur les lois en vigueur dans le pays, les principes de souveraineté qui étaient les siens l'empêchaient de se soumettre à des règles qu'elle n'avait pas contribué à élaborer.

331. *La Gazette des tribunaux,* 13 novembre 1850. Louis Blanc invite les associations à répondre positivement à l'appel des initiateurs de *l'Union,* bien qu'il comprenne « que la formation un peu précipitée du comité actuel ait pu inspirer aux associations des craintes sérieuses, et l'introduction des membres étrangers aux associations ouvrières proprement dites semblait justifier la crainte que le comité perdît bientôt son caractère spécial, et fût, non sans péril, détourné de sa véritable et naturelle destination... », *Le Nouveau Monde,* juillet 1849-septembre 1850, les comités centralisateurs, février 1850. A qui fait-il allusion? Serait-ce pour cette raison que Jeanne Deroin est inscrite, contre toute vraisemblance, comme déléguée des lingères, bien que n'étant pas ouvrière à proprement parler?

332. *La Gazette des tribunaux,* 13 novembre 1850.

333. Dans leur défense collective, ils insistent cependant sur la nécessité sociale, bien plus que politique, d'une telle association. « En vérité, l'accusation paraît regretter que les ouvriers aient renoncé aux révolutions violentes pour se livrer à l'étude des moyens pacifiques d'amélioration et de moralisation » : *Procès intenté aux associations ouvrières;* lettre ouverte des accusés à Messieurs les Jurés, 1850.

334. Le nom de Pauline Roland est ainsi orthographié.

335. *La Gazette des tribunaux,* 15 novembre 1850.

336. Lettres de Pauline Roland à Gustave Le Français, citées par Édith Thomas, *Pauline Roland : Socialisme et féminisme au* XIX*e siècle,* Paris, 1956, chap. intitulé : « Premières prisons : Saint-Lazare ».

337. Elles sont informées et elles informent : par exemple, « à la convention de Worcester (U.S.A.), du mois d'octobre 1851, on avait lu une lettre de Jeanne Deroin et de Pauline Roland » : Françoise Basch, *Rebelles américaines au* XIX*e siècle,* Paris, Méridiens-Klincksieck, 1990, p. 89.

338. Brochure publiée à Paris en 1851, p. 6.

339. *Ibid.*, p. 7.

340. *Ibid.*, p. 29.

341. *Ibid.*, pp. 35-38.

342. *Ibid.*, pp. 31-32.

343. Lettre autographe enregistrée en juin 1851, A.N. C* 2431, C 2389; le projet de Chapot avait été présenté en avril. Laurent de l'Ardèche présente la pétition de Jeanne Deroin à la session de juin 1851; l'interdiction de pétitionner est votée en juillet de la même année.

344. Voir *Le Moniteur,* 24 juin 1851, reproduit par *L'Almanach des femmes* pour l'année 1852, publié en 1851 par Jeanne Deroin, pp. 44, 45, 46.

345. *L'Almanach* cité, p. 19. « L'usage féministe de la métaphore du paria puise sa force dans le dispositif sémantique de protestation contre l'injustice, l'inégalité et l'exclusion, dans le dispositif rationaliste de protestation contre les préjugés religieux et culturels qui

privent une partie de l'humanité de ses droits naturels », Eleni Varikas, « Paria, une métaphore de l'exclusion des femmes », *Sources, Travaux historiques,* 1987, n° 12.

ÉPILOGUE

1. Publié dans *L'Almanach des femmes,* publication qui succède à *L'Opinion...,* en 1851, pp. 47-48.

2. Jeanne Deroin, dans *L'Opinion des femmes,* 10 avril 1849, article intitulé : « De la religion au point de vue social. »

3. *Ibid.*

4. *Œuvres complètes de saint Augustin,* Louis Guérin imprimeur-éditeur, Paris, 1864, livre XII, chap. III, p. 186.

5. *L'Opinion des femmes,* 28 janvier 1849.

6. Saint Augustin, *op. cit.,* t. VI, p. 232.

7. *L'Almanach des femmes pour 1852,* Paris, 1851, pp. 9, 10 et 11.

8. « Plébiscite » selon Daumier : « mot latin qui veut dire oui ».

9. Jacques Rougerie, *Le Second Empire,* dans *Histoire de la France* dirigée par Georges Duby, vol. III : *de 1852 à nos jours,* Paris, Larousse, 1972, p. 63.

10. Voir Jean Bouvier, *Le Mouvement d'une civilisation nouvelle* dans *Histoire de France, op. cit.*

11. *L'Almanach pour 1853,* p. 155.

12. Adrien Ranvier, *op. cit.,* p. 487.

13. Anna (Knight) écrit de Londres sur la *Convention des femmes en Amérique,* le 1re septembre 1851 : elle commente un article de John Stuart Mill qui rend compte de cette Convention, *L'Almanach pour 1852,* Paris, 1851, p. 20.

14. Jeanne Deroin, *Du Célibat,* mai 1851. Notons la date de la publication : mai. Jeanne Deroin est encore en prison. La brochure reprend un article d'Eugène Stourm qui se prononce contre le célibat des prêtres : Ève lui répond que le mariage n'est pas l'unique destinée de la femme et que le célibat peut être aussi un choix pour elle.

15. Article sans titre paru dans *L'Almanach* cité, pp. 32-41.

16. *Ibid.*

17. *Ibid.*

18. *Ibid.*

19. Jeanne Deroin, *Du Célibat, op. cit.,* p. 13.

20. Allusion discrète à Proudhon.

21. *Du Célibat, op. cit.,* p. 14.

22. *L'Almanach des femmes pour 1853,* p. 95.

23. *Ibid.,* introduction de Jeanne Deroin, rédigée en 1852.

24. « Sur l'École saint-simonienne et particulièrement sur l'Appel à la femme », *L'Almanach... pour 1853, op. cit.*

25. Jeanne Deroin, introduction citée.

26. *L'Almanach..., 1853, op. cit.,* p. 57.

27. *L'Almanach* cité pp. 125, 127, 135, 137, 139, 141, 143, 153.

28. *Ibid.,* p. 151. *L'Almanach* rapporte un récit publié par *Le Courrier de la Gironde,* sur les « Amazones du royaume du Dahomay » : « filles de Cabacérès ou grands chefs »

qui sont élevées pour former la garde particulière du roi ; vierges, elles seraient des guerrières redoutables.

29. *L'Almanach* cité pp. 155 à 161, article intitulé « Rosa Bonheur ».

30. Rappelons la loi du 17 février 1852 : Tout journal « traitant des choses politiques ou d'économie sociale » doit verser un cautionnement de 25 000 fr. dans les villes de plus de 50 000 habitants, et 50 000 dans les trois départements de la région parisienne et celui du Rhône. Voir Jacques Rougerie, *Le Second Empire, op. cit.*

31. Jeanne Deroin, *L'Almanach..., op. cit.*, p. 13.

32. *Ibid.*, p. 33.

33. *Ibid.*, p. 667.

34. *Ibid.*, p. 77.

35. *L'Almanach des femmes pour 1854,* Jeanne Deroin, pp. 82-83.

36. Victor Hugo, dans *L'Almanach pour 1854,* pp. 106-107.

37. Discours prononcé sur la tombe de Louise Julien, le 26 juillet 1853, par Joseph Dejacques qui, après avoir rappelé la nécessaire union entre l'affranchissement du peuple et celui des femmes, termine son hommage par : « Vive la République démocratique et sociale », *L'Almanach pour 1854,* pp. 108-111.

38. Luce Irigaray, *Le Temps de la différence, op. cit.*, p. 23.

39. L'auteur n'écrit-elle pas, dans le même ouvrage : « Pour maintenir en *elle* une *elle,* il faut restituer un droit à la virginité sans maternité. Seule l'identité virginale d'une fille resterait au féminin. Nos cultures le pressentent si bien que la représentation féminine la plus divine, Marie, y est figurée comme vierge, mère de fils. Marie plus Jésus, c'est encore *ils.* Ce qui demeure *elle,* c'est la fille vierge », Luce Irigaray, *op. cit.*, p. 60.

40. Rappelons que Pauline Roland est morte d'épuisement le 16 décembre 1852, à Lyon, lors de son retour de déportation.

41. Lettre à Pierre Leroux du 9 juin 1858, publiée par *L'Espérance,* p. 100.

42. *La République,* février 1850, *Politique et Socialisme, Le milieu du dix-neuvième siècle : A. P.-J. Proudhon :* « La vie de Saint-Simon est en rapport avec la grandeur de son œuvre. Pour la connaître, vengée de toutes les calomnies dont elle a pu être l'objet, il faut lire les *fragments* qu'Olinde Rodrigues a recueillis et publiés sous le titre : *La vie de Saint-Simon écrite par lui-même.* » Cette série d'articles a été commentée et analysée par Miguel Abensour, dans *art. cit., Le Temps de la réflexion.*

43. Voir les articles que Pauline Roland consacre à *l'Association* de décembre 1848 à mars 1849.

44. Lettre du 9 juin 1858, citée.

45. Lettre à Georges Bath, pseudonyme de Léon Richer, fondateur du *Droit des femmes,* s.d., vers 1877, Fonds Bouglé, B.H.V.P.

46. *Le Conseil général de la Première Internationale, 1864-1866, La conférence de Londres, 1865,* Moscou, Édition du Progrès, 1972, lettre des 24-25 septembre 1865, p. 105.

47. Le premier numéro du *Droit des femmes,* dirigé par Léon Richer, paraît le 10 avril 1869 ; interrompue le 11 août 1870, la parution reprend le 24 septembre 1871, sous le titre, *L'Avenir des femmes.* Voir Florence Rochefort et Laurence Klejman, *L'Égalité en marche, Histoire du mouvement féministe en France, 1858-1914,* thèse de doctorat, Paris VII, 1987, et *L'Égalité en marche, le féminisme sous la Troisième République,* Paris, Presses de la Fondation nationale des Sciences politiques – Éditions des Femmes, 1989.

48. Lettre à Hubertine Auclert, 10 janvier 1886, Fonds Bouglé, cartons 42-47 : « J'ai lu avec plaisir et intérêt votre discours au congrès de Marseille et les autres discours et pétitions où vos réclamations, si parfaitement justes, sont exprimées avec toute la chaleur d'une âme pénétrée de l'amour de l'humanité, de la vérité et de la justice pour tous. » Pour l'analyse critique du discours d'Hubertine Auclert, voir Madeleine Rebérioux, Christiane Dufrancatel, Béatrice Slama, « Hubertine Auclert et la question des femmes à *l'immortel congrès* (1879) », *Romantisme, Mythes et représentations de la femme,* 1976, n°s 13-14.

49. *Nos contemporaines :* Jeanne Deroin et Julie Daubié, deux figures de femmes par Mlle H. Wild dans *Actes du Congrès des œuvres féminines, 1889,* publiés en 1890.

50. William Morris avait fondé en 1881 la Democratic Federation avec Henry M. Hyndman, Ernest Belfort Bax, J.-L. Joynes, Eleanor Marx. En 1884, à l'issue d'une scission, il fonda, toujours avec Eleanor Marx, The Socialist League.

51. Lettres d'Eugénie Niboyet au ministère de l'Instruction publique, de 1848 à 1878, A.N., F 17 3195.

52. *Le Vrai Livre des femmes,* Paris, 1863.

53. *Le Livre des femmes* par la comtesse Dash, *op. cit.,* pp. 1-2.

54. Jenny d'Héricourt, *La Femme affranchie, Réponse à MM. Michelet, Proudhon, E. de Girardin, A. Comte et autres novateurs modernes,* Bruxelles, 1860.

55. Notamment avec Maria Deraismes. Voir Florence Rochefort et Laurence Klejman, *L'Égalité en marche..., op. cit.*

56. Voir *L'Autobiographie,* VIe Rencontres psychanalytiques d'Aix-en-Provence, 1987, Paris, Les Belles Lettres, 1988, notamment les articles de Philippe Lejeune et de Sophie de Mijolla-Mellor.

57. Voir Michèle Riot-Sarcey, « Mémoire et oubli », dans *Pénélope,* printemps 1985, n° 12 et « Histoire et Autobiographie, Le vrai livre des femmes d'Eugénie Niboyet », *Romantisme,* 1987, 2e trimestre, n° 56.

58. *Le Vrai Livre des femmes, op. cit.*

59. *Ibid.,* p. 234.

60. *Journal pour toutes,* n° 1, éditorial d'Eugénie Niboyet, du 29 octobre 1864.

61. Voir Évelyne Lejeune-Resnick, *Femmes et associations, op. cit.*

62. *Le Communiste* de Jules Gay, mars 1849, numéro unique.

63. Voir correspondance 1854, 1855, 1856, Bibliothèque de l'Arsenal, Fonds Enfantin, 7728, Arlès-Dufour, souvent sollicité, banquier d'origine lyonnaise, membre du groupe dit « du Palais-Royal », chargé par Napoléon III de « séduire » les classes ouvrières à l'époque du « tournant libéral » du régime impérial. Voir Jacques Rougerie, *le Second Empire, op. cit.*

64. Voir Biographie de Jules Gay par Jacques Gans dans le *Dictionnaire biographique du mouvement ouvrier français, op. cit.* Voir également Annie Stora-Lamarre, *L'Enfer de la Troisième République : Censeurs et pornographes, 1881-1914,* Paris, Imago Auzas éditeurs, 1990. « Son plus important ouvrage est la Bibliographie des principaux ouvrages relatifs à l'amour, aux femmes et au mariage et des livres facétieux, pantagruéliques, scatologiques, satiriques (...). Jules Gay se spécialise dans la publication d'ouvrages galants ce qui lui vaut de nombreux procès » (pp. 16-18). Il s'enfuit d'abord à Bruxelles puis à Genève. A propos de son intérêt pour les « œuvres galantes », apparemment contradictoire avec son engagement politique – Jules Gay est membre de la Première Inter-

nationale –, il semble, cependant, que Jules Gay soit tout simplement fidèle à lui-même : son communisme n'est viable que compatible avec la liberté des mœurs. Ses idées sur l'amour ont été amplement développées en 1849. Moteur principal des hommes et des femmes, l'amour est leur préoccupation première selon lui : « L'amour, mot impropre qui signifie à la fois l'amour-propre, l'amitié et l'amour sensuel. Ce qui nous touche et nous intéresse au-dessus de tout, parce que c'est l'histoire de nous tous, ce sont les amours de n'importe qui, ce sont les pièces de théâtre, les romans, les mémoires secrets, ce sont les scènes de la vie privée. Nous éprouvons tout ce qu'éprouvent les acteurs. Là sont toutes les discordances sans lesquelles il serait impossible de trouver la raison de nos misères. Là on retrouve l'un des premiers mobiles de toutes les actions de notre vie, les éléments de notre joie suprême ou de notre désespoir », *Le Communiste, op. cit.*

65. A.N. Fonds Considerant, 10 AS, carton 42, lettre de Désirée Gay à Victor Considerant du 17 septembre 1890.

66. Lettre autographe à Victor Considerant du 15 août 1890, A.N. 10 AS 42 : « Je vous ai aimé passionnément Victor et je n'ai jamais trouvé une parole d'amour à vous dire. »

67. Jacques Rancière a rendu compte de cette correspondance dans *La Nuit des prolétaires, op. cit.*; cf. son épilogue : « La nuit d'octobre », pp. 433-440.

68. Lettre de mai 1890.

69. Lettre du 15 août 1890.

70. Lettre de mai 1890. La première lettre : « Victor Considerant se souvient-il de Jeanne Désirée?... » est adressée à l'ami, le 5 mai 1890.

71. *Ibid.*

72. Voir Madeleine Rebérioux, « Le socialisme belge de 1875 à 1914 », *Histoire générale du Socialisme*, dir. Jacques Droz, Paris, P.U.F., 1974, t. 2.

Bibliographie

A – Corpus

B – Ouvrages contemporains et articles

1 – Classement par auteurs
2 – Ouvrages anonymes ou collectifs

C – Articles consacrés à D. Gay, J. Deroin, E. Niboyet

A – CORPUS

MANUSCRITS

Fonds Enfantin. Bibliothèque de l'Arsenal
112 *Lettres de Dames au Globe* dont la profession de foi de J. Deroin (7608), et 4 lettres de Désirée Véret à Enfantin (7608).
Lettres de D. Véret à Louis-Philippe (7790).
Lettres de E. Niboyet à Enfantin (7762).
Lettres de E. Niboyet aux Pères (7819, 7794).
Lettres de J. Gay à Lambert et Enfantin (7728, 7630).
Lettres sur les femmes (correspondance Enfantin, E. Rodrigues, Duveyrier, Buchez (7643).
Propagation des IVe et V^{e} arrondissements : d'Eugénie Niboyet et de Botiau du 6 juillet au 2 décembre 1831 (7815).
Lettres de D. Gay (7613, 7728).

Fonds Considerant. Archives nationales
Lettres de D. Véret à Fourier et à V. Considerant (10 AS 42).
Lettres d'E. Niboyet dont pétition des femmes lyonnaises et statut de l'Association fraternelle des femmes ouvrières lyonnaises (10 AS 41).

Lettres d'Angélique Arnaud (10 AS 36).
Lettre de J. Deroin au président du Club des républicains socialistes et autres lettres (10 AS 37).
Lettres d'E. Niboyet à Jules Lechevalier et société fraternelle des ouvrières unies (10 AS 39).
Lettres de L. Blanc (10 AS 36).
Lettres de Malatier (10 AS 40).
Lettres de V. Considerant à Clarisse Vigoureux (10 AS 28).
Lettres de Clarisse Vigoureux à V. Considerant (10 AS 42).

Archives nationales
Série F 17 3195, Lettres d'E. Niboyet au ministère de l'Instruction publique.
Série F 18 318, *La Paix des deux mondes.*
Série F 18 495 H, *Mosaïque lyonnaise.*

Archives nationales
Pétitions
Série C. Inventaire effectué par Mme Charon-Bordas, 1985.
De 1829 à 1851, C 2412 à C* 2431 (2092 à 2394). 22 années dépouillées :
Un registre par an où, en principe, les noms des pétitionnaires sont répertoriés ainsi que l'objet de la demande.
Toutes les pétitions enregistrées n'ont pas été conservées dans les cartons, certaines ont été égarées.
Il n'y a pas de classement spécifique pour les femmes.
Le nombre de pétitions varie entre 500 et 2 000 par an; la proportion de femmes est de l'ordre de 3 à 12 %.
Pétitions au gouvernement provisoire
BB 30/300
BB 30/299 à 316 : adresses, pétitions.
BB 30/299 à 311 : pièces adressées au gouvernement provisoire dont pétitions du 16 mars 1848 des artistes, professeurs et ouvrières et pétition de la Société de l'Émancipation des femmes.
BB 30/317 : adhésions au gouvernement provisoire.
BB 30/318 : gouvernement provisoire; communications à la presse.
BB 30/319 : répertoire des lois, décrets, élections d'avril, clubs.
C 929 ^{A} à C 942 : enquête sur les événements de 1848, actes du gouvernement provisoire, activités des clubs, enquête dans les départements, pétitions et pièces saisies.

Fonds Bouglé. Bibliothèque Historique de la Ville de Paris
11 lettres d'E. Niboyet : carton 42 48.
2 lettres de D. Gay ; 42 47.
9 lettres de J. Deroin : 42 47.

IMPRIMÉS

Bibliothèque Marguerite-Durand

Dossier Deroin (DOS DER) :
Coupures de presse.
Extraits de lettres (photocopiés).
Un article de Zévaes sur Jeanne Deroin.

Dossier Niboyet (DOS NIB) :
Photocopie d'une lettre.
Brochure de Nelly Lieuter : *Madame E. Niboyet devant ses contemporains,* Paris, Dentu, 1883.

BROCHURES ET IMPRIMÉS

JEANNE DEROIN

Deroin (Jeanne), *Aux électeurs du département de la Seine,* BN Lb^{55} 504.
Deroin (Jeanne), *Solidarité Société Populaire pour la propagation et la réalisation de la science sociale* (plusieurs signataires dont J. Deroin), BN Lb^{54} 1375.
Deroin (Jeanne), *Procès intenté aux associations ouvrières* (brochure signée de tous les condamnés dont J. Deroin) [1].
Deroin (Jeanne), *Association fraternelle des démocrates socialistes des deux sexes pour l'affranchissement politique et social des femmes,* Paris, impr. Lacour, 5 p., BN 4° LB^{55} 972.
Deroin (Jeanne), *Campagne électorale de la citoyenne Jeanne Deroin et pétition des femmes au peuple (16 mars 1848),* Paris, Impr. Lacour, s.d., Fol Lb^{55} 505. Reproduction de la pétition signée Antonine André de Saint-Gieles, Société des Droits de la femme.
Deroin (Jeanne), *Du Célibat,* Paris, Les Marchands de nouveautés, 1851, 14 p., BN 8° Lb^{55} 2056.
Deroin (Jeanne), *Cours de droit social pour les femmes,* 1re livraison par J. Deroin, Paris, Impr. du Plan, 1848, 8 p., BN E 5523.
Deroin (Jeanne), *Lettres aux associations sur l'organisation du crédit,* Paris, G. Sandré, 1851, 47 p., BN 8° Lb^{55} 1924.
Deroin (Jeanne), *Lettre d'une femme à Mr Athanase Coquerel,* Paris, Impr. Lacour, s.d., BN Fol Lb^{54} 925.

Périodiques, journaux (direction)
L'Opinion des femmes, août 1848-août 1849, nos 1 à 6, BN Fol LC^2 1933.
août 1847 : prospectus n° 1 : janvier 1849-n° 6 : août 1849.

1. Je remercie M. Paulin Desroche de m'avoir communiqué une copie de cette brochure.

L'Almanach des femmes, 1re année : 1852, BN LC^{22} 230, 2e et 3e années : 1853-1854.

Women's Almanach, for 1853 (1854) published by J. Deroin, Londres, T. Watson, BN 8° R 5364.

DÉSIRÉE GAY

La Politique des femmes, publiée par des ouvrières, 2 numéros de juin à août 1848.

La Femme libre, fondatrice avec Marie-Reine Guindorf, 1832.

Brochures

Aux femmes privilégiées par Jeanne Désirée (Véret), prolétaire saint-simonienne, mai 1832.

Lettre au roi, écrite sous l'impression des événements du 5 au 6 juin 1832, par Jeanne Désirée (née Véret), 3 p.

Publications saint-simoniennes : BN 8° 2 8134-35.

EUGÉNIE NIBOYET

Livres, brochures

Des aveugles et de leur éducation, Paris, P.-H. Krabbe, 1837, BN R 44855.

Les Barotin. La Chanoinesse. Une seconde Borgia, Paris, Dentu, 1879, BN 8° Y^2 3461.

Catherine II et ses filles d'honneur, Paris, Dentu, 1847, VIII, BN Y^2 56234.

Contes moraux, dédiés à la jeunesse des écoles, Paris, E. Voreaux, 1879, BN 8° Y^2 3476.

Les Deux Frères, histoire intime, Paris, C. Le Clère, 1839, BN Y^2 56235.

Dieu manifesté par les œuvres de la création, Paris, Didier, 1842, BN S 32005-32008.

Lucien, imité de l'anglais, Paris, Langlois et Leclercq, 1841, BN R 54997.

De la nécessité d'abolir la peine de la mort, Paris, L. Babeuf, 1836, BN Rp 2116.

Notice historique sur la vie et les ouvrages de G.L.B. Wilhem, Paris, P.H. Krabbe, 1843, BN 8° Ln^{27} 2170.

Quinze jours de vacances, imité de l'anglais, Paris, Langlois et Leclercq, 1841, BN Y^2 56236.

De la réforme du système pénitentiaire en France, Paris, Charpentier, Leclerq, 1838, BN R 44858.

Samuel, récits d'un jeune voyageur en Océanie, Paris, E. Voreaux, 1880, BN 8° P^2 108.

Souvenirs d'enfance, imité de l'anglais, Paris, Langlois et Leclercq, 1841, BN 44859.

Le Vrai Livre des femmes, Paris, Dentu, 1863, BN 44860.

Auxquels s'ajoutent les traductions de Dickens, Miss Edgworth, Barbauld, Child.

Journaux (direction)

Le Conseiller des femmes, journal hebdomadaire, novembre 1833-septembre 1834, BN Z 46109.

La Mosaïque lyonnaise, journal littéraire, octobre 1834-janvier 1835, BN Z 28518.

La Paix des deux mondes, de février 1844 à février 1845, BN Lc² 1572.

La Voix des femmes, du 20 mars au 20 juin 1848, avec interruption du 29 avril au 28 mai, BN Fol LC² 1736.

Le Journal pour toutes, d'octobre 1864 à novembre 1867, avec interruption de juillet 1866 à mars 1867, BN Z 9194.

AUTRES JOURNAUX FÉMININS

La Femme libre

Apostolat des femmes, d'août 1832 à avril 1834; à partir de septembe 1832, devient *La Femme nouvelle, Tribune des Femmes,* Marie-Reine Guindorf puis Suzanne Voilquin directrice, BN 8° 28134.

L'Étincelle, prospectus, 1833, signée Julie Fanfernot, décorée de juillet, BN LC² 1357.

Journal des femmes, gymnase littéraire, de mai 1832 à octobre 1835 : 7 volumes; directrice : Fanny Richomme, BN Z 5177/90.

La Mère de famille, journal moral, religieux, littéraire, d'économie et d'hygiène domestiques, 1833-1835; directrice : M.J. Sirey. BN R 23787/88.

Le Citateur féminin, recueil de littérature ancienne et moderne, 1835, direction : Valloton d'André, Imprimerie de Mme Huzard née Vaclat la Chapelle, BN Z 24151.

Le Génie des femmes, ou l'influence qu'elles exercent sur la civilisation et sur la vie individuelle, publié par N.H. Cellier du Fayel, 1844, BN Z 22149.

Le Droit des femmes, revue mensuelle, politique, littéraire et d'économie sociale, rédacteur en chef : Léon Richer, pour 1880-1890, BMD 396 DRO AVE.

JOURNAUX MASCULINS PÉRIODIQUES

avec lesquels les femmes saint-simoniennes, républicaines et socialistes ont été en relation.

Le Globe, journal de la religion saint-simonienne, depuis le 11 novembre 1830; pour l'année 1830 : cote Arsenal FE 2076; pour les années 1831 et 1832 : vol. 9 et 10, cote JO, 393.

Le Bon Sens, journal populaire de l'opposition constitutionnelle, 1832-1834, BN Fol Lc² 1321.

La Tribune, politique et littéraire, 1831-1833, rédacteur en chef : A. Marrast, BN Microfilm D 140.

Le Populaire, journal des intérêts politiques, matériels et moraux du peuple; directeur : Cabet; Prospectus 1833-34, 1835-1841, BN Microfiche D 10023.

Revue républicaine, journal des doctrines et des intérêts démocratiques, publié par André Marchais, 5 vol. : 1834-1835, BHVP : 606181.

Le Phalanstère ou la réforme industrielle, phalange agricole et manufacturière associée en travaux et en ménage, 1832-1834 jusqu'en juillet 1843, BN R 8229.

Le Nouveau Monde, théorie de Ch. Fourier, 1839-1844, BN R 1073.

L'Humanitaire, organe de la science sociale, 1841, BN R 7674.

L'Atelier, organe des intérêts moraux et matériels des ouvriers, pour 1841, BN 4° LC^2 1474.

L'Almanach de la communauté, par divers écrivains communistes, 1843, BN R 26338.

L'Égalitaire, Dezamy, 1840, BN 8° LC^2 2857.

La République, 1848-1850, rédacteur en chef : Eugène Bareste, BN Fol LC^2 1687.

La Liberté, 1848, rédacteur en chef : Lepoitevin Saint-Alme, BN micro : D 131.

La Vraie République, 1848, rédacteur en chef : Théophile Thoré, BN Gd Fol LC^2 1748.

La Démocratie pacifique, organe sociétaire, 1848-1849; François Cantagrel gérant, BN micro : D 361.

Bulletin de la République, publié par ordre du citoyen L. Rollin, 1848, BN Lb 536.

Le Peuple, 1848-1849, rédacteur en chef : P. J. Proudhon, BN LC^2 1663 (2).

Journal des travailleurs, fondé par les ouvriers délégués du Luxembourg, 1848.

Le Tocsin des travailleurs, 1848, Émile Barrault et F. Delente, BN Fol LC ^{2} 1862.

Le Journal, d'A. Karr. juillet 1848, BN Fol LC^2 1926.

Le Charivari, 1848-1849, BN LC^2 1328.

Le Communiste, de Jules Gay, mars 1849, 1 numéro, BN Fol LC^2 2021.

Le Nouveau Monde, rédigé par Louis Blanc, juillet 1849-septembre 1850, BN 4° L^2 C 2061.

Revue sociale, de Pierre Leroux, 1850, BN R 1158.

L'Espérance, de Pierre Leroux, 1858-1859, BN 4° Z 1093.

BROCHURES, OUVRAGES

Doctrine de Saint-Simon. Exposition de la Doctrine, 1re et 2e année, 1829-1830, BN Ld 190 (1 et 2).

Œuvres complètes Saint-Simon-Enfantin, 14 vol., Enseignement d'Enfantin, vol. XIV, BN R 4987 et suivant.

Bazard-Enfantin, *A Monsieur le Président de la Chambre des députés,* 1er octobre 1830, 8 p.

Rodrigues (Olinde), *Aux saint-simoniens. Base de la loi morale proposée à l'acceptation des femmes,* 13 p.; *Religion saint-simonienne : Discussions morales, politiques et religieuses qui ont amené la séparation... de novembre 1831; Relation des hommes et des femmes,* préface de Bazard, 30 p., BHVP 619995; 619996.
Réunion générale, 19 novembre 1831, 21 p., BHVP 618317.
Rodrigues (Eugène), *Lettre sur la religion et sur la politique,* 1829, suivi de *L'Éducation du genre humain* de Lessing, Paris, Everat, 1831, 180 p.

Publications saint-simoniennes 1830-1836 faites par des femmes
Outre les 2 brochures de Désirée Véret déjà citées,
Aux femmes, par Jeanne-Victoire (Mlle Jacob), août 1832.
Aux femmes sur leur mission religieuse dans la crise actuelle, par Palmire Bazard, 1831, 8 p.
Foi nouvelle, prospectus de Cécile Fournel, juin 1833, 2 p.
Livres des actes, 11 numéros, 13 juillet 1833-avril 1834, 270 p.
Une parole pour la Duchesse de Berry, par Mlle A.M.S. (Mlle Aglaé Saint-Hilaire), juin 1833, 7 p.
La Femme est la famille, par E.A.C. (Mlle E.A. Casaubon), 1834, 24 p.
La Femme et la démocratie de nos temps par Mlle Hortense Allart, 1836, 124 p.
Liberté : Femmes!!!, brochures de Pol Justus, publiées à Lyon, en octobre 1833, par des femmes qui se réunissaient sous le nom de Femmes de la Mère, 16 p., BN 8° Z 8134; 8° Z 8135.
Proclamation : Aux Femmes sur la nécessité de fonder une Société des Droits de la Femme par Mme Adèle de Saint-Amand, s.d., BN microfilm : 6762.
Histoire des Femmes (anonyme), Imprimerie Everat, s.d., BN C 6994.
Lettres d'une Parisienne de 1830 à toutes les Françaises par Mlle Clémence Rosalie, Paris, 1830, BN Lb^{51} 261b.

Publications diverses
Religion saint-simonienne : Le Choléra Morbus, par Michel Chevalier, s.d., BN Ld190 101d.
Charles Teste, *Projet de Constitution et déclaration des principes fondamentaux de la société,* 1833, BN Lb^{51} 4776.
Société des Droits de l'Homme : *De l'Éducation Nationale,* 1833, BN Lb^{51} 1850.
De l'Égalité, BN Lb^{51} 1852.
Du Gouvernement général, BN Lb^{51} 1851.
François Guizot, *Rapport au roi sur l'application de la loi de 1833,* 1834, pièce n° 68, BN 4° Lf 242.
Revue républicaine, déjà citée.
James de Laurence (ou Lawrence), *Enfants de Dieu ou la religion de Jésus,* Paris, Plasson, 1831, BN R pièce 6541-6560.
Conférences de Notre-Dame de Paris, le R.P. Henri-Dominique Lacordaire, année 1835, t. II des œuvres, publié en 1857-1858, BN micro : D 40003.

De l'éducation des mères de famille ou de la civilisation du genre humain par les femmes, par L. Aimé-Martin, Paris, 1834.
Anonyme, *Femmes électeurs et éligibles,* Imprimerie J. Dupont, BN Lb 423.
Affiche : Club des femmes, Société de la Voix des femmes, BN Lb 54370.
Olinde Rodrigues, *Projet de Constitution populaire pour la République française,* 1848, BN L54 b 67.
Robert Owen, *To the Men and Women of France,* AN Bb 30/229.
Article « Femme » de l'*Encyclopédie nouvelle,* vol. 5, 1839, par Pierre Leroux, J. Reynaud, BN Z 2709.
Pierre Leroux, *De l'Égalité,* Boussac, 1848 (1re éd. 1838), BN R 41 675 76.
Société fraternelle centrale, *6e discours du citoyen Cabet sur les élections,* Paris, 1848, séance du 29 mars, BN Lb54 850.
MM. Clairville et Jules Cordier, *Le Club des Maris et le Club des Femmes,* Vaudeville en un acte, 1848, BN 4° Yth 850.
MM. Varin et Roger de Beauvoir, *Les Femmes saucialistes,* 1849, BN Yth 1596.
F. de Saulcy, *Souvenirs numismatiques de la Révolution de 1848,* médailles, monnaies, jetons, Hôtel des monnaies, D 4° 390.
Procès-verbaux du Conseil d'encouragement pour les Associations ouvrières, 11 juillet 1848-24 octobre 1849, documents publiés par Octave Festy dans le vol. V de *Ministère de l'Instruction publique et des Beaux-Arts, Comité des travaux historiques et scientifiques. Section d'Histoire moderne et contemporaine,* Notices, inventaires, documents, Paris, 1917.
Procès-verbaux du gouvernement provisoire et de la commission du pouvoir exécutif, 24 février-22 juin 1848, *Comité national du centenaire de 1848,* publiés par Ch. Pouthas, 1950, BN 4° L52 140b.
La Gazette des tribunaux, novembre 1850, vol. XXV, BN F8 1825.
Du Célibat au double point de vue laïc et sacerdotal par une chrétienne H. Wild, Paris, 1863, Bibliothèque Marguerite-Durand, 173 WIL.
Actes du Congrès des œuvres et institutions féminines, 1889, publié en 1890, BN 8° R 9977.
Rapport Ranvier sur J. Deroin au Congrès des Associations ouvrières de production, Compte rendu des congrès national et international tenus les 8-10 et 11-13 juillet 1900, BN 8° R 18390.
« Le Testament d'une féministe de 1848 », publié par Adrien Ranvier, *Bibliothèque de la révolution de 1848,* t. V, n° XXX, janvier-février 1909.

B – OUVRAGES CONTEMPORAINS ET ARTICLES

1 – OUVRAGES CONTEMPORAINS ET ARTICLES CLASSÉS PAR AUTEURS

Adam (Juliette), *Le Roman de mon enfance et de ma jeunesse,* Paris, A. Lemerre, 1902, cf. également Lamber (Juliette).
Aimé-Martin (Louis), *De l'éducation des mères de famille ou de la civilisation du genre humain par les femmes,* Paris, 1834.

Auclert (Hubertine), *Égalité sociale et politique de la femme et de l'homme* (discours prononcé au congrès ouvrier de Marseille en 1879), Paris, A. Thomas, 1879.

Bachellery (J.), *Instruction publique des femmes. Lettre à M. Lévi-Alvarès, professeur d'histoire... sur les inspectrices de la ville de Paris,* Paris, 1844.

Ballanche (Pierre-Simon), *Essai de palingénésie sociale,* Paris, Barbezat, 1827.

Barbey d'Aurevilly (Jules-Amédée), *Les Bas-bleus,* Paris, Palmier, 1870.

Benoit (Joseph), *Confessions d'un prolétaire* (1871), Paris, Éd. Sociales, 1968.

Bertin (Georges), *L'Organisation du travail considérée sous le rapport de l'emploi de la femme dans l'industrie,* Nantes, 1848.

Blanc (Louis), *Histoire de dix ans,* Paris, 1841, 7e édition, 1848, Pagnerre, 5 vol.

Blanc (Louis), *Histoire de la révolution de 1848,* Paris, 2 vol., 1870.

Blanqui (Adolphe), *Des classes ouvrières en France pendant l'année 1848,* Paris, Académie des Sciences morales et politiques, 1849.

Blanqui (Auguste), *Écrits sur la Révolution,* dans *Œuvres complètes,* 1, Paris, Galilée, 1971.

Bonald (vicomte Louis de), *Mélanges littéraires, politiques et philosophiques,* Paris, 3e édition, 1852, comprenant différents textes dont *De la politique et de la morale* (1806) et *Du perfectionnement de l'homme* (1810).

Buonarotti (Philippe), *Conspiration de l'Égalité dite de Babeuf,* Paris, Éd. Sociales, 2 vol., 1957.

Cabet (Étienne), *La Femme dans la société actuelle et dans la communauté,* Paris, Prévost, 1841, 3e édition, 1852.

Cabet (Étienne), *La Femme, ses qualités, ses titres, ses droits, son malheureux sort dans la présente société; causes du mal dans la présente société; remèdes, son bonheur dans la communauté,* Paris, Prévost, 1844.

Comte (Auguste), *Discours sur l'ensemble du positivisme,* Paris, 1848.

Constant (abbé Alphonse), *L'Assomption de la femme ou le livre de l'amour,* Paris, Le Gallois, 1841.

Constant (Benjamin), *Des réactions politiques des effets de la Terreur (mars 1797),* Paris, Flammarion, 1988.

Dain, Considerant, Izalguier, *Trois discours prononcés à l'Hôtel de Ville (par MM. Dain, Considerant et d'Izalguier),* Paris, 1836.

Dash (comtesse), *Le Livre des femmes,* Paris, 1860, 3e édition, 1864.

Daubié (Julie), *Du progrès dans l'enseignement primaire,* Paris, Justice et Liberté, 1862.

Daubié (Julie), *La Femme pauvre au* XIXe *siècle,* Paris, Guillaumin, 1866. Réédition de *La Femme pauvre au* XIXe *siècle* par Agnès Thiercé, Paris, Côté-Femmes, 1992-1993.

Dauriat (Louise), *Lettre à messieurs les auteurs qui ont critiqué l'ouvrage posthume de Madame de Staël : « Considérations sur les principaux événements de la Révolution Française »,* Paris, Mongie aîné, 1818.

Dauriat (Louise), *Cours d'histoire religieuse et universelle,* Paris, 1828.

Dauriat (Louise), *Épître à Monsieur de Lamartine,* Paris, Chaumerot, 1832.

Dauriat (Louise), *Demande en révision du code civil adressée à MM. les membres de la Chambre des députés,* Paris, 1837.

Dauriat (Louise), *La Reine des pauvres ou une belle vie – une belle vieillesse – humble histoire dédiée à la jeunesse,* Paris, chez l'auteur, 1839, 2e édition.

Dauriat (Louise), *Mémoire adressé à MM. les membres du Conseil général du département de la Seine...,* Paris, 1846.

Démar (Claire), *L'Affranchissement des femmes,* suivi de *Ma Loi d'avenir,* textes présentés par Valentin Pelosse, Paris, Payot, 1976.

Du camp (Maxime), *Souvenirs de l'année 1848,* Paris, Hachette, 1876, reprint Paris-Genève, Slatkine, 1979.

Esquiros (Alphonse), *L'Évangile du peuple,* Paris, 1840.

Esquiros (Alphonse), *Vierges folles,* Paris, Le Gallois, 1840.

Esquiros (Alphonse), *Vierges sages,* Paris, P. Delavigne, 1842.

Esquiros (Alphonse), *Vierges martyres,* Paris, P. Delavigne, 1842.

Esquiros (Alphonse), *Un vieux bas-bleu,* Paris, 1849.

Ferrari (Joseph), *Les Philosophes salariés,* présenté par Marc Vuilleumier, Paris-Genève, Ressources, 1980.

Flaubert (Gustave), *L'Éducation sentimentale,* Paris, Gallimard, édition 1965.

Fourier (Charles), *Théorie des quatre mouvements et des destinées générales,* Paris, J.-J. Pauvert, 1967. Textes préfacés par Simone Debout.

Fourier (Charles), *Vers la liberté en amour,* textes préfacés par Daniel Guérin, Paris, Gallimard, 1975.

Garnier-Pagès (Louis-Antoine), *Histoire de la Révolution de 1848,* Paris, s.d., édition illustrée (1862-1872).

Gréard (Octave), *Éducation et instruction,* Paris, Delalain, 1847, 4 vol.

Guizot (François), *Histoire de la civilisation en Europe,* présentée par P. Rosanvallon, Paris, Hachette, 1985.

Guizot (François), *Des moyens de gouvernement et d'opposition dans l'état actuel de la France* (1821), Paris, Belin, 1988 (introduction de Claude Lefort).

Guizot (François), « Des passions publiques », dans *Des moyens de gouvernement et d'opposition dans l'état actuel de la France* (1821).

Guizot (Mme), *L'Éducation domestique ou Lettres de famille sur l'éducation,* Paris, 1826, 2 vol.

Hatin (Eugène), *Histoire du Journal en France,* Paris, G. Houard, 1846, 2e édition 1853.

Héricourt (Jenny d'), *La Femme affranchie. Réponse à MM. Michelet, Proudhon, Girardin, Comte et autres novateurs modernes,* Bruxelles, Lacroix, 1860, 2 vol.

Hugo (Victor), *Choses vues,* Paris, Gallimard, 1972.

Jouffroy (Théodore), *Comment les dogmes finissent* (1823), Paris, *Cahiers verts,* août 1924 (introduction de Pierre Poux).

Knight (Anna), *Lettre au pasteur Coquerel,* Paris, Lange-Lévy, 1848.

Lamartine (Alphonse de), *Histoire de la révolution de 1848,* Paris, Perrotin, 1849, 2 vol.

Lamber (Juliette), *Les Idées anti-proudhoniennes sur l'amour, la femme et le mariage,* Paris, 1858, 2e édition, E. Dentu, 1861.

Lamennais (Félicité, Robert de), *De la religion considérée dans ses rapports avec l'ordre politique et civil,* Paris, 1826, 3e édition, 1835.

Lamennais (Félicité, Robert de), *Paroles d'un croyant,* Paris, 1833, 2e édition, 1834.

Lamennais (Félicité, Robert de), *La Liberté trahie (Du Procès d'avril et de la République, 1834),* Paris, Bibliothèque Française, 1946.

Lamennais (Félicité, Robert de), *Du passé et de l'avenir du peuple,* Paris, Pagnerre, 1841.

Lamennais (Félicité, Robert de), *L'Imitation de Jésus-Christ* (traduction nouvelle du livre de Thomas Kempis par F. de Lamennais, avec des réflexions à la fin de chaque chapitre), Paris, Furne, Perrotin, Pagnerre, 1844.

Lebassu (Joséphine), *La Saint-Simonienne,* Tenré, 1833.

Lechevalier (Jules), *Qu'est-ce que l'organisation du travail,* conférences, 1848, Paris, 1848. AN : Commission d'enquête sur les événements de mai-juin 1848, C 908 à 969.

Le Français (Gustave), *Souvenirs d'un révolutionnaire,* Bruxelles, 1902, préface de Lucien Descaves.

Legouvé (Ernest), *Histoire morale des femmes,* Paris, 4e édition, 1864.

Legouvé (Ernest), *La Femme en France au XIXe siècle,* Paris, Didier, 1864.

Legouvé (Ernest), *Soixante ans de souvenirs,* Paris, 1886-1887, 2 vol.

Legouvé (Gabriel), *Le Mérite des femmes, poëme,* Paris, L. Janet, s.d. (1835?).

Leroux (Pierre), *Projet d'une Constitution démocratique et sociale présenté à l'Assemblée nationale par un de ses membres, le citoyen Pierre Leroux,* Paris, 1848.

Leroux (Pierre), *La Grève de Samarez,* Paris, E. Dentu, 1863.

Leroy-Beaulieu (Paul), *Rapport sur le concours relatif à l'instruction des femmes dans les travaux d'industrie,* Mémoire, Paris, 1871.

Lucas (Alphonse), *Les Clubs et les clubistes,* Paris, Dentu, 1851.

Maillard (Firmin), *La Légende de la femme émancipée. Histoire des femmes pour servir à l'histoire contemporaine,* Paris, s.d. (après 1871).

Masure (Sophie) (dite Francis Dazur), *Marie ou l'initiation,* Paris, C. Gosselin, 1833, 2 vol.

Michelet (Jules), *Le Prêtre, la femme et la famille,* Paris, 1845, 7e édition, 1861.

Michelet (Jules), *Le Peuple* (1846), Paris, Flammarion, 1874.

Michelet (Jules), *Les Femmes de la Révolution* (1853), Paris, Carrère, 1988.

Michelet (Jules), *L'Amour,* Paris, 1858.

Michelet (Jules), *La Sorcière* (1867), Paris, Flammarion, 1966.

Nodier (Charles), « La Femme libre ou l'émancipation des femmes », *L'Europe littéraire,* 2 mars 1833.

Parent-Duchatelet (Alexandre), *De la prostitution dans la ville de Paris considérée sous le rapport de l'hygiène publique, de la morale et de l'administration,* Paris, Baillère, 1836, 3e édition, 1857, 3 vol.

Proudhon (Pierre-Joseph), *De la justice dans la Révolution et dans l'Église* (1858), Paris, Fayard, coll. « Corpus », 1988, 2 vol.
Proudhon (Pierre-Joseph), *Amour et mariage,* Bruxelles, Lacroix, 1869.
Proudhon (Pierre-Joseph), *La Pornocratie ou les femmes dans les temps modernes,* Bruxelles, Lacroix, 1875 (*Œuvres posthumes,* t. 1).
Régnault (Elias), *Histoire de huit ans, 1840-1848, faisant suite à l'Histoire de dix ans par M. Louis Blanc,* Paris, Pagnerre, 1851-1852, 3 vol.
Rémusat (Claire, Elizabeth comtesse de), *L'Éducation des filles en France au XIXe siècle,* Paris, 1824.
Rémusat (Charles François de), *Mémoires de ma vie,* édités par Ch. H. Pouthas, Paris, Hachette, 1958-1962, 4 vol.
Renouvier (Charles), *Manuel républicain de l'homme et du citoyen* (1848), Paris, Garnier, 1981, présentation de Maurice Agulhon.
Reybaud (Louis), *Études sur les réformateurs ou socialistes modernes,* Paris, Guillaumin, 7e édition, 1864, 2 vol., Reprint Art et Culture, 1978.
Ribadeneira (Révérend Père), *La Vie de Notre Seigneur Jésus-Christ,* Paris, 1829.
Saint-Amand (Sophie), *De l'avenir des Femmes dans la République, 1848,* BN Lb[53] 737.
Saint-Simon (Henri de), *Le Nouveau Christianisme et les écrits sur la religion,* choisis et présentés par H. Desroche, Paris, Seuil, 1969.
Sand (George), *Indiana,* Paris, J.P. Roret et H. Dupuis, 1832.
Sand (George), *Lélia,* Paris, Dupuis-Tenré, 1833.
Simon (Jules), *La Liberté,* Paris, 1859, 2 vol.
Simon (Jules), *L'Ouvrière,* Paris, Hachette, 1861.
Stern (Daniel), *Essai sur la liberté comme principe et fin de l'activité humaine,* Paris, 1847.
Stern (Daniel), *Histoire de la révolution de 1848,* Paris, Sandré, 1850-1853, 3 vol., 2e édition 1862.
Stern (Daniel), *Mes souvenirs,* Paris, 3e édition 1880.
Tastu (Amable), *Le Livre des femmes,* Paris, 1823.
Thompson (William), *Appeal of one-half of the Human Race, Women against the Pretention of the other half, Men, to Retain them in Political, and thence in Civil and Domestic Slavery,* Londres, Virago, 1983.
Tocqueville (Alexis de), *De la Démocratie en Amérique* (1835-1840), Paris, Gallimard, 1986, 2 vol.
Tocqueville (Alexis de), *Souvenirs* (1893), Paris, Gallimard, 1978.
Tocqueville (Alexis de), *Correspondance avec Francisque de Corcelle et Madame Swetchine, Œuvres complètes,* t. 15, Paris, Gallimard, 1983.
Tristan (Flora), *L'Union ouvrière,* Paris, Prévot, 1843, réédition de Daniel Armogathe et Jacques Grandjonc, Paris, Des Femmes, 1986.
Tristan (Flora), *Le Tour de France, journal inédit,* préface de Michel Collinet, notes de Jules L. Puech, Tête de Feuille, 1973.
Tristan (Flora), *L'Émancipation de la femme et le testament de la paria* (ouvrage posthume réécrit d'après notes par A. Constant), Paris, 1845.

Tristan (Flora), *Lettres,* réunies, annotées et présentées par Stéphane Michaud, Paris, Seuil, 1980.
Vacherot (Étienne), *La Démocratie,* Paris, 1860.
Véron (docteur L.), *Mémoires d'un bourgeois de Paris,* Paris, 1855.
Villermé (Louis René), *Tableau de l'état physique et moral des ouvriers,* Paris, Jules Renouard, 1840, 2 vol.
Villiers (baron Marc de), *Histoire des clubs de femmes et des légions d'amazones (1793, 1848, 1871),* Paris, 2e édition, 1910.
Vinçard Aîné, *Mémoires d'un vieux chansonnier,* Paris, 1878.
Voilquin (Suzanne), *Souvenirs d'une fille du peuple,* Paris, Maspero, 1978.
Voilquin (Suzanne), *Mémoires d'une saint-simonienne en Russie,* lettres présentées et annotées par M. Albistur et D. Armogathe, Paris, Des Femmes, 1979.
Wheeler (Anna), *Appeal...* (cf. Thompson William).

2 – OUVRAGES COLLECTIFS OU ANONYMES

Religion saint-simonienne, Réunion générale de la famille, séance du 19 novembre (1831), publié par Olinde Rodrigues (cote BHVP 618317-1831).
La Gazette des femmes, juillet 1836-1er avril 1838. Directrice : Marie-Madeleine Poutret de Mauchamps.
L'Encyclopédie nouvelle, éd. Pierre Leroux, Jean Reynaud, 1836-1843.
Un miracle à la Salette, 1854, publié par la conférence du Saint-Scapulaire de Notre-Dame de Chevillé.
Grand Dictionnaire universel, éd. Pierre Larousse (1864-1876).
Le Conseil général de la Première Internationale, La Conférence de Londres, 1865, Moscou, Éd. du Progrès, 1971.
La Première Internationale, recueil de documents publiés par Jacques Frémond, Genève, Droz, 1962.
Marx ou Bakounine : socialisme autoritaire ou libertaire, recueil de documents publiés par Georges Ribeill, Paris, UGE-10/18, 1975.
La France littéraire ou Dictionnaire bibliographique des savants, historiens et gens de lettres de la France ainsi que des littérateurs étrangers qui ont écrit en français, plus particulièrement pendant les XVIIIe et XIXe siècles, publié par J.M. Quérard.
Dictionnaire bibliographique de la littérature française contemporaine 1827-1849 (continuation de la « France littéraire »), Félix Bourquelot et Alfred Maury.

C – ARTICLES CONSACRÉS A D. GAY, J. DEROIN, E. NIBOYET

Czyba (Lucette), « L'œuvre d'une ancienne saint-simonienne : *Le Conseiller des femmes* (1833-1834) d'Eugénie Niboyet », *Regards sur le saint-simonisme et les saint-simoniens,* sous la direction de J.R. Derré, Presses Universitaires de Lyon, 1984.

Gans (Jacques), « Désirée Gay », *Dictionnaire biographique du mouvement ouvrier français* (sous la direction de Jean Maitron), Paris, Éd. Ouvrières, 1965, t. 2.

Madame Eugénie Niboyet devant ses contemporains, Paris, Dentu, 1883, (extraits de presse).

Ranvier (Adrien), « Une féministe de 1848 », *Bulletin de la Société d'histoire de la révolution de 1848,* n°s XXIV, XXV, XXVI (1895).

Riot-Sarcey (Michèle), « La Conscience féministe des femmes en 1848 : Jeanne Deroin et Désirée Gay », *Un fabuleux destin : Flora Tristan,* présenté par S. Michaud, Dijon, Presses Universitaires de Dijon, 1985.

Riot-Sarcey (Michèle), « Histoire et autobiographie : le " Vrai Livre des Femmes " d'Eugénie Niboyet », *Romantisme,* 56, 1987.

Riot-Sarcey (Michèle), « Une vie publique privée d'histoire : Jeanne Deroin ou l'oubli de soi », Silence. Émancipation des femmes entre privé et public, *Cahiers du CEDREF,* Université de Paris VII, 1, 1989.

Rude (Fernand), « Eugénie Niboyet », *Un fabuleux destin : Flora Tristan,* présenté par S. Michaud, Dijon, Presses Universitaires de Dijon, 1985.

Serrière (Michèle), « Jeanne Deroin », *Femmes et travail,* Romorantin, Martinsart, 1981.

Wild (Hortense), *Jeanne Deroin,* Paris, Librairie universelle, s.d.

Index

Remerciements

Ma reconnaissance s'adresse tout particulièrement à Marcelle Marini et Michel Margairaz.

Table

PRÉMICES

ANNÉES 1830, LE TEMPS DES POSSIBLES OU LE TEMPS DE LA LIBERTÉ

Du même auteur

Le Genre de l'histoire
(en coll. avec Christine Planté et Eleni Varikas)
Cahiers du G.R.I.F.
Paris, Éd. Tierce, 1988

Silence émancipation :
des femmes entre privé et public
(en coll. avec Christine Planté et Eleni Varikas)
Cahiers du C.E.D.R.E.F., 1989
Université Paris-VII

De la liberté des femmes
Lettres de dames au « Globe », 1831-1832
Paris, 1992, éd. Côté-Femmes

Femmes, Pouvoirs.
Actes du colloque d'Albi, 19-20 mars 1992
(sous la dir. de M. Riot-Sarcey)
Paris, 1993, éd. Kimé

Féminismes au présent
(en coll. avec Christine Planté et Eleni Varikas)
Paris, 1993, L'Harmattan

Cet ouvrage a été composé
et achevé d'imprimer sur Roto-Page
par l'Imprimerie Floch à Mayenne,
pour les Éditions Albin Michel
en janvier 1994.

N° d'édition : 13447. N° d'impression : 35133.
Dépôt légal : janvier 1994.

Imprimé en France.